《完善新型农村社会养老保险机制研究》

（编号：13BRK001）

国家社科基金丛书
GUOJIA SHEKE JIJIN CONGSHU

城乡居民基本养老保险机制研究

Research on Mechanism of Basic Endowment Insurance for
Urban and Rural Residents

王章华　著

人民出版社

责任编辑：郭　倩
封面设计：石笑梦
版式设计：胡欣欣
责任校对：杜凤侠

图书在版编目（CIP）数据

城乡居民基本养老保险机制研究/王章华 著. —北京：人民出版社，
　2022.12
ISBN 978－7－01－024542－3

Ⅰ.①城…　Ⅱ.①王…　Ⅲ.①养老保险制度-研究-中国　Ⅳ.①F842.612

中国版本图书馆 CIP 数据核字（2022）第 026125 号

城乡居民基本养老保险机制研究

CHENGXIANG JUMIN JIBEN YANGLAO BAOXIAN JIZHI YANJIU

王章华　著

人民出版社 出版发行
（100706　北京市东城区隆福寺街 99 号）

中煤（北京）印务有限公司印刷　新华书店经销

2022 年 12 月第 1 版　2022 年 12 月北京第 1 次印刷
开本：710 毫米×1000 毫米 1/16　印张：22.5
字数：335 千字

ISBN 978－7－01－024542－3　定价：69.00 元

邮购地址 100706　北京市东城区隆福寺街 99 号
人民东方图书销售中心　电话 （010）65250042　65289539

目　　录

绪　　论

　　21世纪初,我国通过对老农村社会养老保险(以下简称"老农保")进行整顿规范,农村社会养老保险制度建设进入了探索新型农村社会养老保险(以下简称"新农保")改革创新阶段。早在党的十六大就提出"有条件的地方,探索建立农村养老、医疗保险和最低生活保障制度"。十六届六中全会提出"有条件的地方探索建立多种形式的农村养老保险制度"。党的十七大提出"加快建立覆盖城乡居民的社会保障体系,保障人民基本生活。……探索建立农村养老保险制度"。十七届三中全会正式提出"贯彻广覆盖、保基本、多层次、可持续原则,加快健全农村社会保障体系。……按照个人缴费、集体补助、政府补贴相结合的要求,建立新型农村社会养老保险制度。……创造条件探索城乡养老保险制度有效衔接办法。"党的十八大提出"统筹推进城乡社会保障体系建设。坚持全覆盖、保基本、多层次、可持续方针,全面建成覆盖城乡居民的社会保障体系。……整合城乡居民基本养老保险。"党的十九大报告提出"加强社会保障体系建设。按照兜底线、织密网、建机制的要求,全面建成覆盖全民、城乡统筹、权责清晰、保障适度、可持续的多层次社会保障体系。全面实施全民参保计划。完善城镇职工基本养老保险和城乡居民基本养老保险制度,尽快实现养老保险全国统筹"。十九届四中、五中全会提出,"坚持和完善统筹城乡的民生保障制度,满足人民日益增长的美好生活需要。完善覆盖全民的社会保障体系。加快建立基本养老保险全国统筹制度""健全覆盖全民、统筹城乡、公平统一、可持续的多层次社会保障体系。推进社保转移接续，健全基本养老、基本医疗保险筹资和待遇调整机制。实现基本养老保险全国统筹"。城乡居民基本养老保险从此进入完善机制的发展阶段。

一、城乡居民基本养老保险机制研究背景及其意义

2009年9月1日，国务院颁发了《国务院关于开展新型农村社会养老保险试点的指导意见》(国发〔2009〕32号，以下简称"国发〔2009〕32号文件")，决定2009年9月起开展新农保试点并逐步扩大覆盖面。2011年6月7日，国务院颁发了《国务院关于开展城镇居民社会养老保险试点的指导意见》(国发〔2011〕18号，以下简称"国发〔2011〕18号文件")，决定2011年7月1日起启动城镇居民社会养老保险(以下简称"城居保")制度试点，实施范围与新农保试点基本一致，2012年两项制度基本实现制度全覆盖。2014年2月21日，国务院下发了《国务院关于建立统一的城乡居民基本养老保险制度的意见》(国发〔2014〕8号，以下简称"国发〔2014〕8号文件")，决定将两项制度合并实施，在全国范围内建立统一的城乡居民基本养老保险制度(以下简称"城乡居保")。国发〔2014〕8号文件对城乡居保筹资方式、待遇发放等方面进行了基本规定，但还有许多问题需要研究，如制度全覆盖后如何实现城乡适龄居民全员覆盖[①]，如何提高保障水平，如何建立其发展的长效机制，等等。

城乡居保的筹资、待遇确定、运行管理、服务社会化、与其他养老保险制度衔接等方面有效机制的建立是制度全覆盖后亟待研究的问题，也是影响其他问题解决的关键因素。能否建立可持续的筹资机制、高效的运行机制、合理的

---

① 城乡居保制度全覆盖不是指符合参保条件的城乡居民全员参保，而是指在全国范围建立了城乡居保制度，城乡居民自愿参保。很多符合参保条件的城乡居民由于各种原因并没有参保，很长一段时期，城乡居保参保率并不高，因此，制度全覆盖后如何提高参保率是一项长期工作。

待遇确定机制和满意的社会化服务机制是实现"城乡居保"制度的公平性与有效性、持续稳定高效运行和城乡居保服务均等化的有力保障。"城乡居保"制度有效机制的构建也有利于全国城乡统一的基本养老保险制度的建立。

二、城乡居民基本养老保险机制研究现状评述

城乡居民基本养老保险制度是新农保和城居保两项制度合并建立的,因而对城乡居保的研究包括新农保和城居保两方面的研究。从文献来看,新农保研究较多,城居保研究很少,两项制度合并后,对城乡居保制度的研究主要集中在其存在的问题和完善对策两方面。

关于城乡居保中新农保问题的研究,林义认为新农保要长期持续发展将面临着各级财政的责任分担问题,完善管理制度、提升管理能力,维持农民缴费意愿,新农保基金的管理与保值增值,新农保制度与其他制度有效衔接等五大问题[1]。大多数研究者认为"新农保"存在以下问题:一是"新农保"取得了初步成效,但"碎片化"严重[2]。二是各级政府在"新农保"中的责任分配不当。中央财政有能力补贴,筹资困难的是地方财政,尤其是中、西部贫困地区的地方财政[3]。三是基金保值增值难,保障水平低,制度稳定性差等问题[4]。

关于完善新农保对策的研究,中国社会科学院农村发展研究所崔红志在《对完善新型农村社会养老保险制度若干问题的探讨》一文中提出:完善新农保要坚持农民自愿参保原则,取消老年农民直接享受基础养老金与子女参保

---

① 参见林义:《破解新农保制度运行五大难》,《中国社会保障》2009 年第 9 期。

② 参见米红、王鹏:《新农保制度模式与财政投入实证研究》,《中国社会保障》2010 年第 6 期。

③ 参见薛惠元、张德明:《新农保基金筹集主体筹资能力分析》,《税务与经济》2010 年第 2 期;丁煜:《新型农村社会养老保险制度的缺陷与完善》,《厦门大学学报》(哲学社会科学版)2011 年第 3 期。

④ 参见华黎、郑小明:《完善新型农村社会养老保险财政资金供给的思路与对策》,《求实》2010 年第 10 期;杨风寿:《新型农村社会养老保险制度的优势、问题及完善对策》,《农村经济》2011 年第 7 期;许勤:《河南省新型农村社会养老保险制度研究》,《中共郑州市委党校学报》2012 年第 3 期。

缴费的捆绑,允许参保农民退保;强化新农保激励机制,建立基础养老金的自然增长机制;清晰地界定各级政府的责任;实施政府购买服务,由政府向村级组织等组织购买服务,重构新农保经办服务体系。桂世勋《完善我国新型农村社会养老保险的思考》一文对一些深层次的问题提出了解决措施,建议按照当地最低缴费补贴标准的一定百分比给予高档次缴费的参保人适当鼓励,将个人账户养老保险基金委托给省级社会保险经办机构统一投资运营等。可见研究者提出的对策主要有:第一,加大对"新农保"的扶持。中央财政加大对新农保基金的直接支持力度,要适当向中、西部地区倾斜[①]。第二,提高养老金待遇水平[②]。第三,提高基金的保值增值能力[③]。

城乡居保核心机制的研究隐含在相关对策研究中,现有研究对筹资、待遇确定机制研究较多,运行、社会化服务和衔接等机制研究较少。

(一)城乡居民基本养老保险筹资机制的研究

关于筹资机制,现有研究主要有两种方式:一种方式是从整体上对城乡居保的筹资机制进行研究;另一种方式是对城乡居保筹资机制中的基金构成分别研究。整体上对城乡居保基金筹集的研究主要分析了目前城乡居保筹资模式的特征、影响因素、基金收支平衡及存在的问题等。刘辉利用主成分分析法和层次分析法,对影响河北省农村养老保险筹资因素的权重进行了分析,探讨

---

① 参见丁煜:《新型农村社会养老保险制度的缺陷与完善》,《厦门大学学报》(哲学社会科学版)2011年第3期;许勤:《河南省新型农村社会养老保险制度研究》,《中共郑州市委党校学报》2012年第3期。

② 参见华黎、郑小明:《完善新型农村社会养老保险财政资金供给的思路与对策》,《求实》2010年第10期;谷彦芳、宋凤轩、赵语:《河北省新型农村社会养老保险试点情况调查——兼论农村养老保险长效机制构建》,《经济研究参考》2011年第67期。

③ 参见丁煜:《新型农村社会养老保险制度的缺陷与完善》,《厦门大学学报》(哲学社会科学版)2011年第3期;许勤:《河南省新型农村社会养老保险制度研究》,《中共郑州市委党校学报》2012年第3期。

了新型农村社会养老保险制度可持续发展的主要影响因素①。李琼、李叶定认为筹资机制应综合考虑当地的经济发展水平以及养老文化的思想基础,坚持城乡居保筹资的强制性、经济性、适度原则,提高居民的参保意识②。宋明岷认为新农保制度筹资机制具有在参保方式上半强制半诱导性,在资金来源上中央和地方政府责任更明确,在缴费方式上按年缴费多档位可选择,在筹资模式上采用统账结合的部分积累制等特点,同时存在集体补助资金缺位、地方财政资金到位状况缺乏监督、年轻农民参保比例低、筹资水平较难提供基本养老保障等问题。在这些分析基础上,他提出新农保应当设立动态可调的养老金替代率基准,采用缴费基数属地化的比例制缴费方式,提高基金统筹层次,理顺与其他养老保险制度的衔接机制等建议③。张庆君、苏明政从农民的投保能力、政府的基金筹集能力、投保收益等方面,对辽宁省义县新农保的基金筹集能力进行了研究,并提出了建议④。封铁英、董璇测算了新农保筹资规模,认为现行新农保筹资规模难以满足农村居民日益增长的基本养老需求,并提出加大财政支持、增大缴费补贴效果、提高缴费率,引入基础养老金调整机制等对策建议⑤。曹文献、文先明通过建立模型对新农保个人账户养老金积累值的敏感性进行了分析,发现个人账户养老金储存额与农民收入、缴费水平、参保时间、基金收益率等因素有关,提出要科学控制个人缴费率、基金收益率和缴费年限,以实现个人账户基金达到所需要的规模并保值增值⑥,并建立

① 参见刘辉:《影响新型农村社会养老保险筹资因素评价研究——基于主成分和层次分析法》,《经济问题》2013 年第 7 期。

② 参见李琼、李叶定:《武陵山片区城乡居民基本养老保险筹资机制研究》,《吉首大学学报》(社会科学版)2015 年第 6 期。

③ 参见宋明岷:《新型农村社会养老保险制度筹资机制研究》,《农村经济》2011 年第 2 期。

④ 参见张庆君、苏明政:《新型农村社会养老保险基金筹集能力研究——基于辽宁省义县新农保试点的实证考察》,《农村经济》2011 年第 9 期。

⑤ 参见封铁英、董璇:《以需求为导向的新型农村社会养老保险筹资规模测算——基于区域经济发展差异的筹资优化方案设计》,《中国软科学》2012 年第 1 期。

⑥ 参见曹文献、文先明:《新型农村社会养老保险个人账户养老金积累值的敏感性分析》,《安徽农业科学》2012 年第 6 期。

了个人账户收支平衡模型,提出通过对相关参数的适时适度调整来最大限度地减少长寿风险所带来的个人账户养老金支付缺口①。

对城乡居保基金各构成部分的研究,主要是对城乡居保基金的个人缴费、集体补助和政府补贴等构成部分分别进行研究。现有研究主要从缴费和政府补贴两个方面着手,大多数研究按照国务院缴费和补贴规定,对缴费和补贴的标准、水平进行测算分析,认为绝大多数城乡居民有能力缴费,政府应加大投入力度,采用缴费补贴方式下的现收现付制阶段式平衡模式(补贴规模最小且稳定)的补贴机制,通过合理划分各级财政的责任来完善筹资机制②。

许多研究认为,最低缴费标准(100元)除家境非常不好的农民(如农村低保户、重度残疾人等)外,绝大多数农民都可以负担得起;贫困地区和低收入的农民适宜选择较低档次的缴费标准,发达地区和收入较高的农民还有能力选择较高档次的缴费标准③。曹文献分析了个人账户不同缴费方式和养老金给付方式下的养老金替代率,认为新农保个人账户采取按收入比例缴费、以变额定期给付方式支付养老金的精算模型较为科学合理④。张怡、薛惠元测算出的城乡居保合意替代率和合意缴费标准高于绝大部分的现行缴费档次,建议参照有效缴费标准来设定缴费档次并逐年提高缴费标准⑤。在缴费水平方面,薛惠元、仙蜜花通过对东、中、西部部分县的城乡居保政策进行比较和实证

---

① 参见曹文献:《基于长寿风险的新型农村社会养老保险个人账户收支平衡研究》,《安徽农业科学》2012年第3期。

② 参见刘昌平、殷宝明:《新型农村社会养老保险财政补贴机制的可行性研究——基于现收现付平衡模式的角度》,《江西财经大学学报》2010年第3期;丁煜:《新型农村社会养老保险制度的缺陷与完善》,《厦门大学学报》(哲学社会科学版)2011年第3期。

③ 参见邓大松、薛惠元:《新型农村社会养老保险制度推行中的难点分析——兼析个人、集体和政府的筹资能力》,《经济体制改革》2010年第1期;薛惠元、张德明:《新型农村社会养老保险筹资机制探析》,《现代经济探讨》2010年第2期;张庆君、苏明政:《新型农村社会养老保险基金筹集能力研究——基于辽宁省义县新农保试点的实证考察》,《农村经济》2011年第9期。

④ 参见曹文献:《新型农村社会养老保险个人账户精算模型的优化选择》,《中国农学通报》2012年第14期。

⑤ 参见张怡、薛惠元:《城乡居民基本养老保险缴费标准的优化——以武汉市为例》,《税务与经济》2017年第2期。

分析,发现各地城乡居保缴费标准、缴费补贴、特殊人员补助政策等均存在差异,东部富裕地区最低缴费标准较高①。

　　对城乡居保筹资机制中政府财政补贴的研究,主要集中在财政补贴规模和能力、各级政府财政补贴平衡性、各地区政府补贴能力水平差异性、政府补贴方式和水平优化等方面。李琼、汪慧认为公共财政的补贴绝对额和补助力度会随着参保人员的增加而加大,但财政补贴金额占地方财政支出的比重以及占全国财政支出的比重很小②。薛惠元通过仿真测算发现经济持续稳定增长时,中央、地方财政均有能力对新农保进行补贴③。陶裕春等认为政府财政补贴力度小,存在上升空间④。大多数研究认为在现行的补贴水平下整体上政府有能力补贴,中央政府完全有能力补贴,可能存在筹资困难的是地方财政,东部地区和中、西部较发达地区地方政府也基本上有能力补贴,中、西部落后贫困地区地方政府补贴较困难⑤,需要重构中央政府与地方政府之间的财政关系,合理划分地方各级政府财政责任⑥。

　　米红、王鹏在"有限财政"的理念下,设计出省、市、县三级财政分担的制

　　①　参见薛惠元、仙蜜花:《新型农村社会养老保险地区差距研究——基于东中西部 8 个新农保试点县的比较分析》,《经济体制改革》2014 年第 1 期。
　　②　参见李琼、汪慧:《统一的城乡居民基本养老保险筹资机制构建研究》,《甘肃社会科学》2015 年第 2 期。
　　③　参见薛惠元:《新农保能否满足农民的基本生活需要》,《中国人口·资源与环境》2012 年第 10 期。
　　④　参见陶裕春、高家钰、徐珊:《江西新型农村社会养老保险经济支持能力研究》,《人口与经济》2012 年第 5 期。
　　⑤　参见邓大松、薛惠元:《新型农村社会养老保险制度推行中的难点分析——兼析个人、集体和政府的筹资能力》,《经济体制改革》2010 年第 1 期;薛惠元、张德明:《新型农村社会养老保险筹资机制探析》,《现代经济探讨》2010 年第 2 期;张庆君、苏明政:《新型农村社会养老保险基金筹集能力研究——基于辽宁省义县新农保试点的实证考察》,《农村经济》2011 年第 9 期。
　　⑥　参见薛惠元、张德明:《新型农村社会养老保险筹资机制探析》,《现代经济探讨》2010 年第 2 期;邓大松、薛惠元:《新型农村社会养老保险制度推行中的难点分析——兼析个人、集体和政府的筹资能力》,《经济体制改革》2010 年第 1 期;邓大松、薛惠元:《新农保财政补助数额的测算与分析——基于 2008 年的数据》,《江西财经大学学报》2010 年第 2 期;张庆君、苏明政:《新型农村社会养老保险基金筹集能力研究——基于辽宁省义县新农保试点的实证考察》,《农村经济》2011 年第 9 期。

度"进口"补贴模式结构①。许多学者建议改革现行的财政激励机制,以提高激励效果,构建稳定的财政投入增长动态机制②,有的研究主张实行超额累退比例补贴和差额补贴方式,采取合理措施鼓励长期缴费、多缴费③。薛惠元、王翠琴认为中央财政对东、中、西部地区基础养老金的财政补助政策总体上是正确的,但也存在不公平性,应向农村人口比重较大的省份倾斜④。黄丽等对广东省城乡居保财政补贴的研究表明不同的市、县级财政压力存在很大差异⑤。另外,王雯认为目前的补贴机制存在不可持续、道德风险、逆向再分配、效率低下等问题⑥。王敏认为政府补贴政策面临着不公平、激励性不足、补贴水平低和责任分担失衡四大困境⑦。

集体补助方面,研究者基本上都认为有条件的村集体应该对农民参保缴费给予支持,既体现了集体的责任,也有利于调动农民的参保积极性。但除了少数城乡结合地区和发达地区外,绝大多数地区的集体经济实力很弱,基本上没有能力对城乡居保进行补助,集体补助难以落实⑧。

---

① 参见米红、王鹏:《新农保制度模式与财政投入实证研究》,《中国社会保障》2010年第6期。

② 参见王晓洁:《新型农村养老保险制度中财政补贴对农民缴费能力影响分析——基于2010年河北省37个试点县数据的考察》,《财贸经济》2012年第11期;朱莉莉、褚福灵:《建立以"保基本"为目标的城乡居民基本养老保险筹资增长机制研究》,《当代经济管理》2016年第2期。

③ 参见邓大松、仙蜜花:《新的城乡居民基本养老保险制度实施面临的问题及对策》,《经济纵横》2015年第9期;刘海英:《城乡居民基本养老保险的财政激励机制研究——基于效率与公平双重价值目标的考量》,《兰州学刊》2016年第2期;王雯:《城乡居民基本养老保险财政补贴机制研究》,《社会保障研究》2017年第5期。

④ 参见薛惠元、王翠琴:《"新农保"财政补助政策地区公平性研究——基于2008年数据的实证分析》,《农村经济》2010年第7期。

⑤ 参见黄丽等:《城乡居民社会养老保险政府补贴问题研究——基于广东省的实证研究》,《人口与经济》2014年第3期。

⑥ 参见王雯:《城乡居民基本养老保险财政补贴机制研究》,《社会保障研究》2017年第5期。

⑦ 参见王敏:《城乡居民基本养老保险财政补贴政策研究》,《中央财经大学学报》2017年第12期。

⑧ 参见邓大松、薛惠元:《新型农村社会养老保险制度推行中的难点分析——兼析个人、集体和政府的筹资能力》,《经济体制改革》2010年第1期;薛惠元、张德明:《新型农村社会养老保险筹资机制探析》,《现代经济探讨》2010年第2期。

(二)城乡居民基本养老保险待遇确定机制研究

城乡居保待遇确定机制研究主要集中在两方面:一是待遇水平分析;二是待遇调整研究。

多数研究认为目前城乡居保制度水平较低[1]。一些研究通过对养老保险待遇替代率测算来分析城乡居保待遇水平,研究者普遍认为目前城乡居保替代率偏低[2]。薛惠元选取新农保供给替代率和新农保需求替代率进行比较,发现现行新农保制度所提供的养老金不能满足农村居民的基本生活需要[3]。黄丽精算结果表明现行制度框架下城乡居保替代率远低于目标水平[4]。邓大松、薛惠元认为应该通过提高个人缴费档次、政府缴费补贴和个人账户养老基金收益率来提高个人账户养老金替代率[5]。延长最低缴费年限和提高养老金领取年龄也是提高城乡居保替代率的可行措施[6]。

有些研究对影响城乡居保待遇水平的另一因素——养老金计发系数进行了分析,多数研究认为应该对待遇计发系数进行适时调整[7]。桂世勋教授提

---

[1]　参见蒲晓红、成欢:《西部地区新型农村社会养老保险制度水平的评估》,《经济理论与经济管理》2012 年第 8 期;黄丽、刘红梅:《新农保主动参保意愿的影响因素分析——基于广东 7 县市 728 户农村家庭的调查》,《调研世界》2015 年第 6 期。

[2]　参见邓大松、薛惠元:《新型农村社会养老保险替代率的测算与分析》,《山西财经大学学报》2010 年第 4 期;梁平、胡以涛、付小鹏:《新型农村社会养老保险替代率测算方法与预测研究——基于政策的仿真推进视角》,《安徽农业科学》2012 年第 6 期。

[3]　参见薛惠元:《新农保能否满足农民的基本生活需要》,《中国人口·资源与环境》2012 年第 10 期。

[4]　参见黄丽:《城乡居民基本养老保险保障水平评估与反思——基于养老金替代率视角》,《人口与经济》2015 年第 5 期。

[5]　参见邓大松、薛惠元:《新型农村社会养老保险替代率的测算与分析》,《山西财经大学学报》2010 年第 4 期。

[6]　参见黄丽:《城乡居民基本养老保险保障水平评估与反思——基于养老金替代率视角》,《人口与经济》2015 年第 5 期。

[7]　参见杨斌、丁建定:《新型农村社会养老保险个人账户给付月数的测算与分析》,《江西财经大学学报》2012 年第 6 期;薛惠元、仙蜜花:《城乡居民基本养老保险基础养老金调整机制研究》,《统计与决策》2015 年第 15 期。

出适当下调新农保60岁时个人账户全部储存额的平均计发月数并定期按照最新数据进行调整①。薛惠元、仙蜜花认为应提高养老金计发系数以实现城乡居保个人账户基金的收支平衡②。杨斌、丁建定认为新农保法定个人账户给付月数不合理,应依据农村居民平均预期余命变动进行相应调整,性别不同的居民应该设计不同给付月数③。

在城乡居保待遇确定与调整机制方面,丁煜提出基础养老金不应低于农村最低生活保障标准并根据个人缴费基数、年限附加激励性养老金④。桂世勋提出对累计缴费超过15年的基础养老金,以后每满一年可以在中央确定的基础养老金标准及当地政府提高基础养老金部分的基础上加发2%。李运华、叶璐认为差异化的调整待遇方案有利于实现多维度目标的最优化整合⑤。

另外,有的研究者对地区间城乡居保待遇水平进行比较研究。薛惠元、仙蜜花通过对东、中、西部8个新农保试点县进行政策比较和实证分析得出:最低与最高缴费档次的替代率差距东部地区小于中、西部地区;部分地区间养老待遇水平的差距比经济发展水平的差距大⑥。李文军对各区城乡居民养老保险水平差异性进行了分析,发现北京、上海、新疆、西藏等地区养老金较高,吉

---

① 参见桂世勋教授根据农村60岁人口平均预期寿命比城市60岁人口平均预期寿命短,认为应该下调新农保个人账户养老金计发系数并根据平均预期余命的变化进行调整。参见桂世勋:《完善我国新型农村社会养老保险的思考》,《华东师范大学学报》(哲学社会科学版)2012年第1期。

② 参见薛惠元、仙蜜花:《城乡居民基本养老保险个人账户基金收支平衡模拟与预测——基于个体法的一项研究》,《当代经济管理》2015年第10期。

③ 参见杨斌、丁建定:《新型农村社会养老保险个人账户给付月数的测算与分析》,《江西财经大学学报》2012年第6期。

④ 参见丁煜:《新农保个人账户设计的改进:基于精算模型的分析》,《社会保障研究》2011年第5期。

⑤ 参见李运华、叶璐:《城乡居民基本养老保险待遇调整方案的优化与选择》,《华南农业大学学报》(社会科学版)2015年第4期。

⑥ 参见薛惠元、仙蜜花:《新型农村社会养老保险地区差距研究——基于东中西部8个新农保试点县的比较分析》,《经济体制改革》2014年第1期。

林、辽宁、黑龙江等东北地区养老金较低,并且许多省份低于全国平均水平①。

(三)城乡居民基本养老保险运行、社会化服务及其与其他养老保障制度衔接机制研究

运行保障机制研究方面,有的研究认为应该成立多职能部门组成的领导机构,确立缴费方式,明确各乡镇劳动部门的职责,建立养老金保值增值调节机制以及实行养老基金管理全国统筹,从而构建新农保的保障机制②。有研究者提出建立以县级管理机构为基础的"县—省—中央"三极管理体制,提高管理设施的建设水平,推进社会保障管理体制的公平化、规范化和效率化改革③。邱云生认为政府在新农保制度机制构建中应该明晰中央政府和地方政府之间的权事关系,减少政策博弈④。

社会化服务机制研究方面,谷彦芳等提出应改革人员管理制度,提升整体服务能力,构建新农保长效机制,要增加编制人员,加强管理人员业务能力培训,完善管理信息平台建设,建立高效的新农保经办系统和加快信息化建设⑤。

在与其他养老保险衔接机制研究方面,研究者普遍认为要加快制定衔接机制,积极推进新农保与其他养老保障项目间的整合,实现新农保与城乡多种养老保险制度的相互协调与有效衔接。新农保制度是社会保障体系的重要组

---

① 参见李文军:《地方政府城乡居民养老保险水平差异性及其优化研究》,《求实》2017 年第 11 期。

② 参见张盈华、张永春、宋雪杉:《新型农村社会养老保险制度的参保意愿和机制构建研究——以西安为例》,《西北大学学报》(哲学社会科学版)2011 年第 1 期。

③ 参见谷彦芳、宋凤轩、赵语:《河北省新型农村社会养老保险试点情况调查——兼论农村养老保险长效机制构建》,《经济研究参考》2011 年第 67 期。

④ 邱云生:《政府在新型农村养老保险机制构建中的角色定位》,《农村经济》2011 年第 6 期。

⑤ 参见谷彦芳、宋凤轩、赵语:《河北省新型农村社会养老保险试点情况调查——兼论农村养老保险长效机制构建》,《经济研究参考》2011 年第 67 期。

成部分,不可能孤立运行,它的发展与城镇职工、农民工等其他社会保障制度的发展紧密相连①。

国外农村养老保险制度都没有城镇养老保险制度那么发达。由于国外大多数国家实行的是城乡一体化社会保障制度,因而专门研究农民养老保障制度的文献较少,对中国农村社会养老保险的研究就更少,从已有的研究文献资料来看,国外城乡居民养老保险的研究具有以下特点:一是从权利公平视角,研究者普遍认为城乡居民与城镇职工应该有同样的福利待遇,主张将农民纳入国民基本养老保险制度。二是在制度建设方面,研究者认为城乡居民的养老保险制度建设普遍比城镇职工滞后。三是在制度建立的条件方面,研究者认为城乡居民养老保险制度的建立与国家的总体经济发展水平密切相关。四是在政府责任方面,国外不管是城乡居民养老保险,还是城镇职工基本养老保险,或者是统一的制度,其做法基本相同,政府都不同程度地给予财政补贴。另外,国外关于农村社会保障国际比较研究成果主要有:2000 年世界银行对拉美、亚洲及非洲三大地区农村社会保障制度的现状、特征、政策效果、未来发展趋势进行了详尽分析②;国际社会保障协会组织涵盖十五个不同类型国家扩大农村养老和医疗保险覆盖面的项目研究成果③;世界银行专家提出解决发展中国家农村养老保险覆盖面的多元改革思路④。

从以上有关城乡居保机制研究来看,筹资机制、待遇确定机制的研究较多,运行机制、社会化服务机制的研究很少。现有研究取得了一些成果,但也

---

① 宋明岷:《新型农村社会养老保险制度筹资机制研究》,《农村经济》2011 年第 2 期;杨凤寿:《新型农村社会养老保险制度的优势、问题及完善对策》,《农村经济》2011 年第 7 期。

② The World Bank Poverty Reduction and Economic Management Network Gender Division, "The Gender Impact of Reform A Cross-Country Analysis", Policy Research Working Paper, June 2003.

③ Social Security Administration Office of Policy Office of Research, Evaluation, and Statistics, International Social Security Association, "Social Security Programs Throughout the World: Asia and the Pacific, 2002", March 2003, 见 https://www.ssa.gov/policy/docs/progdesc/ssptw/2002 - 003/asia/ssptw2002asia.pdf。

④ James Estelle and Dimitri Vittas, *1999 Annuities Markets in Comparative Perspective: Do Consumers Get Their Moneys Worth*? Conference on New Ideas for Old Age Security World Bank.

存在不足:一是研究零散,不系统。现有对城乡居保机制的研究散见于完善城乡居保对策之中,很少有对四大核心机制进行系统的研究。二是只有观点,没有具体机制构建。大多数研究提出了完善城乡居保机制的主张或观点,但对如何构建机制没有研究。如很多研究者提出应尽快制定城乡居保与其他养老保险的衔接机制,但对如何构建却没有提出相应措施。三是论证不充分。有的研究者提出完善某一机制的措施,其依据只是经验,没有严密论证,即使进行论证,数据资料也往往较旧,可靠性、有效性和说服力不足。四是缺少反思性。如对筹资机制的研究,绝大多数研究只是按照现行规定的筹资模式、缴费标准和政府补贴标准对参保人的缴费能力、中央和地方政府补贴标准进行测算分析,很少对现在城乡居保筹资的缴费和政府补贴方式、标准的确定方法进行反思性研究。待遇确定机制的研究也存在同样的问题。本书在前人的研究基础上,从统筹城乡视角,对城乡居保的筹资机制、待遇确定机制、运行机制、社会化服务机制等四大核心机制及其与其他养老保障制度的衔接机制进行系统分析研究,并通过应用最新数据及相关资料来论证构建城乡居保发展有效机制。

三、城乡居民基本养老保险研究框架与结论

基本养老保障机制一般包括筹资机制、待遇确定机制、运行机制和社会化服务机制等四大核心机制。其中,筹资机制又包括劳资缴费、财政补贴、单独预算制等;待遇确定机制又包括综合考虑替代率与缴费情况的待遇确定机制、与物价指数挂钩的待遇增长机制、权益累计的待遇合并计算机制等;运行机制又包括社保稽核、银行收缴的征收机制,垂直经办机制,人大监督、行政监督、司法监督、社会监督机制等;社会化服务机制又包括养老金社会化发放机制、老年服务社会化供给机制等[1]。国发〔2014〕8号文件决定将新农保和城居保

---

① 郑功成主编:《中国社会保障改革与发展战略(养老保险卷)》,人民出版社2011年版,第15页。

两项制度合并实施,在全国范围内建立统一的城乡居保制度①。城乡居保制度是我国基本养老保障制度体系的重要构成部分,其机制同样包括以上四大核心机制。

本书在分析我国城乡居保现状的基础上,对城乡居保的筹资、待遇确定、运行和社会化服务等四大核心机制及城乡居保制度与城镇保、低保、五保等社会保障制度的衔接机制进行了分析研究,提出了完善城乡居保核心机制的种种对策。第一章从城乡一体化的视角,分析建立城乡居保发展长效机制的必要性及其主要内容。第二章在梳理城乡居保制度实践与发展历程的基础上,阐述了城乡居保实施的政治、经济、社会等方面的背景和特征,分析了城乡居保发展过程与状况、发展面临的问题。第三章对城乡居保目前个人缴费、政府补贴筹资方式、标准水平等状况及其存在的问题进行了分析,反思目前筹资机制,提出了完善城乡居保筹资机制的对策。第四章在分析目前城乡居保待遇发放状况及其存在问题的基础上,以保障城乡居民老年人基本生活为原则,结合养老保险基金预期利率和平均预期余命等因素,提出了完善城乡居保待遇确定机制的对策。第五章分析了城乡居保运行机制中法律法规建设、管理、实施和监督等主要构成要素现状及其存在的问题,提出了完善城乡居保运行机制的对策。第六章分析了目前城乡居保社会化服务状况及其存在的问题,把城乡居保服务纳入社会养老服务体系(居家养老、社区养老、机构养老)建设中,提出了完善城乡居保养老金社会化发放和养老服务社会化供给机制的对策。第七章对"城乡居保"与"城镇保""低保""五保"制度之间衔接的主要内容、个人账户基金转移缴费年限折算和待遇如何确定等应注意的问题进行分析,以权益保障累加为原则,提出了完善与这些制度衔接机制的对策。同时,通过与城镇职工基本养老保险比较,借鉴国外养老保险制度发展经验,提出要

---

① 实际上参保人主体还是农村居民,农村居民参保人员占城乡居民参保人员95%以上,城镇居民较少。参见《城乡居民养老保险制度建设的关键一步》,《学习时报》2018年5月21日。

构建有效机制,为建立全国统一的城乡基本养老保险制度提供衔接条件。

本书提出采取如下措施完善城乡居保核心机制。

第一,完善城乡居保筹资机制的措施。借鉴城镇职工基本养老保险比例缴费标准确定办法,提高最低缴费档次标准;调整政府对城乡居保财政补贴的结构,扩大缴费补贴在财政补贴中的比例,充分发挥缴费补贴的杠杆作用,鼓励城乡居民趁早参保和长期缴费,提高政府最低缴费补贴标准和采取倒 U 形边际缴费补贴方法鼓励"多缴多得";加大中央政府财政责任等。

第二,完善城保待遇确定机制的措施。借鉴城镇职工基本养老保险基本养老金调整机制对城乡居保基础养老金进行调整;通过提高最低缴费档次标准、提高"多缴多得"的边际缴费补贴和适当延长最低缴费年限来提高个人账户储存额,从而提高个人账户养老金在养老待遇中的比重和个人账户养老金水平;提高缴满最低缴费年限后每增加一年缴费所加发的基础养老金标准,并采取分段累减方式发放延长缴费年限所加发的基础养老金(这种方式和采取倒 U 形边际缴费补贴方式既可以达到鼓励"长缴多得""多缴多得"的效果,又可以防止"补富不补穷"现象);依据人口平均预期寿命调整个人账户养老金计发系数等。

第三,完善城乡居保运行机制的措施。做好城乡居保法律法规制定的整体规划,提高相关法律法规层次,根据城乡居保在社会保障体系中的地位给予相应的立法层次,在现有的法律法规中加入城乡居保相关内容;进一步加强专业化管理,加强城乡居保管理部门与其他社会保障管理部门的协调性;加大边远偏僻地区城乡居保经办服务力度,利用"互联网+"简化事务经办程序,提高城乡居保基金管理层次;加大边远地区监督力度,进一步理顺监督体制,加强社会监督等。

第四,完善城乡居保社会化服务机制的措施。通过拓展传统意义上的社会养老服务范围,把城乡居保参保登记、保费代扣代缴、待遇社会化发放、权益查询等相关服务纳入到居家养老、社区养老和机构养老服务中;加强社会养老服务信息网络平台与城乡居保服务平台对接,建设"互联网+"城乡居保服务工程,实施"智慧居保"服务;加强城乡居保服务队伍特别是乡镇、村(社区)基层服务队伍建设,形成不同层次服务职能相互协调机制等。

第五,完善城乡居保与城镇保、低保、五保制度衔接机制的措施。从城镇保转入城乡居保不转移统筹基金有损于参保人利益,参保人应该享受转入城乡居保前按缴费年限所计算(按照城镇保基础养老金计算办法)的基础养老金;无论城镇保转入城乡居保,还是城乡居保转入城镇保,都应该按照权利与义务一致的原则,采取较合理的方法对缴费年限进行折算,从城镇保转入城乡居保,当年缴费可以转入地当年城乡居保参保人平均缴费额或中间缴费档次标准为基数进行年限折算;从城乡居保转入城镇保,当年缴费可以城镇个体工商户和灵活就业人员当年缴费为基数进行年限折算;完善城乡居保社会统筹和个人账户制度模式,为建立全国城乡统一的基本养老保险制度准备条件。经济发展水平不够高时,政府可以为"低保""五保"对象代缴部分或全部最低标准的养老保险费,随着经济发展水平提高和财政收入增长,政府应该以保障他们老年基本生活为目标为其代缴相应标准保险费。当城乡居保养老金与低保、五保老人领取的低保金或供养待遇总额低于基本生活水平所需费用时,各项制度待遇应该累加,还应该按照基本生活所需要费用标准予以补足。当五保、低保老人享受的城乡居保养老金待遇与低保金、供养待遇总额高于本地居民的基本生活水平所需费用时,就应该适当进行控制。如果超出基本生活费用较大时,应该扣减超出基本生活费用的低保待遇或供养待遇;当城乡居保待遇达到了能保障基本生活水平时,参加了城乡居保的低保或五保老人在领取城乡居保养老金时应该不再享受最低生活保障或五保供养待遇。审核和复核"低保""五保"资格时,城乡居保最低标准基础养老金应该不计入家庭收入,鼓励性基础养老金(多缴多得、长缴多得增发的基础养老金)与个人账户养老金应该计入家庭收入。

第一章　城乡居民基本养老保险
机制分析基础理论

城乡一体化作为一种研究视角贯穿全书,城乡居民基本养老保险的筹资、待遇确定、运行、社会化服务四大核心机制为本书分析的基本框架。本章主要阐述了城乡一体化理论的提出、含义、基本内容及其发展过程,分析建立城乡居保发展长效机制的必要性、其体系及主要内容。

第一节　城乡一体化理论

一、城乡一体化的提出及其发展历程

城乡一体化概念的提出是对城乡发展实践需要的反映,同时也具有引导城乡发展实践的作用。人类社会诞生初期,由于生产力和社会发展水平很低,还没有产生城市,没有城乡之分,城乡是统一的;随着生产力水平发展到一定阶段,出现了社会分工,出于人类社会生活物质交换等需要开始出现了城市。起初城乡差异不大,工业革命后,在特定的历史条件下,形成了城乡二元体制机制,在这二元体制机制的运行下,城乡差异逐渐加大。从已经历过较完整工业化过程的发达国家和发展中国家先行地区的实践经验来看,工业化和城市

化在促使经济社会进步的同时也带来了一系列前所未有的问题,如城乡发展不平衡,城乡公共服务不均衡等,而工业化和城市化本身难以自然地消除这些城乡之间的差距和实现城乡现代化的公平,必须在进一步工业化和城市化的同时解决制度层面差别问题。随着城乡生产力的差异缩小,工业化和城市化提供的物质基础使城市与乡村之间生活水平趋于同等化有了可能,以制度创新促使城乡之间差距缩小和实现社会公平,是城乡一体化的内在要求和行动目标①。

人类社会发展过程中,城市与乡村发展关系主要有三种阶段模式:农业社会时代城乡依存模式、工业社会时代城市统治乡村模式、后工业社会时代城乡融合模式②。发达国家城乡关系发展过程大体经历了以下几个阶段:一是乡村孕育城市阶段;二是城乡分离阶段;三是城市统治和剥夺乡村,城乡对立阶段;四是城市辐射乡村阶段;五是城市反哺乡村,乡村对城市产生逆向辐射阶段;六是城乡互助共荣与融合阶段。发展中国家独立后初期,注重工业化发展,在城市投放大量资金,忽视乡村发展,使城乡差别呈现扩大态势。20 世纪60 年代后期,许多发展中国家开始认识到片面工业化战略的局限性,重视城乡经济协调发展,在城乡经济一体化探索和实践基础上,越来越认识到城乡一体化发展是摆脱城市繁荣而农村衰落的有效途径③。因此,城乡一体化是对城乡关系的否定之否定,即城乡统一到城乡对立再到城乡一体化④。

关于城乡关系论述,早在 19 世纪初以圣西门、傅立叶为代表的空想社会主义者就提出了"城乡融合"的城乡一体化思想。法国思想家圣西门提出社会是由农业劳动者和受雇于工厂主或国家的劳动者构成,他们是社会体系中

---

① 参见张强:《城乡一体化:从实践、理论到策略的探索》,《中国特色社会主义研究》2013 年第 1 期。

② 参见朱磊:《城乡一体化理论及规划实践——以浙江省温岭市为例》,《经济地理》2000 年第 3 期。

③ 参见石忆邵:《城乡一体化理论与实践:回眸与评析》,《城市规划汇刊》2003 年第 1 期。

④ 参见邹军、刘晓磊:《城乡一体化理论研究框架》,《城市规划》1997 年第 1 期。

的平等成员①。傅立叶提出了城乡差别逐渐消失、城市和乡村平等和谐发展的"法朗吉"理想社会②。他们这些思想体现了对城市与农村协调发展这一核心问题的思考,并为后来的城乡发展理论提供了许多值得参考和借鉴的地方。

马克思主义理论体系中有着丰富的城乡一体化理论。马克思、恩格斯高度重视城乡关系问题,他们将城乡关系作为一个基本的理论范畴,并对不同历史时期的城乡关系作过深刻分析。在《哲学的贫困》中,马克思认为"城乡关系一改变,整个社会也跟着改变"③,它是影响经济社会发展的关键环节。马克思和恩格斯还论证了城乡分离的历史必然性和由城乡分离走向城乡融合的途径。马克思和恩格斯认为,"一切发达的、以商品交换为媒介的分工的基础,都是城乡分离。可以说,社会的全部经济史,都概括为这种对立运动"④,城乡分离和对立是工商业劳动与农业劳动分工的必然结果,应该"把农业和工业结合起来,促使城乡对立逐步消灭"⑤,通过城乡融合消除工人和农民之间的阶级对立,实现经济社会发展成果全民共享。马克思和恩格斯认为城乡对立破坏了工农业间必要的适应和相互依存关系,随着资本主义转化为更高的形态,这种对立将会消失。消除城市与乡村之间的对立取决于许多物质前提,单靠意志是不能实现的⑥。恩格斯在《共产主义原理》中最早系统地阐述了城乡融合理论,指出"乡村农业人口的分散和大城市工业人口的集中只是工农业发展水平不够高的表现,它是进一步发展的阻碍",要通过消除旧的分工、生产教育、变换工种等方式共同享受大家创造出来的福利以及城乡的融合,使全

---

① 参见[法]昂利—圣西门:《圣西门选集》第1卷,王燕生、徐仲年、徐基恩等译,商务印书馆1979年版,第52页。

② 参见[美]乔·奥·赫茨勒:《乌托邦思想史》,张兆麟译,商务印书馆1990年版,第192—198页。

③ 《马克思恩格斯选集》第1卷,人民出版社1995年版。

④ 《资本论》第1卷,人民出版社2004年版,第408页。

⑤ 《马克思恩格斯选集》第1卷,人民出版社1995年版,第294页。

⑥ 《马克思恩格斯全集》第3卷,人民出版社2003年版,第57页。

体成员的才能得到全面的发展①。列宁和斯大林在马克思和恩格斯的论述基础上对城乡分离相关理论和消除城乡对立做了进一步探索。列宁认为"城市比乡村占优势(无论在经济、政治、精神以及其他一切方面)是有了商品生产和资本主义的一切国家的共同的必然的现象"②。斯大林把"城市和乡村有同等的生活条件"③作为消除城乡对立、实现城乡融合的重要标志。纵观马克思主义城乡关系理论,可以概括为城乡关系与生产力发展水平密切相关,在不同的生产力发展水平阶段,城乡关系表现形式不同,在人类社会发展过程中,城乡关系依次经历城乡依存、城乡分离和城乡融合三个阶段④。马克思主义认为人类社会最初是农村孕育了城市,生产力的发展使原始农业和畜牧业从采集与狩猎活动中分离出来,农业和畜牧业所提供的剩余粮食和劳动力不断增加⑤,才使城镇出现有了可能。农村的发展促进了城市的诞生,农村是城市的摇篮,但在工业革命前,城市化总体上处于低水平状态,在这阶段城乡之间是一种相互依存的关系。工业革命后,工业革命推动了城乡分离,极大加快了城市化进程,使很大一部分居民脱离农村生活的愚昧状态⑥,从农村来到城市,"农村从属城市"、城市统治农村的格局形成,城乡关系由依存转向分离和对立。当生产力水平进一步提高,经济社会发展到一定阶段后,城乡分离和对立会阻碍社会进一步发展,要求城乡关系由对立向融合转变,最终实现城乡一体化发展⑦。

关于城乡一体化发展模式,加拿大学者麦基(T.G.McGee)通过中国长江

---

① 《马克思恩格斯全集》第1卷,人民出版社2003年版,第222页。

② 《列宁全集》第2卷,人民出版社1959年版,第192页。

③ 《斯大林选集》(下卷),人民出版社1979年版,第558页。

④ 白永秀、王颂吉:《马克思主义城乡关系理论与中国城乡发展一体化探索》,《当代经济研究》2014年第2期。

⑤ [美]刘易斯·芒福德:《城市发展史——起源、演变和前景》,中国建筑工业出版社2005年版,第12页。

⑥ 《马克思恩格斯选集》第1卷,人民出版社1995年版,第276—277页。

⑦ 白永秀、王颂吉:《马克思主义城乡关系理论与中国城乡发展一体化探索》,《当代经济研究》2014年第2期。

三角洲和珠江三角洲、韩国首尔—釜山走廊等地区研究发现,与传统的城市与乡村之间存在清晰界线、明显差别不同,现代城乡之间的地域界线日渐模糊,在地域组织结构上趋向城乡融合,从而提出了"城乡融合"发展模式。芒福德(Lewis Mumford)和刘易斯提出了"以城带乡"的城乡一体化发展模式。芒福德提出城与乡不能截然分开,城与乡同等重要,城与乡应当有机地结合在一起[①],主张以现有的城市为主体促进区域整体发展,重建城乡之间的平衡,使区域内城乡居民均能享受到同样的生活质量。1954年刘易斯在《曼彻斯特学报》发表论文《劳动力无限供给条件下的经济发展》,认为发展中国家存在"二元经济结构",提出了二元经济结构下的"以城带乡"城乡一体化发展模式,主张建立以城市为中心,通过资源要素在城乡之间流动,重建城乡之间的平衡,从而带动乡村地区发展,使全体居民都享受城市生活的益处。霍华德和利普顿提出了"以乡促城"的城乡一体化发展模式。霍华德提出"田园城市"理论,明确主张"用乡城一体的新社会结构形态来取代城乡对立的旧社会形态"[②]。利普顿认为城乡发展过程中容易形成"城市偏向"的城乡关系,要在政策上给予农村更大的自主权,完善农村基础设施,提高农村生产力,实现农业产业化、商品化,增加农业产量和贸易盈余,获得农村地区的有序发展[③]。一些学者还提出了城乡一体化发展理论,发展经济学家赫希曼(A.O.Hirshman)提出了极化—涓滴效应学说,认为经济相对发达区域的经济增长对欠发达区域将会同时产生不利和有利影响。在初期,由于极化效应大于涓滴效应而使经济相对发达的区域占据优势,从长远来看,最终涓滴效应会大于极化效应,即经济相对发达区域的发展将会带动欠发达区域的经济增长。弗里德曼将中心—外围理论的概念引入区域经济学,他认为经济发展是一个不连续但是逐步累积

---

①　康少邦、张宁:《城市社会学》,浙江人民出版社1985年版,第216页。

②　赵树枫、陈光庭、张强:《北京郊区城市化探索》,首都师范大学出版社2001年版,第17页。

③　李瑞光:《国外城乡一体化理论研究综述》,《现代农业科技》2011年第17期。

的创新过程,创新起源于区域内少数的变革中心(核心区),并由这些中心自上而下、由里向外地朝着创新潜能较低的地区(外围区)扩散,并通过主导效应、信息效应和生产效应巩固了中心的有利地位,而外围的发展处于不利地位。

中国城乡一体化概念是在城乡发展实际需要和实践的基础上提出来的。新中国成立到改革开放前,城市与农村处于二元分割状况,主要通过城市对农村的"剪刀差"促进城市发展,城乡差距很大,此时政府文件和学界著作中基本上没有"城乡一体化"这个词。改革开放后,20世纪80年代初,苏南地区根据改革实践中出现的新情况提出"城乡一体化"发展思路。当时苏南的乡镇企业发展很快,成为联结城乡的主要载体,城乡之间科技、劳动人员、文化交流日益频繁,城乡居民生活水平和生活方式的差距逐渐缩小,这促使地方政府对区域内城市和农村、工业和农业、经济和社会事业进行统筹兼顾、合理安排,实现城乡之间协调发展,这种社会经济发展过程被称为"城乡一体化"①。城乡一体化提出后,引起了学界争论。有的学者反对在该阶段提倡城乡一体化发展,认为我国还处于社会主义初级阶段,城乡差别很大,城乡一体化超越了该阶段城乡关系的实际,暂时不能作为调整我国城乡关系的指导思想,应该走城市领导农村道路,通过城市化改变城乡差别和城乡二元结构②。有的学者认为城乡一体化实质是国家重新建立垄断、消除竞争,通过制定统一的发展计划来平衡城乡发展,不具有可操作性,无法解决中国的城市化和城乡协调发展问题③。大多数学者认为面对城乡发展不平衡的状况,各地应根据实际情况,消除城乡二元结构,推进城乡关系朝着一体化方向发展,这既是经济社会发展历史的必然进程,也是城乡关系发展的目标。

---

① 参见孙来斌、姚小飞:《中国城乡一体化研究述评》,《湖北社会科学》2016年第4期。
② 参见王圣学:《关于"城乡一体化"的几点看法》,《理论导刊》1996年第5期。
③ 参见王振亮:《城乡一体化的误区——兼与〈城乡一体化探论〉作者商榷》,《城市规划》1998年第2期。

从系统论观点看,城市和乡村本为一体,彼此难以分离,只是随着社会分工发展及生产力水平在某一阶段,才逐渐从空间上分离,由此产生了社会、经济、环境等方面差别。生态学家马世骏认为,城乡是社会经济自然复合系统,各子系统的发展是相互依赖的,彼此之间要相互配合与支持。因此,现代化的城市和乡村建设中,应该以城乡一体化为指导思想和战略目标,采取积极有效措施,保证城乡之间在各方面协调畅通①。

中国把城乡一体化作为发展战略是进入 21 世纪后为了破解城乡二元结构逐渐确立的。1983 年 7 月中国城郊经济研究会(前身是中共中央书记处农村政策研究室所属城郊组)在广州市召开第一次城郊经济研讨会,12 个大城市共同开展了城郊农村经济结构和发展战略问题研究,研究结论认为可以从有条件的城市和城郊做起,实施城乡一体化发展方针。2002 年 11 月党的十六大报告提出"统筹城乡经济社会发展"的方针,2003 年 7 月胡锦涛提出"科学发展观"思想,"统筹城乡发展"成为其重要内容。2007 年 10 月党的十七大报告提出"建立以工促农、以城带乡长效机制,形成城乡经济社会一体化发展新格局"。2012 年 11 月党的十八大报告提出"城乡发展一体化是解决'三农'问题的根本途径"。2017 年 10 月党的十九大报告提出"建立健全城乡融合发展体制机制和政策体系,加快推进农业农村现代化",把城乡一体化提升到了一个新的战略高度和理论高度,并且开始着力城乡一体化发展体制机制的建构。总体上来看,中国城乡一体化战略发展经历了"统筹城乡经济社会发展"至"统筹城乡发展"至"城乡经济社会发展一体化"再到"城乡发展一体化"的大致历程。在城乡一体化认识的指导下,统筹城乡规划、建设、产业、服务、管理等多方面的一体化,已经从先行的大城市地区迅速扩展到广大农村地区②。

---

① 参见甄峰:《城乡一体化理论及其规划探讨》,《城市规划汇刊》1998 年第 6 期。
② 参见张强:《城乡一体化:从实践、理论到策略的探索》,《中国特色社会主义研究》2013 年第 1 期。

中国城乡一体化发展中的城乡差距主要体现在三个方面:一是制度方面的差距,即城乡有别的制度规定;二是政策措施方面的差距,即以政策形式确定的城乡差别;三是发展水平方面的差距,即受城乡有别的制度和政策影响而形成的城乡居民之间各类待遇水平方面的差距。城乡一体化属于制度层面的概念,其实质是要消除由制度因素造成的城乡差距,实现城乡公平的目标。城乡差距不会自然地消除,必须在工业化、城镇化的基础上,改变原有城乡有别的制度和政策,消除二元体制机制,才能促进城乡差距的消除。党的十六大以来党和政府按照"工业反哺农业、城市支持农村",对农业、农村、农民"多予少取放活"以及基本公共服务城乡均等化的指导思想,自上而下主动地在多方面突破城乡二元制度,设计城乡一体化制度,大幅度增加对农业、农村的投入,各项公共服务逐渐从城市延伸到农村地区,基本建立起城乡经济社会一体化的体制机制,城乡差距在逐渐缩小。到本世纪中叶,中国将全面实现城乡一体化,城乡之间多方面差距将被制度化、长久性地消除,实现城乡之间多方面的社会公平①。

中国城乡一体化理论是在长期的城乡社会经济发展与实践过程中总结出来的,是马克思主义城乡关系理论的继承和发展,为科学协调城乡发展和提高城乡人们整体生活水平起着指导作用。

二、城乡一体化的含义及其主要内容

(一)城乡一体化的含义

不同的研究者和不同的学科对城乡一体化内涵的界定侧重有所不同。经济学侧重城乡经济一体化的发展,从生产资源分布和生产力合理布局方面出发,认为城乡一体化是指加强城市和乡村之间的经济交流与协作,使生产力在城乡之间优化分工、合理布局、协调发展,从而实现最佳经济效益的过程,认为

---

① 参见张强:《中国城乡一体化发展的研究与探索》,《中国农村经济》2013 年第 1 期。

这是现代经济中农业和工业之间联系日益增强的客观要求。社会学、人类学研究认为城乡一体化是指城市和乡村打破彼此分割的局面,使城乡经济、社会生活紧密结合与协调发展,逐步消灭城乡之间基本差别,以致城市和乡村融为一体的过程。生态环境学研究认为城乡一体化通过城市和乡村生态环境的有机结合,致使自然生态过程畅通有序,促进城乡健康、协调发展①。有的学者认为城乡一体化发展是工业化、城镇化、农业现代化和信息化发展到一定阶段,依托城市和乡村生产要素集聚和发展成果共享机制,打破城乡分割对立状态,通过城乡统筹规划,促进城乡要素、资源自由流通和均衡配置,功能协调耦合,实现城乡良性互动,逐步缩小城乡差距,以达到融合发展②。城乡一体化不是城乡"平均化"和"同样化",不是忽视城乡的客观差异性而完全消灭城乡差别以达到城乡绝对融合。马克思主义认为,城乡一体化本质上是要消灭城乡对立,而不是完全消灭城乡差别。实际上城市和乡村都有其特定的自然、社会、经济、历史情况,在这些方面城乡不可能完全相同,城乡差别也就不可能完全消灭。城乡一体化强调的是城乡间各要素的融合、贯通,但并不排斥差别,应该通过科学、合理地规划,将差别转化为各自特色,形成城乡高层次协调发展③。那种忽视城乡的客观差异性,推行城乡齐头并进均等发展模式,实质上是向城乡一样化而非一体化发展,这不符合社会发展规律,也不现实,在理论上和实践上行不通。城乡一体化基本思路应该是通过创新、完善制度消除城乡之间由制度导致的多方面差距,并非消除城乡一切差别。因此,城乡一体化既有城乡"相同"方面,也存在城乡"不同"方面。所谓城乡"相同"主要指基本公共服务要从城市向乡村延伸,实现城乡基本公共服务均等化④,城市有的基本公共服务制度、政策,乡村不能缺失,应该和城市居民一样享受相应的基

①　参见景普秋、张复明:《城乡一体化研究的进展与动态》,《城市规划》2003 年第 6 期。
②　参见白永秀、王颂吉:《马克思主义城乡关系理论与中国城乡发展一体化探索》,《当代经济研究》2014 年第 2 期。
③　参见甄峰:《城乡一体化理论及其规划探讨》,《城市规划汇刊》1998 年第 6 期。
④　参见张强:《中国城乡一体化发展的研究与探索》,《中国农村经济》2013 年第 1 期。

本公共服务;所谓城乡"不同"是指由于城乡存在社会、经济、文化等方面的不同,城乡基本公共服务等方面的提供方式、水平应依据城乡的实际情况而应有所不同,不可采取城乡"一刀切"的绝对做法。同时,城乡一体化不是通过把城市各方面发展水平降低到乡村发展水平从而致使城乡"低层次平衡发展"或"平均主义"来实现,而是应该通过提高乡村各领域发展水平以缩小其与城市的差距来实现。

尽管城乡一体化含义没有统一的界定,很多学者通常也将其与城乡统筹、城乡融合同义使用,但学者们还是有一些基本共识:首先,学者普遍认为城乡一体化是以生产力发展水平较高,工业化、城镇化、农业现代化与信息化发展到一定阶段为前提条件的;其次,城乡一体化属于制度层面的范畴,是与城乡二元结构相对应的,目前是要消除城乡不同的制度、政策导致的城乡在不同领域的差距,保障城乡居民各方面权利和义务平等;再次,城乡一体化是城乡发挥各自优势,通过双向互动,达到互为资源、互为市场、互相服务促进协调发展的过程;最后,城乡一体化是一个包括经济、政治、社会、文化、生态等各个领域一体化的系统工程①。

(二)城乡一体化主要内容

城乡一体化主要包括城乡政治一体化、城乡经济一体化、城乡生态一体化、城乡人口一体化、城乡文化一体化及城乡空间一体化等。城乡政治一体化又称城乡政治融合,指城乡人民具有同样的参与国家政治事务的权利,要消灭城乡人民在参与国家政策、决策方面的差别,在生产关系上体现共同利益;城乡经济一体化又称城乡经济融合,指充分发挥城市中间纽带作用,使城市和乡村的劳动力、资金、科学技术、能源等经济要素在城乡之间合理流动和配置,将大工业和农村工业合理布局,乡村接受城市的部分功能,成为城镇的功能体,

---

① 参见孙来斌、姚小飞:《中国城乡一体化研究述评》,《湖北社会科学》2016年第4期。

实现农业现代化、乡村工业化;城乡生态一体化又称城乡生态环境融合,指城乡在空间对比上差距不显著,输入、输出关系合理,物质、能量循环途径完善,信息传递渠道通畅,严格控制污染源,保护物种的多样性,使城市生态环境乡村化,乡村环境城市化;城乡人口一体化又称城乡人口融合,指从根本上改变农村居住着大量农业人口、城市聚集着拥挤的工业人口的畸形状态,优化城乡人口结构;城乡文化一体化又称城乡文化融合,指城乡信息反馈体系完善,努力提高乡村居民文化水平,使整个社会成员都充分享受现代精神文明,以消除农村落后、愚昧、穷困的状态;城乡空间一体化又称城乡空间融合,指城乡间建立完善通达、快捷的交通、通信网络,城乡联系有序①。

对城乡一体化的界定,学术界有多种不同观点。有的认为它是一种目标,有的把它作为一种手段;有的认为它是一个过程,有的把它当作一种结果;有的认为它是一种思想方法,有的把它当作一种途径。城乡一体化研究起初在经济领域较多,一些学者往往把城乡一体化作为一种手段,提出城乡发展战略一体化、经济管理一体化、商品市场一体化、经济活动网络化、利益分配合理化等对策思路,通过生产要素在时空上的优化配置,确保城乡协调发展。后来,有的学者将城乡一体化研究延伸到户籍管理、住房、食品供给、就业、教育、医疗、保险等更为广泛的制度领域,试图通过城乡一体化战略规划和制度设计改变传统的城乡分割体制,来达到消除城乡差距,实现城乡融合发展。还有的学者将城乡一体化研究扩展至政治、生态环境、文化等各个领域,将城乡一体化视为经济社会发展的必然结果和发展途径,认为城市和乡村最终将成为一个互相依托、互相促进、共同发展的统一体②。笔者认为城乡一体化既是目标也是手段,既是过程状态也是结果,既是理论、思想方法也是途径。作为一种理论、思想方法它指导统筹城乡协调发展;城乡协调发展的目标和结果是通过城乡一体化的发展缩小城乡差距;要缩小城乡差距必须通过城乡一体化一系列

---

① 参见邹军、刘晓磊:《城乡一体化理论研究框架》,《城市规划》1997年第1期。

② 参见石忆邵:《城乡一体化理论与实践:回眸与评析》,《城市规划汇刊》2003年第1期。

制度,采取适当手段,经过一定发展过程才能达到。随着城乡一体化研究范围的扩展和不同领域制度、政策等方面城乡一体化研究的深入,城乡一体化逐渐成为研究城乡协调、融合发展的一种理念、思想方法和视角。

三、养老保险城乡一体化理论依据和主要内容

本研究把城乡一体化作为城乡居民基本养老保险与城镇职工基本养老保险等其他群体养老保险协调发展的指导思想。基本养老保险城乡一体化是通过基本养老保险均等化让全体人民更好共享改革发展成果,提升国民的幸福感和满意度[①]。也就是针对城市和乡村不同群体建立相同或相近的基本养老保险制度,符合参保条件的国民不论民族、种族、性别、职业、家庭出身、宗教信仰、教育程度、财产状况、居住期限等都应该平等享有养老保险的权利[②]。社会保障权是基于社会契约、国家责任和公民的基本生活保障需求的一项基本人权,是公民的一项基本权利。社会保障制度包括养老保险制度设计必须确保社会成员保障权利平等,其首先体现在任何社会成员都应该被其制度所覆盖。社会公平是现代社会保障制度包括基本养老保险制度的核心价值。同时,社会保障也是实现社会公平的一项重要手段。社会公平主要包括权利公平、机会公平、规则公平和分配公平等四个方面。社会保障强调社会成员参加的机会公平,任何社会成员只要符合相应制度的规定条件,不论其职业、地位、民族、贫富等均可纳入社会保障范围,每一项社会保障项目对其适用的范围对象都是一种机会公平的保障;社会保障通过提供基本生活保障解除人们生活的后顾之忧而使他们以良好的心态参与社会的公平竞争,并且可以消除在发展过程中因疾病等其他因素影响而导致的社会不公平,以保证社会成员参与

---

① 郑功成主编:《中国社会保障改革与发展战略(总论卷)》,人民出版社 2011 年版,第73 页。

② 广西老社会科学工作者协会、广西老科学技术工作者协会、广西老年基金会编著:《社会公平与社会和谐》,广西人民出版社 2007 年版,第 3—7 页。

社会生活的起点公平和过程公平;社会保障还通过对国民收入的再分配,在一定程度上缩小了社会成员的发展和分配结果的不公平,缩小了贫富差距。因此,社会保障能够从多方面维护社会公平,社会公平也需要通过建立和实施社会保障制度来维护。以上社会保障与社会公平之间的辩证关系说明社会保障制度包括基本养老保险制度的设置要以社会公平为指导原则,同时,合理科学的社会保障制度设置能进一步维护社会公平。基本养老保险制度包括城镇职工基本养老保险和城乡居民基本养老保险等其他群体养老保险制度是社会保障制度的重要组成部分,以上社会保障与社会公平的辩证关系适用于这些制度。在我国社会二元结构状况还比较明显的情况下,社会保障包括基本养老保险城乡一体化也是维护社会公平的要求和重要途径。目前城镇职工基本养老保险的基本框架已建立并不断完善,而城乡居保制度建立的时间不长,与城镇职工基本养老保险还有很大差距,这对同样是国家公民的城乡居民有失公平①。通过基本养老保险城乡一体化发展,统筹规划,做好一体化顶层设计,可以起到维护社会公平、缩小社会成员之间与城乡之间差距的作用。基本养老保险城乡一体化在本书中不是用作基础理论来分析某一个问题,而是作为理论视角和途径贯穿全书。

从城乡一体化视角分析城乡居保制度,主要是将其与城镇职工基本养老保险进行比较分析,参照已比较成熟的城镇基本养老保险制度模式和实施情况,改进和完善城乡居保制度,使城乡居民基本养老保险在制度模式、缴费方式、待遇确定与发放方式、基金管理与运营等方面实质上(目前有的方面是名义上的)与城镇职工基本养老保险基本一致。在适当的时候通过基本养老保险制度(主要包括城镇职工基本养老保险和城乡居民基本养老保险)的并轨,把城乡分设的养老保险制度进行归并,从而使我国基本养老保险在统一对象管理的基础上,统一筹资渠道、统一缴费模式、统一计发办法、统一基金管理、

① 王章华:《中国新型农村社会养老保险制度研究》,中国社会科学出版社 2014 年版,第39—40 页。

统一机构管理,着力消除不同群体间的基本养老保险关系转续存在的问题,从提高基本养老保险便携性着手,实现基本养老保险制度与服务一体化。当然,基本养老保险城乡一体化主要是实现城乡不同群体基本养老保险制度的一体化,而不是不同群体基本养老保险各方面标准的统一。基本养老保险城乡一体化的基础是统筹城乡养老保险制度发展,一体化是"统筹"制度模式、方式等,而不是"统一"标准,因而在一段时期内,城乡居民与城镇职工等群体基本养老保险会因不同群体具体情况(包括就业特征、收入水平、筹资水平、计发方法等)的不同,存在基本养老保险水平上的差别。基本养老保险城乡一体化还有一个重要方面就是通过城乡基本养老保险一体化建设,在制度上要使城乡居民人人享有基本养老保险,覆盖全体城乡符合参保条件的不同群体特别是城镇职工和城乡居民[①],使城市和农村居民在基本养老保险方面权利公平、机会公平、规则公平和分配公平。

第二节　城乡居民基本养老保险长效机制体系

一、建立城乡居民基本养老保险长效机制的必要性

从国务院 2009 年 9 月 1 日下发《关于开展新型农村社会养老保险试点的指导意见》(国发〔2009〕32 号)到 2011 年 6 月 7 日下发《关于开展城镇居民社会养老保险试点的指导意见》,再到 2014 年 2 月 21 日下发《关于建立统一的城乡居民基本养老保险制度的意见》,我国先后建立了新农保制度、城居保制度和统一的城乡居保制度,把城乡居民纳入到了养老保险制度中。国务院前两个《意见》中要求"十二五"末实现"制度全覆盖"而实际上两者合并前,2012 年末就实现了"制度全覆盖"。但是,"制度全覆盖"并不意味着"人员全

---

① 郑功成主编:《中国社会保障改革与发展战略(总论卷)》,人民出版社 2011 年版,第95 页。

覆盖",由于制度有待进一步完善、居民认识不高等多种原因的影响,许多城乡居民并没有参加城乡居保或出现部分居民断保、退保等现象。影响城乡居保发展的因素很多,如:城乡基本公共服务均等化对城乡居保发展具有促进作用,有利于城乡居保全覆盖;现有财政体制对城乡居民参保具有抑制作用,不利于全覆盖的实现;城镇化水平对城乡居民参保有促进作用,有助于全覆盖的实现[①]。经济体的变化、各种新技术、民众意识的转变通过经济发展水平、市场化程度、就业率、城市化率影响作用于城乡居保参保率。另一方面,城乡居保发展(覆盖率)还会受到参保人收入水平、受教育程度、年龄结构、参保意识、个人账户投资收益率等微观条件的影响。城乡居保参保行为还会受城乡养老保险衔接程度和政府财政补贴程度的影响,还会受参保手续的便捷程度、经办人员的服务态度、居民对新农保政策的信心,甚至村域信任、村域规范和村域互动等方面的影响。这些影响因素归纳起来大致可以分为两类:一类是外部因素;一类是内部因素。外部因素是影响城乡居保发展的基础条件,内部因素对城乡居保发展起决定作用。要使城乡居保从"制度全覆盖"逐步实现"人员全覆盖",符合参保条件的人员长期、稳定参保,不出现城乡居民不参保、断保或退保现象,一方面要进一步改善其外部环境条件,另一方面要建立城乡居保长效机制,不断进行制度自我完善。只有这样才能使城乡居保健康、稳定、持续发展。当外部条件成熟后,一项制度能否稳定持续发展就取决于其内部的核心机制是否科学合理。城乡居保制度作为应对我国人口老龄化的一项重要养老保险制度,已经实施了 10 年,但还存在一些问题有待解决,有必要建立长效机制促进其均衡、充分发展。

二、城乡居民基本养老保险核心长效机制体系

为了实现城乡居保制度的公平性与有效性,确保城乡居保制度稳定高效

---

① 王晓洁、王丽:《财政分权、城镇化与城乡居民养老保险全覆盖——基于中国 2009—2012 年省级面板数据的分析》,《财贸经济》2015 年第 11 期。

运行,应当着力建设以可持续的筹资机制、高效的运行体制、合理的待遇确定机制以及社会化的服务机制为主体的城乡居保制度长效机制。我国基本养老保险制度体系的四大核心长效机制如图1-1[①]。

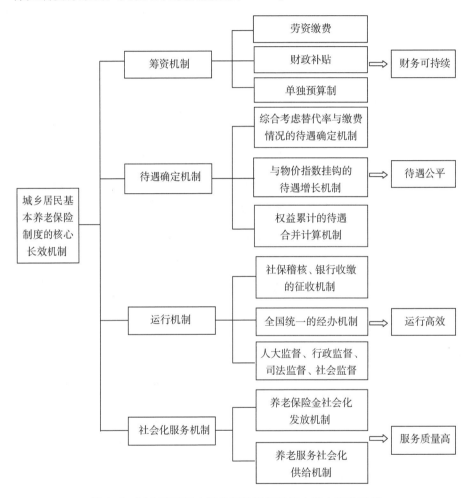

图1-1 城乡居民基本养老保险制度的四大核心长效机制

第一,筹资机制。筹资机制应当以劳资双方缴费为主体,确立合理、统一的缴费率;同时,政府财政给予补贴,采取相对稳定的责任分担机制。通过设

① 参见郑功成:《中国社会保障改革与发展战略——理念、目标与行动方案》,人民出版社2008年版,第130—131页。

立与一般性财政预算相分离的社会保障单独预算,明确财政资金在城乡居保制度中的雇主责任和在其他养老保障项目中的公共财政责任。多元筹资机制应当确保基本养老保障制度的财务可持续性。

第二,待遇确定机制。合理的养老金待遇确定机制,应当包括养老金待遇的确定及其调整。养老金的待遇确定应当以维护老年人基本生活为原则,有效控制不同群体的养老金待遇差距。应当在充分考虑养老金替代率的基础上,与个人缴费情况适当挂钩,并处理好与其他保障标准的关系。在多元制度框架下,还应当设计养老金待遇的分段计算与合并发放机制,其他权益的养老待遇不能冲抵基本养老保险待遇,要保障劳动者在流动过程中的养老金权益不受损失。养老金待遇调整应当与在职职工的工资增长脱钩,与物价指数挂钩,重在维护老年人的生活水平,避免物价上涨损害老年人的生活质量,而不是基于分享经济发展成果。老年人分享经济发展成果,主要应当通过相应的老年人福利途径来解决。此外,国家还应当确保不同制度下的不同人群养老金待遇相对公平合理。

第三,运行机制。社会保险运行机制是为了实现社会保险的目标而采取的手段、方法及相关制约因素与环节的总称[1]。高效的运行机制应当按照"谁管理、谁负责"的基本原则,明确主管部门的管理主体地位,建立社保稽核、银行代征的基本养老保险费征收体制和全国统一的基本养老保险经办体制。同时,建立以主管部门行政监督为核心、立法机关与司法机关监督为两翼,其他相关利益主体充分有效参与的监督体系。适度集中的监管机制应当确保养老保障制度的高效运行,并有利于推行行政问责制。

第四,社会化服务机制。社会化的养老服务机制要求建立与完善独立于企事业单位之外的养老金社会化发放机制和养老服务社会化供给机制,确保养老金按时足额发放和高质量养老服务的有效供给。

---

[1] 郑功成:《论中国特色的社会保障道路》,中国劳动社会保障出版社 2009 年版,第 347—348 页。

第二章　城乡居民基本养老保险
制度实践与发展

2014年2月国务院下发"国发〔2014〕8号文件",决定将"新农保"和"城居保"两项制度合并为统一的"城乡居保"制度,"城乡居保"进入新的发展阶段。本章主要阐述城乡居保实施的政治、经济、社会等方面的背景及其发展历程;分析城乡居保的社会性、互济性、福利性、政府责任等基本特征;概括阐述城乡居保发展状况和面临的扩面、政府补贴、缴费、保障水平、运行机制等方面问题。

第一节　城乡居民基本养老保险制度实施状况

一、城乡居民基本养老保险制度实施背景

(一)中国特色社会主义进入新时代

在政治方面,党的十六大至十九大以来,党和政府提出从全面建设到全面建成小康社会的奋斗目标,逐步推进基本公共服务均等化,更加重视民生问题,注重社会公平,构建社会主义和谐社会,中国特色社会主义进入新时代。

2000年,我国人民生活总体上达到了小康水平,在此基础上,党的十六大进一步提出全面建设小康社会的奋斗目标。到2020年,国内生产总值力争比

2000 年翻两番,基本实现工业化;城镇人口比重较大幅度提高,工农差别、城乡差别和地区差别扩大的趋势逐步扭转;社会保障体系比较健全,社会就业比较充分,家庭财产普遍增加,人民过上更加富足的生活;"有条件的地方,探索建立农村养老、医疗保险和最低生活保障制度"。十六届六中全会提出:到 2020 年,"覆盖城乡居民的社会保障体系基本建立;基本公共服务体系更加完备,政府管理和服务水平有较大提高;……实现全面建设惠及十几亿人口的更高水平的小康社会的目标,努力形成……和谐相处的局面";要促进城乡协调发展,逐步实现基本公共服务均等化;完善社会保障制度,保障群众基本生活,有条件的地方探索建立多种形式的农村养老保险制度等。

党的十七大在十六大确立的全面建设小康社会目标的基础上提出了新的更高要求:到 2020 年,实现人均国内生产总值比 2000 年翻两番;城乡区域协调互动发展机制和主体功能区布局基本形成;覆盖城乡居民的社会保障体系基本建立,人人享有基本生活保障,探索建立农村养老保险制度;合理有序的收入分配格局基本形成,绝对贫困现象基本消除;人人享有基本医疗卫生服务,社会管理体系更加健全;等等。十七届三中全会提出健全农村社会保障体系,要"贯彻广覆盖、保基本、多层次、可持续原则,加快健全农村社会保障体系。按照个人缴费、集体补助、政府补贴相结合的要求,建立新型农村社会养老保险制度。……创造条件探索城乡养老保险制度有效衔接办法"。

党的十八大在十六大、十七大确立的全面建设小康社会基础上提出到 2020 年实现全面建成小康社会,国内生产总值和城乡居民人均收入比 2010 年翻一番的宏伟目标。提出加强社会建设,"逐步建立以权利公平、机会公平、规则公平为主要内容的社会公平保障体系,……保证人民平等参与、平等发展权利。……把保障和改善民生放在更加突出的位置","统筹推进城乡社会保障体系建设。坚持全覆盖、保基本、多层次、可持续方针,以增强公平性、适应流动性、保证可持续性为重点,全面建成覆盖城乡居民的社会保障体系。……整合城乡居民基本养老保险……,实现基础养老金全国统筹,建立兼顾各类人员的社会保障待遇确定机制和正常调整机制……，确保基金安全和保值增值"。

党的十九大报告提出从现在到 2020 年，是全面建成小康社会决胜期。提出中国特色社会主义进入了新时代，"坚持在发展中保障和改善民生。……在发展中补齐民生短板、促进社会公平正义，在幼有所育、学有所教、劳有所得、病有所医、老有所养、住有所居、弱有所扶上不断取得新进展……"是新时代坚持和发展中国特色社会主义基本方略之一，要"加强社会保障体系建设。按照兜底线、织密网、建机制的要求，全面建成覆盖全民、城乡统筹、权责清晰、保障适度、可持续的多层次社会保障体系。全面实施全民参保计划。完善城镇职工基本养老保险和城乡居民基本养老保险制度，尽快实现养老保险全国统筹"。十九届四中、五中全会提出"坚持和完善统筹城乡的民生保障制度，满足人民日益增长的美好生活需要。完善覆盖全民的社会保障体系。加快建立基本养老保险全国统筹制度""健全覆盖全民统筹城乡、公平统一、可持续的多层次社会保障体系。推进社保转移接续，健全基本养老、基本医疗保险筹资和待遇调整机制。实现基本养老保险全国统筹"。

城乡居保中农村居民参保占绝大多数，高达 95%，因此城乡居保制度建设重点在农村。自 2005 年以来，连续 12 年的"中央一号文件"中均提及城乡居保制度。2005—2008 年"中央一号文件"分别提出"有条件的地方可以探索建立农村社会保障制度"，"探索建立与农村经济发展水平相适应、与其他保障措施相配套的农村社会养老保险制度"，"有条件的地方，可探索建立多种形式的农村养老保险制度"，"建立健全农村社会保障体系。探索建立农村养老保险制度，鼓励各地开展农村社会养老保险试点"。2009 年、2010 年、2013—2018 年"中央一号文件"分别提出"抓紧制定指导性意见，建立个人缴费、集体补助、政府补贴的新型农村社会养老保险制度""继续抓好新型农村社会养老保险试点，有条件的地方可加快试点步伐。积极引导试点地区适龄农村居民参保，确保符合规定条件的老年居民按时足额领取养老金。……搞好农村养老院建设,发展农村养老服务,探索应对农村人口老龄化的有效办法""健全新型农村社会养老保险政策体系,建立科学合理的保障水平调整机制,研究探索与其他养老保险制度衔接整合的政策措施。加快农村社会养老服务体系建设""推进城乡基本公共服务均等化。整合城乡居民基本养老保险制度,逐步建立基础养老金标准正常调整机制,加快构建农村社会养老服务体系""落实统一的城乡居民基本养老保险制度。支持建设多种农村养老服务和文化体育设施""完善城乡居民养老保险参保缴费激励约束机制,引导参保人员选择较高档次缴费""完善城乡居民养老保险筹资和保障机制""加强农村社会保障体系建设。完善城乡居民基本养老保险制度,建立城乡居民基本养老保险待遇确定和基础养老金标准正常调整机制。……构建多层次农村养老保障体系,创新多元化照料服务模式""完善城乡居民基本养老保险待遇确定和基础养老金正常调整机制。支持多层次农村养老事业发展""落实城乡居民基本养老保险待遇确定和正常调整机制"。

"十一五"规划纲要提出发展农村社会保障,"探索建立与农村经济发展水平相适应、与其他保障措施相配套的农村养老保险制度"。"十二五"规划纲要提出健全覆盖城乡居民的社会保障体系,"坚持广覆盖、保基本、多层次、可持续方针,加快推进覆盖城乡居民的社会保障体系建设,稳步提高保障水平。实现新型农村社会养老保险制度全覆盖。完善实施城镇职工和居民养老保险制度,……逐步推进城乡养老保障制度有效衔接"。"十三五"规划纲要提出改革完善社会保障制度,"坚持全民覆盖、保障适度、权责清晰、运行高效,稳步提高社会保障统筹层次和水平,建立健全更加公平、更可持续的社会保障制度。实施全民参保计划,基本实现法定人员全覆盖"。"十四五"规划纲要提出,"健全多层次社会保障体系。健全覆盖全民、统筹城乡、公平统一、可持续的多层次社会保障体系。健全基本养老筹资和待遇调整机制。实现基本养老保险全国统筹。发展多层次、多支柱养老保险体系"。城乡居保在这样的大政治背景下,按照中央统筹城乡发展,加快建立覆盖城乡居民的社会保障体系的要求,逐步解决城乡居民老有所养问题。以上党和政府有关城乡居保的内容为我们做好这项工作明确了基本方向和指导原则,是建立城乡居保制度、开展城乡居保工作的重要政治保障。

(二)经济发展进入城市支持乡村阶段

改革开放以来,我国经济得到了长期快速稳定的发展,国内生产总值、财政收入不断增长,公共财政已逐渐惠及农村居民生活包括农村社会养老保险。2009 年城乡居保(这里指新农保)试点时,国内生产总值达到 34.91 万亿元,人均 GDP 为 26222 元,按照 2009 年末人民币对美元的汇率(1 美元＝6.8282元人民币)计算,人均 GDP 突破 3600 美元,已处于迈向中等收入国家的临界线①。城乡居保实施以来,国内生产总值增长情况见表 2-1。

表 2-1 2009—2017 年中国国内生产总值(GDP)、人均国内生产总值

年份	国内生产总值 (万亿元)	人均国内生产总值 (元)	年份	国内生产总值 (万亿元)	人均国内生产总值 (元)
2009	34.91	26222	2014	64.40	47203
2010	41.30	30876	2015	68.91	50251
2011	48.93	36403	2016	74.36	53935
2012	54.04	40007	2017	82.71	59660
2013	59.52	43852			

资料来源:国家统计局编:《中国统计年鉴 2018》,中国统计出版社 2018 年版。

从表 2-1 可以看出,自 2009 年城乡居保实施以来,我国国内生产总值和人均国内生产总值均呈增长趋势。国内生产总值从 2009 年 34.91 万亿元增长到 2017 年 82.71 万亿元,增长了 136.92%;人均国内生产总值从 2009 年 26222元增长到 2017 年 59660 元,增长了 127.52%。两者的增长速度均很快。

---

① 刘方棫、李振明:《中国可以跨过"中等收入陷阱"》,2010 年 9 月 6 日,见 http://news.xinhuanet.com/theory/2010-09/06/c_12521083.htm。

城乡居保实施以来,全国财政收入(一般公共预算收入)不断增长。2009年全国财政收入 6.85 万亿元;2017 年增长到 17.26 万亿元,比 2009 年、2016年分别增长了 152.0%、8.1%。近几年国家财政收入具体增长情况见表2-2。

表2-2　2009—2017 年国家财政收入总额及其增长速度

年份	财政收入（亿元）	年增长速度（%）	年份	财政收入（亿元）	年增长速度（%）
2009	68518.30	11.7	2014	140370.03	8.6
2010	83101.51	21.3	2015	152269.23	5.8
2011	103874.43	25.0	2016	159604.97	4.5
2012	117253.52	12.9	2017	172592.77	8.1
2013	129209.64	10.2			

资料来源:国家统计局编:《中国统计年鉴2018》,中国统计出版社 2018 年版。

城乡居保实施以来,居民人均可支配收入逐渐增长。2009 年全国居民人均可支配收入为 10977.5 元,比 2008 年增长了 10.25%;2017 年全国居民人均可支配收入为 25973.8 元,比 2009 年、2016 年分别增长了 136.6%、9.04%。2009—2017 年人均居民可支配收入具体情况见表2-3。

表2-3　2008—2017 年居民人均可支配收入

年份	全国居民可支配收入（元）	全国居民可支配收入年增长率（%）	城镇居民可支配收入（元）	城镇居民可支配收入年增长率（%）	农村居民可支配收入（元）	农村居民可支配收入年增长率（%）
2008	9956.5		15549.4		4998.8	
2009	10977.5	10.25	16900.5	8.69	5435.1	8.73
2010	12519.5	14.05	18779.1	11.12	6272.4	15.41
2011	14550.7	16.22	21426.9	14.10	7393.9	17.88
2012	16509.5	13.46	24126.7	12.60	8389.3	13.46
2013	18310.8	10.91	26467.0	9.70	9429.6	12.40

续表

年份	全国居民可支配收入(元)	全国居民可支配收入年增长率(%)	城镇居民可支配收入(元)	城镇居民可支配收入年增长率(%)	农村居民可支配收入(元)	农村居民可支配收入年增长率(%)
2014	20167.1	10.14	28843.9	8.98	10488.9	11.23
2015	21966.2	8.92	31194.8	8.15	11421.7	8.89
2016	23821.0	8.44	33616.2	7.76	12363.4	8.24
2017	25973.8	9.04	36396.2	8.27	13432.4	8.65

资料来源:国家统计局编:《中国统计年鉴2018》,中国统计出版社2018年版。

从表2-3可以看出,全国居民、城镇居民和农村居民人均可支配收入均逐渐增长,虽然增长速度随着收入水平的提高有所下降,但每年均呈增长趋势,并且农村居民人均可支配收入增长速度快于城镇居民。

在城乡居民人均消费支出及其占人均可支配收入比重方面,2017年全国居民人均可支配收入为25973.8元,人均消费支出为18322.1元,后者占前者比重为70.54%;城镇和农村居民人均可支配收入分别为36396.2元、13432.4元,人均消费支出分别为24445.0元、10954.5元,后者占前者比重分别为67.16%、81.55%。2009—2017年城乡居民人均生活消费支出及其占人均可支配收入比重具体情况见表2-4。

表2-4 2009—2017年居民人均生活消费支出及其
占人均可支配收入的比重

年份	全国居民人均消费支出(元)	全国居民人均消费支出占可支配收入比重(%)	城镇居民人均消费支出(元)	城镇居民人均消费支出占可支配收入比重(%)	农村居民人均消费支出(元)	农村居民人均消费支出占可支配收入比重(%)
2009			12264.6	72.57	3993.5	73.48
2010			13471.5	71.74	4381.8	69.86
2011			15160.9	70.76	5221.1	70.61

年份	全国居民人均消费支出（元）	全国居民人均消费支出占可支配收入比重（%）	城镇居民人均消费支出（元）	城镇居民人均消费支出占可支配收入比重（%）	农村居民人均消费支出（元）	农村居民人均消费支出占可支配收入比重（%）
2012			16674.3	69.11	5908.0	70.42
2013	13220.4	72.20	18487.5	69.85	7485.2	79.38
2014	14491.4	71.86	19968.1	69.23	8382.6	79.92
2015	15712.4	71.53	21392.0	68.58	9222.6	80.75
2016	17110.7	71.83	23078.9	68.65	10129.8	81.93
2017	18322.1	70.54	24445.0	67.16	10954.5	81.55

资料来源：国家统计局编：《中国统计年鉴2013》，中国统计出版社2013年版；国家统计局编：《中国统计年鉴2018》，中国统计出版社2018年版。根据书中数据整理计算而得。

注：2009—2012年城镇居民人均消费支出为现金消费支出。

从表2-4可知，近几年来从全国总体上看，居民年人均可支配收入和人均消费支出均逐渐增长，后者占前者比重则呈下降趋势，从2013年的72.20%下降到2017年的70.54%，下降了1.66个百分点。城镇居民和农村居民年人均可支配收入和人均生活消费支出都呈增长趋势，人均生活消费支出占人均可支配收入的比重城镇居民总体上呈下降趋势，而农村居民总体上却呈上升趋势。2009—2017年城镇居民人均消费支出占人均可支配收入的比重从72.57%下降到67.16%，下降了5.41个百分点；农村居民从73.48%上升到81.55%，上升了8.07个百分点。

城乡居保实施以来，社会保障支出额一直在增长，其占国家财政总支出的比例总体上呈上升趋势。2009年社会保障和就业支出占财政总支出的比例为9.97%，2017年为12.12%，比2009年增加了2.15个百分点。但与发达国家相比，这个比例很低。发达国家社会保障支出占财政支出比例一般在30%左右，甚至更高。应该调整财政支出结构，加大对社会保障的支持力度。具体见表2-5。

表 2-5 2009—2017 年社会保障支出及其占国家财政支出的比例

年份	国家财政支出（亿元）	社会保障就业支出（亿元）	比例（%）	年份	国家财政支出（亿元）	社会保障就业支出（亿元）	比例（%）
2009	76299.93	7606.68	9.97	2014	151785.56	15968.85	10.52
2010	89874.16	9130.62	10.16	2015	175877.77	19018.69	10.81
2011	109247.79	11109.40	10.17	2016	187755.21	21591.45	11.50
2012	125952.97	12585.52	9.99	2017	203085.49	24611.68	12.12
2013	140212.10	14490.54	10.33				

资料来源：根据 2010—2018 历年《中国统计年鉴》（国家统计局编，中国统计出版社出版）数据整理计算而得。

注：从 2000 年起，财政支出中包括国内外债务付息支出。社会保障支出中包括抚恤和社会福利救济费、社会保障补助支出、行政事业单位离退休支出。

十六届六中全会、十七届三中全会、十八大提出要扎实推进社会主义新农村建设，促进城乡协调发展，坚持贯彻工业反哺农业、城市支持农村和多予少取放活的方针，加快建立有利于改变城乡二元结构的体制机制，加大统筹城乡发展力度，形成城乡经济社会发展一体化新格局；推进农村综合改革，促进农业不断增效、农村加快发展、农民持续增收，促进农村和谐，充分调动广大农民的积极性、主动性、创造性，推动农村经济社会又好又快发展。十九大和十九届五中全会提出解决好"三农"问题是全党工作重中之重，坚持农业农村优先发展，全面推进乡村振兴，要建立健全城乡融合发展体制机制和政策体系。从各产业占国内生产总值的比重来看，总体上是第一产业产值所占比重呈下降趋势，第二、第三产业产值所占比重呈上升趋势，经济社会发展进入了工业反哺农业、城市支持农村的发展阶段。2009 年城乡居民基本养老保险试点时，第一产业增加值为 34161.8 亿元，占国内生产总值的比重为 9.79%；第二产业增加值为 160171.7 亿元，占国内生产总值比重为 45.88%；第三产业增加值为

154747.9 亿元,占国内生产总值的比重为 44.33%[①]。城乡居民基本养老保险实施以来,第一、二、三产业总值及其他国内生产总值的比例情况详见表 2-6。

表 2-6　2009—2017 年中国第一、二、三产业(农业)总值及其占国内生产总值的比例

年份	国内生产总值(亿元)	第一产业总值(亿元)	第一产业占国内生产总值比例(%)	第二产业总值(亿元)	第二产业占国内生产总值比例(%)	第三产业总值(亿元)	第三产业占国内生产总值比例(%)
2009	349081.4	34161.8	9.79	160171.7	45.88	154747.9	44.33
2010	413030.3	39362.6	9.53	191629.8	46.40	182038.0	44.07
2011	489300.6	46163.1	9.43	227038.8	46.40	216098.6	44.16
2012	540367.4	50902.3	9.42	244643.3	45.27	244821.9	45.31
2013	595244.4	55329.1	9.30	261956.1	44.01	277959.3	46.70
2014	643974.0	58343.5	9.06	277571.8	43.10	308058.6	47.84
2015	689052.1	60862.1	8.83	282040.3	40.93	346149.7	50.24
2016	743585.5	63672.8	8.56	296547.7	39.88	383365.0	51.56
2017	827121.7	65467.6	7.92	334622.6	40.46	427031.5	51.63

资料来源:国家统计局编:《中国统计年鉴 2018》,中国统计出版社 2018 年版。各产业比例为计算所得。

表 2-6 可以看出,2009 年以来,第一产业产值占国内生产总值的比例较小,第二、三产业产值所占比例较高。第一产业所占比例均在 10% 以下,第二、三产业所占比例均在 40% 以上。第一、二产业所占比例均呈下降趋势,第三产业所占比例逐渐上升。随着经济结构的调整优化,第一产业所占比例将会进一步下降,第三产业所占比例将会继续上升。

从国家支农支出及其在国家财政支出中的比重来看,国家支农的支出额逐渐增长,其占国家财政支出的比重总体上呈增长趋势。2009 年国家支农支出为 6540.2 亿元,占国家财政支出的 8.57%;2016 年国家支农支出增长到

---

①　国家统计局:《2009 年国民经济和社会发展统计公报》,2010 年 2 月 25 日,见 www.stats.gov.cn/tjsj/tjgb/ndtjgb/qgndtjgb/201002/t20100225_30024.html。

16768.4亿元,占国家财政支出的8.93%,分别比2009年增长了10228.2亿元和0.36个百分点。这说明我国已进入工业反哺农业、城市支持农村发展阶段。近几年以来国家支农支出情况见表2-7。

表2-7　2009—2017年国家支农支出及其在国家财政支出中的比重

年份	国家财政总支出 (亿元)	支农总支出 (亿元)	支农支出占财政支出比例 (%)
2009	76299.93	6540.2	8.57
2010	89874.16	7920.8	8.81
2011	109247.79	9658.8	8.84
2012	125952.97	11554.3	9.17
2013	140212.10	12710.5	9.07
2014	151785.56	13489.1	8.89
2015	175877.77	16185.4	9.20
2016	187755.21	16768.4	8.93
2017	203085.49		

资料来源:国家统计局编:《中国统计年鉴2017》,中国统计出版社2017年版;国家统计局编:《中国统计年鉴2018》,中国统计出版社2018年版。根据书中数据整理计算而得。
注:2016年数据为预算执行数,以前各年数据为财政决算数。

我国经济整体上发展较快,但城乡二元结构、区域差异依然存在,农村经济发展落后于城镇,东部地区经济发展快于中、西部。东部许多地区已具备全面建立覆盖城乡居民养老保险的条件,中、西部地区基本具备建立城乡居民基本养老保险的条件。

(三)社会转型期出现的变化

社会转型时期,城乡二元结构依然存在,社会人口老龄化加快,家庭结构单一化,农业劳动者阶层正在逐渐缩小。

我国农村虽然经过不断深入改革,经济社会得到了快速发展,但城乡之间在经济发展水平、收入水平、教育、医疗、社会保障等各方面仍然存在很大差距。近几年来,党和国家努力建立有利于改变城乡二元结构的体制机制,逐渐推进城乡一体化发展,城乡二元结构已有所改善,但仍然存在。这是现阶段我国在制定经济、社会等方面的制度政策包括城乡居保制度设计时必须考虑的重要社会背景。随着我国经济体制的改革,人们的价值观念、社会结构、文化等也发生了巨大的变化,整个社会正处于转型时期。我国 1978 年以后开始的社会转型特点是从传统社会向社会主义现代化社会转型,转型范围包括社会结构、社会运行机制和社会价值观念等。社会结构变化、社会运行机制体制的转变必然带来人们社会关系的调整和变化,人们原有的利益关系也相应地进行调整。由于原来的社会平衡被打破,不同利益群体有可能会出现矛盾和冲突,特别是既得利益者往往会阻碍社会变革,尽力维持社会现状,加上我国经济社会发展已进入人均 GDP 从 1000 美元向 3000 美元跨越的关键阶段,从国际经验看,这个阶段既是发展黄金期,又是矛盾凸显期。这一时期社会结构不稳定,经常会出现一些社会问题,例如,我国农村实行联产承包责任制以后出现的农民社会保障问题。

在社会转型中,与城乡居保相关的主要社会问题是人口老龄化速度加快、家庭规模缩小、贫富差距逐渐拉大。我国计划生育政策的实施和社会经济发展,使我国人口老龄化速度加快,家庭结构单一化,家庭规模缩小。有学者预测,到本世纪中叶,中国 60 岁及以上老年人口的比例将接近 1/4,65 岁及以上老年人口将达到 22.6%[1]。第六次人口普查数据显示,全国 60 岁及以上人口为 177648705 人,占总人口的 13.32%,其中 65 岁及以上人口为 118831709 人,占总人口的 8.92%,比第五次人口普查分别上升 2.99 个百分点和 1.96 个百分点[2]。2017 年末我国 60 岁及以上人口比重为 17.3%,其中 65 岁及以上

---

① 乔晓春:《关于中国农村社会养老保险问题的分析》,《人口研究》1998 年第 3 期。
② 国家统计局:《2010 年第六次全国人口普查主要数据公报(第 1 号)》,2011 年 4 月 28 日,见 http://www.stats.gov.cn/sj/tjgb/rkpcgb/qgrkpcgb/202302/t20230206_1901997.html。

人口比重为 11.4%①。以上数据说明中国人口老龄化速度较快,按照国际上老龄人口比重标准,我国在 2000 年第五次人口普查时就已进入老年型社会,并且乡村老龄人口比重(人口老龄化速度)高于(快于)城镇。第六次人口普查数据显示,中国城镇 60 岁及以上人口占城镇人口比重为 11.69%,乡村 60 岁及以上人口占乡村人口比重为 14.98%,乡村高出城镇 3.29 个百分点;65 岁及以上城镇人口比重为 7.80%,乡村人口比重 10.06%,乡村高出城镇比重 2.26 个百分点②。与第五次人口普查数据相比,城镇和乡村人口中 60 岁及以上人口比重分别提高了 2.01 个百分点和 4.06 个百分点;城镇和乡村人口中 65 岁及以上人口比重分别提高了 1.38 个百分点和 2.56 个百分点。具体见表 2-8。老年人口比例升高的直接后果之一就是养老需求快速增加。

表 2-8　第五次、第六次人口普查全国城镇、乡村中 60 岁、65 岁及以上人口比重情况 　　　　　　（单位:%）

年龄	第五次人口普查			第六次人口普查		
	全国人口中比重	城镇人口中比重	乡村人口中比重	全国人口中比重	城镇人口中比重	乡村人口中比重
60 岁及以上	10.46	9.68	10.92	13.32	11.69	14.98
65 岁及以上	7.10	6.42	7.50	8.92	7.80	10.06

资料来源:根据第五次、第六次人口普查数据整理计算而得。

1990—2010 年,中国家庭户平均规模从 1990 年 3.96 人/户、2000 年 3.46 人/户下降到 2010 年 3.09 人/户,逐次减少了 0.50 人/户、0.37 人/户③。具体见表 2-9。

---

① 国家统计局:《2017 年国民经济和社会发展统计公报》,2018 年 2 月 28 日,见 http://www.stats.gov.cn/xxgk/sjfb/tjgb2020/201802/t20180228_1768641.html。

② 根据第六次人口普查数据计算而得。

③ 国家统计局:第四次、第五次、第六次全国人口普查公报(第 1 号),见国家统计局网站。

表 2-9　第五次、第六次人口普查家庭户平均每户人数

人口普查次数	全国家庭户平均每户人数	城镇家庭户平均每户人数	乡村家庭户平均每户人数
第五次人口普查	3.46	3.11	3.68
第六次人口普查	3.09	2.85	3.34

资料来源:根据第五次、第六次人口普查数据整理。

从表 2-9 可知,不仅是全国家庭人口平均规模下降,城镇和乡村家庭人口平均规模同样在下降。城镇家庭户平均每户人口数从第五次人口普查的 3.11 人下降到第六次人口普查的 2.85 人,减少了 0.26 人;乡村家庭户平均每户人口数从第五次人口普查的 3.68 人下降到 3.34 人,减少了 0.34 人。家庭结构单一化和规模缩小,直接带来城乡居民养老资源减少、家庭养老功能弱化。

近几年,随着改革逐渐深化,虽然农村收入水平逐渐提高,但城乡差距依然存在。首先,城乡收入差距过大。城乡之间收入差距过大一方面会加剧二元经济结构问题,不利于城乡协调发展;另一方面严重制约农业农村经济发展和农民生活水平提高。其次,农村区域间收入差距过大。区域间收入差距过大对我国经济社会发展影响严重。如果广大中、西部地区长期落后于东部地区,经济社会发展就会受到严重制约,全面建成小康社会目标不可能真正实现。最后,行业收入差距过大的状况没有得到根本改善。我国行业收入差距中有一部分是合理的,比如信息传输、计算机服务和软件业的收入较高是由行业技术特点所决定的;但也有很大一部分是由垄断所造成的,是不合理的[1]。需要政府通过相关政策措施进行调节以缩小收入差距,建立合理的社会保障制度包括城乡居民基本养老保险制度是国际上常用的有效途径之一。

随着我国城市化水平不断提高,农村人口所占的比重逐渐下降,农业劳动

---

[1]　杨宜勇:《收入分配领域的主要问题及其应对》,2020 年 9 月 6 日,见 http://news.xinhua-net.com/theory/2010-09/06/c_12521064.htm。

者阶层正在逐渐缩小。改革开放以来,我国城镇人口占总人口的比重从 1978 年的 17.92% 逐渐上升到 2017 年的 58.52%,提高了 40.6 个百分点;农村人口占总人口的比重从 1978 年的 82.08% 逐渐下降到 2017 年的 41.48%,相应地下降了 40.6 个百分点①。具体见表 2-10。

表 2-10 中国人口城乡构成

年份	全国总人口数 (万人)	城镇人口数 (万人)	城镇人口比重 (%)	乡村人口数 (万人)	乡村人口比重 (%)
1978	96259	17245	17.92	79014	82.08
1982	101654	21480	21.13	80174	78.87
1990	114333	30195	26.41	84138	73.59
1995	121121	35174	29.04	85947	70.96
2000	126743	45906	36.22	80837	63.78
2005	130756	56212	42.99	74544	57.01
2010	134091	66978	49.95	67113	50.05
2015	137462	77116	56.10	60346	43.90
2017	139008	81347	58.52	57661	41.48

资料来源:国家统计局编:《中国统计年鉴 2018》,中国统计出版社 2018 年版。

　　农业劳动者阶层缩小是一个国家现代化的必然结果,在发达国家,农业劳动者一般仅占其总人口的 15% 以下。改革开放以来,由于外出务工经商、兴办乡镇企业等,农村劳动者不断分化,真正从事农业的劳动者数量在逐渐减少,他们占就业人口的比重从 1978 年的 76.31% 下降到 2017 年的 45.31%②。在中国,农民阶层一直处于社会下层,中国社会科学院"当代中国社会结构变迁研究"课题组把当代中国人划分为十大社会阶层,农业劳动者阶层处于第九个阶层,仅高于城乡无业、失业和半失业人员阶层,在社会中是弱势群体③。

① 国家统计局编:《中国统计年鉴 2018》,中国统计出版社 2018 年版。
② 国家统计局编:《中国统计年鉴 2018》,中国统计出版社 2018 年版。
③ 陆学艺主编:《当代中国社会阶层研究报告》,社会科学文献出版社 2002 年版。

农业劳动者比例的下降,加之其处于社会下层的现状及其和农民利益表达机制不完善,农业劳动者在政治、经济等利益权利的争取中处于弱势,合法权益往往被忽视而得不到保障,养老保障权也不例外。

（四）我国已具备建立城乡居保制度的条件

从以上政治、经济、社会背景分析可以看出,我国有必要建立城乡居保制度,且整体上已基本具备建立条件。一是党中央、国务院高度重视城乡包括农村的社会养老保险工作,多次提出要发展城乡居保特别是农村社会养老保险事业,并制定和颁发了一系列行政性文件法规,提出了明确要求,为做好此项工作提供了明确的基本方向和指导原则。二是经济社会的发展为开展城乡居保特别是农村居民基本养老保险工作提供了基础。从不同国家在农村建立养老保险制度时的种种经济发展指标来看,我国已具备在农村建立社会养老保险制度的人口结构条件。希腊在农村建立社会养老保险制度时,农村人口所占比重最高为 56.2%（1961 年）,日本为 56.1%（1959 年）,葡萄牙为 52.7%（1977 年）,西班牙为 48.8%（1974 年）,美国为 24.70%（1935 年为农业工人,1990 年为农场主建立养老金制度）,德国为 24%（1957 年）[1],我国为 53.4%（2009 年 9 月,我国开始选择 10%的县进行新农保试点）[2],已低于部分国家的比例。从农业劳动力的比例来看,欧盟扩大前 13 国一般在 5.1%—55.3%之间,平均为 29.5%,我国 1992 年为 52.60%[3]。从人均 GDP 水平看,按购买力平价换算为国际美元,1998 年欧盟扩大前 13 国平均值为 5226 国际美元,最低的葡萄牙为人均 1445 国际美元,我国 2006 年达到了 6127 国际美元。按

---

[1]　赵殿国:《积极推进新型农村社会养老保险制度建设》,《经济研究参考》2008 年第 32 期。

[2]　国家统计局:《2009 年国民经济和社会发展统计公报》,2010 年 2 月 25 日,见 http://www.stats.gov.cn/xxgk/sjfb/tjgb2020/201310/t20131031_1768616.html。

[3]　国家统计局编:《中国统计年鉴 2009》,中国统计出版社 2009 年版。

美元计算,日本人均 GDP 为 653 美元(1959 年建立国民年金保险)[1],我国 2009 年为 3679 美元[2],各主要国家情况见表 2-11。从农业占 GDP 的比重看,欧盟前 13 国农业 GDP 的比重在 3.1%—41%之间,平均值为 17.2%,最高为 42%,我国 2009 年为 10.6%[3]。

表 2-11 一些国家和地区建立农民养老保险的时间及经济发展水平

国家或地区	建立农民社会年金保险时间	建立农民年金保险时人均 GDP(美元)
德意志联邦共和国	1957	—
日 本	1971	3802
丹 麦	1977	10958[a]
芬 兰	1977	7132[a]
波 兰	1977	1822
斯里兰卡	1987	368.9
美 国	1990	21696.2
加拿大	1990	21841.8
韩 国	1994	6740[b]

注:人均 GDP,按美元现价计算。a 是 1978 年数据;b 是 1992 年数据。
资料来源:转引自杨翠迎、庹国柱:《建立农民社会养老年金保险计划的经济社会条件的实证分析》,
　　　　　《中国农村观察》1997 年第 5 期,第 55 页。

通过以上比较,我国已基本达到了 13 个欧盟国家以及日本等亚洲国家和地区最初建立农村社会养老保险制度时的平均经济社会水平。而且,丹麦、瑞典、葡萄牙、西班牙及希腊等欧盟国家和日本在类似中国 20 世纪 90 年代初或更低的经济发展阶段时便已建立了农村社会养老保险制度。2009 年进行新

---

① 赵殿国:《积极推进新型农村社会养老保险制度建设》,《经济研究参考》2008 年第 32 期。

② 国家统计局:《2009 年国民经济和生活发展统计公报》,2010 年 2 月 25 日,见 http://www.stats.gov.cn/xxgk/sjfb/tjgb2020/201310/t20131031_1768616.html。

③ 国家统计局:《2009 年国民经济和生活发展统计公报》,2010 年 2 月 25 日,见 http://www.stats.gov.cn/xxgk/sjfb/tjgb2020/201310/t20131031_1768616.html。

农保试点时,我国国内生产总值为 33.54 万亿元,财政收入达到 6.85 万亿元①,我国已进入建立新农保制度的最佳时机,许多经济发达地区已具备建立覆盖城乡居民社会保障制度的基本条件②。

另外,老农保制度设计存在缺陷,在实施过程中遇到很多问题和困难,这也是城乡居保主要是新农保实施不可忽视的重要背景之一。城乡居保事业的开展对扩大内需,促进社会经济的发展具有重要意义。

二、城乡居民基本养老保险发展过程及其状况

城乡居保发展历程应该追溯到新农保和城居保试点。从时间上对城乡居保发展阶段进行划分,可以划分为"新农保"和"城居保"合并前和合并后两大阶段,合并前是"新农保"和"城居保"分别实施阶段,合并后是城乡居保统一实施阶段。下面就从合并前"新农保"探索试点开始阐述城乡居保制度发展过程。

本世纪初,在统筹城乡发展、科学发展观和构建社会主义和谐社会的思想指导下,经过对老农村社会养老保险进行整顿规范,农村社会养老保险制度建设进入了探索新农保改革创新阶段。早在党的十六大就提出"有条件的地方,探索建立农村养老、医疗保险和最低生活保障制度"。十六届六中全会提出"有条件的地方探索建立多种形式的农村养老保险制度"。2007 年 8 月 17 日劳动和社会保障部下发的《劳动和社会保障部、民政部、审计署关于做好农村社会养老保险和被征地农民社会保障工作有关问题的通知》(劳社部发〔2007〕31 号)要求积极推行新农保试点工作,"按照保基本、广覆盖、能转移、

---

① 国家统计局:《2009 年国民经济和生活发展统计公报》,2010 年 2 月 25 日,见 http://www.stats.gov.cn/xxgk/sjfb/tjgb2020/201310/t20131031_1768616.html。

② 赵殿国:《积极推进新型农村社会养老保险制度建设》,《经济研究参考》2008 年第 32 期;韩俊江:《建立新型农村社会养老保险制度的思考》,2010 年 1 月 12 日,见 http://www.cnlss.com/LssReference/PaperMaterial/201001/LssReference_20100112211034_7564.html。

可持续的原则,以多种方式推进新型农保制度建设","在深入调研、认真总结已有工作经验的基础上,坚持从当地实际出发,研究制定新型农保试点办法。……有条件的地区也可建立个人账户为主、统筹调剂为辅的养老保险制度","要选择城镇化进程较快、地方财政状况较好、政府和集体经济有能力对农民参保给予一定财政支持的地方开展农保试点,……东部经济较发达的地级市可选择1—2个县级单位开展试点工作,中、西部各省(区、市)可选择3—5个县级单位开展试点"。

党的十七大提出"加快建立覆盖城乡居民的社会保障体系,保障人民基本生活。……探索建立农村养老保险制度"。十七届三中全会正式提出"贯彻广覆盖、保基本、多层次、可持续原则,加快健全农村社会保障体系。……按照个人缴费、集体补助、政府补贴相结合的要求,建立新型农村社会养老保险制度。……创造条件探索城乡养老保险制度有效衔接办法"。2005—2008年和2010年的"中央一号文件"提出有条件的地方可以探索逐步建立与农村经济发展水平相适应的农村社会保障制度,与其他保障措施相配套的农村社会养老保险制度,鼓励各地开展和抓好新农保试点。党的十八大、十九大及2010年后一些年份"中央一号文件"中都对城乡居民基本养老保险制度实施与发展提出了相关要求(前文已有阐述)。2008—2013年《政府工作报告》分别提出"鼓励各地开展农村养老保险试点""新型农村社会养老保险试点要覆盖全国10%左右的县(市)""加快完善覆盖城乡居民的社会保障体系,扎实推进新型农村社会养老保险试点""加快健全覆盖城乡居民的社会保障体系,将新型农村社会养老保险试点范围扩大到全国40%的县,推进城镇居民养老保险试点""加快完善社会保障体系,扩大各项社会保险覆盖面,2012年底前实现新型农村社会养老保险和城镇居民社会养老保险制度全覆盖""完善社会保障制度。坚持全覆盖、保基本、多层次、可持续方针,不断扩大社会保障覆盖面,提高统筹层次和保障水平,加强各项制度的完善和衔接,增强公平性,适应流动性,保证可持续性"。2014年《政府工作报告》提出"建立统一的城乡居民基本养老保险制度,完善与职工养老保险的衔接办法","要坚持建机制、补短板、兜底线,保障群众基本生活"。

党和政府除了为新农保、城居保及统一的城乡居保开展提供行政法规和政治保障外,政府及其相关部门也积极开展了新农保、城居保及城乡居保研究和试点等落实工作。其过程可以划分为以下几个阶段。

(一)各地方新农保探索阶段

在对老农保进行整顿规范后和全国统一新农保试点实施前(1999年开始对老农村社会养老保险进行整顿,2009年开始全国统一的新农保试点),许多地区就按照党的十六大"在有条件的地方探索建立农村社会养老保险制度"的要求,开始积极探索建立与农村经济发展水平相适应、与其他保障措施相配套的新农保制度。北京、上海、浙江、江苏、山东、山西、安徽等省市针对农保制度和工作中存在的突出问题,积极开展试点探索工作。通过加大政府引导和支持力度,在探索新的农村养老保险模式方面取得了一定的突破和进展。主要表现在以下几个方面:一是加大政府引导和支持力度。北京市把"扩大农保覆盖面"纳入"十五"计划;苏州市出台了《农村社会养老保险暂行办法》,明确了各级政府从组织实施到提供财政支持的多重职责;山西省把建立农保制度列入了农村小康建设考核目标,通过政府补贴、集体补助建立了对个人缴费的激励机制,初步形成了多元筹资机制,有的县对农保基金进行贴息,纳入财政统筹账户,激励引导农民参保。二是扩大覆盖范围。农保对象已从传统的务农农民和乡镇企业职工逐步扩大到被征地农民、农民工、小城镇农转非人员、农村独生子女和双女户、村组干部等重点保障对象。北京、江苏、山东等有条件的地区,逐步建立覆盖全体农民的新型农保制度。在江苏省苏州市,农村社会养老保险制度的覆盖面当时就已经达到91%,基本实现了全覆盖。三是开始形成多种各有特色的制度模式。北京市形成了个人账户与储备调剂金相结合的制度模式;上海市形成了同"城保"和"农保"既相对独立,又可相互转换的"镇保模式";浙江省建立了相对独立的被征地农民基本生活保障制度。四是建立了缴费和待遇的调整增长机制。针对传统农保保障水平偏低且固定不变的缺陷,北京实行了将最低缴费和给付标准与农村最低保障标准挂钩的办法,建立了缴费的增长机制、缴费标准的可选择机制和待遇调整机制,既增强了制度的适应性,又做到了保障水平同当地经济社会发展水平相适应。五是开始探索建立有效的基金监督体系,防范基金风险①。在取得来之不易成绩的同时,当时农保工作也面临许多问题:一是除北京、上海、山东、江苏、浙江、广东等东部沿海地区稳步发展和山西、安徽等工作力度加大外,相当一部分地方农保工作基本处于停顿和等待状态。二是对农保工作在多大程度和多大范围搞,尚未形成统一的共识,影响了有条件地方的积极探索。三是管理体制没有完全理顺。当时仍有 6 个省(区)、多数地县级单位未进行职能划转(老农保由民政部门进行管理,由于它属于社会保险范畴,性质上应该由当时的劳动和社会保障部门进行管理,因此,在对老农保进行整顿时,中央要求把农村社会养老保险工作由民政部门划转到劳动和社会保障部门),缺乏必要的组织保证。四是有的地区基金流失较为严重,投资管理政策不完善,保值增值存在困难。五是现行制度还不能完全适应新形势的发展变化和农民对养老保险的需求②,新型农村养老保险政策滞后。这些问题有的通过努力已得到了解决,有的仍然需要进一步认真研究寻求有效的解决办法。这一阶段主要是各地依据党的十六大等有关精神,结合实际情况对农村社会养老保险进行改革创新,形成了许多不同的地方模式和做法。

(二)新农保研究性试点阶段

2005 年 10 月经科技部正式立项,由人力资源和社会保障部同日本国际

---

① 参见劳动和社会保障部编:《中国劳动和社会保障年鉴 2005》,中国劳动社会保障出版社 2005 年版。

② 参见劳动和社会保障部编:《中国劳动和社会保障年鉴 2005》,中国劳动社会保障出版社 2005 年版。

协会机构推动实施的"中国农村社会养老保险制度创新与管理规范研究"合作项目于 2006 年 1 月正式实施,项目执行期为 2006 年 1 月—2008 年 12 月。项目按照经济发展水平,选取了北京市大兴区、山东省招远市和菏泽市牡丹区、安徽省霍邱县、陕西省柳林县、福建省南平市延平区、四川省通江县、云南省南华县 8 个县区市开展新农保研究性试点。这些试点地区的经济发展水平各不相同,具有一定区域分布和经济发展水平的代表性,8 个试点县(区)分布于东部地区 4 个、中部地区 2 个、西部地区 2 个。其中,北京大兴区、山东省招远市属于经济发展水平比较高的地区,试点工作启动较早,工作有一定的基础;山东省菏泽市牡丹区、福建省南平市延平区位于经济发达省市的相对落后地区,农民人均收入低于该省市的平均水平;其他 4 个地区都是国家级贫困县,工作基础较差①。这些县、市、区"新农保"试点的先行探索为在全国进行正式试点和分类指导提供了有效经验。

2008 年 3 月 16 日,劳动和社会保障部农村社会保险司在成都主办了"部分省市新型农村社会养老保险工作座谈会",来自全国 20 个省市劳动保障部门和劳动保障部各司处中心、国家发改委、财政部、中国人民银行领导以及日本专家团出席座谈会,部分代表就各地新农保试点情况作了交流发言。会议对《关于开展新型农村社会养老保险试点的指导意见(讨论稿)》进行讨论、征求意见。2008 年 9 月 9 日,"新型农村社会养老保险制度建设研讨会"在北京召开,人力资源和社会保障部副部长胡晓义指出"建立新型农村社会养老保险制度,是建立覆盖城乡社会保障体系的重要内容",建立新农保制度,要从基本国情出发,体现中国特色。要把公平目标放在第一位,要有普惠的制度安排,把缴费型的社会保险作为社保体系的核心制度,坚持公平与效率相结合。他指出:新农保的"新"在于明确政府责任,对这项社保制度给予必要的财政投入;实行基础养老金个人账户的模式,不同于以往纯个人账户模式,既体

---

① 劳动和社会保障部课题组:《新型农村社会养老保险试点调研》,《社会科学报》2007 年 5 月 17 日,第 1 版。

现公平,又在总体上有利于实现城乡养老制度的衔接与转换①。2008 年 11 月 11 日,全国新型农村社会养老保险试点工作总结座谈会在山东蓬莱召开,会议听取了各地新农保试点工作的进展、经验介绍、存在问题及政策建议,听取了项目试点地区对中日项目的工作总结,征求对《关于开展新型农村社会养老保险试点的指导意见(征求意见稿)》的意见。听取了日方专家对新农保制度设计的意见和建议。据人力资源和社会保障部统计,截至 2008 年 11 月,已有北京、天津、山西、上海、陕西、浙江等 6 个省市、71 个地市、406 个县市政府下发了新农保政策文件,全国有 464 个县(市)开展有地方财政支持的试点工作,参保农民达到 1168 万人②。这一阶段主要是国家政府部门为了获得新农保在全国开展试点的实践,选择了不同代表性地区进行研究性试点,为全国新农保制度的制定实施做好准备。

(三)国家新农保、城居保试点阶段

2009 年 6 月 24 日,国务院召开常务会议研究部署开展新农保试点。会议决定 2009 年在全国 10%的县(市、区)开展新农保试点;明确了新农保制度的基本原则,即"保基本、广覆盖、有弹性、可持续",个人、集体、政府合理分担责任,权利与义务相适应,政府引导和农民自愿相结合,先行试点,逐步推开;确定了新农保制度采取社会统筹与个人账户相结合的基本模式和个人缴费、集体补助、政府补贴相结合的筹资方式;要求各地根据本地实际认真选择试点地区,制定切实可行的实施方案,做好新农保制度与家庭养老、土地保障、社会救助等其他社会保障政策的配套衔接工作;新农保基金纳入同级财政社会保障基金财政专户,实行收支两条线管理,并建立公示和信息披露制度,加强社会监督。

---

① 《新型农村社会养老保险制度建设研讨会在北京召开》,2008 年 9 月 11 日,见 www.gov.cn/govweb/gzdt/2008-09/11/content_1093049.htm。

② 仝春建:《新型农村社会养老保险年内展开试点》,《中国保险报》2009 年 6 月 26 日。

2009 年 8 月 18 日,国务院召开新农保试点工作会,温家宝总理在会上指出:"建立新型农村社会养老保险制度,为农村居民提供老年基本生活保障,这是党中央、国务院最近作出的又一项重大惠农政策,是……逐步实现基本公共服务均等化的一个重大步骤"。温总理还指出:"新型农村社会养老保险试点的主要内容包括两个方面,一是实行基础养老金和个人账户养老金相结合的养老待遇,国家财政全额支付最低标准基础养老金;二是实行个人缴费、集体补助、政府补贴相结合的筹资办法,地方财政对农民缴费实行补贴""中央财政对中、西部地区最低标准基础养老金给予全额补助,对东部地区补助50%,确保同一地区参保农民将来领取的基础养老金水平是相同的,这体现了新农保制度的基本性、公平性和普惠性。地方财政对所有参保农民给予缴费补贴,对农村重度残疾人等困难群体代缴部分或全部最低标准保险费,对选择较高档次标准缴费的农民给予适当鼓励。个人账户养老金……体现了权利与义务相对应的原则"①。

2009 年 9 月 1 日,国务院颁发了《关于开展新型农村社会养老保险试点的指导意见》(国发〔2009〕32 号)。国务院决定,从 2009 年起开展新农保试点,2009 年试点覆盖面为全国 10% 的县(市、区、旗),以后逐步扩大至全国普遍实施,2020 年之前基本实现对农村适龄居民的全覆盖。2010 年《政府工作报告》提出试点范围扩大到 23% 的县。新农保试点的基本原则是"保基本、广覆盖、有弹性、可持续"。国发〔2009〕32 号文件提出"探索建立个人缴费、集体补助、政府补贴相结合的新农保制度,实行社会统筹与个人账户相结合,与家庭养老、土地保障、社会救助等其他社会保障政策措施相配套,保障农村居民老年基本生活。……养老金待遇由基础养老金和个人账户养老金组成,支付终身。……国家根据经济发展等情况,适时调整全国新农保基础养老金的最低标准",要求省(区、市)人民政府和试点县结合本地实际情况制定试点具

---

① 新华社记者:《决定解读:怎样建立新型农村社会养老保险制度》,2009 年 1 月 8 日,见 http://202.123.110.5/jrzg/2009-01/08/content_1200018.htm。

体办法和实施方案。另外,还在参保范围、养老金待遇标准及领取条件、基金管理和监督、经办管理服务以及相关制度衔接等方面作出了规定。

2011 年在新农保继续扩大试点范围的同时(2011 年《政府工作报告》提出将新农保试点范围扩大到全国 40% 的县,实际上 2011 年覆盖面扩大到 60% 以上的县——2012 年《政府工作报告》),国务院提出推进城镇社会养老保险试点(2011 年《政府工作报告》)。2011 年 6 月 20 日,国务院召开了全国城居保试点工作部署暨新农保试点经验交流会议,决定从 2011 年 7 月 1 日起在全国范围内启动城居保试点,要求在当届政府任期内基本实现制度全覆盖。时任国务院总理温家宝在会议上作了重要讲话,提出"建立城镇居民社会养老保险制度,逐步解决城镇非从业居民养老保障问题,与两年前建立新农保逐步解决农村居民养老保障问题一样,都是健全我国社会保障体系的重大制度建设"。城居保和新农保都是由政府主导建立的社会养老保险制度,从社会保险制度的性质、政府责任和基本国情考虑,应该遵循"保基本、广覆盖、有弹性、可持续"的基本原则。两者均提出要坚持低水平起步、广覆盖,重在制度建设;坚持政府和个人共担责任,政府要确保责任到位;坚持城乡统筹,搞好制度和政策衔接;坚持多层次、多渠道解决养老问题,继续发挥好家庭和社会各方面积极作用。2012 年《政府工作报告》提出 2012 年底实现新农保和城居保制度全覆盖。这一阶段在全国正式开始新农保和城居保试点工作,并逐步覆盖全体城乡居民。

(四)统一城乡居民基本养老保险发展阶段

2014 年 4 月 21 日,国务院颁发《关于建立统一的城乡居民基本养老保险制度的意见》(国发〔2014〕8 号),决定在总结新农保和城居保试点经验的基础上,将两项制度合并实施,在全国范围内建立统一的城乡居保制度,并对参保范围、基金筹集模式、养老保险待遇领取条件、养老保险待遇及调整、基金管理和运营、基金监督、转移接续与制度衔接等方面作出了基本规定。2014 年

《政府工作报告》提出"建立统一的城乡居民基本养老保险制度,完善与职工养老保险的衔接办法,……要坚持建机制、补短板、兜底线,保障群众基本生活,不断提高人民生活水平和质量"。2014 年 2 月 24 日,人力资源和社会保障部、财政部印发了《关于印发〈城乡养老保险制度衔接暂行办法〉的通知》(人社部发〔2014〕17 号),要求做好城乡养老保险制度衔接工作,保障广大城乡参保人员的权益,要求加强组织领导,明确职责分工,做好经办服务,抓好信息系统建设,确保城乡养老保险制度衔接工作平稳实施,并对城镇保和城乡居保两种制度的衔接作出了基本规定,要求各地区研究制定具体实施办法。新农保和城居保两项制度合并为统一的城乡居保制度后,城乡居保得到了快速稳定发展,到 2017 年底,月人均养老金 125 元,其中,各级财政支付的基础养老金增加到 113 元,中央财政支付的养老金人均达到 70 元,基础养老金水平比试点初期增长超过一倍,占城乡居民人均养老金的 90% 以上,充分体现了党中央、国务院对改善民生、提高城乡居民养老保障水平方面的高度重视和大力支持①。其他具体数据和发展趋势见表 2-12、图 2-1、图 2-2。

通过对老农保制度改革和创新,在全国进行新农保和城居保试点的基础上,城乡居保得到了快速发展。2009 年末,27 个省、自治区的 320 个县(市、区、旗)和 4 个直辖市部分区县列入首批新农保试点,全国参加农村养老保险人数为 8691 万人,比上年末增加 3096 万人;全年共有 1556 万农民领取了养老金,比上年增加 1044 万人;全年共支付养老金 76 亿元,比上年增加 33.8%;年末农村养老保险基金累计结存 681 亿元②。2012 年末,全国所有县级行政区全面开展国家城乡居保工作,年末国家城乡居保参保人数 48370 万人,比上年末增加 15187 万人,其中实际领取待遇人数 13075 万人;全年城乡居保基金

---

① 金维刚:《城乡居民养老保险跨入新时代》,《中国劳动保障报》2018 年 4 月 3 日,第 3 版。

② 人力资源和社会保障部:《2009 年度人力资源和社会保障事业发展统计公报》,2017 年 10 月 31 日,见 www.mohrss.gov.cn/SYr/zyhshbzb/zwgk/szrs/tjgb/201710/t20171031-280389.html。

收入 1829 亿元,比上年增长 64.8%,其中个人缴费 594 亿元,比上年增长
41.0%;基金支出 1150 亿元,比上年增长 92.2%,基金累计结存 2302 亿元①。
截至 2017 年末,城乡居保参保人数达到 51255 万人,比上年末增加 408 万人,
实际领取待遇人数 15598 万人;全年城乡居保基金收入 3304 亿元,比上年增
长 12.6%,其中个人缴费 810 亿元;基金支出 2372 亿元,比上年增长 10.3%,
基金累计结存 6318 亿元②。从 2009 年新农保试点以来,城乡居保发展情况
的具体数据见表 2-12。

表 2-12　2009—2018 年城乡居民基本养老保险发展情况

年份	参保人数 (万人)	增加参保人数 (万人)	领取待遇人数 (万人)	基金收入 (亿元)	基金支出 (亿元)	基金累计结余 (亿元)
2009	8691	3096	1556		76	681
2010	10277	1586	2863	453	200	423
2011	33182	22906	8760	1110	599	1231
2012	48370	15187	13075	1829	1150	2302
2013	49750	1381	13768	2052	1348	3006
2014	50107	357	14313	2310	1571	3845
2015	50472	365	14800	2855	2117	4592
2016	50847	375	15270	2933	2150	5385
2017	51255	408	15598	3304	2372	6318
2018	52149			3341	2625	

资料来源:2009—2017 年度《人力资源和社会保障事业发展统计公报》,2018 年数据为 2018 年 1—11
月人力资源和社会保障统计数据。见 www.mohrss.gov.cn/SYrlzyhshbzb/zwgk/szrs/tjgb/。

_____

　　① 人力资源和社会保障部:《2012 年度人力资源和社会保障事业发展统计公报》,2013 年
6 月 3 日,见 www.mohrss.gov.cn/SYrlzyhshbzb/zwgk/szrs/tjgb/201306/t20130603_104411.html。
　　② 人力资源和社会保障部:《2017 年度人力资源和社会保障事业发展统计公报》,2018 年
5 月 21 日,见 www.mohrss.gov.cn/SYrlzyhshbzb/zwgk/szrs/tjgb/201805/t20180521_294287.html。

从表 2-12 可知,自城乡居保实施以来,参保人数、领取待遇人数、基金收支等均不断增加。参保人数从 2011 年 33182 万人①增加到 2017 年 51255 万人,增加了 18073 万人,平均每年增加 3012.2 万人;领取待遇人数从 2011 年 8760 万人增加到 15598 万人,增加了 6838 万人,平均每年增加 1139.7 万人;基金收入、基金支出和基金累计结余分别从 2011 年 1110 亿元、599 亿元、1231 亿元增加到 2017 年 3304 亿元、2372 亿元、6318 亿元,分别增加了 2194 亿元、1773 亿元和 5087 亿元,平均每年分别增加了 365.7 亿元、295.5 亿元和 847.8 亿元。2009—2017 年我国城乡居保参保人数和养老金待遇领取人数变动趋势见图 2-1;2009—2017 年城乡居保基金收支、基金累计结余变动趋势见图 2-2。

（单位：万人）

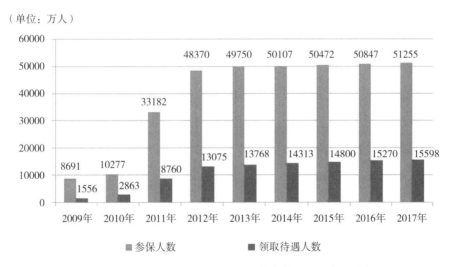

图 2-1　2009—2017 年中国城乡居民基本养老保险参保人数
和养老金待遇领取人数变动情况

同时,城乡居保制度在发展过程中还存在一些问题,主要表现为待遇确定机制不够明确、尚未建立基础养老金正常调整机制、绝大多数参保人选择低档

---

① 由于 2011 年前没有开始城镇居保试点,2009 年、2010 年城乡居保参保人数、领取待遇人数、基金收支等数据只是新农保数据,为了具有可比性,从 2011 年数据开始比较。

（单位：亿元）

图 2-2　2009—2017 年中国城乡居民基本养老保险基金收入、
基金支出和基金累计结余变动情况

次缴费标准、缴费补贴调整机制不够规范、个人账户基金难以保值增值等,这些问题有的将会在后面章节进行分析研究。在这种情况下,为了完善城乡居保相关机制,2018 年 1 月 23 日,习近平总书记主持召开中央全面深化改革领导小组第二次会议,审议通过了《关于建立城乡居民基本养老保险待遇确定和基础养老金正常调整机制的指导意见》,强调要按照兜底线、织密网、建机制的要求,建立激励约束有效、筹资权责清晰、保障水平适度的城乡居保待遇确定和基础养老金正常调整机制,推动城乡居保待遇水平随经济发展逐步提高,确保参保居民共享经济社会发展成果。2018 年 3 月 26 日,人力资源和社会保障部、财政部颁发了《关于建立城乡居民基本养老保险待遇确定和基础养老金正常调整机制的指导意见》(人社部发〔2018〕21 号),按照党的十九大精神,习近平新时代中国特色社会主义思想为指导,提出要建立完善待遇确定机制、基础养老金正常调整机制、个人缴费档次标准调整机制、缴费补贴调整机制等四个方面的机制并实现个人账户基金保值增值。这将促进城乡居保发展从注重外延式扩面向注重内在机制建立的转变,全面推进城乡居保制度完善①,表明城乡居保进入完善机制的发展阶段②,城乡居保跨入全面发展的新时代。

三、建立城乡居民基本养老保险制度的意义

党的十九大提出中国特色社会主义进入了新时代,要"坚持在发展中保障和改善民生。增进民生福祉是发展的根本目的。必须多谋民生之利、多解民生之忧,在发展中补齐民生短板、促进社会公平正义,……"全面建成小康社会,把我国建设成为富强民主文明和谐美丽的社会主义现代化强国,城乡居民养老是发展中不可回避、必须解决的问题。为了实现党中央、国务院提出的到 2020 年建立覆盖城乡的社会保障体系的战略目标,以及在人口老龄化加快的社会背景下,以家庭养老为主的养老保障制度已越来越不能满足我国城乡居民养老的需求,建立城乡居保制度迫在眉睫。建立和完善城乡居保制度是深入贯彻落实科学发展观、习近平新时代中国特色社会主义思想和改善民生、加快建设覆盖城乡居民社会保障体系的重大决策。城乡居保是我国社会保障体系的重要组成部分,是实现广大城乡居民特别是农村居民老有所养、促进家庭和谐、增加收入的重大惠民政策。它对于完善我国的社会保障体系、妥善解决城乡居民的养老问题、确保城乡居民基本生活、推动农村减贫和逐步缩小城乡差距、改变城乡二元结构、推进基本公共服务均等化、统筹城乡经济社会一体化发展、维护农村社会稳定、实现和谐社会目标意义重大。

（一）城乡居民基本养老保险是党和国家确定的以人为本、改善民生政策的重要内容

党的十七大、十八大全面深刻阐述了科学发展观的内涵,第一要义是发展,核心是以人为本,基本要求是全面协调可持续,根本方法是统筹兼顾;必须

---

① 金维刚:《城乡居民养老保险跨入新时代》,《中国劳动保障报》2018 年 4 月 3 日。
② 杨燕绥:《城乡居民养老保险进入机制建设轨道》,《工人日报》2018 年 5 月 8 日。

自觉地把以人为本作为深入贯彻落实科学发展观的核心立场,始终把实现好、维护好、发展好最广大人民根本利益作为党和国家一切工作的出发点和落脚点,不断实现发展成果由人民共享、促进人的全面发展。同时提出加快推进以改善民生为重点的社会建设,努力使全体人民学有所教、劳有所得、病有所医、老有所养、住有所居;社会保障是民生之基,要全面建成覆盖城乡居民的社会保障体系。党的十九大报告深刻阐述了新时代中国特色社会主义思想,提出"新时代我国社会主要矛盾是人民日益增长的美好生活需要和不平衡不充分发展之间的矛盾,必须坚持以人民为中心的发展思想,不断促进人的全面发展、全体人民共同富裕""必须始终把人民利益摆在至高无上的地位,让改革发展成果更多更公平惠及全体人民,朝着实现全体人民共同富裕不断迈进""完善城镇职工基本养老保险和城乡居民基本养老保险制度,尽快实现养老保险全国统筹"。十九届四中、五中全会提出,"坚持和完善统筹城乡的民生保障制度,满足人民日益增长的美好生活需要。完善覆盖全民的社会保障体系。加快建立基本养老保险全国统筹制度""健全覆盖全民、统筹城乡公平统一、可持续的多层次社会保障体系。推进社保转移接续,健全基本养老、基本医疗保险筹资和待遇调整机制。实现基本养老保险全国统筹"。建立和完善城乡居保制度是社会进步的重要标志,是保障和改善民生的重要内容也是保障城乡居民生活的基本内容。

(二)建立和健全城乡居民基本养老保险是破解"三农"问题、统筹城乡社会协调发展、促进社会公平正义、构建社会主义和谐社会、全面建成小康社会和实现城乡共同富裕的重要措施

党的十七大、十八大提出全面建设小康社会奋斗目标的新要求,明确提出"人人享有基本生活保障,人人享有基本医疗卫生服务"。能不能实现全面小康,关键在能不能解决"三农"问题,农村能不能实现全面小康。因此,党中央把解决好"三农"问题作为全党工作重中之重。农村社会保障是"三农"问题

的重要工作领域之一。农民工、被征地农民和务农农民的转移就业、增加收入和养老保障等都是"三农"问题的重要问题。可以说全面实现小康社会的重点难点在农村,农村的重点难点在农民的转移就业和农村的社会保障。

党的十七大、十八大十分注重统筹城乡协调发展和经济社会协调发展,要求扩大公共服务,促进社会公平正义,创造条件让更多群众拥有财产性收入,实现基本公共服务均等化,加快建立覆盖城乡居民的社会保障体系,等等。在十七大、十八大基础上,十九大和十九届五中全会提出实施乡村振兴战略,必须始终把解决好"三农"问题作为全党工作重中之重,要建立健全城乡融合发展体制机制和政策体系,完善公共服务体系。城乡居民社会保障制度是落实党的精神的重要制度安排。覆盖全体城乡居民的社会保障体系包括城乡居民基本养老保险,是缩小城乡、工农收入差距,促进社会公平正义的有效调节措施。城乡居保采取社会统筹和个人账户相结合的模式。个人账户属于城乡居民个人财产,有助于提高城乡居民的财产性收入,有助于提高农民的幸福程度;社会统筹主要指基础养老金,完全由财政进行转移支付,这有助于提高社会的公平正义和和谐程度,使人民获得感、幸福感、安全感更加充实。

(三)建立和健全城乡居民基本养老保险制度有利于弥补家庭养老功能弱化,保障城乡居民老年人的基本生活,应对人口老龄化挑战

随着工业化、城镇化和现代化快速推进,我国人口老龄化速度不断加快,家庭规模逐渐缩小,特别是农村劳动力转移就业、农村家庭空巢化现象较为普遍,农村人口老龄化速度快于城镇(前面已有论述)。目前,我国虽然还是以家庭养老为主,但家庭养老功能明显弱化,主要表现为:第一,市场经济的发展和传统小农经济的萎缩、分化和瓦解,动摇了家庭养老的思想、道德和经济基础;第二,家庭规模的小型化和居住方式的变革,缩小了家庭养老的照料和赡养资源;第三,城镇化和农村劳动力转移降低了家庭凝聚力,削弱了家庭成员互助功能;第四,收入虽然逐渐提高,但收入提高的速度难以赶上人们养老需

求的上升,养老问题可能面临既缺乏经济支撑又缺乏家庭保障的"双重困难";第五,农村土地养老保障功能难以实现。家庭保障功能的持续弱化要求以城乡居民基本养老保险制度化解农民养老的群体性风险。城乡居保工作的开展有利于弥补家庭养老功能的不足,与家庭养老、土地保障相配套保障农村老人的基本生活。

另外,有的研究者认为构建城乡居保对有效扩大内需、促进经济平稳发展有重要的现实意义。开展新城乡居保,解决了农民的后顾之忧,也有利于加速农村土地流转,便于土地集约化经营,提高土地的利用价值,促进农业现代化的发展①。

第二节　城乡居民基本养老保险制度的特征

一、城乡居民基本养老保险制度的主要内容

国发〔2014〕8号文件结合我国发展的新形势对城乡居民基本养老保险工作提出了基本意见,其主要内容如下:

（一）指导思想

国发〔2014〕8号文件要求城乡居保工作要"高举中国特色社会主义伟大旗帜,以邓小平理论和'三个代表'重要思想、科学发展观为指导"。按照"全覆盖、保基本、有弹性、可持续"的方针,以增强公平性、适应流动性、保证可持续性为重点,全面推进和不断完善覆盖全体城乡居民的基本养老保险制度,充分发挥社会保险对保障人民基本生活的作用,逐步解决城乡居民老有所养问题。

---

① 周艳:《浅议新型农村养老保险制度》,《北方经济》2010年第4期。

（二）基本原则

国发〔2014〕8号文件提出城乡居保实施的基本原则是"全覆盖、保基本、有弹性、可持续"。一是从实际出发,低水平起步,筹资标准和待遇标准要与经济发展及各方面承受能力相适应;二是个人(家庭)、集体、政府合理分担责任,权利与义务相对应;三是政府主导和参保人自愿相结合,引导城乡居民普遍参保;四是中央确定基本原则和主要政策,地方制定具体办法。

（三）参保对象

年满16周岁(不含在校学生),非国家机关和事业单位工作人员及不属于职工基本养老保险制度覆盖范围的城乡居民,可以在户籍地参加城乡居民养老保险。

（四）制度模式与衔接

城乡居保制度实行社会统筹与个人账户相结合,与社会救助、社会福利等其他社会保障政策相配套,充分发挥家庭养老等传统保障方式的积极作用,更好保障参保城乡居民的老年基本生活。国家为每个参保人员建立终身记录的养老保险个人账户,个人缴费、地方人民政府对参保人的缴费补贴、集体补助及其他社会经济组织、公益慈善组织、个人对参保人的缴费资助,全部记入个人账户,个人账户储存额按国家规定计息。社会统筹主要体现为政府发放的基础养老金。国发〔2014〕8号文件规定了转移接续与制度衔接的办法,规定"参加城乡居民养老保险的人员,在缴费期间户籍迁移、需要跨地区转移城乡居民养老保险关系的,可在迁入地申请转移养老保险关系,一次性转移个人账户全部储存额,并按迁入地规定继续参保缴费,缴费年限累计计算;已经按规定领取城乡居民养老保险待遇的,无论户籍是否迁移,其养老保险关系不转移"。还要求按照有关规定做好城乡居保制度与职工基本养老保险、优抚安置、城乡居民最低生活保障、农村五保供养等社会保障制度以及农村部分计划生育家庭奖励扶助制度的衔接工作。

（五）基金筹集方式和模式

城乡居保基金采取缴费制筹集方式，由个人缴费、集体补助、政府补贴构成。国发〔2014〕8号文件规定"参加城乡居民养老保险的人员应当按规定缴纳养老保险费。缴费标准目前设为每年100元、200元、300元、400元、500元、600元、700元、800元、900元、1000元、1500元、2000元12个档次，省（区、市）人民政府可以根据实际情况增设缴费档次，最高缴费档次标准原则上不超过当地灵活就业人员参加职工基本养老保险的年缴费额，参保人自主选择档次缴费，多缴多得。人力资源社会保障部会同财政部依据城乡居民收入增长等情况适时调整缴费档次标准""有条件的村集体经济组织应当对参保人缴费给予补助，补助标准由村民委员会召开村民会议民主确定，鼓励有条件的社区将集体补助纳入社区公益事业资金筹集范围。鼓励其他社会经济组织、公益慈善组织、个人为参保人缴费提供资助。补助、资助金额不超过当地设定的最高缴费档次标准""政府对符合领取城乡居民养老保险待遇条件的参保人全额支付基础养老金，其中，中央财政对中、西部地区按中央确定的基础养老金标准给予全额补助，对东部地区给予50%的补助。地方人民政府应当对参保人缴费给予补贴，对选择最低档次标准缴费的，补贴标准不低于每人每年30元；对选择较高档次标准缴费的，适当增加补贴金额；对选择500元及以上档次标准缴费的，补贴标准不低于每人每年60元，具体标准和办法由省（区、市）人民政府确定。对重度残疾人等缴费困难群体，地方人民政府为其代缴部分或全部最低标准的养老保险费"。

（六）养老金待遇发放

国发〔2014〕8号文件规定："参加城乡居民养老保险的个人，年满60周岁、累计缴费满 15 年,且未领取国家规定的基本养老保障待遇的,可以按月领取城乡居民养老保险待遇;新农保或城居保制度实施时已年满 60 周岁,不用缴费,可以按月领取城乡居民养老保险基础养老金;距规定领取年龄不足 15 年的,应逐年缴费,也允许补缴,累计缴费不超过 15 年;距规定领取年龄超过 15 年的,应按年缴费,累计缴费不少于 15 年。"养老金待遇由基础养老金和个人账户养老金组成,支付终身。中央确定基础养老金最低标准,建立基础养老金最低标准正常调整机制,根据经济发展和物价变动等情况,适时调整全国基础养老金最低标准。地方人民政府可以根据实际情况适当提高基础养老金标准;对长期缴费的,可适当加发基础养老金,提高和加发部分的资金由地方人民政府支出,具体办法由省(区、市)人民政府规定。个人账户养老金的月计发标准为个人账户全部储存额除以 139(与现行职工基本养老保险个人账户养老金计发系数相同)。参保人死亡,个人账户中的资金余额可以依法继承。

(七)基金管理和监督

将新农保基金和城居保基金合并为城乡居保基金,完善城乡居保基金财务会计制度和各项业务管理规章制度。城乡居保基金纳入社会保障基金财政专户,实行收支两条线管理,单独记账、独立核算,任何地区、部门、单位和个人均不得挤占挪用、虚报冒领。各地要在整合城乡居保制度的基础上,逐步推进城乡居保基金省级管理。城乡居保基金按照国家统一规定投资运营,实现保值增值。各级人力资源社会保障部门要会同有关部门认真履行监管职责,建立健全内控制度和基金稽核监督制度,对基金的筹集、上解、划拨、发放、存储、管理等进行监控和检查,并按规定披露信息,接受社会监督。财政部门、审计部门按各自职责,对基金的收支、管理和投资运营情况实施监督。对虚报冒领、挤占挪用、贪污浪费等违纪违法行为,有关部门按国家有关法律法规严肃处理。要积极探索有村(居)民代表参加的社会监督的有效方式,做到基金公开透明,制度在阳光下运行。

另外,国发〔2014〕8号文件对城乡居保的经办管理服务、组织实施、各省(区、市)人民政府和县(市、区、旗)制定具体实施方案,做好舆论宣传等工作做了原则性的规定,要求各地注意研究实施过程中出现的新情况、新问题,积极探索和总结解决新问题的办法和经验,妥善处理改革、发展和稳定的关系,开展好城乡居民基本养老保险工作。

二、城乡居民基本养老保险制度评估

分析和评估社会保障制度合理性及其转型是否成功的基本依据是社会保障制度的价值取向与建制理念、同时代和国情的适应性、制度的有效性和发展的可持续性等四个指标①。城乡居保制度作为社会保障制度的重要构成部分,对其评估同样可以从这四个方面进行分析。

(一)城乡居民基本养老保险符合社会保险的价值取向,设计理念较合理

城乡居保制度设计上明确了政府责任,加大了政府财政投入。这与老农保政府只给予政策扶持几乎不承担财政责任不同,城乡居保强调了政府在养老保险中应有的责任。城乡居保强调个人、集体、政府三方共同筹资、共同承担风险责任,这既加强了城乡居民个人在养老保险中的责任意识,又使城乡居民对基本养老保险充满信心。这种设计符合社会保险的权利与义务相一致和福利性的原则,体现了公平与效率相结合,也符合当今社会保险的发展趋势。

(二)城乡居民基本养老保险与我国经济社会发展相适应

随着改革开放全面深入,我国经济得到了持续快速增长,社会发展不断进步。我国社会已进入"工业"反哺"农业"、"城市"反哺"农村"的发展阶段,国家经济实

---

① 郑功成等:《中国社会保障制度变迁与评估》,中国人民大学出版社2002年版,第16页。

力逐步增强,财政收入不断增加,已有能力加大公共财政投入推动城乡居保发展。

(三)城乡居民基本养老保险试点工作取得了一定成效

城乡居保实施以来,由于养老保险费缴纳灵活有弹性,保障水平与各地社会经济发展水平相适应并随社会经济发展进行调整,还规定了不同类型的社会保险制度之间的衔接协调办法,因此提高了城乡居民参保积极性。符合条件的老人享受了城乡居民基本养老保险待遇,待遇水平逐步提高,截至2017年12月底,城乡居保参保人数51255万人,其中领取待遇人数15598万人,月人均待遇125元,其中基础养老金113元①,具体发展情况见前文。城乡居保制度自建立以来,在保障老年居民基本生活、助力扶贫脱困、调节收入分配、促进社会和谐稳定等方面发挥了积极作用,已成为我国社会保障体系的重要组成部分,受到广大群众的欢迎与拥护。

(四)城乡居民基本养老保险从宏观制度层面上看具有发展可持续性

在基金筹集方面,城乡居保实行个人缴费、集体补助、政府补贴三方共同承担,与老农保以个人缴费为主、集体补助为辅、国家给予政策扶持的筹集模式相比,有政府公共财政作后盾,基金筹集更有保障。在基金管理方面,规定实施初期,城乡居保基金暂实行县级管理,随着实施范围的扩大和深入,逐步提高管理层次,有条件的地方也可直接实行省级管理,这使基金保值增值的可能性增大。在制度发展方面,城乡居保制度采用个人账户和社会统筹(主要体现为基础养老金)相结合模式,在宏观制度层面上为建立全国统一的基本养老保险制度铺平了道路。

---

① 《人社部相关负责人就〈关于建立城乡居民基本养老保险待遇确定和基础养老金正常调整机制的指导意见〉答记者问》,2018年3月29日,见 http://www.mohrss.gov.cn/SYrlzyhshbzb/dongtaixinwen/buneiyaowen/201803/t20180329_291012.html。

三、城乡居民基本养老保险制度的主要特征

城乡居保是在整合新农保和城居保的基础上建立的一项保障城乡居民老年人基本生活的社会保险制度。通过与老农保制度比较,城乡居保制度具有以下特征。

(一)城乡居民基本养老保险制度较老农村社会养老保险制度更具有社会性、互济性和福利性

城乡居保制度的社会性、互济性和福利性主要表现为:一是城乡居保应对的是普遍性的城乡居民养老社会问题。城乡居保制度实施是在我国工业化、城市化、现代化进程中城乡居民养老问题成为普遍性的社会问题时逐渐开展起来的,它所要解决的是城乡居民所有老人的养老问题,而不是某一部分居民的养老问题。与20世纪80年代探索老农保制度相比,现阶段以及未来我国人口老龄化速度加快,城乡居民老人的养老问题已经成为社会普遍关心的社会问题。二是城乡居保的参保范围不是少数城乡居民,而是全体城乡居民。老农保规定保险对象为"非城镇户口,不由国家供应商品粮的农村人口。一般以村为单位确认,组织投保。乡镇企业职工、民办教师、乡镇招聘干部、职工等,可以以乡镇或企业为单位确认,组织投保。少数乡镇因经济或地域等原因,也可以先搞乡镇企业职工的养老保险"。缴纳保险年龄为20周岁至60周岁,不分性别、职业。实际上,老农保的覆盖范围很小,参保率很低。在参保高峰期,参保率也只有10%。老农保规定参保缴费年龄为20周岁至60周岁,参保人员以中青年为主,把60周岁及以上的老年人排斥在外。老农保基本上是在发达农村地区开展,并未覆盖到不发达的农村地区和贫困农村居民[1]。城镇职工基本养老保险制度只是覆盖了国家、机关和企业职工,覆盖范围更小。

---

[1]　财政部科研所等"农民养老保险问题研究"课题组:《公共财政体制下我国农村养老保险制度研究》,《经济研究参考》2010年第4期。

城乡居保的参保对象为年满16周岁(不含在校学生)、非国家机关和事业单位工作人员及不属于职工基本养老保险制度覆盖范围的城乡居民。城乡居保规定已年满60周岁、未领取国家规定的基本养老保障待遇的不用缴费,可以按月领取城乡居保基础养老金。对重度残疾人等缴费困难群体,地方政府为其代缴部分或全部最低标准的养老保险费。三是城乡居保的基金来源渠道多元化。老农保资金筹集以个人缴纳为主、集体补助为辅,国家给予政策扶持。个人缴纳要占一定比例;集体补助主要从乡镇企业利润和集体积累中支付;国家予以政策扶持,主要通过对乡镇企业支付集体补助予以税前列支体现。在实际实施过程中,由于大多数乡镇企业发展不景气和集体积累很少,乡镇企业和集体无力或不愿意对农村社会养老保险给予补助,绝大多数农民养老保险没有集体补助,从而国家"通过对乡镇企业支付集体补助予以税前列支"的政策扶持也无从谈起,因此,老农保的资金筹集在相当一部分农村地区是一种完全由个人缴费的储蓄积累,缺乏社会性和互济性。国发〔2014〕8号文件规定城乡居民基本养老保险基金由"个人缴费、集体补助、政府补贴构成"。参加城乡居保的居民应当按规定缴纳养老保险费,有条件的村集体应当对参保人缴费给予补助,鼓励其他经济组织、社会公益组织、个人为参保人缴费提供资助。政府对符合领取条件的参保人全额支付城乡居保基础养老金,地方政府应当对参保人缴费给予补贴。四是城乡居保的社会性还表现为其运行和管理的社会化发展方向。为了城乡居保工作的更好开展,国家从上到下建立了专门化、社会化的城乡居保管理机构和服务机构。国务院和各省(区、市)成立了城乡居保试点领导小组,研究制定全国和各地区相关政策并督促检查政策的落实情况,总结评估实施工作,协调解决工作中出现的问题。人力资源和社会保障部内设城乡居民基本养老保险司,主要负责拟订城乡居保等政策、规划和标准,会同有关方面拟订城乡居保基金管理办法等。地方各级政府人力资源和社会保障部门分别设置了城乡居民基本养老保险局(室)等相关管理和服务机构,主要根据国发〔2014〕8号文件结合本地区实际情况制定具体的实施办法,组织实施和开展城乡居保工作。城乡居保基金纳入社会保障基金财政专户,实行收支两条线管理,加强社会监督,财政、监察、审计部门按各自职责实施监督,并接受群众监督。

(二)城乡居民基本养老保险较老农保缴费标准和保障水平更高,与其他养老保障相结合基本上能满足城乡居民老年人的生活需要

保障老年基本生活是社会养老保险的一个重要原则,城乡居保作为社会养老保险的一个项目,也应该遵循此原则。老农保月缴费标准设 2 元、4 元、6 元、8 元、10 元、12 元、14 元、16 元、18 元、20 元十个档次,供不同的地区以及乡镇、村、企业和投保人选择。各业人员的缴费档次可以有所区别。领取养老金从 60 周岁以后开始,根据缴费的标准、年限确定支付标准。投保人领取养老金,保证期为 10 年,领取养老金超过 10 年的长寿者,支付养老金直到身亡为止。在老农保的实际实施过程中,由于农村经济发展水平和农民收入较低等因素,大多数人选择每月缴 2 元或 4 元的标准,个人账户的资金积累相当少,加上难以保值增值,农民最终领取的养老金很低,根本保障不了基本生活。按照民政部《农村社会养老保险缴费领取计算表》计算,若每月缴 2 元,缴费 10 年后每月可领取 4.7 元,15 年后可领取 9.9 元;若每月缴 4 元,10 年后每月可领取 9.4 元,15 年后可领取 20 元。加上管理费增加和银行利率下调、通货膨胀、集体补贴难以到位和政府的扶持政策不能落实等因素的影响,农民实际领取到的养老金会更少①。这不符合养老保险必须保障老年人基本生活和分享社会经济发展成果的原则。城乡居保缴费标准较老农保要高,国发〔2014〕8 号文件规定城乡居保缴费标准目前为每年 100 元、200 元、300 元、400 元、500 元、600 元、700 元、800 元、900 元、1000 元、1500 元、2000 元 12 个档次,省

---

① 中国社会科学院"农村社会保障制度研究"课题组崔红志等:《新型农村社会养老保险制度适应性的实证研究》,社会科学文献出版社 2012 年版,第 67—68 页。

(区、市)人民政府可以根据实际情况增设缴费档次,最高缴费档次标准原则上不超过当地灵活就业人员参加职工基本养老保险的年缴费额。地方政府还对参保人缴费给予补贴:对选择最低档次标准缴费的,补贴标准不低于每人每年30元;对选择较高档次标准缴费的,适当增加补贴金额;对选择500元及以上档次标准缴费的,补贴标准不低于每人每年60元。具体标准和办法由省(区、市)人民政府确定。养老金待遇由基础养老金和个人账户养老金组成,支付终身。2018年,中央把基础养老金标准提高到每人每月88元(最初为每人每月55元)。地方人民政府可以根据实际情况提高基础养老金标准,对于长期缴费的城乡居民,可适当加发基础养老金。个人账户养老金的月计发标准为个人账户全部储存额除以139(与现行城镇职工基本养老保险个人账户养老金计发系数相同)。虽然现阶段政府财政对符合领取条件的参保人全额支付的基础养老金不高,但基础养老金(基础养老金随着经济发展和国力增强提高)、个人账户养老金加上城乡居民的其他收入(如城镇居民临时工收入、农民耕种的收入等),基本上能保障城乡居民老年人的基本生活。

(三)城乡居民基本养老保险明确强调了政府财政责任,体现了政府的主体性和主导作用

社会保险的经营主体是政府,它是由中央或地方政府领导的社会保险机构直接管理运行的,是政府的公共事务,因此,政府责任主体性是社会保险基本特点之一。此特点主要表现在:社会保险是政府为了应对社会风险、保障社会安全而采取的一项社会措施;政府作为主体性的责任者需要通过立法的形式,强制全社会劳动者个人及其所在的企业依法缴纳保险费,通过有效的基金管理,保证制度的正常运行,从而达到预防贫困、保障劳动者及其家属生活安全的目的。养老保险作为社会保险的重要项目之一,它是政府通过立法的制度性安排,以权利与义务的一致性为原则,在劳动者因年老而丧失劳动能力,或达到法定解除劳动义务的劳动年龄界限后,为满足他们的基本生活需求而

建立的一种经济保障制度①。它的经营主体同样是政府。虽然这里社会保险和养老保险的性质和内涵主要是针对城镇职工劳动者参保说的,但在我国这样农村人口占绝大多数的农业大国,农村社会养老保险(城乡居民基本养老保险的主要构成部分)是全国社会养老保险体系中不可或缺的组成部分,政府的责任主体性应该在城乡居民基本养老保险中得到体现,并且在城乡居保的组织实施过程中应起主导作用。政府在养老保险中的责任主要有两个方面:一是管理责任。包括制度、法律法规、政策的研究制定,管理机构设置、经办服务,基金管理和监督,组织实施中的问题协调、宣传,等等。二是出资责任。主要指基金筹集、管理费用的财政投入支持和基金缺口的财政保底。社会保障基金主要来源于政府财政拨款、企业(雇主)或集体缴纳或补贴、社会成员个人缴纳、社会及居民个人捐助、国际捐助和社会保障基金自身增值等六种途径,其中政府要负主要的出资责任。社会保障制度体系的许多计划、项目,如社会救助、社会福利等基金来源大多由政府从财政拨付,就是社会保险计划政府也要承担最终兜底的财政责任。老农保实施不成功,笔者认为一个重要原因是政府责任没有完全体现,特别是政府在基金筹集中财政责任的缺失,使农民对制度的可靠性、持续性没有信心,参保的积极性不高。老农保主要体现了政府的管理责任,出资责任缺失。在管理方面,民政部制定颁发了《县级农村社会养老保险基本方案(试行)》(民办发〔1992〕2号)等一系列行政性法规文件,地方政府根据《基本方案》也制定了暂行管理办法。县(市)、乡镇、村成立了相应的管理机构(县、市成立了农村社会养老保险事业管理处),实行村(企业)、乡、县三级管理。在出资方面,老农保只规定国家对资金筹集予以政策扶持,主要是通过对乡镇企业支付集体补助予以税前列支体现(这一政策也没有落实),没有明确规定政府必须通过财政转移支付进行直接的资金支持。老农保除开办费由地方财政一次性拨付外,之后管理服务经费

① 史柏年主编:《社会保障概论》,高等教育出版社2004年版,第81页。

从基金中按比例提取,这不但没有政府财政支持,反而挤占了基金。城乡居保不仅规定了政府研究制定政策、规划、标准,经办管理服务,基金管理与监督,组织实施和舆论宣传等管理责任,而且与老农保制度的最大区别是明确了政府资金的投入责任,加大了公共财政投入力度,并支持城乡居保全过程。国发〔2014〕8号文件中有关政府出资责任的规定:城乡居保基金由"个人缴费、集体补助、政府补贴"构成;政府对符合领取条件的参保人全额支付基础养老金,其中中央财政对中、西部地区按中央确定的基础养老金标准(2018年调整为每人每月88元)给予全额补助,对东部地区给予50%的补助,根据经济发展和物价变动等情况,适时调整全国基础养老金最低标准;对于长期缴费的农村居民,可适当加发基础养老金,提高和加发部分的资金由地方人民政府支出;地方政府对参保人缴费给予补贴,对选择最低档次缴费的补贴标准不低于每人每年30元,对选择较高档次标准缴费的可增加补贴金额,对选择500元及以上档次标准缴费的补贴标准不低于每人每月60元,具体标准和办法由省(区、市)人民政府确定;对重度残疾人等缴费困难群体,地方政府为其代缴部分或全部最低标准的养老保险费;新农保工作经费纳入同级财政预算,不得从新农保基金中开支。

(四)城乡居民基本养老保险体现了权利与义务相一致的原则,兼顾了效率与公平

社会保险的一个显著特点是:"它是一种缴费制的社会保障,实行权利与义务相关的原则,必须尽到缴纳保险费的义务,才有享受收入的补偿的权利"[1]。城乡居保是我国社会保险体系中的重要组成部分,同样要遵循权利与义务相一致原则。根据各国的具体实践,权利与义务相一致原则有四种情况,即权利与劳动义务对等原则、权利与投保对等原则、享受养老金待遇和工作贡

---

① 孙光德、董克用主编:《社会保障概论》(第2版),中国人民大学出版社2004年版,第27页。

献相联系原则、权利与国籍或居住年限相联系原则①。老农保的《县级农村社会养老保险基本方案(实行)》(民办发〔1992〕2号)规定资金筹集坚持"个人交纳为主,集体补助为辅,国家给予政策扶持的原则。个人交纳要占一定比例,一般不得低于保险费的50%。……个人的交费和集体或企业的补助(含国家让利),分别记账在个人名下""养老金的领取标准,根据个人积累资金总额和一定预期领取年限确定,按月或按季领取",但由于集体补助难以到位和政府扶持政策不能落实,老农保在相当一部分农村地区是个人完全积累式储蓄保险,个人享受的待遇和自己的努力与存款的多少紧密联系,政府没有在待遇支付中补贴,也没有基础养老金或财政补贴。这种保险模式强调的是自我保障,体现了权利与义务对等原则,具有较强的激励作用,但不具有代际间和代内间的再分配性。它强调的是效率,而忽视了公平。国发〔2014〕8号文件规定,"参加城乡居民养老保险的人员应当按规定缴纳养老保险费。……参保人自主选择档次缴费,多缴多得""已年满60周岁老人可以按月领取基础养老金;距领取年龄不足15年的,应按年缴费,也允许补缴,累计缴费不超过15年;距领取年龄超过15年的,应按年缴费,累计缴费不少于15年",引导中青年城乡居民积极参保、长期缴费,长缴多得。城乡居保规定养老金待遇由基础养老金和个人账户养老金组成。个人账户养老金的月计发标准为个人账户全部储存额除以139(与现行城镇职工基本养老保险个人账户养老金计发系数相同),体现城乡居民基本养老保险的效率原则。基础养老金由政府全额支付,中央财政对中、西部地区最低标准基础养老金给予全额补助,对东部地区补助50%,这样,无论在发达地区还是贫困地区,无论集体经济组织有无能力补助,同一地区参保居民领取的基础养老金水平是相同的,未来城乡居保制度还可以根据不同地方的生活标准调整基础养老金,让各地城乡居民享受到相同的生活水平。城乡居保还提出,在新农保和城居保制度实施时已经年满

---

① 史柏年主编:《社会保障概论》,高等教育出版社2004年版,第82页。

60周岁的参保人,不用缴费就可以直接享受最低标准的基础养老金。这意味着过了这一年龄门槛,不分地区,不分男女,城乡居民老年人都可以直接享受到最低标准的基础养老金,体现了新农保的普惠性和公平性。

(五)城乡居民基本养老保险根据城乡居民经济收入和地区发展不平衡状况实行差异化规定,使政策更具有灵活性和针对性

由于不同城乡居民在劳动就业、收入水平、生活水平和社会保障需要等方面存在一定的差异和我国地区经济社会发展不平衡,东部发达地区经济社会发展水平较高,中、西部地区还比较落后,因而不同参保人、不同地区人们对社会养老保险的需要程度及不同地区建立该制度的难度不同。东部地区由于经济社会发展水平较高,人们收入较高,家庭比较富裕,就是不建立养老保险制度其老年生活需要也能得到满足,一般保障基本生活的社会养老保险对他们没有多大吸引力,他们追求的是更高的生活水平。但是,由于这些地区的经济状况较好,通过国家鼓励和积极引导,在这些地区开展实施农村社会养老保险工作反而比较容易。在中、西部比较落后地区,由于经济社会发展水平不高,收入水平较低,这些地区的人们往往有养老的后顾之忧,更迫切需要建立养老保险制度,但是由于经济状况不好,在这些地区建立养老保险制度难度却较大。因此,城乡居民养老保险制度根据实际情况进行分层、分类指导和实施,针对不同群体和不同地区采取不同政策措施。如国发〔2014〕8号文件中规定政府全额支付基础养老金,中央财政对中、西部地区按中央确定的基础养老金标准给予全额补助,对东部地区给予50%的补助;针对不同经济收入水平的城乡居民规定不同档次的缴费标准供参保人自主选择,对重度残疾人等缴费困难群体,地方政府为其代缴部分或全部最低标准的养老保险费;等等。城乡居保制度还要求做好不同群体制度之间衔接,要求制定城乡居民养老保险与职工基本养老保险等其他养老保险制度的衔接办法,妥善做好城乡居保制度与优抚安置、城乡居民最低生活保障、农村五保供养等社会保障制度以及农村部分计划生育家庭奖励扶助制度的衔接工作,具体办法由人力资源社会保障部、财政部会同有关部门研究制订。

(六)城乡居民基本养老保险制度设计符合养老保险改革的发展潮流

在资金筹集方面,城乡居保规定基金由个人、集体、政府三方承担,符合当今世界养老保险改革的发展方向。从社会保障基金来源的角度区分,社会保障基金的筹集方式主要有企业全部缴纳,政府全部出资,个人全部缴纳,企业与个人共同缴纳,企业缴纳与国家资助,个人缴纳与国家资助和个人、企业、政府三方共同负担等七种方式,其中个人、企业、政府三方共同负担方式是较完整的一种社会保险基金筹集方式,也是当今世界社会保障基金筹集方式的发展方向,政府在其中的作用是承担一定比例的费用或者提供补贴①。城乡居保基金由个人缴费、集体补助、政府补贴构成。个人以缴费、集体以补助、政府以补贴的形式共同承担出资责任,符合国际社会保障多方筹集基金的发展趋势。在社会保障扩大覆盖范围方面,2000 年,国际劳工组织发表的《变化世界中的收入保障和社会保护》报告主张扩大社会保障制度的覆盖面,将被排除在现行制度以外的所有雇员、自营就业人员、非正规就业人员强制性纳入社会保障计划,并对最为脆弱的社会群体提供有效的社会救助②。国发〔2014〕8号文件要求按照全覆盖、保基本、有弹性、可持续的方针,以增强公平性、适应流动性、保证可持续性为重点,全面推进和不断完善覆盖全体城乡居民的基本养老保险制度,充分发挥社会保险对保障人民基本生活、调节社会收入分配、促进城乡经济社会协调发展的重要作用。城乡居保把一直被排斥在正规社会保障制度之外的城乡居民纳入到社会养老保险计划,扩大了我国社会保障的覆盖面,响应了国际劳工组织关于新世纪社会保障制度的主张,也符合当今世

---

① 史柏年主编:《社会保障概论》,高等教育出版社 2004 年版,第 50 页。
② 丁建定主编:《社会保障概论》,华东师范大学出版社 2006 年版,第 227 页。

界各国扩大社会保障覆盖范围的潮流①。

第三节　城乡居民基本养老保险
发展面临的问题

党的十九大报告作出了"中国特色社会主义进入新时代,我国社会主要矛盾已经转化为人民日益增长的美好生活需要和不平衡不充分的发展之间的矛盾"的科学判断,提出发展不平衡不充分成为满足人民日益增长的美好生活需要的主要制约因素,要提高保障和改善民生水平,保障群众基本生活,不断满足人民日益增长的美好生活需要,不断促进社会公平正义,强调"坚持在发展中保障和改善民生"。"加强社会保障体系建设"明确提出"按照兜底线、织密网、建机制的要求,全面建成覆盖全民、城乡统筹、权责清晰、保障适度、可持续的多层次社会保障体系,全面实施全民参保计划。完善城镇职工基本养老保险和城乡居民基本养老保险制度,尽快实现养老保险全国统筹"。十九届四中、五中全会提出,"坚持和完善统筹城乡的民生保险制度,满足人民日益增长的美好生活需要。完善覆盖全民的社会保障体系。加快建立基本养老保险全国统筹制度","健全覆盖全民、统筹城乡、公平统一可持续的多层次社会保障体系。推进社保转移接续,健全基本养老、基本医疗保险筹资和待遇调整机制。实现基本养老保险全国统筹"。城乡居保制度是我国社会保障制度的重要组成部分,在"十二五"末实现了制度的全覆盖,各方面的工作也取得了一定的成效,但仍然存在发展不平衡不充分问题,应该在十九大,十九届四

---

① 这些变革主要出现在一些亚洲国家。例如,斯里兰卡在完成对农民和渔民的自愿年金计划后,又于1995年对非正规部门就业者提供社会保障。印度尼西亚也将其储蓄性养老保险扩大到所有工薪劳动者。在许多发展中国家,非正规部门的就业者人数非常多,如何将他们纳入社会保障体系之中,是发展中国家面临的大问题。尽管有许多困难,有些国家还是开始了种种尝试,取得了不少经验,中国在这方面也做了不少探索。参见史柏年主编:《社会保障概论》,高等教育出版社2004年版,第50页。

中、五中全会精神的指导下进一步完善城乡居保制度,满足城乡居民逐渐提高的养老需要。以下对城乡居保发展所面临的问题进行分析。

一、城乡居民基本养老保险增保扩面难度大

追溯到 2009 年新型农村社会养老保险试点,城乡居保实施已 10 年。在此期间 2012 年我国新农保和城居保实现了制度全覆盖,经过城乡居保工作部门和工作人员的努力工作,实施初期实行广宣传、低起点做法,参保人数增加较快,其政策基本稳定,但目前要进一步增保扩面的难度较大。其原因主要有:一是居民参保意识仍有待加强。调查发现,城乡居民仍然对养老保险政策的认识不到位,群众知晓率、参与率还有待进一步提高。不同年龄段居民的参保意愿不同,参保人中 40 岁左右的居民较多,40 岁以下和接近 60 岁的居民大多不愿意参保,这两部分人群很难被吸收到城乡居保制度中,从而影响覆盖面扩大。很多中青年居民特别是 16—40 岁农村居民认为养老问题离自己还很遥远,对参保关心程度低,存在观望心理;而许多接近 60 周岁的人认为城乡居保规定只要到了 60 周岁无论是否参保均可以享受基础养老金,即使参保缴费,由于缴费的年限很短,选择的缴费档次标准低,个人账户养老金也很少,对领取的总养老待遇几乎没有影响,因而不愿意参保。同时,部分居民对政策稳定性及持续性的顾虑也影响着参保积极性。二是部分人户分离人群不愿意或不能参加城乡居保。城乡居保制度规定年满 16 周岁(不含在校学生),非国家机关和事业单位工作人员及不属于职工基本养老保险制度覆盖范围的城乡居民,可以在户籍地参加城乡居保。凡未参加城镇职工基本养老保险或非国家机关和事业单位工作人员年满 16 周岁且非在校学生的城乡居民均可在户籍地参加城乡居保,参保范围很广,包括从事农业劳动的纯农民、进城务工农民、被征地农民、未参加城镇保的乡镇企业职工、基层干部及城市没有参加其他养老保险的居民等等。在实施过程中,许多地方以是否是本地户口为参加城乡居保的条件,城乡居民必须在自身户籍所在地参保。但随着改革开放深

入和经济社会发展,人口流动日益频繁,人口人户分离现象很普遍,造成有的地方户籍人口规模很大,居民参保积极性也很高,参保率却很低,特别是农村居民这种现象较普遍。据调查,这主要是农村大量适龄参保居民都外出务工,虽然户口在农村,但人离开农村,有的在城市务工参加了农民工养老保险;有的已在城市购房定居,由于种种原因户口仍留在农村,其中有一部分人既没有参加城镇职工基本养老保险,也不愿意回到户籍所在地参加城乡居保。另外,有一些居住在农村或成建制近郊城区的居民,他们既无法参加城镇保,按照规定也无法参加城乡居保。本研究课题在江西调研时据城乡居保相关负责人介绍,原来成建制的垦殖场居民,建立垦殖场时是整个乡村被划入,垦殖场的单位性质属于企业,属于职工基本养老保险制度覆盖对象,按规定不能参加城乡居保,由于种种原因他们也没有纳入城镇保。三是参保人持续参保的稳定性不够,断保或退保现象时有发生。在革命老区或贫困山区,特别是农村贫困地区,还存在许多低收入户和困难群体,尤其是建档立卡贫困户家庭经济拮据,缴纳城乡居保保费能力差。同时,由于城乡居保制度采取自愿参加的原则,从目前参保人的意愿和目的来看,很多参保人不是因为意识到了参加城乡居保的意义而参保,多数人是在国家推行此制度的要求下参保的,或因实施捆绑政策而参保,在自愿参保的原则下,这些参保居民断保或退保的可能性很大。随着城乡居保的发展和工作人员的努力工作,城乡居保的覆盖面虽然难以做到每个人都参保,但经过近10年的实施,参保率在不断提高,愿意参保的人基本上参保了,有的地区的参保率已接近上限,要进一步增保扩面非常困难,工作的重点应该从增保扩面转向稳保稳面。

二、个人缴费档次的标准设计问题

国发〔2014〕8号文件规定参加城乡居保的人员应当按规定缴纳养老保险费,缴费标准目前设为每年100元、200元、300元、400元、500元、600元、700元、800元、900元、1000元、1500元、2000元12个档次,地方可以根据实际情况增设缴费档次,最高缴费档次标准原则上不超过当地灵活就业人员参加职工基本养老保险的年缴费额。这种绝对额标准设计的优点是简单明了,易于操作,同时参保人也可以根据自己的经济状况选择适合的档次标准缴费。但是这种缴费标准设计的动态调整性不强。虽然参保者可以选择不同的档次标准,但随着城乡居民经济收入水平、生活水平的提高以及随之养老保障水平的提高,需要不断增设更高的缴费档次,并且怎样增加、增加多少没有一个较科学的依据,因而可能会出现增加的档次标准不一定适合城乡居民收入增长情况和实际需要。笔者建议采取相对缴费率的方式缴费,借鉴城镇职工基本养老保险缴费方式,以职工的工资水平作为缴费基数,按照一定的缴费率进行缴费,这种缴费方式内含了部分调整机制,因为随着职工工资水平提高,缴费基数相应地提高,从而缴费水平也随之提高。城镇职工养老保险缴费是以参保人缴费工资为基数[1],城乡居保可以借鉴城镇职工基本养老保险的办法确定缴费基数,可以当地城乡居民人均可支配收入或人均纯收入为缴费基数[2],并规定一定的缴费率范围供不同经济水平的参保人选择,具体内容在后面相关章节进行分析。

三、参保人选择缴费档次较低,领取待遇偏低,缺乏参保吸引力

虽然国发〔2014〕8 号文件设置了 12 个不同缴费档次标准供参保人自主

---

[1] 一般为职工本人上一年度月平均工资,有条件的地区也可以本人上月工资收入为个人缴费工资基数。月平均工资按照国家统计局规定列入工资总额统计的项目计算,包括工资、奖金、津贴、补贴等收入,不包括用人单位承担或者支付给员工的社会保险费、劳动保护费、福利费、用人单位与员工解除劳动关系时支付的一次性补偿以及计划生育费用等其他不属于工资的费用。由于每个人的工资不同,因而缴费基数也不同,本人月平均工资低于当地职工月平均工资60%的,按照当地职工月平均工资 60%作为缴费基数;本人月平均工资高于当地职工月平均工资300%的,按照当地职工月平均工资的 300%作为缴费基数。

[2] 由于城乡居民每个家庭的收入不像城镇职工工资收入每月都有记录,因而每个家庭人均收入难以计算,难以每个家庭的人均收入为缴费基数。

选择,并多缴多得,许多地方也根据实际情况增设缴费档次,适应了城乡居民收入不平衡和不稳定的实际情况,但调查中发现,居民普遍选择较低缴费档次标准,只有极少数经济收入较高的居民选择较高缴费标准,农村居民普遍选择低标准的缴费档次,绝大多数按照最低档次标准 100 元/年缴费。同时,现阶段已领取养老金的居民是城乡居保实施时已满 60 周岁或近 60 周岁的居民,所领取的养老金普遍较低,基本上只是基础养老金,个人账户养老金很少,从而个人缴费对养老保险待遇水平的影响表现不出来,因此很多城乡居民认为自己每年的缴费将来只能获得很少养老金,不知道个人缴费实际上会影响养老金待遇甚至是影响养老金的主要因素,故很多居民都不愿意选择较高缴费档次和长期缴费。具体情况在后面相关章节进行分析。

四、政府对城乡居民基本养老保险的财政补贴问题

政府补贴是政府在城乡居保建设中的责任体现,也是建立了城乡居民特别是农民养老保险的国家的普遍做法。从世界范围来看,没有哪一个国家城乡居民的养老保险是在没有政府补贴的情况下完全由居民自己缴费建立起来的,但不同国家的补贴方式和补贴标准不同。我国城乡居保目前规定中央政府和地方政府都进行补贴,中央政府财政补贴主要是全额支付或部分支付基础养老金,地方政府主要是对参保人个人缴费进行补贴。在政府是否要对城乡居保进行补贴的问题上,国发〔2014〕8 号文件规定很明确,接下来的问题是政府补贴标准的确定、地方各级政府财政补贴责任分配。即:各级政府应该怎样承担财政责任? 按照什么样的比例进行分担? 社会经济发展程度不同地区的地方财政补贴是否应该有差别? 怎样通过缴费补贴鼓励参保人选择高档次缴费标准? 对选择不同缴费档次的参保人的鼓励补贴标准怎样确定? 补缴和从其他养老保险等转入的个人账户基金是否享受政府补贴? 对农保重度残疾人等缴费困难群体,地方政府为其代缴是否需要提供缴费补贴? 政府对城乡居保的财政补贴与农村计划生育家庭奖励等其他政策补贴如何衔接? 对长

期缴费的参保居民怎样加发基础养老金？政府财政补贴效果如何？等等。从目前各省(区、市)城乡居保的实施情况来看,各地的做法不尽相同,但哪种补贴办法更合理以及如何完善值得进一步研究。

五、城乡居民基本养老保险运行有待进一步完善

关于城乡居民基本养老保险运行,主要包括相互协调的法制、管理、实施和监督等四个方面,它们分别是城乡居保实施的客观依据、责任主体、执行主体和基本保证①。世界各国社会保障制度的建立均是法制先行,首先要制定相关法律,使社会保障实施有法可依。我国城乡居保实施以来,中央和地方政府相关部门已颁发了一系列相关法律法规,如已制定颁发了《社会保险法》等。在新农保、城居保试点和建立统一的城乡居保时,国务院分别颁发了《国务院关于开展新型农村社会养老保险试点的指导意见》《国务院关于开展城镇居民社会养老保险试点的指导意见》和《国务院关于建立统一的城乡居民基本养老保险制度的意见》。人力资源和社会保障部会同相关部门针对城乡居保与其他社会保障制度、政策的衔接、待遇确定和基础养老金正常调整机制等问题制定了指导意见、法律法规和政策,如2014年2月24日人力资源和社会保障部、财政部下发了《人力资源社会保障部财政部关于印发〈城乡养老保险制度衔接暂行办法〉的通知》(人社部发〔2014〕17号),2018年3月26日,人力资源社会保障部、财政部颁发了《人力资源社会保障部财政部关于建立城乡居民基本养老保险待遇确定和基础养老金正常调整机制的指导意见》等等,使城乡居保制度正常运行有了客观依据。在城乡居保实施管理上,从中央到地方建立了领导机构和管理机构,形成了权限明确、分工协调、运行顺畅的垂直管理体制。在城乡居保执行方面,各县(市、区)、乡(镇)建立城乡居民基本养老保险局、所,村里匹配了城乡居保协办员,按照《城乡居民基本养老保

---

① 郑功成:《论中国特色的社会保障道路》,中国劳动社会保障出版社2009年版,第356、359页。

险经办规程》专门承担城乡居保经办工作。在城乡居保监督方面,参保人待遇领取资格要在行政村(社区)范围内进行公示;基金监督要求"各级人力资源社会保障部门要会同有关部门认真履行监管职责,建立健全内控制度和基金稽核监督制度,对基金的筹集、上解、划拨、发放、存储、管理等进行监控和检查,并按规定披露信息,接受社会监督。……要积极探索有村(居)民代表参加的社会监督的有效方式"。

城乡居保运行机制随着城乡居保的实施建立起来并不断完善,保证了城乡居保有效运行,但在城乡居保法制完善方面,管理、经办、监督等过程中有些问题还需进一步分析研究,归纳起来主要有:一是城乡居民对保费代扣代缴认知度不高,外出务工人员保费收缴困难。城乡居保保险费代扣代缴工作加强了社会保险基金安全管理,减轻了基层经办人员工作强度,降低了征缴成本,方便了广大城乡居民参保缴费、完善了便民服务体系,很好地推动了城乡居保扩面征缴工作。但实际工作中还存在一些问题,例如社会保障卡的使用率和普及率还不够高,制卡和补换卡时间跨度长;代扣代缴政策宣传力度不够,城乡居民还未完全消除对保费代扣代缴的安全性和便利性的顾虑和疑问;政府广泛宣传以及村级协办员的一线指导还不够扎实和深入等等。这些问题致使城乡居保优惠政策无法及时向外出务工人员宣传到位,保费收缴困难。二是经办人员不足,服务能力有待提高。由于城乡居保存在业务量大、涉及面广、人员分散、信息量大等特点,工作任务繁重,经办机构人员不足和人员力量较弱,致使部分业务无法按时保质保量完成。调查发现,城乡居保服务平台建设取得了较大进步,但与实际需求相比还有较大差距,特别是极个别乡(镇)业务用房紧张、人员短缺,群众办事不方便的现象仍然存在。三是城乡居保基金统筹层次低,基金保值增值难度大。关于城乡居保基金管理,新农保试点时国发〔2009〕32 号文件规定"试点阶段,新农保基金暂实行县级管理,随着试点扩大和推开,逐步提高管理层次;有条件的地方也可直接实行省级管理"。城居保试点时国发〔2011〕18 号文件规定"试点阶段,城镇居民养老保险基金暂以试点县(区、市、旗,以下简称试点县)为单位管理,随着试点扩大和推开,逐步提高管理层次;有条件的地方也可直接实行省级管理"。国发〔2014〕8 号文件规定"各地要在整合城乡居民养老保险制度的基础上,逐步推进城乡居民养老保险基金省级管理"。实际上,绝大多数地区都是实行县级管理,基金统筹层次较低,不利于基金运营,保值增值困难,也不利于基金调剂,难以充分发挥基金的互济功能。这些城乡居保运行方面的问题值得分析,有的问题将在后面有关运行机制的章节中进行探究。

六、村集体、其他社会经济组织、公益慈善组织、个人为参保人缴费提供补助和资助问题

国发〔2014〕8 号文件提出有条件的村集体经济组织应当对参保人缴费给予补助,补助标准由村民委员会召开村民会议民主确定,鼓励有条件的社区将集体补助纳入社区公益事业资金筹集范围。鼓励其他社会经济组织、公益慈善组织、个人为参保人缴费提供资助。补助、资助金额不超过当地设定的最高缴费档次标准。这个规定对集体补助没有硬性要求,只是集体经济发展较好,有条件的村集体在自愿的基础上可以对参保人缴费给予补助,也没有鼓励村集体给予补助的具体措施。这种规定一方面体现了城乡居保遵循"有弹性"的原则,政策具有灵活性;另一方面也适合我国目前大多数地区特别是农村地区集体经济发展状况,符合城乡居保从实际出发,低水平起步,筹资标准和待遇标准与经济发展及各方面承受能力相适应的要求。就目前来看,我国只有东部发达地区和中、西部部分城郊地区集体经济发展较好,有条件对参保人缴费进行补助,而绝大多数地区集体经济不景气,没有能力对参保人缴费给予补助。据调查,有的地区特别是欠发达区和革命老区城乡居保的集体补助基本空缺,城乡居保的筹集基本上是个人缴费和政府补贴两部分,只有极少数村集体给予一定的补助。在这种情况下,全国性的纲领性文件也难以对其作出强制要求。但正是由于对集体补助没有强制性要求,国家也没有扶持政策,加上

干部和群众对城乡居保了解不够、参保意识不强以及宣传不到位,有的地方村集体即使有条件也不会给予参保人缴费补助,而是把富余的资金用于其他投资或集体分红。另外,在调查中发现也有经济组织和个人在对参保人缴费给予补助时完全代缴,不要参保人缴费(在国发〔2014〕8 号文件出台前,有的还一次性为参保人代缴了几年保险费,甚至全部缴清了,有的还高出缴费标准几倍)。这种有经济能力的组织和个人为参保人代缴从理论上说是好的,既使缴费困难的居民参保了,扩大了城乡居保的覆盖率,又减缓了政府财政负担,但这也弱化了参保人的自我保障意识,有的会引起其他参保人和困难人群心理不平衡,也可能会有不良示范效应。因此,对于城乡居保集体补助,国家要制定一些政策措施加以引导鼓励,即使在目前情况下不能像政府补贴那样采取强制性规定,但也不能完全放开,应该对给予补助的村集体或其他经济组织、社会公益组织和个人采取一些优惠政策,例如税收减免、公益性补贴等。从目前各省、市的城乡居保实施办法来看,也几乎没有对集体补助的引导鼓励机制和措施。同时,也要规范村集体和其他经济组织、社会公益组织、个人对参保人提供资助的行为,在条件成熟时也可以对集体补助和其他组织提供资助行为法制化。

七、城乡居民基本养老保险与其他社会保障制度转续衔接问题

国发〔2014〕8 号文件提出城乡居保要以增强公平性、适应流动性、保证可持续性为重点。要做到这几点,关键是要做好城乡居保与其他社会保障制度的转续衔接,特别是与"城镇保""低保"和"五保"制度的衔接。国发〔2014〕8号文件规定"参加城乡居民养老保险的人员,在缴费期间户籍迁移、需要跨地区转移城乡居民养老保险关系的,可在迁入地申请转移养老保险关系,一次性转移个人账户全部储存额,并按迁入地规定继续参保缴费,缴费年限累计计算;已经按规定领取城乡居民养老保险待遇的,无论户籍是否迁移,其养老保险关系不转移",要求人力资源和社会保障部会同财政部和有关部门制定城

乡居保与城镇保、优抚安置、城乡居民最低生活保障、农村五保供养等社会保障制度以及农村部分计划生育家庭奖励扶助等制度的衔接办法。

2012年2月24日,人力资源社会保障部、财政部、民政部下发了《关于做好新型农村和城镇居民社会养老保险制度与城乡居民最低生活保障农村五保供养优抚制度衔接工作的意见》(人社部发〔2012〕15号),对城乡居保与"低保""五保""优抚"制度衔接的基本原则、衔接对象、衔接规定和工作要求提出了意见。2014年2月24日,人力资源和社会保障部、财政部印发了《〈城乡养老保险制度衔接暂行办法〉的通知》(人社部发〔2014〕17号),对城乡养老保险制度衔接的适用范围、衔接时点、衔接条件、待遇领取地确定、资金转移、缴费年限计算、重复参保与领取待遇处理、经办流程和信息查询等方面作出了规定。虽然人力资源和社会保障部会同相关部门制定了城乡居保与城镇保、低保、五保和优抚制度衔接的基本办法,但还有一些相关制度与城乡居保制度衔接办法有待制定,如被征地农民社会保障、水库移民后期扶持政策、农村计划生育家庭奖励扶助政策如何与城乡居保制度相衔接? 特别是与农村计划生育家庭奖励扶助政策的衔接问题,这些家庭为响应国家计划生育政策作出了贡献,应该妥善处理好衔接问题,确保这些家庭利益不受损害和增长。即使现在已经制定的城乡居保与其他社会保障制度的衔接办法中,有的问题也还需进行研究完善,例如,人力资源和社会保障部、财政部印发的《〈城乡养老保险制度衔接暂行办法〉的通知》(人社部发〔2014〕17号)中,关于城乡居民与城镇保在转续衔接时个人账户基金缴费年限折算的规定是否合理? 两者的社会统筹部分是否需要转续或如何转续? 享受"低保""五保"的参保人应该如何缴费? 已经领取基础养老金待遇的老人同时享受"低保""五保"待遇时是否要冲抵部分待遇? 这些问题都有待于进一步研究分析。只有深入分析这些问题,才可以解决城乡居民在流动时养老保险转续问题,才可以防止重复参保或漏保现象发生,也利于建立全国统一的城乡基本养老保险制度。

以上是城乡居保实施中出现的问题和进一步发展面临的问题,这些问题还需要进一步分析研究,有的问题将在后面章节中进行分析,有的问题还需要到实践中进行总结探索。

第三章　城乡居民基本养老
保险筹资机制分析

　　城乡居保制度必须通过一定的方式筹集资金,它是制度运行过程中的首要环节,也是制度运行与发展的基础。国发〔2014〕8号文件规定,城乡居保通过个人缴费、集体补助和政府补贴等渠道筹集资金。本章主要对城乡居保目前个人缴费、政府补贴等筹资方式、标准水平状况及其存在的问题进行了分析,并在此基础上反思目前筹资机制,从而提出了完善城乡居保筹资机制的对策。

第一节　养老保险基金筹集原则、模式方式

一、社会保险基金筹集的性质、来源与筹集原则

　　社会保险基金指为实施各项社会保险制度,通过法定的程序,以各种方式建立起来的用于特定目的的货币资金①。社会保险基金按来源可以划分为财政性社会保险基金、个人缴费基金和社会及居民个人捐助基金等;按用途或功

---

　　① 孙光德、董克用主编:《社会保障概论》(修订版),中国人民大学出版社2004年版,第43页。

能可划分为养老保险基金、医疗保险基金、失业保险基金、工伤保险基金、生育保险基金等;按储存与运转可分为积累性基金与非积累性基金。

社会保险基金具有强制性、储备性和互济性。它对于维持社会安定和经济正常运行及发展有着重要作用,具有增强抵御风险能力、保证社会安定、增强社会凝聚力、促进经济发展的作用。社会保险基金管理主要包括基金筹集、基金储存与运营、基金支付等环节,其中基金筹集是首要环节。下面介绍社会保险基金的性质、筹集原则、来源、筹集方式等基本理论。

（一）社会保险基金的性质

社会保险基金作为社会保障基金中的重要组成部分,与社会救助、社会福利等其他形式的社会保障基金有着较大的区别,其具有以下性质[1]:

第一,社会保险基金的来源具有特殊性。各国社会保险基金的筹集,主要来源于社会保险法律、法规所规范的企业缴费与劳动者个人缴费,以及国家财政不同程度的支持。有的国家直接由财政分担社会保险费或由财政承担社会保险的管理与运行经费,或由财政负担社会保险支出亏损的补亏责任;也有的国家没有对社会保险制度直接支持而只有税前优惠。在中国,国家财政的支持在城镇企业职工基本养老保险中只体现在企业与个人缴费税前列支的优惠方面,社会保险基金主要依靠企业、个人缴费来形成,并归参加社会保险的全体劳动者所有;在城乡居保中政府财政的支持体现为参保人缴费时政府的缴费补贴、基础养老金支付和承担的管理与运行经费,前两者归城乡居民个人所有。

第二,社会保险基金具有专款专用性。社会保险基金只能按照既定范围、既定标准用于劳动者的养老、工伤、医疗、失业、生育保险等项目支出,不允许挪作他用,更不能用于弥补政府的财政赤字。这是包括许多发达国家在内的

---

[1]　郑功成:《论中国特色的社会保障道路》,中国劳动社会保障出版社 2009 年版,第 164—166 页。

各国政府在社会保险发展进程中所认可并努力遵循的一条项目原则。

第三,社会保险基金具有积累性。从社会保险制度发展的内在规律看,社会保险基金存在着积累性。在社会保险制度中,养老保险基金是劳动者年轻时为年老所作的准备,劳动者退休后领取的养老金实质上是劳动者在职时由企业和劳动者本人所缴纳的保险费的积累;医疗保险个人账户也有一定积累性,失业保险客观上要求在失业率低时为失业率高时作保险基金的积累等。但其他财政支撑社会保障项目则不存在积累问题。

第四,社会保险支出具有刚性增长性。各国社会保障制度中,社会保险支出规模巨大并受保险项目能上不能下、水平能升不能降、范围能扩不能缩等因素影响而具有刚性增长的特性。

(二)社会保险基金的筹集原则

社会保险资金的筹集是制度运行的基础,筹集方式应当与制度模式相适应,筹集渠道必须畅通,筹集来源必须稳定,筹集的基金必须能够满足社会保险的需要①。要满足以上要求,社会保险基金的筹集要遵循以下几项原则:

1.确保社会保险制度正常运行。社会保险基金的筹集,必须以保证社会保险制度正常运行为基本出发点。在基金来源渠道上应有多种准备,既要有在正常条件下的基金来源,又要有在特殊情况下的基金来源。在基金筹集量上,要把握"收支平衡,略有节余"的方针。这里讲的"收支平衡",既指短期的收支平衡,也指长期的收支平衡;既要注意"横向平衡",又要注意"纵向平衡"。前者指在一定时期内某项社会保险计划所筹集的资金总额与该计划需要支付的费用总额保持平衡,后者指被保障者在投保期间缴纳的基金总和(包括基金投资运营的利润等)与其在享受此项保险计划待遇期间基金所需支付的费用总和保持平衡。

---

① 郑功成:《社会保障学——理念、制度、实践与思辨》,商务印书馆 2000 年版,第 335 页。

2. 妥善处理积累与消费关系。社会保险基金,特别是积累型的社会保险基金,涉及宏观经济中积累与消费的关系问题。积累的基金将一部分当前的消费推迟到未来,在宏观经济需求大于供给的情况下,较多的积累有利于缓解求大于供的状况;但是,在宏观经济供大于求的状况下,较多的积累则不利于经济发展。因此,要根据经济发展的不同阶段和宏观经济的不同形势,科学地确定社会保险基金中积累部分的比重,科学地确定企业和员工社会保险基金的负担程度,这对于保证国民经济的正常运行十分重要。

3. 有利于资源有效配置。社会保险基金的筹集取决于社会保险水平。在经济发展水平不高的发展中国家,社会保险水平也不能太高,必须注重经济的发展,只有经济发展了,社会保险基金才有可靠的来源。

4. 依法筹集。社会保险制度是国家依法制定的关系国民生存和发展利益的制度,具有强制性特征,基金筹集又涉及法律关系各方的切身利益,因此,社会保险基金筹集一定要在法律的范围内依法行事,不可有随意性。依法筹集就是行政主管部门或是业务经办机构按照法定的筹集范围、税费比率按时按量收缴,不能随意超范围超比率地摊派多收,也不能拉关系徇私情漏收少收。企业单位(雇主)或个人要依法按时按量足额缴纳社会保险基金,不应无故迟缴欠缴。

（三）社会保险基金的来源

社会保险基金的来源包括政府财政拨款、企业和(或)个人社会保险的缴费(税)以及其他渠道[①]。

1. 财政拨款。现代社会保障中,政府是最主要的责任主体,政府财政拨款是社会保障基金的一个固定的、主要的来源。没有政府财政为经济后盾,很难建立起健全的社会保障制度,即使建立了相应的社会保障制度也难以健康发

---

① 孙光德、董克用主编:《社会保障概论》(修订版),中国人民大学出版社 2004 年版,第46 页。

展。因此,许多国家将社会保障基金直接纳入政府财政预算范畴①。有的国家即使让社会保险基金在经常性财政预算系统之外运行,但通过财政专户对其进行有效监控;有的国家虽然建立了完全独立于国家财政预算系统之外的社会保险基金系统(如新加坡、智利等),国家作为最终责任主体有时还是对系统之外的社会保险基金给予适当的援助。

国家财政拨款的资金来源于税收。与社会保障对应的特定税收来源主要包括个人所得税或工薪税、遗产税、捐赠税、利息税、社会保险(障)税等。

2.社会保险费(税)。社会保险资金筹集与其他社会保障的资金筹集有着很大区别,表现为:一是社会保险资金绝大多数国家均采取政府、企业与个人三方分担型或企业与个人两方分担型,只有极少数国家采取国家统包型、企业统包型或劳动者个人统包型(如智利),但各国在承担份额和方式上存在差异;二是绝大多数国家均强调权利与义务相结合(并非权利与义务对等),劳动者缴费构成受益的前提条件;三是企业事实上承担主要供款责任;四是社会保险费(税)征缴具有强制性,无论采取征税方式还是征费方式都必须征缴,从而稳定性较强;五是社会保险资金要求具有自我平衡、持续发展的能力(政府大多对社会保险主要是养老保险负"补亏"或"定额补贴"之责)②。社会保险基金筹集的基本理论在下面相关部分进行介绍。

3.其他资金来源。除了财政拨款和社会保险费(税)是社会保险基金主体来源外,社会保险基金还包括从其他渠道筹集来的资金。这些资金主要包括发行福利彩票与慈善募捐筹集资金、服务收费、基金运营收益、国际援助等。发行福利彩票与慈善募捐被经济学家称为第三次分配,它筹集的资金用于兴办安老、助孤、扶幼、济贫等各种社会福利事业,是对政府社会保障制度资金的有益补充。发行福利彩票的特点是购买自愿、返奖率高,带有博彩性质;募捐

---

① 郑功成:《社会保障学——理念、制度、实践与思辨》,商务印书馆2000年版,第338页。
② 郑功成:《社会保障学——理念、制度、实践与思辨》,商务印书馆2000年版,第339—340页。

是以善爱之心为道德基础,以自愿捐献为基本特征,由民间慈善团体负责征集用于各种社会救助与福利事业。服务收费是指部分社会福利事业通过收费方式筹集部分资金,以弥补资金不足或用来扩大福利事业规模。基金运营收益是指将社会保险基金(主要是养老保险基金)进行商业运营而获得的收益,它将成为各国社会保障资金的重要来源。

（四）社会保险基金的筹集方式

社会保险基金的筹集方式根据不同的标准可以划分不同的类型。按照来源划分,社会保险基金可以划分为企业全部缴纳,政府全部出资,个人全部缴纳,企业与个人共同缴纳,企业缴纳与国家资助,个人缴纳与国家资助,个人、企业、政府三方共同负担等;按照基金收支平衡方法划分,社会保险基金可以划分为现收现付式、完全积累式、部分积累式等三种类型。社会保险基金中养老保险基金是重要组成部分,养老保险基金筹集方式也是社会保障基金筹集方式的主要方式。

二、养老保险基金筹集模式与方式

养老保险是社会保险制度中重要组成部分,以上社会保险基金筹集原则、来源等方面的理论同样适用于养老保险,这里重点阐述养老保险基金筹集模式和筹集方式相关理论。

（一）养老保险基金筹集模式

按照基金收支平衡方法划分,养老保险基金筹集模式可以分为现收现付式、完全积累式和部分积累式三种。

现收现付模式以"横向平衡"为指导原则,先测算出一年内(或近几年)养老保险需支付的保险费用,然后以支定收,将这笔费用按照一定的提取比例分摊到参加养老保险的各单位和个人,当期收缴,当期支付。这种模式是国民收入在不同群体间进行转移支付,体现了养老保险互助互济的调剂职能,简单易行,也能避免通货膨胀后基金贬值的危险。但由于这种模式缺乏数量上的长期规划,当保险费用逐年增加,提取比例会不断上升,企业、国家的负担会加重。

完全积累模式以"纵向平衡"为指导原则,对有关人口健康和社会经济发展指标(如退休率、伤残率、死亡率、工资率、替代率和通货膨胀率)进行宏观的长期测算后,将被保险者在享受养老保险待遇期间的总费用按照一定的提取比例分摊到整个投保期间,并对保险基金进行有计划的管理和运营。这种模式可用长期积累的基金应付可预见的和未能预见到的风险,但积累的基金要承担保值增值风险,再分配功能弱,缺乏社会互助性。

部分积累模式结合了近期"横向平衡"原则和远期"纵向平衡"原则,在测算出当年(或近几年)养老保险支出需要的基础上,按照高于满足现时支付需要的收费率向法定缴费对象收缴资金,筹集的资金在满足支付现时养老金需要的情况下,留出一定的储备资金以满足未来的支付需要。这种模式是不同主体间的转移支付与自身收入延期支付并存,既为原制度中的受益人提供保障,又为新制度中的投保人积累将来的保障基金。但这种模式的在职职工既要承担原制度受益人的现时养老保险待遇又要为自己将来的养老保险待遇筹集资金,企业和职工个人的缴费压力较大。

(二)养老保险基金筹集方式

按照基金筹集性质划分,社会保险基金筹集方式主要有征税制和缴费制两种。另一种方式是自由筹资方式,属于公民自愿参与式的、非制度性方式,不是主要方式,在此不做阐述。

征税制是通过税收方式形成社会保险基金,许多国家尤其是西方福利国家经常采用这种方式筹集社会保险基金。这种方式的特点是标准统一、强制征收、统筹统用,其收入、支付和管理都有很强的法律约束。征税制筹资方式好处是强制性强、负担公平,有利于社会保险社会化程度的提高。不足之处是税收形成财政资金后只能通过年度预算来安排,通常以年度收支平衡为基本目标,从而无法积累社会保险基金,进而无法抗拒周期性的社会保险风险。如人口老龄化趋势加快,因缺乏社会保险基金积累而可能对财政造成巨大冲击①。

　　缴费制是按照一定的保险费率缴纳社会保险费,从而形成社会保险基金。其特点是在强制征收的同时有一定的灵活性,可以采用分项目费率,也可以采用综合费率。缴费制的长处是它明确地对应了社会保险权利与义务的关系,可以和政府的财政系统相对独立,缴费的目的性较强而能够被国民所认可,能够形成一定的基金积累应对人口老龄化所带来的基金给付问题。其不足之处是有差别性和阶层性,容易影响养老保险基金筹集的社会化程度,从而造成制度的覆盖率不高或选择较低缴费标准而使保障水平不足等问题②。

第二节　城乡居民基本养老保险
筹资机制及其现状

一、城乡居民基本养老保险筹资机制构成要素内在关系

　　从养老保险基金筹集相关理论可知,城乡居保筹资机制主要包括四个要素:一是筹资主体,即资金筹集的组织者。二是筹资客体,即资金的承担者。三是筹资对象和标准,即筹集资金的基本依据和比例。四是筹资目的,即筹资的原因和功能。城乡居保筹资机制是指由筹资主体、筹资客体、筹资对象和筹资目的等构成的相互依赖、相互作用、相互影响和相互约束的统一有机整体。具体来说,它是为了达到保障城乡居民老年期间的基本生活的目的,个人、政府和企业按照政府制定的基金筹集原则、筹资模式等要求,以一定的筹资方

---

① 郑功成:《社会保障学——理念、制度、实践与思辨》,商务印书馆 2000 年版,第 336 页。
② 参见史柏年主编:《社会保障概论》,高等教育出版社 2004 年版,第 85 页。

式、标准缴纳和运营养老保险资金而形成的一套互相影响和制约的有机体系。其各要素之间的相互关系如图 3-1 所示。

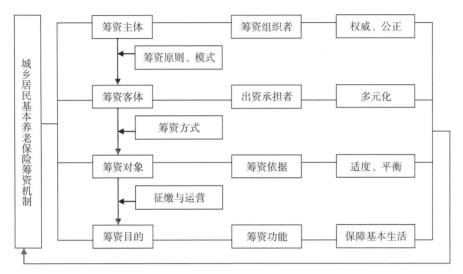

图 3-1　城乡居民基本养老保险筹资机制

图 3-1 中,筹资主体,即由谁来筹集资金,指的是养老保险资金筹集的组织者,国内外通常都是由政府来承担,包括中央和地方政府,但也有企业或其他组织来充当筹资主体。中国城乡居保筹资主体是中央和地方政府。筹资客体,即由谁来出资,指的是养老保险资金的承担者,从世界范围来看,养老保险筹资客体主要有政府、企业、个人和其他社会组织或集体等,各国根据实际情况和保障水平不同,筹资客体构成和出资比例负担有所不同。有的国家由政府全部承担资金,有的由企业全部承担,有的由个人全部缴纳,有的由企业与个人共同承担,有的由企业和政府共担,有的由个人缴纳和国家资助,有的由个人、企业、政府三方共同负担。单个筹资客体的承担能力有限,抗风险能力弱,多个筹资客体共同出资有利于调动参保者的积极性,抗风险能力强,养老保险资金的可持续性能得到保障。目前,个人、政府等多方共同出资是国际养老保险的发展趋势,国发〔2014〕8 号文件规定:"城乡居民基本养老保险基金

由个人缴费、集体补助、政府补贴构成"。筹资对象,即以什么作为筹集资金的基本依据和筹资比例,养老保险基金的筹集是对收入的分配和再分配,一般以个人收入作为筹集基金的基本依据,筹资比例标准要适度,其确定要与政府、企业和个人的承受能力相适应,同时也要能满足养老保险的需要①,标准过低难以保障居民老年期间的生活需要,标准过高有可能超过缴费客体的承担能力。在居民收入差距较大的情况下,还必须设计好筹资标准的不同等级,以满足不同收入居民的需要②。筹资目的,即为什么要筹资及其作用,筹资的直接目的是维持养老基金的平衡和财务的可持续,最终目的是保障参保人老年期间的基本生活。

二、城乡居民基本养老保险基金来源及其结构

国发〔2009〕32 号文件规定:"新农保基金由个人缴费、集体补助、政府补贴构成","参加新农保的农村居民应当按规定缴纳养老保险费。缴费标准目前设为每年 100 元、200 元、300 元、400 元、500 元 5 个档次,地方可以根据实际情况增设缴费档次。参保人自主选择档次缴费,多缴多得。国家依据农村居民人均纯收入增长等情况适时调整缴费档次","有条件的村集体应当对参保人缴费给予补助,补助标准由村民委员会召开村民会议民主确定。鼓励其他经济组织、社会公益组织、个人为参保人缴费提供资助","政府对符合领取条件的参保人全额支付新农保基础养老金,其中,中央财政对中、西部地区按中央确定的基础养老金标准给予全额补助,对东部地区给予50%的补助","地方政府应当对参保人缴费给予补贴,补贴标准不低于每人每年 30 元;对选择较高档次标准缴费的,可给予适当鼓励,具体标准和办法由省(区、市)人民政府确定。对农村重度残疾人等缴费困难群体,地方政府为其代缴部分或

---

① 史柏年主编:《社会保障概论》,高等教育出版社 2004 年版,第 85 页。
② 李琼、李叶定:《武陵山片区城乡居民基本养老保险筹资机制研究》,《吉首大学学报》(社会科学版)2015 年第 6 期。

全部最低标准的养老保险费"。

国发〔2014〕8号文件规定:"城乡居民养老保险基金由个人缴费、集体补助、政府补贴构成","参加城乡居民养老保险的人员应当按规定缴纳养老保险费。缴费标准目前设为每年100元、200元、300元、400元、500元、600元、700元、800元、900元、1000元、1500元、2000元12个档次,省(区、市)人民政府可以根据实际情况增设缴费档次,最高缴费档次标准原则上不超过当地灵活就业人员参加职工基本养老保险的年缴费额,并报人力资源社会保障部备案。人力资源社会保障部会同财政部依据城乡居民收入增长等情况适时调整缴费档次标准。参保人自主选择档次缴费,多缴多得","有条件的村集体经济组织应当对参保人缴费给予补助,补助标准由村民委员会召开村民会议民主确定,鼓励有条件的社区将集体补助纳入社区公益事业资金筹集范围。鼓励其他社会经济组织、公益慈善组织、个人为参保人缴费提供资助。补助、资助金额不超过当地设定的最高缴费档次标准","政府对符合领取城乡居民养老保险待遇条件的参保人全额支付基础养老金,其中,中央财政对中、西部地区按中央确定的基础养老金标准给予全额补助,对东部地区给予50%的补助","地方人民政府应当对参保人缴费给予补贴,对选择最低档次标准缴费的,补贴标准不低于每人每年30元;对选择较高档次标准缴费的,适当增加补贴金额;对选择500元及以上档次标准缴费的,补贴标准不低于每人每年60元,具体标准和办法由省(区、市)人民政府确定。对重度残疾人等缴费困难群体,地方人民政府为其代缴部分或全部最低标准的养老保险费"。

从国发〔2009〕32号、国发〔2014〕8号文件规定可知,城乡居保基金的来源主要是个人缴费、政府补贴和集体补助三个方面,以下对这三方面的具体状况进行分析。

(一)个人缴费是城乡居民基本养老保险基金的主要来源

在"新农保"与"城居保"合并实施前,按照国发〔2009〕32号文件规定,各省(区、市)的基金筹集方式基本一致,采取个人缴费、集体补助、政府补贴方式进行筹集。在缴费标准上,大部分省份按照国家当时设置的 5 个档次供农村居民自主选择缴费,有的省份根据实际情况增加了缴费档次,如江苏在国家设置的 5 个档次上增加了 600 元的缴费档次等(见表 3-1),但增加缴费档次的省份不多。有的省份没有明确增设标准,但规定了增设标准的上限,如山西、黑龙江两省规定增设的缴费标准不超过 1000 元。还有的省份不是按照绝对缴费标准进行设置,而是按照基数的一定比例缴费,例如北京、天津的城乡居民养老保险缴费设置。北京最低缴费标准为上一年度农村居民人均纯收入的 9%,最高缴费标准为上一年度城镇居民人均可支配收入的 30%。天津城乡居民基本养老保险费的缴费基数为上一年度本市农村居民人均纯收入,缴费比例为 10%—30%,由城乡居民自主选择缴费比例。

表 3-1 部分省份新型农村社会养老保险缴费档次增设情况

省(市)	缴费档次
江苏	每人每年 100 元、200 元、300 元、400 元、500 元、600 元 6 个档次
福建	每年 100—1200 元,以每 100 元为一个缴费档次
重庆	年缴费标准分别为 100 元、200 元、400 元、600 元、900 元 5 个档次
贵州	每年 100 元、200 元、300 元、400 元、500 元、600 元、700 元、800 元 8 个档次

注:根据各省新型农村社会养老保险试点的指导意见或实施办法整理而成。

国发〔2014〕8 号文件规定"新农保"和"城居保"合并实施后,各省(区、市)在国务院的意见指导下,先后颁发了建立统一城乡居保制度的意见或完善意见。在基金筹集方式上,各省(区、市)基本一致,采取个人缴费、集体补助、政府补贴方式进行筹集。在缴费标准上,浙江、江西、湖北、山西、陕西、黑龙江、吉林、辽宁、重庆、云南、广西、宁夏、甘肃、青海等 14 个省(区、市)按照国家目前设置的 12 个档次供城乡居民自主选择缴费,有的省份根据实际情况变动了缴费档次数和标准(见表 3-2)。

表 3-2　部分省份城乡居民基本养老保险缴费档次变动情况

省份	缴费档次
全国	每年 100 元、200 元、300 元、400 元、500 元、600 元、700 元、800 元、900 元、1000 元、1500 元、2000 元 12 个档次
北京	城乡居民基本养老保险实行定额缴费机制和定期调整机制,每年 3 月 31 日前对外发布最低缴费标准和最高缴费标准,参保人可以在最低和最高缴费标准之间任意选择缴费标准。2017—2021 年城乡居民基本养老保险最低缴费标准为年缴费 1000 元,最高缴费标准调整为年缴费 9000 元。
天津	每年 600 元、900 元、1200 元、1500 元、1800 元、2100 元、2400 元、2700 元、3000 元、3300 元 10 个档次
上海	每年 500 元、700 元、900 元、1100 元、1300 元、1500 元、1700 元、1900 元、2100 元、2300 元、2800 元、3300 元 12 个档次。2018 年 1 月 1 日起调整为每年 500 元、700 元、900 元、1100 元、1300 元、1700 元、2300 元、3300 元、4300 元、5300 元 10 个档次
河北	每年 100 元、200 元、300 元、400 元、500 元、600 元、700 元、800 元、900 元、1000 元、1500 元、2000 元、3000 元 13 个档次
江苏	每年 100 元、300 元、400 元、500 元、600 元、700 元、800 元、900 元、1000 元、1500 元、2000 元、2500 元 12 个档次
山东	每年 100 元、300 元、500 元、600 元、800 元、1000 元、1500 元、2000 元、2500 元、3000 元、4000 元、5000 元 12 个档次
福建	每年 100 元至 2000 元 20 个档次(每 100 元一档)
广东	每年 120 元、240 元、360 元、480 元、600 元、960 元、1200 元、1800 元、2400 元、3600 元 10 个档次
海南	设为 100 元、200 元、300 元、400 元、500 元、600 元、700 元、800 元、900 元、1000 元、1500 元、2000 元、3000 元 13 个档次。2018 年 1 月起最低缴费档次由每人每年 100 元提高到每人每年 200 元;最高缴费档次提高到 5000 元。
河南	每年 100 元、200 元、300 元、400 元、500 元、600 元、700 元、800 元、900 元、1000 元、1500 元、2000 元、2500 元、3000 元、4000 元、5000 元 16 个档次。从 2018 年 1 月 1 日起,最低缴费档次调整为每人每年 200 元,取消每人每年 100 元的最低缴费档次。调整后,每人每年的缴费档次为 200 元、300 元、400 元、500 元、600 元、700 元、800 元、900 元、1000 元、1500 元、2000 元、2500 元、3000 元、4000 元和 5000 元,共 15 个缴费档次。
湖南	每年 100 元、200 元、300 元、400 元、500 元、600 元、700 元、800 元、900 元、1000 元、1500 元、2000 元、2500 元、3000 元 14 个档次

省 份	缴费档次
安徽	每年 100 元、200 元、300 元、400 元、500 元、600 元、700 元、800 元、900 元、1000 元、1500 元、2000 元、3000 元 13 个档次
内蒙古	每年 100 元、200 元、300 元、400 元、500 元、600 元、700 元、800 元、900 元、1000 元、1500 元、2000 元、3000 元 13 个档次
西藏	每年 100 元、200 元、300 元、400 元、500 元、600 元、700 元、800 元、900 元、1000 元、1500 元、2000 元共 12 个档次。高于 2000 元标准的,以 100 元为一个缴费档次,由参保人自主选择,多缴多得,长缴多得。允许参保人选择高于 2000 元的标准缴费,最高不超过 3000 元。
新疆	每年 100 元、200 元、300 元、400 元、500 元、600 元、700 元、800 元、900 元、1000 元、1500 元、2000 元、2500 元、3000 元 14 个档次
四川	每年 100 元、200 元、300 元、400 元、500 元、600 元、700 元、800 元、900 元、1000 元、1500 元、2000 元、3000 元 13 个档次
贵州	每年 100 元、200 元、300 元、400 元、500 元、600 元、700 元、800 元、900 元、1000 元、1200 元、1500 元、2000 元 13 个档次
宁夏	2018 年将城乡居民基本养老保险缴费档次由每年 100 元、200 元、300 元、400 元、500 元、600 元、700 元、800 元、900 元、1000 元、1500 元、2000 元 12 个档次,调整为 100 元、300 元、500 元、1000 元、2000 元、3000 元 6 个缴费档次。2021 年 1 月 1 日起,增加 200 元的缴费档次,将城乡居民养老保险最低缴费档次由 100 元调整为 200 元,特殊群体可继续保留 100 元最低缴费档次。

注:根据国务院、各省(区、市)城乡居民基本养老保险意见或实施办法整理而成。

表 3-2 中,在增设和变动缴费档次和标准的省份中,除了贵州省在 1000 元和 1500 元缴费标准之间增设了 1200 元缴费标准外,大部分省份是在国家设定的 12 个缴费标准基础上增设了更高的缴费档次。河北、海南、安徽、内蒙古、四川均是在中央规定的 12 个缴费档次基础上增设了 3000 元的缴费标准,共 13 个缴费档次;河南省在原有的缴费档次基础上增设了 2500 元、3000 元、4000 元和 5000 元 4 个缴费标准,共 16 个缴费档次;湖南、新疆增设了 2500 元和 3000 元两个缴费标准,共 14 个缴费档次;西藏在中央原有的 12 个缴费标准的基础上,规定 2000 元标准以后,每增加 100 元/年缴费标准为一个缴费档

次,但最高缴费标准不超过 3000 元/年。

有的省份并不是在国家规定的缴费标准基础上增设缴费档次,而是根据本地区的实际情况增设或减少缴费档次数,或提高缴费标准,例如天津、上海、江苏、山东、福建、广东等。天津市、广东省虽然缴费档次数只有 10 个,比国务院规定的缴费档次数 12 个减少了 2 个,但对中间的缴费标准进行了调整并且比全国的标准高。天津市把最低缴费标准提高到 600 元/年,最高缴费标准提高到 3300 元/年。广东省把最低缴费标准调整为 120 元/年,最高标准提高到 3600 元/年。上海市、山东省依然是 12 个缴费档次,但均调整并提高了缴费标准,上海最低缴费标准提高至 500 元/年,最高缴费标准提高到 3300 元/年。山东省虽然没有提高最低缴费标准,但减少了低档次数,增加了高档次数,最高缴费标准提高到 5000 元/年。福建缴费最高标准和全国相同,但根据福建的实际情况把缴费标准细化为 20 个档次(每 100 元一档)。还有的省份是每年在规定的时间发布最低和最高缴费标准,参保人在最低和最高缴费标准之间任意选择标准缴费。例如北京市规定每年 3 月 31 日前对外发布城乡居保最低缴费标准和最高缴费标准,参保人可以在最低和最高缴费标准之间任意选择缴费标准。2017—2021 年城乡居保最低缴费标准为年缴费 1000 元,最高缴费标准调整为年缴费 9000 元。

2018 年 3 月 26 日人力资源社会保障部、财政部颁发了《关于建立城乡居民基本养老保险待遇确定和基础养老金正常调整机制的指导意见》(人社部发〔2018〕21 号),提出要建立完善待遇确定机制、基础养老金正常调整机制、个人缴费档次标准调整机制、缴费补贴调整机制等四个方面的机制和实现个人账户基金保值增值。大多数省份在人社部发〔2018〕21 号文件指导下,颁发了城乡居民基本养老保险待遇确定和基础养老金调整的意见或通知,对以上几方面进行了调整。在个人缴费档次标准方面,大多数省份提高了最低缴费档次标准,有的省份根据地方具体情况增设了较高缴费档次。具体情况见表3-3。

表 3-3　2018 年后部分省份城乡居民基本养老保险
缴费档次和缴费补贴标准调整情况

省份	缴费档次	缴费补贴
天津	一档 600 元、二档 900 元、三档 1200 元、四档 1500 元、五档 1800 元、六档 2400 元、七档 3000 元、八档 3600 元、九档 4200 元、十档 4800 元。	对应缴费档次的补贴标准为 60 元、70 元、80 元、90 元、100 元、120 元、140 元、160 元、180 元、200 元。
上海	2018 年 1 月 1 日起调整为每年 500 元、700 元、900 元、1100 元、1300 元、1700 元、2300 元、3300 元、4300 元、5300 元 10 个档次。	对应的缴费补贴标准为每年 200 元、250 元、300 元、350 元、400 元、450 元、525 元、575 元、625 元、675 元。
江苏	每年 100 元、300 元、400 元、500 元、600 元、700 元、800 元、900 元、1000 元、1500 元、2000 元、2500 元 12 个档次。2018 年个人最低缴费标准提高到每年 300 元,继续保留现行面向低收入人口和重残人员的 100 元缴费档次。	
浙江	从 2020 年 1 月 1 日起,城乡居民基本养老保险个人缴费档次调整为 9 档,分别为:每年 100 元、300 元、500 元、800 元、1000 元、1500 元、2000 元、3000 元、5000 元,其中 100 元档次限困难群体参保,由市、县(市、区)财政全额或部分代缴。	
山东	每年 100 元、300 元、500 元、600 元、800 元、1000 元、1500 元、2000 元、2500 元、3000 元、4000 元、5000 元 12 个档次。	对选择 300 元标准缴费的,补贴标准不低于每人每年 30 元;对选择 500 元、600 元标准缴费的,补贴标准不低于每人每年 60 元;对选择 800 元及以上标准缴费的,补贴标准不低于每人每年 80 元。
广东	2020 年 1 月 1 日起,设每年 180 元、240 元、360 元、600 元、900 元、1200 元、1800 元、3600 元、4800 元 9 个档次。	对选择低档次标准(每年 180 元、240 元、360 元)缴费的,补贴标准不低于每人每年 30 元;对选择较高档次标准(每年 600 元及以上)缴费的,补贴标准不低于每人每年 60 元。
广西	从 2019 年 1 月 1 日起,缴费档次标准调整为:200 元、300 元、400 元、500 元、600 元、700 元、800 元、900 元、1000 元、1500 元、2000 元、3000 元、4000 元、5000 元、6000 元共 15 个档次。	从 2019 年 1 月 1 日起,缴费补贴标准调整为:缴费 200—400 元分别补贴 35 元、40 元、45 元,缴费 500—700 元分别补贴 60 元、65 元、70 元,缴费 800 元补贴 100 元,缴费 900 元补贴 120 元,缴费 1000 元补贴 150 元,缴费 1500 元补贴 175 元,缴费 2000 元及以上统一补贴 200 元。

续表

省份	缴费档次	缴费补贴
海南	2018 年 1 月起,最低缴费档次提高到每人每年 200 元,2020 年缴费标准的下限为 200 元,缴费标准的上限为上年度我省灵活就业人员参加城镇职工基本养老保险的最低年缴费额。参保居民可在缴费标准的上限和下限范围内,自愿选择 100 元的整数倍金额进行缴费。	2020 年起规定当年缴费额 400 元以下的补贴标准为 40 元;当年缴费额 400 元(含)至 600 元(不含)的补贴标准为 60 元;当年缴费额 600 元及以上的补贴标准为 80 元。
河南	从 2019 年 1 月 1 日起,最低缴费档次调整为每人每年 200 元,取消每人每年 100 元的最低缴费档次。调整后,每人每年的缴费档次为:200 元、300 元、400 元、500 元、600 元、700 元、800 元、900 元、1000 元、1500 元、2000 元、2500 元、3000 元、4000 元和 5000 元,共 15 个缴费档次。	2019 年 1 月 1 日起对应缴费档次的补贴标准调整为:30 元、40 元、50 元、60 元、80 元、100 元、120 元、140 元、160 元、190 元、220 元、250 元、280 元、310 元、340 元。
江西	2018 年 4 月 1 日起,将城乡居民基本养老保险缴费标准调整为:每年 300 元、400 元、500 元、600 元、700 元、800 元、900 元、1000 元、1500 元、2000 元和 3000 元等 11 个缴费档次,缴费档次每 3 年调整一次。	对于选择 300 元至 500 元缴费档次的,分别补贴 40 元、50 元、60 元;对于选择 600 元及以上缴费档次的,每提高一个缴费档次,政府补贴在 60 元基础上分别增加 5 元(即缴费 600 元补贴 65 元,缴费 700 元补贴 70 元,依此类推,缴费 2000 元补贴 95 元,缴费 3000 元补贴 100 元)。
安徽	从 2020 年 1 月起,将全省缴费档次标准统一调整为:200 元、300 元、400 元、500 元、600 元、700 元、800 元、900 元、1000 元、1500 元、2000 元、3000 元、4000 元、5000 元、6000 元共 15 个档次。特殊困难群体,市、县(市、区)政府可继续保留 100 元最低缴费档次标准。	从 2020 年 1 月起,将缴费补贴最低标准调整为:200—1500 元缴费档次,对应补贴 40 元、50 元、60 元、70 元、80 元、90 元、100 元、110 元、120 元、150 元,缴费 2000 元及以上的补贴 200 元。
陕西	2020 年 1 月 1 日起,调整全省城乡居民基本养老保险个人缴费档次,设为每年缴费 200 元、300 元、400 元、500 元、600 元、800 元、1000 元、1500 元、2000 元和 3000 元 10 个档次。	从 2020 年 1 月 1 日起,对应缴费档次补贴标准调整为:30 元、45 元、60 元、75 元、80 元、90 元、100 元、150 元、200 元、300 元。
山西	2022 年缴费档次为 200 元、300 元、500 元、700 元、1000 元、1500 元、2000 元、3000 元、4000 元、5000 元 10 个档次。	2022 年对应缴费档次补贴标准为:35 元、40 元、60 元、80 元、100 元、140 元、180 元、220 元、260 元、300 元。

续表

省份	缴费档次	缴费补贴
内蒙古	从 2020 年 1 月 1 日起,将城乡居民基本养老保险缴费档次标准调整为 200 元、300 元、400 元、500 元、600 元、700 元、800 元、900 元、1000 元、3000 元、5000 元、7000 元共 12 个档次。	200—1000 元缴费档次的政府补贴,仍按上次补贴标准执行,3000 元补贴 90 元,5000 元补贴 95 元,7000 元补贴 100 元。
黑龙江	从 2019 年 1 月 1 日起,缴费标准调整为每年 200 元、300 元、400 元、500 元、600 元、700 元、800 元、900 元、1000 元、1500 元、2000 元、3000 元共 12 个档次。	2019 年 1 月 1 日起,政府补贴标准调整为年缴费 200 元补贴 40 元;年缴费 300 元补贴 50 元;年缴费 400 元补贴 60 元;年缴费 500 元至 1000 元补贴 70 元;年缴费 1500 元补贴 100 元;年缴费 2000 元补贴 120 元;年缴费 3000 元补贴 140 元。
吉林	从 2019 年 1 月 1 日起,缴费标准调整为每年 200 元、300 元、400 元、500 元、600 元、700 元、800 元、900 元、1000 元、1500 元、2000 元。	个人缴费补贴标准按原政策不变。
西藏	从 2020 年 1 月 1 日起,缴费档次分别为 200 元、300 元、400 元、500 元、600 元、700 元、800 元、900 元、1000 元、1500 元、2000 元、3000 元、4000 元、5000 元。	从 2020 年 1 月 1 日起,对应缴费档次补贴标准调整为:50 元、60 元、70 元、80 元、90 元、100 元、110 元、120 元、130 元、140 元、150 元、200 元、250 元、300 元。
云南	2019 年 1 月 1 日起,在每年 100 元、200 元、300 元、400 元、500 元、600 元、700 元、800 元、900 元、1000 元、1500 元、2000 元 12 个缴费档次标准基础上,增设 3000 元缴费档次标准。	2019 年 1 月 1 日起,对于选择 100 元至 1500 元档次缴费的,依次享受 30 元、40 元、50 元、60 元、70 元、80 元、90 元、100 元、110 元、120 元、130 元的政府缴费补贴,对于选择 2000 元及以上缴费档次的,按照所选档次标准的 6.5% 享受政府缴费补贴。
新疆	2019 年 1 月起,最低缴费档次标准不低于 200 元,按照不超过灵活就业人员参加职工基本养老保险最低年缴费额增设 3500 元缴费档次。调整后每人每年缴费档次为:200 元、300 元、400 元、500 元、600 元、700 元、800 元、900 元、1000 元、1500 元、2000 元、2500 元、3000 元、3500 元 14 个档次。	2019 年 1 月起,对选择 1000 元以上(不含 1000 元)档次标准缴费的,按照每增加一个缴费档次每人每年增加不低于 25 元的标准给予鼓励。即:对应 200—3500 元缴费档次,增加缴费补贴分别不低于 5 元、10 元、15 元、20 元、25 元、30 元、35 元、40 元、45 元、70 元、95 元、120 元、145 元、170 元。
四川	2020 年缴费档次标准调整为:每人每年 200 元、300 元、400 元、500 元、600 元、700 元、800 元、900 元、1000 元、1500 元、2000 元、3000 元、4000 元 13 个档次。	2020 年对应缴费档次的政府补贴标准为:40 元、45 元、50 元、60 元、60 元、65 元、70 元、75 元、80 元、100 元、120 元、160 元、200 元。

省份	缴费档次	缴费补贴
重庆	从2020年1月1日起,每人每年缴费档次为:100元、200元、300元、400元、500元、600元、700元、800元、900元、1000元、1500元、2000元、3000元,共13个档次。	从2020年1月1日起,对应缴费档次的政府补贴标准调整为:30元、40元、50元、60元、70元、80元、90元、100元、110元、120元、130元、140元、160元。
贵州	2021年1月1日起,缴费档次标准调整为:100元(仅适用于原建档立卡贫困人口、低保对象、特困人员和重度残疾人等特殊困难群体缴纳)、300元、400元、600元、800元、1000元、1500元、2000元、2500元、3000元,共10个档次。	从2021年1月1日起,将缴费补贴标准调整为:按照参保缴费人员当年选择缴费档次金额的10%给予补贴。
宁夏	2018年调整为:100元、300元、500元、1000元、2000元、3000元6个缴费档次。2021年1月1日起,最低缴费档次由100元调整为200元,特殊群体可继续保留100元最低缴费档次。	2021年1月1日起,按200元最低缴费档次缴费,财政补贴为40元,其他档次补贴与上次相同,对应为:50元、70元、120元、200元、320元。

注:根据各省(区、市)关于建立城乡居民基本养老保险待遇确定和基础养老金正常调整机制的意见或实施办法整理而成。

    表3-3中可以看出,与国发〔2014〕8号文件颁发时各省(区、市)的个人缴费档次调整有所不同,那时各省份主要是在中央规定的缴费档次基础上增设了更高的缴费档次,人社部发〔2018〕21号文件颁发后,在个人缴费档次标准调整方面,各地主要是提高了最低缴费档次标准,多数省份把最低缴费档次标准从原来的100元/年调整提高到200元/年,如广西、海南、河南、安徽、陕西、山西、内蒙古、黑龙江、吉林、西藏、新疆、四川、宁夏等;有的省份把最低缴费档次标准从原来的100元/年直接提高到300元/年,如江苏、浙江、江西、贵州等;有的省份保留了100元的最低缴费标准,但仅适用于建档立卡贫困人口、低保、特困人员等政府为其代缴的特殊困难群体,不适用非特殊困难参保人,如江苏、浙江、安徽、贵州、宁夏等。除提高最低缴费档次标准外,许多省份还增设或提高了更高缴费档次标准,与国发〔2014〕8号文件颁发时相比,增设或提高的高缴费档次标准整体上较以前更高。例如,上海2018年以前个人最

高缴费档次标准为每人每年 3300 元,2018 年 1 月 1 日起最高缴费档次标准提高到每人每年 5300 元;广东省 2020 年 1 月 1 日起最高缴费档次标准提高到每人每年 4800 元,之前最高缴费档次标准为每人每年 3600 元;江西、陕西、黑龙江、云南、重庆、贵州、宁夏等将最高缴费档次标准提高到每人每年 3000 元,四川将最高缴费档次标准提高到每人每年 4000 元,浙江、河南、山西、西藏等将最高缴费档次标准提高到每人每年 5000 元,安徽、广西等将最高缴费档次标准提高到每人每年 6000 元,内蒙古 2020 年 1 月 1 日起将最高缴费档次标准提高到每人每年 7000 元。有的省份还在现最高缴费档次标准与原最高缴费档次标准之间增设了缴费档次,如上海在原最高缴费档次标准每人每年 3300 元与现最高缴费档次标准每人每年 5300 元之间增设了每人每年 4300 元的缴费档次,西藏在现最高缴费档次标准每人每年 5000 元与原最高缴费档次标准每人每年 3000 元之间增设了每人每年 4000 元缴费档次,内蒙古在现最高缴费档次标准每人每年 7000 元与原最高缴费档次标准每人每年 3000 元之间增设了每人每年 5000 元缴费档次,等等。

(二)政府补贴是城乡居民基本养老保险基金的重要构成部分

现代社会保障制度中,政府是最主要的责任主体,财政责任又是政府的重要责任,政府财政拨款是筹措社会保障资金的一个固定的、主要的来源渠道。许多国家将社会保障基金包括社会保险基金直接纳入国家财政预算;有的国家社会保险基金虽然没有纳入经常性财政预算,亦通过财政专户对其进行监控;即使有的国家建立了完全独立的社会保险基金系统(如智利、新加坡等),国家财政也不是完全不给予支持,这些国家对社会保险基金也给予适当的援助,同样担任着最终责任主体的角色。没有国家财政作为经济后盾,很难建立起健全的社会保障制度,或者建立了相应的社会保障制度也难以获得健康持续的发展,社会保障基金与政府财政存在着不可分割的关系。新农保与老农保的最大不同就是新农保中政府对参保人进行了直接财政补贴,承担了一定的财政责任,特别是明确规定了各级政府财政补贴责任。这是城乡居保持续发展的重要保证①,也是政府发挥财政职能、对农村历史欠账弥补、对老农保反思和为城乡居民低收入者提高基本生活保障的需要②。政府在新农保中的财政责任表现为:加大政府财政支持,实行农村社会养老保险专项补助,提高财政投入比例;规范转移支付方式,优化调整财政支出结构;等等③。

新农保和城居保合并建立统一的城乡居保后,政府补贴依然是城乡居保基金的重要组成部分。从国发〔2014〕8号文件规定来看,城乡居保政府补贴方式主要有以下三种(见表3-4):一是进(入)口补贴,即对参保人缴费给予补贴。"地方人民政府应当对参保人缴费给予补贴,对选择最低档次标准缴费的,补贴标准不低于每人每年30元;对选择较高档次标准缴费的,适当增加补贴金额;对选择500元及以上档次标准缴费的,补贴标准不低于每人每年60元,具体标准和办法由省(区、市)人民政府确定"。"对重度残疾人等缴费困难群体,地方人民政府为其代缴部分或全部最低标准的养老保险费"。二是出口补贴,即对养老金待遇进行补贴。"城乡居民养老金待遇由基础养老金和个人账户养老金构成,支付终身"。"政府对符合领取条件的参保人全额支付基础养老金。其中,中央财政对中、西部地区按中央确定的基础养老金标准给予全额补助,对东部地区给予50%的补助"。国发〔2014〕8号文件还规定,"中央确定基础养老金最低标准,建立基础养老金最低标准正常调整机制,根据经济发展和物价变动等情况,适时调整全国基础养老金最低标准。地方人民政府可以根据实际情况适当提高基础养老金标准;对长期缴费的,可适当加发基础养老金,提高和加发部分的资金由地方人民政府支出,具体办法由省(区、市)人民政府规定,并报人力资源社会保障部备案"。2009年9月1日

---

① 王章华:《中国新型农村社会养老保险制度研究》,中国社会科学出版社2014年版,第156—157页。
② 王雯:《城乡居民基本养老保险财政补贴机制研究》,《社会保障研究》2017年第5期。
③ 王章华:《中国新型农村社会养老保险制度研究》,中国社会科学出版社2014年版,第156—157页。

新农保和2011年7月1日城居保试点时中央确定的基础养老金标准均为55元/人·月,2014年2月21日新农保和城居保合并实施建立统一的城乡居保制度后,中央决定从2014年7月1日起全国城乡居保基础养老金最低标准提高至70元/人·月。2015年1月10日,人力资源社会保障部、财政部下发《关于提高全国城乡居民基本养老保险基础养老金最低标准的通知》(人社部发〔2015〕5号),规定"从2014年7月1日起,全国城乡居民基本养老保险基础养老金最低标准提高至每人每月70元,即在原每人每月55元的基础上增加15元"。自2018年1月1日起,中央把城乡居保基础养老金最低标准提高到每人每月88元。提高标准所需资金,中央财政对中、西部地区给予全额补助,对东部地区给予50%的补助。此次增加的基础养老金金额,不得冲抵或替代各地自行提高的基础养老金。三是经办管理服务费支出。这一部分经费是城乡居保宣传、经办服务、一般行政性管理等费用,本来就应该由政府财政支付,但是老农保却规定从养老基金中提出,造成挤占养老基金。城乡居保吸收了老农保的经验教训,规定"城乡居民养老保险工作经费纳入同级财政预算,不得从城乡居民养老保险基金中开支。基层财政确有困难的地区,省市级财政可给予适当补助"。

表3-4　政府财政对城乡居民基本养老保险的补贴方式

补贴方式	补贴对象		中央政府补贴比例	地方政府补贴标准或比例
进口补贴	参保人缴费补贴(养老保险个人账户)	最低缴费参保人	不补贴	补贴(≥30元/人/年)
		选择较高缴费档次的参保人	不补贴	国发〔2014〕8号文件规定:地方人民政府对选择最低档次标准缴费的,补贴标准不低于每人每年30元;对选择较高档次标准缴费的,适当增加补贴金额;对选择500元及以上档次标准的,补贴标准不低于每人每年60元,具体标准由省(区、市)人民政府确定
		缴费困难群体	不补贴	补贴(100元/人/年的部分或全部+或≥30元/人/年)

续表

补贴方式	补贴对象		中央政府补贴比例	地方政府补贴标准或比例
出口补贴	最低标准基础养老金	东部地区	补助 50%	补助 50%
		中、西部地区	补助 100%	不补助
	提高和加发的基础养老金		不补贴	补贴 100%
经办管理服务费	工作经费	经办机构等	纳入同级财政预算,由政府财政支出	

注:根据国务院《关于建立统一的城乡居民基本养老保险制度的意见》(国发〔2014〕8 号)的内容整理。

新农保与城居保合并为城乡居保前,各省(区、市)按照国发〔2009〕32 号文件要求,根据实际情况制定了各地新农保的政府补贴办法。从各地进口补贴即缴费补贴来看,主要有两种方法:定额补贴和浮动补贴。定额补贴是指对参保人选择不同缴费档次均给予相同的补贴。浮动补贴是指对参保人选择不同缴费档次给予不同的补贴,随着选择的缴费档次变动而变动。另外,新农保缴费补贴还有一种特定补贴制度,这种补贴制度是针对无力缴纳保费的农村居民和农村计划生育家庭居民。国发〔2009〕32 号文件规定,"对农村重度残疾人等缴费困难群体,地方政府为其代缴部分或全部最低标准的养老保险费"。这种补贴与前两种补贴方法(定额补贴和浮动补贴)有所不同,它不是对参保人缴费进行鼓励性补贴,而是带有救助和福利性质,其主要目的是把缴费困难群体纳入新农保制度中来,为他们的老年生活提供基本保障,体现了社会保障的公平性和普惠性,同时也有利于扩大新农保的覆盖面,有利于新农保工作的开展。在做法上,有的地方政府是全部为其代缴最低标准养老保险费,有的地方政府是部分为其代缴。大部分地方政府为其代缴后不再给予额外补贴,有的地方政府为其代缴并另外给予与其他参保人相同甚至高于其他参保人的补贴。例如,重庆市对重度残疾人,政府为其缴纳最低标准保险费之外再补贴 40 元。广西壮族自治区新农保规定农村低保对象选择最低缴费档次缴费的,地方政府每年代其缴纳养老保险费 50 元,再给予每人每年 30 元的补贴。福建省对参加新农保的农村45—59周岁生育两个女孩或生育一个子女的夫妻,在每人每年不低于30元缴费补贴的基础上,再增加20元缴费补贴。从当时各地试点的意见或办法来看,采取定额补贴方式的主要有河北、江西等省份,采取浮动补贴方式的主要有山西、内蒙古、吉林等省份,具体见表3-5。

表3-5　新农保各省(区、市)缴费补贴(进口补贴)方法

缴费补贴方法	省(区、市)
定额补贴	河北、辽宁、浙江、安徽、江西、山东、河南、湖北、广东、重庆、贵州、云南、西藏、甘肃、新疆
浮动补贴	山西、内蒙古、吉林、黑龙江、江苏、福建、湖南、广西、海南、四川、陕西、青海、宁夏

注:此分类依据当时各地新农保试点意见或办法的规定,在本地的试点意见或办法中没有具体规定多缴多得(补)标准的均视为采取定额补贴。另外,当时《北京市城乡居民养老保险办法》《天津市城乡居民基本养老保障规定》中没有政府对个人缴费给予补贴的规定,也没有找到新农保试点以来上海市有关新农保的新规定。

由于我国经济社会发展不平衡,采取浮动补贴方法进行缴费补贴的省份,其具体的补贴标准也有所不同。大部分地区采取每提高一个缴费档次增加5元补贴。有的省份每提高一个缴费档次增加10元补贴,如宁夏回族自治区按200元、300元、400元、500元档次缴费,自治区和试点县(市)财政对应补贴40元、50元、60元、70元。有的地方采取递增式补贴方式,如四川省对选择300元缴费档次缴费的,地方政府每人每年增加补贴5元,对选择400元缴费档次缴费的,地方政府每人每年增加补贴10元,对选择500元缴费档次缴费的,地方政府每人每年增加补贴15元。最低缴费标准档次的补贴绝大部分省份由省、市、县级政府财政分担,不同省份的分担比例不同。增加的补贴部分有的省份由省、市、县各级政府分担,大多省份由县级政府承担。

新农保和城居保合并为城乡居保后,新农保的缴费补贴方式和标准按照城乡居保缴费补贴标准执行,实际上是要求按照浮动补贴方式进行补贴。各省(区、市)人民政府依据国发〔2014〕8号文件,结合本地区实际情况,制定了

具体的实施办法,对缴费补贴均作了具体规定(见附录1)。从各省(区、市)城乡居保缴费补贴办法来看,上海市缴费补贴标准较高,每人每年缴费 500元、700元、900元、1100元、1300元、1700元、2300元、3300元、4300元、5300元,每年分别补贴每人 200元、250元、300元、350元、400元、450元、525元、575元、625元、675元。大多数省份按照国发〔2014〕8 号文件规定的最低档次缴费的补贴标准不低于每人每年 30元、500元及以上档次缴费的补贴标准不低于每人每年 60元进行补贴。在最低缴费档次与最高缴费档次中间的缴费档次补贴标准方面,主要有以下三种情况:一是没有规定每提高一个缴费档次所增加的具体补贴标准。如江苏、浙江、山东、湖南、甘肃等,直接按照国务院的规定,没有相关补贴标准。二是规定了每提高一个缴费档次所增加的具体补贴标准。多数省份每提高一个缴费档次增加 10—20元左右缴费补贴,如天津、福建、海南、河南、宁夏、重庆、云南、陕西、青海、黑龙江、吉林、辽宁等。有的省份每提高一个缴费档次增加 5元左右缴费补贴,如安徽、江西、广西、内蒙古、西藏、新疆、四川。三是分段增加缴费补贴。不是每提高一个缴费档次就增加补贴,而是某一缴费档次段内补贴相同,提高到另一个缴费档次段内增加相同的补贴,如北京、河北、广东、山西、湖北、贵州等。北京市缴费标准2000元以下补贴每人每年 60元,缴费标准 2000—4000元补贴每人每年 90元,缴费标准 4000—6000元补贴每人每年 120元,缴费标准 6000元及以上补贴每人每年 150元。贵州 100—400元缴费档次补贴每人每年 30元,500—900元缴费档次补贴每人每年 60元,1000—2000元缴费档次补贴每人每年90元。

人社部发〔2018〕21 号文件出台后,要求建立缴费补贴调整机制,对选择较高档次缴费的人员可适当增加缴费补贴,引导城乡居民选择高档次标准缴费。各省(区、市)在此文件精神指导下,陆续颁发了关于建立城乡居保待遇确定和基础养老金正常调整机制的指导意见或完善城乡居保的通知,并对缴费补贴进行调整。从调整情况看,缴费补贴标准整体上比调整前更高。同时为了鼓励参保人选择高档次标准缴费,部分省份提高了高档次段缴费补贴的增幅。天津市在每人每年600—1800元低缴费档次内,每提高一个缴费档次,缴费补贴增加10元;在每人每年1800元及以上高缴费档次段,每提高一个缴费档次,缴费补贴增加20元。河南在每人每年200—500元缴费档次内,每提高一个缴费档次,缴费补贴增加10元;在每人每年600—1000元缴费档次内,每提高一个缴费档次,缴费补贴增加20元;在每人每年1000元及以上的缴费档次段,每提高一个缴费档次,缴费补贴增加30元。至于此轮各地缴费补贴调整的其他方面特征,大体与国发〔2014〕8号文件颁发时的调整相同。具体情况见表3-3。地方政府的缴费补贴(进口补贴)对城乡居保发展起到了一定的正面效应,主要表现在以下几个方面[1]。

一是缴费补贴能提高城乡居民参保缴费意愿,激励效果较好。城乡居保规定地方政府要对参保人缴费进行补贴,明确规定补贴最低标准不低于每人每年30元,对选择较高档次标准缴费的给予适当鼓励。许多地方采取多缴多补的方法进一步鼓励城乡居民参保。与基础养老金补贴相比,缴费补贴是一种现时补贴,只要参保缴费,政府就马上给予补贴,并且记入个人账户,城乡居民能立刻见到实实在在的实惠。只要按规定参保,补贴就属于参保人所有,产权明确,激发了城乡居民参保的积极性。有研究者通过构建现收现付制养老金财务平衡测算模式,研究了待遇补贴方式下的年度平衡模式和阶段式平衡模式、缴费补贴方式下的阶段式平衡模式三种方案的财政补贴规模、趋势和制度特征,发现缴费补贴方式下的阶段式平衡模式的制度化补贴缴费所具有的激励性明显比前两种方案更直接更强烈,更有利于城乡居保制度的实施推广和扩大覆盖面[2]。

---

[1]　王章华:《中国新型农村社会养老保险制度研究》,中国社会科学出版社2014年版,第175页。

[2]　参见刘昌平、殷宝明:《新型农村社会养老保险财政补贴机制的可行性研究——基于现收现付平衡模式的角度》,《江西财政大学学报》2010年第3期。

二是缴费补贴能提高城乡居民参保人缴费能力。地方政府的缴费补贴，在一定的给付水平下，降低了城乡居民个人的出资比例，减轻了居民缴费负担，从而在相同的收入水平下相对提高了居民参保缴费能力，也有利于吸引居民积极参保，从而扩大城乡居保覆盖面，顺利推进城乡居保工作。李艳荣通过对浙江省 11 个市（地区）农村养老保险政策进行比较，采用精算方法分析了新老农村养老保险政策下的农民缴费能力，研究发现政府在公共财政内对缴费给予适度补贴减轻了农民的缴费压力，极大提高了农民的缴费能力，特别是年龄较大的农民参保缴费能力得到较大的提高，也较快提高了农村养老保险的投保率和覆盖面①。

三是缴费补贴提高了城乡居保的保障水平。城乡居保养老金待遇由基础养老金和个人账户养老金组成。养老金待遇水平取决于这两部分基金的多少。基础养老金数额由国家规定，在一段时期内固定不变；个人账户养老金水平决定于个人账户基金储存总额。参保人选择缴费档次缴费时，政府把对应标准的补贴资金存入参保人个人账户，相当于间接提高了缴费标准。它的直接效果就是增加了参保人个人账户基金积累，扩大了个人账户规模，从而使城乡居民将来个人账户养老金增加，在其他条件相同的情况下提高了老年时的保障水平。

四是缴费补贴具有扩大内需、促进经济增长的作用。凯恩斯"有效需求"理论认为经济危机的原因是有效需求不足，而市场机制无法使经济达到充分就业，只有依靠国家干预才能实现充分就业。在凯恩斯的国家干预思想中，社会保障占有相当重要的地位。他主张通过财政转移支付等办法重新调节国民收入分配，认为国家对社会福利领域的干预有助于提高消费倾向，实现宏观经济均衡。城乡居民基本养老保险缴费补贴实质上是国家财政转移支付的一种方式，通过缴费补贴增加了城乡居保个人账户积累资金，增强了城乡居民对

---

① 李艳荣：《浙江省新型农保制度中的政府财政补贴及其效应研究》，《农业经济问题》2009 年第 8 期。

"老有所养"的预期,减少了对未来养老保障不确定性的压力,有效缓解了城乡居民对未来老年生活的后顾之忧,从而敢于增加当期消费。这对居民把储蓄转化为投资和消费,开拓市场,扩大国内消费需求,无疑将产生强大而持久的动力。因此,构建带有政府补贴的城乡居保制度对于扩大国内消费需求、促进经济平稳发展具有重要的现实意义①。

同时,地方政府对城乡居保参保人给予缴费补贴(进口补贴)也有一定的负面效应,笔者认为主要表现在以下几个方面②。

一是增加了城乡居保基金保值增值的压力。由于我国城乡居保基金采取个人储蓄积累模式,国家为每个参保人建立终身记录的养老保险个人账户,个人缴费,集体补助及其他经济组织、社会公益组织、个人对参保人缴费的资助,地方政府对参保人的缴费补贴,全部记入个人账户。这种储蓄积累模式的不足就是基金面临保值增值的风险,在我国目前规定城乡居保基金主要存入银行和购买国债的情况下,要达到预期基金回报率比较困难,基金积累额越大保值增值的压力越大。地方政府对城乡居民参保人缴费给予补贴,使参保人个人账户的基金积累额比没有政府补贴的积累额要大,在实施初期由于覆盖面和参保率不大,基金保值增值压力可能还没有显现出来。但随着城乡居保的覆盖面不断扩大,参保率的提高,多缴多补的补贴方法实施以及补贴标准的提高,将来地方政府的缴费补贴在个人账户中的积累额会越来越大,这部分资金与参保人缴纳的资金同样面临着保值增值的问题,在目前没有更好的基金投资渠道的情况下增加了基金保值增值的压力。

二是多缴多补鼓励办法的逆向选择问题。国发〔2014〕8 号文件规定,"地方人民政府应当对参保人缴费给予补贴,对选择最低档次标准缴费的,补贴标

---

① 参见温家宝:《开展新型农村社会养老保险试点工作　逐步推进基本公共服务均等化——在全国新型农村社会养老保险试点工作会议上的讲话(2009 年 8 月 18 日)》,《农村工作通讯》2009 年第 17 期。

② 王章华:《中国新型农村社会养老保险制度研究》,中国社会科学出版社 2014 年版,第 178 页。

准不低于每人每年 30 元;对选择较高档次标准缴费的,适当增加补贴金额;对选择 500 元及以上档次标准缴费的,补贴标准不低于每人每年 60 元,参保人自主选择档次缴费,多缴多得"。从缴费激励性的角度考虑,只要财政补贴关于参保者个人账户缴费的边际增长非负就能够达到参保激励的效果,然而"多缴多补、少缴少补"的制度仍然会陷入"补富不补穷"的公平性困境。经济收入水平较高的参保人有能力选择较高档次缴费,政府缴费补贴也高,经济收入水平低的参保人选择的档次低,从而获得的政府缴费补贴也少,会出现"富者更富,穷者更穷"的马太效应,产生新的公平问题。这与社会养老保险的根本意旨不符,这是效率性所派生的激励性与公平性之间的矛盾①。何子英、郁建兴对浙江省德清县城乡居保(指"新农保")的研究发现,政府注资方式对贫困群体、低收入群体形成了一定的挤出效应②。参保人员的待遇支付与个人缴费密切挂钩是社会保障的一项基本原则,但完全与个人缴费水平挂钩并不恰当,它可能会加重社会不平等③。

三是加重了财政困难地区地方政府的负担。城乡居民基本养老保险规定缴费补贴由地方政府提供并且标准不低于每人每年 30 元,对选择 500 元及以上档次标准缴费的,补贴标准不低于每人每年 60 元,多缴多得。这一规定对东部发达地区没有问题,对欠发达和贫困地区地方政府,特别是县级政府可能增加了一定的财政压力。虽然缴费补贴地方各级政府可按比例共同分担,但随着城乡居保覆盖面的扩大,参保人数不断增加,政府补贴规模也相应地不断扩大,对于那些处于"吃饭财政"状态的地方政府,要拿出一部分财力对城乡居保给予补贴还存在困难。有研究者发现东部发达县市,随着城乡居保覆盖

---

① 刘昌平、殷宝明:《新型农村社会养老保险财政补贴机制的可行性研究——基于现收现付平衡模式的角度》,《江西财政大学学报》2010 年第 3 期。

② 何子英、郁建兴:《城乡居民社会养老保险体系建设中的政府责任——基于浙江省德清县的研究》,《浙江社会科学》2010 年第 3 期。

③ [美]詹姆斯·米奇利:《社会发展:社会福利视角下的发展观》,上海人民出版社 2009 年版,第 101 页。

面的扩大,财政支付补贴也存在一定困难。何子英、郁建兴对浙江省德清县新农保的研究发现,地方政府财力难以支撑实际覆盖率、保障水平的持续提高。随着新农保的全面推行和实际覆盖面的不断扩大,德清县在缓解地方财政压力与提高保障水平之间形成的两难困境日渐突出①。因此,城乡居保要加大中央和省级财政的支持力度,否则维持该制度长期持续运行的困难较大。

养老金待遇补贴是在参保人领取养老金时,政府直接给予的补贴,在城乡居保中是指政府对领取养老待遇人员全额支付基础养老金。国发〔2014〕8号文件还规定,"地方政府可以根据实际情况适当提高基础养老金标准;对于长期缴费的,可适当加发基础养老金,提高和加发部分的资金由地方人民政府支出"。这些提高和加发的基础养老金都属于养老金待遇补贴。城乡居保政府养老金待遇补贴正面效应如下。

一是直接提高了参保人的养老保障水平。基础养老金属于后补方式,是参保人在领取个人账户养老金基础上另加的养老待遇,由政府财政直接支出,最低基础养老金与缴费无关,只要参保了和到了领取年龄就有权领取。与缴费补贴对提高养老保障水平的贡献相比(如上文所述),基础养老金补贴对养老保障水平提高的贡献更直接。一方面是基础养老金是在领取个人账户养老金时政府配套发放,直接增加了每月领取的养老金总额;另一方面是基础养老金的资金来源于当年的财政收入,不像缴费补贴在个人账户中有一很长的积累期,存在保值增值的风险,受通货膨胀和物价指数上涨等因素影响,个人账户养老金在领取养老金待遇时其实际价值有可能低于名义价值,这样实际上降低了城乡居保保障水平提高的幅度。基础养老金是发放时由当年政府财政支出的,没有贬值的风险,其名义价值与实际价值基本相符,政府发放多少养老金待遇实际就增加多少。

二是与缴费补贴相比,养老金待遇补贴没有增加基金保值增值的压力。

---

① 何子英、郁建兴:《城乡居民社会养老保险体系建设中的政府责任——基于浙江省德清县的研究》,《浙江社会科学》2010年第3期。

缴费补贴是进口补贴并记入个人账户,有一个很长跨度的储蓄积累过程,在这个过程中必须进行保值增值,否则基金就会贬值,难以达到预期的保障水平。由于受通货膨胀和物价指数等因素的影响,这种储蓄性的积累资金保值增值的压力较大。养老金待遇补贴是出口补贴,是在领取养老金时直接发放。城乡居保用来支付基础养老金的财政收入储存时间很短暂,具有现收现付的性质,没有巨额储备金,很少受通货膨胀和物价指数影响,可以避免因通货膨胀等因素而导致基金贬值的风险。因此,与缴费补贴相比,这种补贴方法几乎没有增加基金的保值增值压力。

三是基础养老金补贴标准相同,体现了城乡居保的公平性、普惠性。中央政府提出,中央财政对中、西部地区最低标准基础养老金给予全额补贴,对东部地区补贴50%。这样,无论在发达地区还是贫困地区,无论集体经济组织有无能力补助,同一地区参保居民将来领取的基础养老金水平相同,共同享受公共财政的阳光,体现了城乡居保的公平性和普惠性。

政府对城乡居保待遇给予补贴的负面效应,笔者认为主要是没有缴费补贴的激励效果大。对缴费进行补贴是城乡居民参保缴费时能看得到的现时补贴,现缴现补,是实实在在的实惠,而基础养老金补贴要到老年领取养老待遇时才能获得,是一种预期补贴。城乡居民就算是45岁参保,也需要15年以后才能领取,其稳定状态和标准不确定性较大。即使已满60周岁的城乡居民老人,不用缴费就可以领到基础养老金,起到了一定的示范效应,但相对未领取养老待遇的城乡居民来说基础养老金还是一种预期补贴,只有到了60周岁以后才能享受。特别是在城乡居保实施初期,人们对现行制度还不太了解和信任度不高的情况下,对该制度的稳定性和持续性往往会持观望态度。当然,随着城乡居保工作的深入开展,这种态度将会逐渐改变。

(三)集体补助是城乡居民基本养老保险基金的补充来源

国发〔2014〕8号文件规定:"有条件的村集体经济组织应当对参保人缴费

给予补助,补助标准由村民委员会召开村民会议民主确定,鼓励有条件的社区将集体补助纳入社区公益事业资金筹集范围。鼓励其他社会经济组织、公益慈善组织、个人为参保人缴费提供资助。补助、资助金额不超过当地设定的最高缴费档次标准。"目前,由于集体经济还不够发达和集体对城乡居保不够重视,除了极少数发达地区对城乡居保进行补助,绝大多数地区没有集体补助,很少有其他社会经济组织、个人对参保人提供赞助。

第三节　城乡居民基本养老保险筹资机制存在的问题

一、城乡居民基本养老保险缴费机制存在的问题

(一)参保人选择的缴费档次普遍偏低

国发〔2009〕32 号文件规定,"参加新农保的农村居民应当按规定缴纳养老保险费。缴费标准目前设为每年 100 元、200 元、300 元、400 元、500 元 5 个档次,地方可以根据实际情况增设缴费档次。参保人自主选择档次缴费,多缴多得。国家依据农村居民人均纯收入增长等情况适时调整缴费档次"。国发〔2014〕8 号文件决定将新农保和城居保两项制度合并实施,建立统一的城乡居保制度,并规定:"参加城乡居民养老保险的人员应当按规定缴纳养老保险费。缴费标准目前设为每年 100 元、200 元、300 元、400 元、500 元、600 元、700元、800 元、900 元、1000 元、1500 元、2000 元 12 个档次,省(区、市)人民政府可以根据实际情况增设缴费档次,最高缴费档次标准原则上不超过当地灵活就业人员参加职工基本养老保险的年缴费额,……参保人自主选择档次缴费,多缴多得"。由于农村居民和城镇居民的经济收入不平衡,有的农村居民收入很低,考虑到此种因素国务院规定了不同的缴费档次供参保人自主选择,同时鼓励多缴多得。

从调查的情况来看,这种自主选择政策适应了农村居民收入不平衡和不稳定的实际情况,但也存在农村居民普遍选择较低缴费档次缴费的问题。虽然各地设置了高档次的缴费标准,规定多缴多得,但只有极少数经济收入较高的农村居民选择较高缴费档次标准缴费,农村居民普遍选择低标准的缴费档次缴费,绝大多数按照最低缴费档次标准100元/年缴费①。课题组在江西省寻乌县调查发现(其他地区调查存在同样情况),寻乌县多次调整城乡居民基本养老保险缴费档次标准。2010年新农保实施时,缴费档次设置为100元、200元、300元、400元、500元、800元6档;2011年城居保实施后,增加了600元、700元、900元、1000元4个缴费档次;2014年新农保和城居保合并为城乡居保后,又增加1500元、2000元缴费档次。从2018年4月1日起,取消了100元和200元缴费档次,最低缴费档次调整为每人每年300元,并增加3000元缴费档次。寻乌县虽然设置了较高缴费档次标准,但从2017年缴费档次数据分布看,绝大多数参保人选择了最低标准100元缴费。具体情况见表3-6。

表3-6　2017年寻乌县城乡居民基本养老保险缴费档次分布情况

缴费档次(元)	人数	占参保人总数比例(%)	缴费档次(元)	人数	占参保人总数比例(%)
100	116057	96.40	700	23	0.02
200	2681	2.23	800	267	0.22
300	538	0.45	900	0	0.00
400	157	0.13	1000	135	0.11
500	473	0.39	1500	0	0.00
600	35	0.03	2000	24	0.02

资料来源:江西省寻乌县城乡居民基本养老保险局提供,每种缴费档次人数占参保人总数比例通过计算而得。

① 王雯:《城乡居民基本养老保险财政补贴机制研究》,《社会保障研究》2017年第5期。

据表3-6可算出,寻乌县2017年城乡居民基本养老保险参保总人数为120390人,选择最低三个缴费档次标准缴费人数达到了99.08%。其中选择100元缴费档次的参保人数为116057人,占参保缴费总人数的96.40%;选择200元缴费档次的参保人数为2681人,占参保缴费总人数的2.23%;选择300元缴费档次的参保人数为538人,占参保缴费总人数的0.45%。绝大多数城乡居民选择了100元的缴费档次缴费。选择300元以上缴费档次标准缴费的比例一共也只占总参保缴费人数的0.92%。

其他地方的调查发现同样现象,有的居民确因经济收入水平不高而选择低标准,有的居民即使经济收入水平较高,有能力按照较高标准缴费也不愿意选择。其原因主要为:一是居民对政策不够了解。虽然城乡居民基本养老保险从2009年9月新农保试点以来十年有余,但相对作为一项解决城乡居民养老问题基本制度的发展过程而言时间还是较短,大部分城乡居民对政策还不够了解。大部分城乡居民不知道养老金待遇由基础养老金和个人账户养老金组成,认为他们现在或将来所领取的养老金就只有政府所发的基础养老金,以为领取的基础养老金是他们自己或子女用缴费换取的,不知道领取的养老金实际上包括基础养老金和个人账户养老金两部分,不知道基础养老金是政府单独支付的。现阶段正在领取养老金的居民是城乡居保实施时已满60周岁或快60周岁的居民,他们现在领取的养老金主要是基础养老金部分,除北京、上海等几个较发达地区基础养老金较高外,其他地区普遍较低。已经年满60周岁的居民不需要缴费也可以按月领取城乡居保基础养老金,由十个用缴费也就没有个人账户和个人账户养老金,领取到的养老保险待遇就只有基础养老金;快满60周岁的居民,由于缴费的时间短和缴费时又选择了低档次标准缴费①,个人

①　新农保试点时,由于农村居民不了解新农保制度,对此政策持观望态度,以及基层干部为了更多的农村居民有能力、愿意参加新农保和参保人愿意续保,大多数基层干部在宣传时解释为只要每人每年缴费100元就可以参加新农保,并且可以获得政府的缴费补贴,因此绝大多数农村居民按照最低缴费档次标准100元/年缴费。

账户养老金很少,从而个人缴费对养老保险待遇水平的影响表现不出来,所领取的养老保险待遇与城乡居保实施时已年满60周岁的不用缴费、只领取基础养老金居民的养老保险待遇几乎没有差别。很多城乡居民认为自己的缴费将来只能获得如现在老年人领取的那样很少的养老金,不知道个人缴费实际上会影响养老金待遇甚至是影响养老金的主要因素,因此很多居民都不愿意选择较高缴费档次缴费和长期缴费。二是部分居民认为城乡居保保障水平低,难以保障老年时的基本生活。大多数参保人认为按照现在规定的缴费标准和保值增值方式,到领取年龄时所领取的养老金与基本生活需要的费用相比远远不够,并且所缴纳的养老保险费需要经过一定时间跨度(参保时间越早时间跨度越长),到了领取年龄时才可以领取养老保险待遇,在此期间由于受通货膨胀等因素的影响,所缴纳的保险费的实际价值和保障能力会下降,从而对养老保障起到的作用不大。同时依据现行规定的按年缴费和缴费标准,选择较高档次与较低档次标准缴费所领取的养老金待遇相差不大,结果都是保障不了基本生活需要。因此,很多城乡居民认为还不如选择较低档次缴费,少缴一点,多留一点钱在手中可以自己支配。三是对政府依然存在不信任,农村居民对政策的稳定性和持续性依然存在疑虑。虽然城乡居保制度实施十年有余,人们对此政策的稳定性和有效性仍然不够信任。有的参保人表示目前只要按照最低档次标准缴费就可以参保,即使政策不稳定对生活影响也不大;已领取养老待遇的表示政府现在每月给已满60周岁的城乡居民老年人发放基础养老金,将来能不能一直发放不一定。

参保人不愿意选择较高档次缴费,还有一个原因是按照目前政府补贴等政策规定,缴费档次越高投保收益越低,投保收益呈递减趋势。张庆君、苏明政按照现行的政府补贴和保值增值规定,计算了前5个缴费档次缴费15年,到期后每人每年分别可获得的养老金,发现第一档次收益最高,然后依次降低,所获得的养老金分别是缴费本金的 8.28 倍、4.79 倍、3.62 倍、3.04 倍、

2.69 倍。同时,到期每人每月可获得的养老金水平还是比较低的①。虽然养老金对农民的养老保障起到一定的补充作用,但是与保障老年时期的基本生活还有很大的距离。关于这部分内容将在后面的相关章节进行分析。

（二）目前城乡居保缴费标准设计缺乏动态调节机制

国发〔2014〕8 号文件规定,"参加城乡居民养老保险的人员应当按规定缴纳养老保险费。缴费标准目前设为每年 100 元、200 元、300 元、400 元、500 元、600 元、700 元、800 元、900 元、1000 元、1500 元、2000 元 12 个档次,省（区、市）人民政府可以根据实际情况增设缴费档次,最高缴费档次标准原则上不超过当地灵活就业人员参加职工基本养老保险的年缴费额,并报人力资源社会保障部备案。人力资源社会保障部会同财政部依据城乡居民收入增长等情况适时调整缴费档次标准"。这种绝对额标准设计的优点是简单明了,易于操作,参保人也可以根据自己的经济状况选择适合的缴费档次缴费。但是这种设计的动态调整性不强。虽然参保者可以选择不同的缴费档次缴费,但随着城乡居民经济收入水平、生活水平的提高以及随之养老保障水平需求的提高,需要不断增加更高的缴费档次,并且怎样增加、增加多少很难有较科学的依据。

（三）参保人不愿长期缴费和补足规定缴费年限

国发〔2014〕8 号文件规定,"参加城乡居民养老保险的个人,年满 60 周岁、累计缴费满 15 年,且未领取国家规定的基本养老保障待遇的,可以按月领取城乡居民养老保险待遇。……距规定领取年龄不足 15 年的,应逐年缴费,也允许补缴,累计缴费不超过 15 年;距规定领取年龄超过 15 年的,应按年缴费,累计缴费不少于 15 年"。调查中,当问到参保人缴费满 15 年后,是否愿意

---

① 张庆君、苏明政:《新型农村社会养老保险基金筹集能力研究——基于辽宁省义县新农保试点的实证考察》,《农村经济》2011 年第 9 期。

增加缴费年限时,大多数参保人表示不愿意增加缴费年限。虽然城乡居保规定"参保人自主选择档次缴费,多缴多得。……对长期缴费的,可适当加发基础养老金",但大多数参保人表示不愿意多缴,也不愿意长期缴费,缴满了 15 年不愿意再缴。一方面,绝大多数参保人不知道将来养老保险待遇的高低与缴费年限长短有关,就像不了解前面所述的多缴多得一样,同样不了解缴费时间越长,养老保险待遇就会越高,看到现在领取养老金待遇的老人每月只有几十元[①],以为自己的缴费就是用来换取将来这么一点基础养老金,没有必要长期缴费。另一方面,许多参保人认为按照现在的缴费水平和长期缴费所加发的基础养老金,即使长期缴费,增加的基础养老金也很少,不能完全保障老年基本生活,不能从根本解决养老问题,在经济供养上还需要依靠家庭,故不愿意长期缴费。例如,江西省城乡居保规定,"为鼓励参保人长期缴费,对缴费年限超过 15 年的,在规定基础养老金的基础上,每超过 1 年,每月增发 2% 的基础养老金",按照 2018 年 1 月 1 日起江西省规定的城乡居保基础养老金每月 105 元计算,江西参保人每延长 1 年缴费,每月增发 2.1 元基础养老金,一年增发 25.2 元基础养老金,增加的基础养老金非常少,而每年至少要缴费 100 元。有的参保人表示愿意长期缴费,原因并不是长期缴费可以获得加发部分基础养老金和意识到了长期缴费可以增加个人账户资金从而增加个人账户养老金及养老保险待遇的重要性,也不是认为城乡居保真的可保障老年基本生活,而是因为自己的经济收入比较高,每年缴费 100 元无所谓,对现在和将来的生活都不会有什么影响,即使政策不稳定或不可持续,这些缴费不能发挥作用甚至没有了也无所谓,对生活没有影响。如果政策稳定或者政策不断完善也有可能获得更多养老金或其他利益。

调查发现,到了领取养老待遇的年龄 60 周岁,但缴费年限没有满 15 年的

[①] 现在领取养老待遇老人的养老金基本上是基础养老金,各省基础养老不同,例如,江西省 2018 年前基础养老金是 88 元/月,2018 年 1 月 1 日调整为 105 元/月。由于现在领取养老待遇的老人没有缴费或缴费时间很短,个人账户养老金没有或很少。

参保人,很多人不愿意补缴,主要原因为:一是参保人对政策是否稳定和具有可持续性不肯定,对政府不信任。有的参保人表示城乡居保实施时间还不长,还不知道是否能长期实施,再者现在不补缴每月照样可以领取一定的养老金。虽然补缴每月可以增加几元养老金,但这几元养老金相对需要补缴的保险费太少了,没有多大意义。二是缺乏有效的补缴激励机制。许多省份规定补缴的养老保险费不享受政府缴费补贴,有的地方采用了一些鼓励参保人补缴的措施,但是效果不大,主要是激励机制力度不够。调查中有一位已到了领取养老待遇年龄但缴费年限没满 15 年的江西老人说,他开始领取养老待遇时,基础养老金是 80 元/人·月(2018 年 1 月 1 日起江西城乡居保的基础养老金为 105 元/月),如果补足缴费年限 15 年,每月可领取基础养老金 90 元(江西当时规定如果补缴年限达到 15 年,每月可领取 90 元基础养老金),增加了 10 元基础养老金,但是接下来每年至少要缴 100 元保险费。虽然相对于补缴的保险费,每年领取的基础养老金多 20 元(每月增加 10 元,一年共增加 120 元,120 元减去需要缴的 100 元保费),但觉得差别不大,多了 20 元也没有多大的意义,只够一包香烟的钱,因此不愿意补缴。

二、城乡居民基本养老保险政府财政补贴机制存在的问题

在此,对城乡居保政府补贴内在机制存在的问题进行分析。

(一)与国外相比,我国城乡居保基金构成中政府补贴比例较低,对参保人的激励不够

1. 政府财政补贴在城乡居民基本养老保险基金中比例较低

从受益人是否缴费来看,国际上农村社会养老保险模式有非缴费型和缴费型两种。非缴费型模式指养老金领取人不需要缴纳养老保险费,而是依赖于其他筹资方式筹集资金,主要是来源于政府财政补贴。目前,非洲、南美洲国家大多是非缴费型农村养老保险制度。这些国家农民收入水平低,无法承

担缴纳养老保险费的义务,另外部分国家曾经是英国殖民地或是英联邦国家,受《贝弗里奇报告》福利思想影响较大,例如南美的阿根廷、巴西等国,非洲的南非、毛里求斯等国以及大洋洲的澳大利亚、新西兰等。其中南非和巴西是规模最大的非缴费型发展中国家①。缴费型模式是养老金领取人必须缴纳养老保险费,强调参保人享受待遇权利和缴费义务的一致性,集中在德国、法国、希腊等欧洲大陆国家,这些国家大多受到了俾斯麦思想的影响。在缴费型农村养老保险模式中,农村养老保险基金构成中政府补贴也是其主要来源,如德国、奥地利政府补贴为 70%,希腊、波兰为 90%,法国为 30%。农民缴费所占的比例非常低,仅为 10%—30%②。

借鉴国际经验,我国城乡居保属于缴费型养老保险模式。新农保在与城居保合并前,国发〔2009〕32 号文件要求地方政府应当对农民参保人进行缴费补贴,补贴标准不低于每人每年 30 元。从当时各省新农保试点来看,大部分地区按照最低标准 30 元进行补贴。以参保人选择最低年缴费档次 100 元缴费(实际上也是这种情况,特别是在中、西部欠发达地区,农民大部分倾向选择低档次缴费)为例计算,个人缴费在缴费中的比例为 77%,政府补贴在缴费中的比例为 23%,不到欧洲大陆国家对农村社会养老保险补贴的三分之一。有的地方按照国发〔2009〕32 号文件对选择较高档次标准缴费的给予适当鼓励,即使这样,缴费中政府补贴的比例也很低,在增加缴费补贴的省份中,当时对选择最高缴费档次 500 元缴费的最高补贴为 50 元,政府补贴在缴费总额中的比例为 9.1%,不到 10%,与其他建立农村养老保险的国家相比明显偏低。

国发〔2014〕8 号文件将新农保和城居保两项制度合并实施,除要求地方人民政府对选择最低档次标准缴费的,补贴标准不低于每人每年 30 元外,还

---

① 林义主编:《农村社会保障的国际比较及启示研究》,中国劳动社会保障出版社 2006 年版,第 13—14 页。

② 林义主编:《农村社会保障的国际比较及启示研究》,中国劳动社会保障出版社 2006 年版,第 13—14 页。

规定对选择 500 元及以上档次标准缴费的,补贴标准不低于每人每年 60 元。按照这种政府补贴方法,参保人选择 500 元/年标准缴费,政府补贴在缴费总额中的比例为 10.7%,在城乡居保缴费中的比例还是较低。从目前缴费补贴规定来看,缴费档次越高,政府补贴绝对数额也越大,但由于每一档次标准提高的幅度大于每一档次补贴提高的幅度,因而缴费档次越高,实际上政府补贴缴费总额中的比例在逐渐下降。各地方制定的城乡居保政府缴费补贴具体实施办法中(见附录 1),政府缴费补贴较高的地区是上海市。《上海市城乡居民基本养老保险办法》(沪府发〔2014〕30 号)规定,"区县政府对本辖区户籍参保人缴费给予补贴。按照每年 500 元、700 元、900 元、1100 元、1300 元、1500元、1700 元、1900 元、2100 元、2300 元、2800 元、3300 元缴费标准,对应的缴费补贴标准为每年 200 元、250 元、300 元、350 元、400 元、425 元、450 元、475 元、500 元、525 元、550 元、575 元"。按照上海市的缴费补贴标准,如果参保人选择 500 元/年缴费,可获得 200 元缴费补贴,政府缴费补贴在缴费总额中的比例为 28.6%,比国务院规定的同档次缴费标准政府缴费补贴占缴费总额的比例高 17.9 个百分点。如果参保人选择上海市最高缴费档次 3300 元/年缴费,可获得 575 元的缴费补贴,政府缴费补贴在缴费总额中的比例为 14.8%,与上述国际上建立了农村养老保险的国家相比还是较低。

城乡居保政府补贴水平偏低的另一表现是其占全国财政收支的比重较低。有的研究者进行过测算,近几年我国城镇保财政补贴占全国财政收支的比重,均高于城乡居保财政补贴占全国财政收支的比重,并且两者相差 1 倍多。2016 年城乡居保基础养老金替代率甚至低于城镇低保替代率和农村低保替代率,城乡居保的补贴水平竟明显低于社会救助的补贴[1]。低水平的财政补贴也是导致基础养老金标准较低而难以保障城乡居民老年期间基本生活需要的一个重要因素。因此,随着我国经济的发展和财政收入的增加,应该适

---

[1]　王敏:《城乡居民基本养老保险财政补贴政策研究》,《中央财经大学学报》2017 年第 12 期。

时增加政府对城乡居保的财政补贴,提高政府补贴在养老保险基金中的比例。

2.目前政府财政补贴力度提高城乡居保待遇水平有限

政府财政补贴对城乡居保参保人激励不够主要体现在两个方面:一是缴费补贴水平较低,参保人不愿意提高缴费档次标准缴费;二是基础养老金水平较低,对保障参保人老年生活作用不大。国发〔2014〕8号文件规定,"地方人民政府应当对参保人缴费给予补贴,对选择最低档次标准缴费的,补贴标准不低于每人每年30元;对选择较高档次标准缴费的,适当增加补贴金额;对选择500元及以上档次标准缴费的,补贴标准不低于每人每年60元"。这一缴费补贴政策能够从心理、情感上调动城乡居民参保积极性,在城乡居保实施初期,对促进城乡居保实现制度全覆盖具有积极意义,特别对中、西部地区在较短时期内建立城乡居保制度具有很大的促进作用。但随着城乡居保进一步发展,实施重点从简单扩面转向提高保障水平,目前缴费补贴水平难以激励参保人选择更高缴费档次标准缴费,从而限制了保障水平的提高。其原因一是如上所述,缴费补贴在城乡居保基金中的比重较低,缴费档次越高缴费补贴所占比重越低,许多参保人就认为选择较高缴费档次缴费的投入—收益比低,不愿意选择较高缴费档次缴费,从而不利于个人缴费水平的提高;二是由于地方政府缴费补贴不高,由其所带来的个人账户养老金较低,从提高城乡居保待遇角度来看,现在的缴费补贴水平对参保人不具有吸引力。在其他条件相同的情况下,采用静态方法分析,地方政府每人每年30元的最低缴费补贴为城乡居民带来每月3.24元的个人账户养老金待遇,500元及以上缴费档次每人每年60元的缴费补贴带来每月6.47元的个人账户养老金待遇,在养老金中所占份额非常低。因此,每人每年30元或60元的地方财政补贴仅仅对鼓励中、西部地区城乡居民参加城乡居保起到一定的效用,而对于经济较发达地区几乎没有吸引力①。

---

① 杨翠迎:《新型农村社会养老保险试点应注意的问题及政策建议》,2010年3月5日,见http://society.people.com.cn/GB/11084783.html2010/03/05。

城乡居保试点时,中央确定的基础养老金最低标准为每人每月 55 元,自 2014 年 7 月 1 日起,中央首次调整城乡居保基础养老金最低标准,从最初每人每月 55 元提高到每人每月 70 元,每人每月增加了 15 元,提高幅度为 27.3%。2018 年 1 月 1 日起,中央再次调整城乡居保基础养老金最低标准,从每人每月 70 元提高到每人每月 88 元,每人每月增加了 18 元,提高幅度为 25.7%。虽然基础养老金全部由国家财政承担,中央每隔几年也调整了基础养老金,基础养老金在整个养老待遇结构中占较大比例,对城乡居民具有一定的吸引力,但其水平还是较低,其收入替代率偏低,甚至低于同年城镇和农村的低保替代率。在新农保试点时(2009 年 9 月开始试点),每人每年 660 元基础养老金补贴占 2009 年我国农村居民年人均纯收入 5153 元的比例为 12.81%。按照中央 2018 年调整的城乡居保最低基础养老金标准每人每月 88 元计算,参保人每人每年可获得基础养老金为 1056 元,占 2017 年城镇居民人均可支配收入 36396 元的比例为 2.90%,占 2017 年农村居民人均可支配收入 13432 元的比例为 7.86%[1],均远远低于 2017 年全国城镇低保替代率 17.84% 和农村低保替代率 32.03% 的水平,差距分别达 6.15、4.08 倍[2]。地方基础养老金占年人均可支配收入的比例与国家层面的相同[3]。2017 年底全国城乡居保待遇月人均养老金 125 元,其中人均领取的基础养老金增加到 113 元,中央财政支付的基础养老金人均达到 70 元。尽管基础养老金比最初翻了一倍,在总养老待遇中所占比重达 90% 以上[4],但是相对老年人生活需要,113 元/月的基础养老金只能充当"零花钱",低水平基础养老金影响了城乡居民老年人

---

[1] 国家统计局:《2017 年国民经济和社会发展统计公报》,2018 年 2 月 28 日,见 www.stats. gov.cn/tjsj/zxfb/201802/t20180228_1585631.html。

[2] 根据 2017 年全国城乡低保平均标准和城乡居民人均可支配收入计算得出。

[3] 王敏:《城乡居民基本养老保险财政补贴政策研究》,《中央财经大学学报》2017 年第 12 期。

[4] 金维刚:《城乡居民养老保险跨入新时代》,2018 年 4 月 2 日,见 http://www.mohrss.gov. cn/SYrlzyhshbzb/dongtaixinwen/buneiyaowen/201804/t20180402_291432.html。

的实际生活水平。随着城乡居民人均可支配收入的提高,若基础养老金不同时提高(自新农保实施近十年来,中央只调整了两次基础养老金最低标准,而城镇职工基本养老金自2005年连续15年进行了调整),基础养老金的收入替代率将呈下降趋势,远远低于当时我国城镇职工基本养老保险不低于20%的替代率①。这说明城乡居民基本养老保险基础养老金的调整没有跟上经济发展水平。

(二)政府财政补贴激发了城乡居民参保积极性,但补贴机制有待完善

1."多缴多得"政府补贴机制不完善

政府财政补贴有效地激发了城乡居民参加城乡居保的积极性,提高了城乡居民的缴费能力和保障水平,促进了城乡居保发展。但是,从目前各地区城乡居保实施意见或办法以及调查情况来看,城乡居保补贴机制还有待完善。新农保与城居保合并前,新农保缴费补贴有定额补贴和浮动补贴两种方法,均有各自的优处和不足。在农民收入水平还不高和参保意识不强的条件下,对参保人缴费给予定额补贴,大部分农民会选择最低缴费档次标准缴费。调查发现,农民对社会养老保险的需求都很迫切,得知参加新农保有政府补贴,都愿意缴费参保,目的是为了能拿到政府补贴,一部分人并不是考虑到养老保险的重要性而参保。采取多缴多补方式,会出现"补富不补穷"的补贴困境。新农保与城居保合并后,国发〔2014〕8号文件规定地方政府最低缴费补贴标准不低于每人每年30元,对选择500元及以上档次标准缴费的补贴标准不低于每人每年60元,实际上要求地方政府采取多缴多补的政府补贴方法。按照多缴多补的方式,选择较高档次标准缴费的参保人获得补贴较高,选择较低档次标准缴费的参保人获得补贴较低。一般情况下,低收入者因为没有能力选择

---

① 杨翠迎:《新型农村社会养老保险试点应注意的问题及政策建议》,2010年3月5日,见http//society.people.com.cn/GB/11084783.html2010/03/05。

较高档次参保缴费而只能获得较低政府补贴,高收入者因有能力选择较高档次标准参保缴费反而获得较高政府补贴,最需要政府补贴的却是经济收入水平较低者。这种多缴多补的方式,实际上是那些收入相对较高的人获得补贴更多,中高收入者获益更大①,最需要政府补贴的低收入参保者却难以获得更多的政府补贴。这不符合社会保障包括养老保险"保弱保贫、补弱补穷"的根本旨意,违背了财政补贴促进分配公平的初衷。

从以上分析可知,城乡居保多缴多得存在逆向选择问题。但在实际调查中发现,选择较高档次标准缴费的参保人并不多。按照现在"多缴多得"的激励方式,虽然提高档次缴费可以获得更多的缴费补贴,绝大多数参保人还是选择较低档次甚至最低档次标准缴费,即使收入水平较高的参保人也不愿意选择更高档次标准缴费。这说明"多缴多得"激励机制并没有达到鼓励参保人提高档次标准缴费的预期效果。在城乡居保实施初期出现这种情况主要原因是城乡居民收入不高,对政策不了解和不太信任,但随着城乡居民收入水平的提高和城乡居保的深入实施,依然存在这种情况的原因就不再是收入不高和对政策不信任,而是与政府的财政补贴政策不完善有关。国发〔2014〕8号文件规定,对选择较高档次标准缴费的,适当增加补贴金额。各地区在国务院规定基础上,根据实际情况制定了缴费补贴标准。从附录1可以看出,除上海、天津、重庆、宁夏、陕西、吉林等地区缴费补贴力度相对较大,绝大多数地区补贴较低。天津对应每年600元、900元、1200元、1500元、1800元、2100元、2400元、2700元、3000元、3300元10个档次,补贴标准设定为每年60元、70元、80元、90元、100元、110元、120元、130元、140元、150元。上海按照每年500元、700元、900元、1100元、1300元、1500元、1700元、1900元、2100元、2300元、2800元、3300元缴费标准,对应的补贴标准为每年200元、250元、300元、350元、400元、425元、450元、475元、500元、525元、550元、575元。

①　王雯:《城乡居民基本养老保险财政补贴机制研究》,《社会保障研究》2017年第5期。

大多数地区对选择最低档次标准缴费的,补贴标准为每人每年 30 元;对选择 500 元等较高档次标准缴费的补贴标准为 60 元到 100 元不等。上海市在较低缴费档次组中,参保人每选择高一级档次缴费,增加的政府补贴为 50 元;在较高缴费档次组中,参保人每选择高一级档次缴费,增加的政府补贴为 25 元。除上海等少数地区外,大多数地区对选择高一级档次标准缴费的参保人,增加的政府补贴基本上为 5—10 元,缺乏对参保人员提高缴费档次的吸引力①。调查时,参保人表示每提高一个缴费档次,政府增加的补贴较少,选择较高缴费档次与较低档次的补贴相差不大。进行比较后,许多参保人更愿意按照较低档次标准缴费,而不愿意选择较高档次。从经济学的角度来说是参保人提高档次追加的缴费所获得的边际政府补贴小,相同的追加投入所获得增加的收益在下降,难以激发参保人缴费的积极性,从而不愿意选择更高的档次标准缴费。在某县调查时,该县农保局一位领导说,此县的参保人大多数按照最低档次标准(100 元/年)缴费,并不是收入不高,很多农村居民有能力选择更高档次标准缴费而不愿意选择,原因就是较高一级档次同较低一级缴费档次的补贴相差无几,更愿意把钱放在家里或银行自己支配。很多人并不了解缴费是影响养老金水平的主要原因。这位领导说政府如果对选择最低缴费档次 100 元的参保人给予补贴不低于每人每年 30 元,对选择 200 元档次缴费的政府补贴增加到 60 元,至少要以此类推,参保人就愿意选择较高缴费档次了。因此,应加大不同档次特别是不同低档次之间的边际缴费补贴,以鼓励参保人提高缴费档次。随着人们收入水平的提高及理财能力的提升,会进行收益比较,在提高缴费档次时增加的缴费边际补贴不大,即使知道城乡居保的作用和意义,人们也不愿意提高缴费档次。

2."长缴多得"政府补贴机制不完善

城乡居保激励参保人缴费的另一政府补贴机制是"长缴多得",即规定参

---

① 王敏:《城乡居民基本养老保险财政补贴政策研究》,《中央财经大学学报》2017 年第 12 期。

保人长期缴费可获得地方政府适当加发的基础养老金。这种补贴机制与"多缴多得"具有同样的"补富不补穷"效应。能够或愿意长期缴费的参保人一般经济收入水平较高,低收入者往往没有能力和不愿意长期缴费,因此高收入者由于愿意长期缴费可获得除规定的基础养老金外加发的基础养老金,从而基础养老金水平更高;反之,低收入者基础养老金水平更低。长缴多得的政府补贴机制除了以上的问题外,在实际调查中发现,虽然存在长缴多得的实际利益,但很多参保者表示不愿意长期缴费,其原因是补贴力度不够和目前基础养老金水平低,即延长缴费年限获得的加发基础养老金也很少。"长缴多得"各地主要采取定额加发和定率加发基础养老金两种形式。目前绝大多数地区做法是每超过规定的缴费年限 1 年,加发基础养老金 1—2 元,激励作用很小①。

　　另外,无论是地方政府对参保人的缴费补贴标准,还是基础养老金及其提高和加发的标准,都没有完善的确定、调整机制和方法,这样补贴标准的确定就有很大随意性和不稳定性。因此,要进一步完善缴费补贴方式,采取合理的补贴方法以达到既可以激励参保人尽可能选择较高缴费档次缴费,从而提高缴费水平和保障水平,又可以防止政府补贴逆向选择问题。只有建立和完善适当的补贴机制才能达到政府补贴的真正目标和效果。

　　（三）城乡居民基本养老保险政府补贴存在各级政府事权和财权不统一

　　城乡居保政府补贴各级政府事权与财权不统一表现在两方面:一方面是中央政府和地方政府事权(政府补贴负担)与财权(地方财政补贴能力)纵向不一致;另一方面是不同地区地方政府的事权与财权横向的不平衡。

　　1. 中央与地方政府之间事权与财权不统一

　　从目前各地缴费补贴财政责任分担情况来看,县级政府承担的缴费补贴

---

　　① 王敏:《城乡居民基本养老保险财政补贴政策研究》,《中央财经大学学报》2017 年第 12 期。

负担较大,国发〔2009〕32 号、国发〔2014〕8 号文件规定,"政府对符合领取城乡居民养老保险待遇条件的参保人全额支付基础养老金,其中中央财政对中、西部地区按中央确定的基础养老金标准给予全额补助,对东部地区给予 50%的补助"。城乡居保中央财政责任只是承担全部或部分中央确定的基础养老金,其他有关补贴包括参保人最低缴费补贴、对选择较高档次标准缴费给予鼓励的补贴、为农村重度残疾人等缴费困难群体代缴的养老保险费、提高和加发的基础养老金等均由地方政府财政承担。2009 年城乡居保试点(此处指新农保试点)时中央财政社会保障支出为 2905.75 亿元(包括中央本级和对地方转移支付),比上年增加 414.24 亿元,增长 16.6%,在 320 个县开展试点。2010 年中央财政安排社会保障支出 3185.08 亿元(包括中央本级和对地方转移支付),增加 279.33 亿元,增长 9.6%。2010 年安排补助资金 70 亿元,开展新农保试点并稳步推进事业单位养老保险改革试点①,此两项试点安排的补助资金占总安排的社会保障支出的 2.2%。近几年中央财政和地方财政支出(一般公共预算支出)中社会保障和就业支出的具体情况见表 3-7。

表 3-7 2009—2017 年中央和地方财政支出中社会保障和就业支出情况

年份	全国一般公共预算支出总额(亿元)	全国社会保障和就业支出总额(亿元)	全国社会保障和就业占公共预算支出比例(%)	中央一般公共预算支出总额(亿元)	中央社会保障和就业支出总额(亿元)	中央社会保障和就业占中央公共预算支出比例(%)	地方一般公共预算支出总额(亿元)	地方社会保障和就业支出总额(亿元)	地方社会保障和就业占地方公共预算支出比例(%)
2009	76299.93	7606.68	9.97	15255.79	454.37	2.98	61044.14	7152.31	11.72
2010	89874.16	9130.62	10.16	15989.73	450.30	2.82	73884.43	8680.32	11.75
2011	109247.79	11109.4	10.17	16514.11	502.48	3.04	92733.68	10606.92	11.44
2012	125952.97	12585.52	9.99	18764.63	585.67	3.12	107188.34	11999.85	11.20
2013	140212.1	14490.54	10.33	20471.76	640.82	3.13	119740.34	13849.72	11.57

① 财政部:《关于 2009 年中央和地方预算执行情况与 2010 年中央和地方预算草案的报告》,《人民日报》2010 年 3 月 17 日。

续表

年份	全国一般公共预算支出总额(亿元)	全国社会保障和就业支出总额(亿元)	全国社会保障和就业占公共预算支出比例(%)	中央一般公共预算支出总额(亿元)	中央社会保障和就业支出总额(亿元)	中央社会保障和就业占中央公共预算支出比例(%)	地方一般公共预算支出总额(亿元)	地方社会保障和就业支出总额(亿元)	地方社会保障和就业占地方公共预算支出比例(%)
2014	151785.56	15968.85	10.52	22570.07	699.91	3.10	129215.49	15268.94	11.82
2015	175877.77	19018.69	10.81	25542.15	723.07	2.83	150335.62	18295.62	12.17
2016	187755.21	21591.45	11.50	27403.85	890.58	3.25	160351.36	20700.87	12.91
2017	203085.49	24611.68	12.12	29857.15	1001.11	3.35	173228.34	23610.57	13.63

资料来源:国家统计局编:2009—2017 历年《中国统计年鉴》,中国统计出版社。

从表 3-7 中可以看出,城乡居保实施以来,2009—2017 年全国社会保障和就业支出数额在逐渐增加,从 2009 年 7606.68 亿元增加到 2017 年 24611.68 亿元,社会保障和就业支出占财政支出(一般公共预算支出)的比例也不断提高,从 9.97%提高到 12.12%,提高了 2.15 个百分点;中央和地方社会保障和就业支出数额总体上逐渐增加,分别从 2009 年 454.37 亿元、7152.31 亿元增加到 2017 年 1001.11 亿元、23610.57 亿元,社会保障和就业支出占中央、地方财政支出的比例也呈上升趋势,分别从 2.98%、11.72%上升到 3.35%、13.63%,分别提高了 0.37、1.91 个百分点。同时从表 3-7 中也可以看出,地方社会保障和就业支出占地方政府财政支出的比例均高于中央社会保障和就业支出占中央政府财政支出的比例,2009 年高出了 8.74 个百分点,2017 年高出了 10.28 个百分点,高出的比例逐渐加大,这说明在社会保障和就业支出方面,地方政府比中央政府承担了更大的责任和负担。另外,从中央与地方政府社会保障和就业支出分别占全国社会保障和就业总支出的比例来看,更能说明地方政府承担了更重的负担和责任。2017 年中央政府社会保障和就业支出占全国社会保障和就业总支出的比例为 4.07%,地方政府社会保障和就业支出占全国社会保障和就业总支出的比例为 95.93%;其他年份地方政府社会保障和就业支出占全国社会保障和就业总支出的比例均在94%以上,具体情况见表3-8。

表3-8　2009—2017年中央与地方政府社会保障和就业支出占
全国社会保障和就业支出总额的比例

年份	社会保障和就业支出总额（亿元）	中央政府社会保障和就业支出（亿元）	中央政府社会保障和就业支出占比（%）	地方政府社会保障和就业支出（亿元）	地方政府社会保障和就业支出占比（%）
2009	7606.68	454.37	5.97	7152.31	94.03
2010	9130.62	450.30	4.93	8680.32	95.07
2011	11109.40	502.48	4.52	10606.92	95.48
2012	12585.52	585.67	4.65	11999.85	95.35
2013	14490.54	640.82	4.42	13849.72	95.58
2014	15968.85	699.91	4.38	15268.94	95.62
2015	19018.69	723.07	3.80	18295.62	96.20
2016	21591.45	890.58	4.12	20700.87	95.88
2017	24611.68	1001.11	4.07	23610.57	95.93

资料来源:国家统计局编:2009—2017历年《中国统计年鉴》,中国统计出版社。

　　长期以来中央财政对社会保障支出倾向于城镇企业职工和救济等方面,而对城乡居保的财政支出较少。从目前情况来看,城乡居保的补贴主要由地方财政支付,这与中央财政和地方财政收入状况不相符。2017年全国财政收入172566.57亿元,其中中央财政收入为81119.03亿元,地方财政收入为91447.54亿元[1],分别占全国财政收入的47.01%、52.99%。按照现行的城乡居保规定和中央政府财政收入状况,中央政府完全有能力承担城乡居保财政补贴,而有的地方政府特别是中、西部财政困难的县级政府负担较重。有研究者通过测算发现,按照目前的补贴方式,中央财政对城乡居保补贴占中央财政

---

　　① 财政部:《关于2017年中央和地方预算执行情况与2018年中央和地方预算草案的报告》,《人民日报》2018年3月24日。

收入的比重非常小①,层次越低的地方政府对城乡居保的补贴投入越多,占本级财政收入的比重越大、负担越重②。张庆君、苏明政分析了辽宁省义县城乡居保基础养老金补贴和缴费补贴,发现省、市、县三级财政对城乡居保的补贴占本级财政收入的比例逐渐提高,县级财政负担最重③。

在"分税制"财政体制下,根据事权与财权统一原则,中央和地方政府应该依据各自财政收入在全国总财政收入中所占比例承担相应的公共财政支出责任。当中央财政收入占比较大时,应该承担更多的财政支出,在社会保障领域,相应地中央财政也要承担更多的责任。然而,在社会保障财政投入方面,我国中央政府与地方政府间存在着相当的不稳定性和不平衡性,无论是中央政府,还是地方政府,均没有实现社会保障事权与财权有效统一。从目前情况来看,中央在社会保障和就业方面的财政支出在公共财政支出中比例远远低于中央财政收入在全国总财政收入中的比例,承担相应的责任不够。在农村社会养老保险方面,中央财政承担的责任一直不足,老农保中央财政几乎没有承担财政责任;城乡居保中央财政只承担全部或部分中央确定的基础养老金,其他财政支出均由地方政府承担。随着城乡居保发展,就是发达地区地方政府的财政负担也会越来越重,而地方政府财政收入有限,如此的事权与财权不能有效统一影响了城乡居保的持续发展。

2. 不同地区地方政府之间事权与财权不平衡

城乡居保政府补贴各级政府事权与财权不统一的另一方面表现是不同地区地方政府的事权与财权横向不平衡。有研究者通过测算最低补贴数额占地

---

① 邓大松、薛惠元:《新农保财政补助数额的测算与分析——基于 2008 年的数据》,《江西财经大学学报》2010 年第 2 期;薛惠元、张德明:《新型农村社会养老保险筹资机制探析》,《现代经济探讨》2010 年第 2 期。

② 张庆君、苏明政:《新型农村社会养老保险基金筹集能力研究——基于辽宁省义县新农保试点的实证考察》,《农村经济》2011 年第 9 期;王敏:《城乡居民基本养老保险财政补贴政策研究》,《中央财经大学学报》2017 年第 12 期。

③ 张庆君、苏明政:《新型农村社会养老保险基金筹集能力研究——基于辽宁省义县新农保试点的实证考察》,《农村经济》2011 年第 9 期。

方财政收入的比重发现,地方财政总体负担是中、西部比东部重,农业人口多的省份(如河北等)财政负担也比较重①。另外,东、中、西部内部省份、县与县之间财力也存在差异,也并不是所有东部省份财力都雄厚。有的东部欠发达省份或人口特别是农村人口较多的省份的人均财力还不如西部发展较好省份的人均财力。例如 2016 年东部的河北(3815 元)、辽宁(5026 元)、山东(5892元)等地人均财政收入相对较低,甚至低于西部的内蒙古(8001 元)和重庆(7308 元)②。

由于城乡居保覆盖面不断扩大、参保人选择提高缴费档次进而缴费补贴增加、基础养老金标准提高等,地方政府需要进行的财政补贴将会不断增加,这些增加的财政补贴除最低标准基础养老金部分或全部由中央财政支付外,其余如缴费补贴、提高和加发的基础养老金、对困难群体代缴保费等政府补贴均由地方政府承担。这些政府补贴对东部经济较发达地区和地方财政收入总量较大的地方政府问题不大,对中、西部"吃饭财政"贫困地方而言政府特别是县级政府负担就很重,困难较大。由于不同地区,各省内部市、县经济发展不平衡,各地方政府财力大小也不同,东部财力较雄厚的地方政府有能力进行财政补贴并且不断提高补贴水平,中、西部财力较弱的地方政府进行财政补贴较困难且补贴水平较低,因而不同地区城乡居保补贴水平相差悬殊,产生两极分化,出现"穷者愈穷、富者愈富"的马太效应③。如 2017 年上海市城乡居保基础养老金为 850 元,而河北为 90 元,河南为 80 元,河北、河南城乡居保基础养老金与上海、浙江基础养老金相差较大。因此,中央财政最低基础养老金

① 邓大松、薛惠元:《新农保财政补助数额的测算与分析——基于 2008 年的数据》,《江西财经大学学报》2010 年第 2 期;邓大松、仙蜜花:《新的城乡居民基本养老保险制度实施面临的问题及对策》,《经济纵横》2015 年第 9 期;王敏:《城乡居民基本养老保险财政补贴政策研究》,《中央财经大学学报》2017 年第 12 期。
② 王敏:《城乡居民基本养老保险财政补贴政策研究》,《中央财经大学学报》2017 年第12 期。
③ 王雯:《城乡居民基本养老保险财政补贴机制研究》,《社会保障研究》2017 年第 5 期。

"一刀切"的补贴政策,对财力弱小的省份和地区内部财力弱小的县来说有失公平,在制定政府补贴政策时应考虑到不同省份和县际的财力差异①。

三、社会组织赞助、集体补助基本上难以落实

国发〔2014〕8号文件规定,"城乡居民养老保险基金由个人缴费、集体补助、政府补贴构成。有条件的村集体经济组织应当对参保人缴费给予补助,补助标准由村民委员会召开村民会议民主确定,鼓励有条件的社区将集体补助纳入社区公益事业资金筹集范围。鼓励其他社会经济组织、公益慈善组织、个人为参保人缴费提供资助。补助、资助金额不超过当地设定的最高缴费档次标准"。村集体经济属于村内全体居民共有,村集体资产除了作为生产资料,也是村居民社会保障的物质基础。发展较好的村集体经济组织应该对村居民参加城乡居保进行补助。但据调查,除了少数较发达的地区和县市,很多地区特别是革命老区和贫困地区对城乡居保缴费没有集体补助。主要原因如下:

一是很多地方没有集体经济收入,或集体经济收入很少。调查发现,有的地区根本就没有集体经济,有的地区以前有一些集体农林业,后来由于包干到户分给了农户,就没有集体经济了。有的地区以前有一些乡镇企业等集体经济,由于效益不好而关门了。有的地区即使还有一些集体乡镇企业,但由于发展不景气而难以生存。这些集体企业自身难保,更不要说对城乡居保参保人给予补助。

二是村集体对城乡居保不重视,即使有一定的经济收入也不用于缴费补助。有的集体经济发展较好的城郊地区,集体收入主要用来支付急于开支的村集体项目,难以用于补助城乡居保缴费。国发〔2014〕8号文件只是规定有条件的村集体经济组织应当对参保人缴费给予补助,并没规定村集体经济组

---

① 王敏:《城乡居民基本养老保险财政补贴政策研究》,《中央财经大学学报》2017年第12期。

织必须对参保人缴费给予补贴。正是由于规定没有强制性,并且"有条件"具有弹性,具体情况难以确定,因此,有的集体经济发展较好村在实施过程中也尽量模糊化,不对城乡居保缴费进行补助。调查中发现在一些城市远郊的农村地区,村集体有一些集体经济收入,村里年终把收入分红给村民,也不会对城乡居保进行补助。在南昌市湾里区梅岭镇某村调查得知,由于村里旅游业发展较好,有一定的村集体收入,年终每户可以获得300元/年的集体收入,村里55岁及以上居民每个月可以获得100元村集体分红,却对城乡居保缴费没有补助。

第四节 完善城乡居民基本养老保险筹资机制对策

一、完善城乡居保基本养老保险筹资机制的对策

城乡居保从试点到制度上全面覆盖以来,筹资模式稳定,筹资金额逐渐增长,但筹资水平依然处于低层次,还存在一些需要解决和进一步完善的问题。针对这些问题,应采用一些对策措施。

(一)完善城乡居保缴费机制

1. 提高缴费档次特别是最低缴费档次标准,增加个人账户储存额

如前所述,城乡居保参保人缴费时普遍选择较低档次标准,绝大多数参保人选择了100元的缴费档次。关于参保人选择低档次缴费的原因前面已经进行了阐述。按照这种最低标准缴费和保险精算,将来的个人账户储存总额很少,个人账户养老金在养老待遇中的比重很小。在这种情况下要提高养老金待遇水平,只有靠提高基础养老金,这一方面增加了政府财政压力(基础养老金完全由政府财政提供),另一方面减弱了参保人的自我保障意识,没有体现

权利和义务一致的原则①。随着城乡居民收入逐步提高,大部分城乡居民有能力选择更高档次标准缴费,研究者普遍认为总体上全国城乡居民具备更高档次的缴费能力,只有极少数贫困地区和贫困居民存在困难②。因此,应该适时提高最低缴费档次标准(经济发达地方在新农保试点时就提高了,有的地方在制度实施一段时间后尝试调整,例如江西省 2018 年 4 月起,城乡居保最低缴费档次标准从 100 元/年提高到 300 元/年),通过提高最低缴费档次标准,整体上提高缴费档次标准,从而增加个人账户储存总额,提高个人账户养老金和养老待遇水平。如果参照城镇职工基本养老保险的缴费方法,个人账户缴费率为 8%,若以 2017 年农村居民人均可支配收入 13432 元为缴费基数,2018 年城乡居保农村居民缴费要达到每人每年 1075 元。

2. 鼓励符合参保年龄的居民趁早参保,并适时延长最低缴费年限

城乡居保规定,要"按照全覆盖、保基本、有弹性、可持续的方针,以增强公平性、适应流动性、保证可持续性为重点,全面推进和不断完善覆盖全体城乡居民的基本养老保险制度,充分发挥社会保险对保障人民基本生活、调节社会收入分配、促进城乡经济社会协调发展的重要作用"。"保基本"即保障人们基本生活是城乡居保的基本要求,但从目前待遇水平来看是无法保障的(在后面相关章节进行分析)。影响养老保险待遇水平的因素较多,从缴费的角度来看,城乡居保待遇水平与个人账户基金储存额有关,个人账户基金储存额越大,个人账户养老金就越多;反之,个人账户养老金越少。而影响个人账户基金储存额的因素主要是缴费标准的高低和缴费年限的长短,缴费标准越高个人账户基金储存额就越多,缴费年限越长个人账户基金储存额也越多,在

---

① 权利和义务一致原则是社会保险的基本原则,农村社会养老保险是社会保险的一个重要项目,故也应该遵循此原则。

② 薛惠元:《新型农村社会养老保险个人筹资能力可持续性分析》,《贵州财经学院学报》2012 年第 1 期;林源:《我国新型农村社会养老保险基金筹集机制研究》,《统计与决策》2011 年第 18 期;李琼、汪慧:《统一的城乡居民基本养老保险筹资机制构建研究》,《甘肃社会科学》2015 年第 2 期。

其他条件一定的情况下,养老保险待遇水平就越高;反之,养老保险待遇水平就越低。目前城乡居保规定累计缴费要满 15 年,在参保人选择较低标准缴费时,15 年的缴费年限所积累的个人账户积累资金只能支付很低的养老保险待遇,根本达不到"保基本"的要求。因此,提高城乡居保待遇水平除了提高最低缴费标准外(关于提高最低缴费标准上面已有分析),另一办法是提高缴费年限,缴费年限越长个人账户积累金额就越多,在一定的养老金计发系数下,养老待遇水平就越高。要延长缴费年限就需要符合参保条件的居民趁早参保缴费,一般越早参保,缴费年限就可能越长(一般情况下不会断保、退保),个人账户养老金积累额就越多。同时,在规定的养老保险待遇水平下,缴费标准的高低与缴费年限的长短呈负相关,缴费标准高可以缩短缴费年限,缴费年限延长可以降低缴费标准。在大多数城乡居保参保人选择较低标准缴费的情况下,可以通过延长缴费年限来达到一定的或基本的养老保险待遇水平。有的研究者在设置一定养老保险待遇水平和领取养老金年龄等参数的情况下,通过测算发现对于 40 岁以下的人开始参保具有缴费能力,年龄越轻投保能力越大,40—50 岁的人开始参保具有部分缴费能力,50 岁及以上的人开始参保不具有投保能力(年应缴保费超过收入结余)①。这说明,增加缴费年限可以在保证一定养老保险待遇水平的基础上降低缴费负担②。参保人选择低缴费标准缴费,可以通过趁早参保延长缴费年限使养老保险待遇达到规定的水平(可以是"保基本"的水平),年龄越轻时参保,缴费年限就会越长,达到规定的养老保险待遇水平需要缴费的标准就越低。在目前城乡居民普遍选择较低的缴费标准缴费时,可以通过延长最低缴费年限达到"保基本"的目的。

---

① 林源:《我国新型农村社会养老保险基金筹集机制研究》,《统计与决策》2011 年第 18 期。

② 张怡、薛惠元:《城乡居民基本养老保险缴费标准的优化——以武汉市为例》,《税务与经济》2017 年第 2 期。

3.借鉴城镇职工基本养老保险缴费标准确定方法,改定额制缴费为比例制缴费方式

城乡居保无论采取哪种筹资方式筹资,都要制定相应的缴费标准(费率或税率),保险费标准(率)确定和计算方式各国规定不同,国际上普遍采用薪资比例制和均一制两种。薪资比例制是根据被保险人的薪资按比例征收保险费,包括向企业和被保险人按照同等比例征收的同额比例费率制和按照不同比例征收的差别比例费率制以及对低收入者少征费、高收入者多收费的累进费率制。均一制是对被保险人实行同样的保险费率,与被保险人的薪资多少、职位高低没有关系①。可以看出,采取薪资比例制的方法确定缴费标准更为科学,采用这种方法确定的缴费额会随着薪资的变化而变化,实际上使缴费标准具有动态调节机制。我国现行城乡居保缴费标准确定方法既非均一制,亦非比例制,现行的缴费标准是规定了不同的绝对数额的缴费档次,但不同的缴费档次标准并不是以薪资的一定比例来确定的,而是凭借经验直接规定的。虽然参保者可以选择不同的缴费档次缴费,但随着城乡居民经济收入水平、生活水平的提高以及养老保障水平的提高,需要不断增加更高的缴费档次。但怎样增加、增加多少没有一个较科学的依据,因而可能会出现增加的缴费档次标准并不一定与城乡居民经济收入增长相适应,也不一定适合城乡居民实际需要。这些缴费档次标准缺乏反映工资、物价、通货膨胀等因素变化的动态调节机制,因此,建议采取相对缴费率的方式缴费,借鉴城镇保缴费方式,以职工上年度月平均工资作为缴费基数,按照一定的缴费率进行缴费。这种缴费方式内含了部分调整机制,因为随着职工工资水平的变化,缴费基数相应地变化,从而缴费水平也随之变化。职工工资水平提高,缴费基数相应地提高,从而缴费水平也随之提高;反之,职工工资水平降低,缴费基数相应地降低,从而缴费水平也随之降低。城镇职工是以当地上年度在岗职工平均工资为个人缴

---

① 郑功成:《社会保障学——理念、制度、实践与思辨》,商务印书馆2000年版,第343页。

费基数,城乡居民可以人均可支配收入为缴费基数,并规定一个缴费率范围供不同经济水平的参保人选择。这样随着参保人经济收入水平提高,参保人即使选择同一缴费率,缴费水平也会随着收入的提高而提高;如果参保人在收入水平提高的基础上再选择较高的缴费率,缴费水平就会更高。但是,城乡居民基本养老保险采用比例制缴费时,缴费基数应该属地化。因为城乡居民特别是农村居民个体的收入难以统计和评价其真实性,不宜类似城镇职工采用以个人工资为基数的属人化的比例制,应该以当地上年度城乡居民人均可支配收入作为缴费基数。这既直接反映本地城乡居民的缴费能力,又体现我国地方经济发展不均衡的客观实际。同时,我国仍然存在城乡差距,城镇居民和农村居民的缴费基数也应该分别为城镇居民和农村居民人均可支配收入,在设置缴费率范围时要有上下限,缴费金额小数点后面数字可以四舍五入,进行整数缴纳以方便参保人缴费①。这种比例缴费机制减少了政府相关部门不断调整缴费档次的工作,更重要的是这种以经济收入为基础的比例缴费方式能使缴费水平随着经济收入水平的提高而同步提高,缴费水平标准能更直接准确地反映经济收入水平变动的实际情况。

(二)优化城乡居民基本养老保险政府补贴机制,提高政府补贴的激励效果

1.要进一步加大政府对城乡居民基本养老保险的财政投入力度

如上所述,与国外农村养老保险相比,我国政府在城乡居保中的资金投入还很低,当然这与我国社会经济发展水平还不够高有关。改革开放以来,我国社会经济得到快速发展,政府财力不断增强,政府对社会保障的财政支出也在逐步加大,但从目前情况来看,政府的社会保障支出倾向于城镇社会保障和农村社会救助,对城乡居保的财政支出相对较少。2009年新型农村社会养老保

---

① 宋明岷:《新型农村社会养老保险制度筹资机制研究》,《农村经济》2011年第2期。

险试点以来,中央和地方都加大了投入力度,对城乡居保进行政府补贴,但随着参保率的提高,政府补贴和管理经办服务费用将不断增加,一些地方政府将逐步出现财力不足问题,影响城乡居保进一步发展。因此,政府要进一步加大财政投入:一方面中央政府和省级政府可以调整财政在社会保障中的支出结构和整合对"三农"的财政投入,加大对城乡居保的财政支出;另一方面中央政府和省级政府要加大对有财政困难的市、县级政府的财政支持力度,促进这些地区城乡居保的发展。

2. 完善城乡居民基本养老保险政府财政补贴机制,调整财政补贴结构

第一,提高政府最低缴费补贴标准与边际缴费补贴标准。随着社会经济不断发展和国家政府对城乡居保的重视,政府通过缴费补贴和提高基础养老金标准等方式加大了投入,政府补贴在筹资中的比重也相应提高了。从目前城乡居保筹资中各组成部分所占的比重来看,财政补贴与个人缴费所占比重相当,甚至超过了个人缴费所占比重。2010—2016 年,城乡居保基金收入从453 亿元上升到2933 亿元,其中财政补贴从 217 亿元上升至 2201 亿元,个人缴费从 225 亿元上升至 732 亿元,财政补贴增速明显高于个人缴费增速,并且二者之间的差距越来越大。2010—2016 年,个人缴费占总筹资的比重从49.7%下降至25%;同时,此期间城乡居保财政补贴的平均增长率为60.12%,大大高于财政总收入的增长率 11.66%和财政总支出的增长率 13.18%。因此,有研究认为这种以财政补贴为筹资主要来源的制度模式难以持续,应该降低财政补贴水平[1]。

笔者认为,虽然目前财政补贴在城乡居保筹资中所占比重上升,但这是在低水平层次上的比重提高,目前城乡居保缴费水平和待遇水平还很低,仍然达不到保障基本生活需要的目的。政府补贴在城乡居保筹资中比例上升的原因,一方面是政府财政补贴标准在逐渐提高和随着覆盖面扩大带来的补贴对

---

[1]　王雯:《城乡居民基本养老保险财政补贴机制研究》,《社会保障研究》2017年第5期。

象不断增加而增加,另一方面则是城乡居民选择较低档次缴费,或者即使提高缴费档次也还是在低档次段内,从而导致个人缴费资金在城乡居保总资金中的比例难以提高。因此,政府财政补贴在城乡居保筹资中占比较高主要是由于参保人缴费档次较低所致,只是相对低水平的缴费而言较高,并不是政府补贴已经达到很高的水平。目前的养老保险待遇水平还是难以保障参保人老年时期基本生活需要。再者,从目前政府补贴结构(参保人缴费补贴和基础养老金支付比较而言)来看,基础养老金支付占政府补贴的主要部分,缴费补贴占政府补贴相对较少。例如,中央规定对选择最低档次标准缴费的参保人,补贴标准不低于每人每年 30 元,城乡居保实施初期中央确定最低基础养老金标准是 55 元/月,一年共为 660 元,2018 年 1 月 1 日起中央调整基础养老金最低标准为 88 元/月,全年共为 1056 元,后两者最低基础养老金政府补贴支出是最低缴费档次缴费补贴的 22 倍和 35.2 倍。因此,应该调整政府补贴中缴费补贴(进口补贴)和基础养老金补贴(出口补贴)的结构,充分发挥补贴的杠杆作用,通过提高最低缴费补贴标准和边际缴费补贴促使参保人提高缴费档次,从而使缴费成为城乡居保基金的主要部分。在参保人倾向选择最低或较低缴费档次缴费的情况下,政府补贴支出结构应该倾斜缴费补贴以鼓励参保人选择更高的档次缴费。随着财政收入的增长,也应该在保持或提高基础养老金水平的同时进一步提高缴费补贴,包括调整提高最低档次缴费补贴标准和选择较高档次缴费而增加的缴费补贴标准,促使参保人选择更高档次缴费。特别是有的地区提高了最低缴费档次标准,相应地要提高最低缴费补贴标准,例如,江西省 2018 年 4 月最低缴费标准调整为 300 元/年。提高缴费补贴比提高基础养老金最低标准的财政补贴方式对提高养老保险待遇水平的效应更大,因为提高基础养老金标准的财政补贴是提高多少数额就是多少,没有促进城乡居保资金扩大的效应,缴费补贴特别是缴费浮动补贴方式通过鼓励参保人选择更高档次缴费而具有乘数效应,同时通过保险基金保值增值的运营,扩大了个人缴费在城乡居保基金中的份额,充分发挥了个人在养老保障中的责任和作用。这种方式既可以因缴费档次的提高而提高参保人将来的养老保险待遇水平,同时在某种程度上也缓解了将来政府财政对基础养老金补贴支付的压力。

另外,应根据当地经济发展水平、物价变动情况、消费支出水平等情况定期调整基础养老金最低标准和最低缴费标准,每年或者每两年调整一次。在调整城镇保待遇时也应该对城乡居保待遇同步调整,当然调整幅度可以不同。

第二,采取合理有效政府补贴措施鼓励参保人多缴、补缴和延长缴费年限。新农保与城居保合并为城乡居保前,新农保缴费补贴的两种方法——定额补贴和浮动补贴,分别有各自的优缺点。定额补贴是政府对选择不同标准缴费的参保人统一给予相同标准的补贴,体现了绝对公平,但对农民选择较高档次标准缴费的激励性不足。调查发现,在进行定补的新农保试点地方,许多农民在参保缴费时选择最低缴费标准,大部分农民是由于目前经济收入水平还不够高,受经济条件限制选择最低标准缴费,也有一部分经济收入水平较高的农村居民选择较低标准缴费并不是受经济条件限制,而是对新型社会养老保险的意义和政策不了解,参保意识不强,加上多缴少缴政府补贴相同,在少缴可以获得与多缴相同补贴的情况下,他们就会选择少缴。浮动补贴是对选择不同标准缴费的参保人给予不同的缴费补贴,能激励参保人选择高缴费标准缴费。

新农保和城居保合并为统一的城乡居保后,要求采用浮动补贴方式,但是设计实施时要合理(往往比较难以把握),否则就会达不到预期的激励效果或陷入"补富不补穷"的困境。如果不同缴费标准的补贴标准差距不大,选择较高标准缴费的边际补贴不大,对参保人吸引力就不够,参保人可能还是会选择低标准缴费;如果不同缴费标准的补贴标准差距过大,收入水平较高的居民愿意选择较高标准缴费,收入水平较低的居民只能选择较低标准缴费参保,这样收入水平较高的居民获得的缴费补贴就多,收入水平低的居民获得的缴费补贴就少,容易进入"补富不补穷"的循环陷阱。因此,要使政府补贴起到真正的具有社会保障性质的激励效果,一定要设计出合理的补贴机制。

　　针对以上"补富不补穷"的困境,笔者认为在进行缴费补贴设计时,既要设计补贴的最低标准,也要设计最高上限,超过最高标准上限不再予以补贴,同时要设计好不同缴费档次之间的补贴增幅,要达到既能鼓励参保人积极参保缴费又能把补贴控制在适当的范围内。新农保和城居保合并为城乡居保制度后,国发〔2014〕8号文件规定:选择最低档次标准缴费的,补贴标准不低于每人每年30元;选择500元及以上档次标准缴费的,补贴标准不低于每人每年60元。实际上中央要求地方政府对城乡居保缴费实行浮动补贴,地方政府按照规定也制定了具体的缴费补贴方式,大多数省份规定每提高一个档次增加5—10元缴费补贴。如前所述,这样的补贴增幅对参保人并没有多大的吸引力,对参保人提高档次缴费的激励性不够,绝大多数参保人还是选择较低甚至最低档次标准缴费(前面已有具体分析),其主要原因是提高档次缴费所获的边际补贴较小。调查中有的参保人表示按照最低标准(每人每年100元)缴费政府补贴30元,选择每人每年200元缴费,政府才增加5元补贴,增加的补贴太少;许多参保人表示如果每提高一个档次缴费政府增加20—30元补贴就愿意选择更高档次缴费。因此,要想鼓励参保人选择更高档次缴费必须提高缴费的边际补贴,增大补贴梯度,使政府补贴占居民缴费额的比例不变或递增,充分体现"多缴多得"原则①。一方面政府补贴对参保人选择较高缴费档次缴费的激励不足,另一方面缴费补贴可能存在"补富不补穷"的困境,如何解决和平衡这对矛盾? 笔者认为可以分段设计补贴标准,采取"倒U型"缴费补贴方式,在较低档次段内,提高边际补贴标准,增幅可以大一点;在较高档次段,降低边际补贴标准,增幅可以小一点。可以每年500元缴费标准作为分界线,500元及以下的缴费档次段内,每提高一个档次政府边际缴费补贴每人每年增加20—30元(与现在规定的最低缴费补贴标准相同或接近最低缴费补贴标准);500元以上的较高缴费档次段内,每提高一个档次政府边际缴费补贴

---

　　① 张海霞:《我国新型农村社会养老保险制度构建——论新型农村社会养老保险政府保费补贴的作用效果》,《价格理论与实践》2012年第1期。

增加幅度逐渐减小,增幅在20元以下并逐渐减少边际缴费补贴,达到高缴费档次段上限可以根据实际情况适时取消边际缴费补贴。这样既可以鼓励参保人选择更高档次缴费,使缴费档次提高到一定水平,从而逐渐提高个人缴费在养老保险基金总额中的比重,改变城乡居保待遇水平提高主要依靠政府补贴而不是个人缴费的状况,达到多缴多得效果,又可以防止陷入"补富不补穷"困境,使城乡居保持续发展具有较完善的政府财政补贴机制基础。

如前所述,政府对城乡居保基础养老金进行的"长缴多得"财政补贴激励机制存在着与"多缴多得"财政补贴激励机制相同的"补富不补穷"和参保人不愿意长期缴费的问题——参保人在缴费满15年后,不愿意延长缴费年限。"长缴多得"补贴机制"补富不补穷"问题的分析类似"多缴多得",即高收入居民有能力和有可能延长缴费年限,可以获得加发基础养老金从而总的基础养老金水平就高;反之,低收入居民受到经济条件限制而不愿意延长缴费年限,难以获得加发的基础养老金,从而低收入参保人的基础养老金低于高收入参保人。虽然"长缴多得"可以获得加发基础养老金,但在实际调查中发现大多数参保人并不愿意长期缴费,即使到了领取养老保险待遇年龄而缴费没有满15年的参保人也表示不愿意补缴满15年。出现这种现象,部分参保人是因为经济收入低,调查得知大部分参保人不愿意长期缴费的主要原因是每延长一年缴费所获得的加发基础养老金很少,长期缴费对总基础养老金影响很小。目前大多数省份每延长一年缴费,每月加发1—2元基础养老金,这对参保人的吸引力很小。因此,在"长缴多得"激励机制方面,应该提高每增加一年缴费加发的基础养老金标准,可以分段设计加发基础养老金标准,并采取累减方式进行补贴。对"长缴多得"采取累减方式加发基础养老金是指参保人缴费满规定的年限后,随延长缴费年限的增加而加发的基础养老金逐渐减少,在延长缴费年限初期或延长较短缴费年限时加发的基础养老金较高,延长的缴费年限越长加发的基础养老金越少。在延长缴费年限初期较高加发基础养老金标准的吸引下,参保人选择延长缴费年限的可能性较大,即使有的参保人不会选择延长更长的缴费年限(延长 6—10 年以上),也有可能选择延长较短缴费年限(延长 5 年以下)。通过加发较高基础养老金的方式先把参保人吸引到延长缴费年限行列中来,然后才有可能进一步增加缴费年限,否则,参保人就会被排除在增加缴费年限之外,不可能延长缴费更不可能进一步长期缴费。如果采取累进方式加发基础养老金,就难以克服"补富不补穷"的困境,同时采取累进方式,延长缴费年限初期或延长较短缴费年限加发的基础养老金较少,延长更长缴费年限加发基础养老金更多,这对那些愿意延长缴费年限而不打算延长更长年限的参保人来说,由于获得加发基础养老金较少,他们一开始就不会延长缴费年限,更不可能进一步延长缴费年限。可以设计延长缴费 5 年为一个阶段,延长 5 年加发的基础养老金标准设计较高,可以设置加发各地规定基础养老金的 10%;延长缴费 6—10 年加发基础养老金标准次之,可以设置加发各地规定基础养老金的 5%;延长缴费 10 年以上加发基础养老金可以设置加发各地规定基础养老金的 1%—2%。这样既可以防止"补富不补穷"困境加深,又可以鼓励参保人延长缴费年限。所以笔者认为,在目前参保人不愿意长期缴费情况下,采取分段累减方式设计"长缴多得"加发基础养老金方式的激励效果比累进方式好。

3. 建立各级政府事权和财权相统一的城乡居保财政责任分担机制

第一,完善中央与地方政府事权与财权相统一财政责任分担机制。如前所述,针对目前中央政府与地方政府事权和财权在城乡居保中没有有效统一的问题,应该加强中央财政对城乡居保支持力度。随着我国经济发展,政府财政收入快速增长,近几年中央预算财政收入在总预算收入中所占比例较高,而中央财政支出在总财政支出中所占比例并不高。例如 2017 年一般公共预算收入占比方面,中央占全国一般公共预算收入比例为 47%,地方占比为 53%;但一般预算支出比例方面,中央仅为 14.7%,地方高达 85.3%①。省级及以下

---

① 参见国家统计局编:《中国统计年鉴 2018》,中国统计出版社 2018 年版。此处数据根据中央和地方一般公共预算收入和支出数据计算而得。

特别是贫困地区和农村居民人口比重较高的地方政府都存在收不抵支,需要中央财政转移支付,故在城乡居保财政补贴方面需重构中央政府与地方政府的财政支出关系①。中央财力相对较大,应逐步提高中央财政对城乡居保的补贴支出比重,同时要进一步规范财政转移支付制度,确保中央财政对城乡居保专项补贴支出按时足额地发放到居民手中②。目前中央财政只对基础养老金进行补贴,随着中央财政收入不断增加,中央财政在对基础养老金进行补贴的同时,也可以与地方政府特别是欠发达地区和农村居民人口较多地区地方政府分担缴费补贴负担,对"进口"和"出口"两头进行补贴。此外,不能简单按东、中、西部地理位置划分来确定统一补贴标准③,例如国发〔2014〕8 号文件规定,"政府对符合领取城乡居民养老保险待遇条件的参保人全额支付基础养老金,其中,中央财政对中、西部地区按中央确定的基础养老金标准给予全额补助,对东部地区给予 50% 的补助"。这种补贴方式只考虑到了东、中、西部不同地区经济发展的差异,忽视了东部地区有的省份人均财政收入较低和中、西部地区有的省份人均财政收入较高的事实,2017 年全国人均财政收入为 12416 元,重庆人均财政收入为 7325 元,山东、河北人均财政收入分别为 6095 元、4300 元,重庆的人均财力远远高于山东、河北④。中央财政这种按照东、中、西部"一刀切"的补贴方式会产生新的不公平⑤,使一些东部地区经济发展水平还不够高、人均财政收入水平比较低的省份实际上比一些中西部地区经济发展较好、人均财政收入

---

① 邓大松、薛惠元:《新农保财政补助数额的测算与分析——基于 2008 年的数据》,《江西财经大学学报》2010 年第 2 期。

② 廖普明:《新型农村社会养老保险的政府责任分析》,《农业经济》2012 年第 6 期。

③ 李琼、汪慧:《统一的城乡居民基本养老保险筹资机制构建研究》,《甘肃社会科学》2015 年第 2 期。

④ 参见国家统计局编:《中国统计年鉴 2018》,中国统计出版社 2018 年版。根据中央和地方一般公共预算收入和人口数据计算而得。

⑤ 薛惠元、仙蜜花:《新型农村社会养老保险地区差距研究——基于东中西部 8 个新农保试点县的比较分析》,《经济体制改革》2014 年第 1 期;王敏:《城乡居民基本养老保险财政补贴政策研究》,《中央财经大学学报》2017 年第 12 期。

水平并不低的省份的财政补贴压力要大。应该根据不同省份人均经济发展水平和人均财政收入的不同而确定不同的补贴标准,对经济发展水平和人均财政收入水平较高的省份,中央补贴标准可以低一点,可按照现行规定给予 50% 的补助;对经济发展水平、人均财政收入水平较低和农村居民较多的省份,中央补贴标准应该高一点①,可按照高于 50% 或全额进行补助。

第二,完善地方各级政府财政责任分担机制。针对不同地区地方政府财政收入水平与事权不平衡问题,应该合理划分地方各级政府之间的城乡居保财政责任。由于各地区经济发展水平和财政能力不同,不同地区各级政府省、市、县(区)城乡居保财政补贴负担应该采取不同模式进行分担。笔者认为,根据不同地区的经济发展水平和财政收入状况,省、市、县(区)三级政府补贴比例分配可以采取三种方式:第一种是"三三制"均衡模式,即省、市、县(区)三级政府缴费补贴的比例基本均衡,承担大致相同的财政补贴负担。这种模式适合地方经济发展较平衡的地区。第二种是"高中低"或"高低低"模式,即省级政府对城乡居保补贴占总补贴的比例较大,市级政府补贴的比例次之,县(区)级政府补贴比例最小。这种模式是以省级财政补贴为主,市级财政补贴为辅,县(区)级财政补贴为补充,适合地方经济发展不平衡、城乡发展差距较大地区和欠发达地区。特别是中西部贫困地区,有的市、县(区)级政府财政很困难,基本上是"吃饭财政",这些贫困地区省级政府应承担更多的补贴责任,甚至全额承担。第三种是"低中高"模式,即省级政府对城乡居保补贴占总补贴的比例较小,市级政府补贴比例略高,县(区)级政府补贴比例较大。这种模式适合经济发展水平较高的地区,主要是东部发达地区,这些地区的市、县(区)级政府财力雄厚,可以拿出较多的财政收入对参保人缴费进行补贴,省级政府

---

① 薛惠元:《新型农村社会养老保险财政支持能力——基于长期动态视角的研究》,《经济管理》2012 年第 4 期。

可以把更多的财政用在"出口补贴"即提高基础养老金方面。中央政府财政目前只是对基础养老金进行全额或部分支付,即进行"出口补贴",随着财力的增强,中央财政也可以对城乡居保给予两头补贴,但也要对不同地区给予不同水平的补贴,对发达地区补贴标准可以低一点,主要倾斜于欠发达地区。以上三种财政补贴分担机制在实际应用中应该以什么经济发展水平指标为标准呢? 衡量一个地区经济发展水平的指标主要有人均国内生产总值(GDP)、人均财政收入、居民人均收入水平、人均消费水平等。笔者认为与城乡居保相关的经济指标是地区人均财政收入。当县(区)人均财政收入高于市级人均财政收入时,市级政府承担的补贴比例可以低一点;反之,就应该高一点。当县(市、区)人均财政收入高于省级人均财政收入时,省级政府承担的补贴比例可以低一点;反之,就应该高一点。

(三)制定鼓励村集体等社会经济组织补助参保人的措施

国发〔2014〕8 号文件中关于有条件的村集体经济组织应当对参保人缴费给予补助、鼓励其他社会经济组织或个人为参保人缴费提供资助的规定不够具体,缺乏具体的可操作性,也没有硬性要求,只是说有条件的村集体"应当"给予补助和"鼓励"其他社会经济组织提供资助。这种规定虽然考虑到没有条件的集体进行补助的困难,但是也存在村集体为了发展经济而忽略民生建设,有条件补助的村集体也不补助的情况。至于如何"鼓励"其他社会经济组织提供资助,也没有具体的措施规定。因此政府应该制定可操作性的鼓励措施。应该结合当地城乡经济发展状况,通过对村集体经济发展规模、收益率等相关指标核算并制定相应的标准来确定什么样的村集体经济组织是"有条件的村集体经济组织",对达到标准的村集体原则上要求对参保人缴费给予补助并制定补助规定。对于尚不具备条件的村集体,村委会应当在村集体能力范围内承担对村民缴费进行补助的责任;对于有集体经济组织的村,乡镇、村委会应当督促村集体经济组织对村民参保缴费进行补助①,但补助标准要视集体经济组织情况而定。政府也可以引导农民依据自愿的原则,组建如社区合作社、农村土地股份合作社和农村专业合作社等合作互助经济组织给予其参保社员适当缴费补助②。同时,对村集体补助最低和最高标准进行具体规定,对给予补助的村集体,政府可以通过税收优惠等政策对其经济组织发展进行鼓励。

除了以上完善城乡居保筹资机制对策外,还应该提高参保人缴费能力,采取有效投资渠道提高个人账户基金收益率使城乡居保基金保值增值等。

二、城乡居民基本养老保险筹资机制优化

从财务平衡看,城乡居保筹资必须遵循收支平衡的原则。社会保险制度最终目的是帮助劳动者在遇到养老、医疗、失业等困难时,保障他们的基本生活。城乡居民基本养老保险目的就是在城乡居民进入老年时,保障他们老年的基本生活。因而城乡居民基本养老保险资金筹集水平的确定,应该考虑城乡居民进入老年领取养老待遇时的基本生活水平,所领取的养老保险待遇要能满足基本生活需要。由于城乡居民基本养老保险筹资和待遇确定紧密相连,筹资水平决定着待遇水平;反之,提供一定的待遇水平需要相应的筹资机制和水平来保证,两者难以分离。所以,关于城乡居民基本养老保险筹资机制的优化,将与下一章待遇确定机制优化一起进行分析。

---

① 何通金:《提高城乡居民基本养老保险待遇的思考》,《中国社会保障》2015 年第 9 期。
② 林源:《我国新型农村社会养老保险基金筹集机制研究》,《统计与决策》2011 年第 18 期。

第四章　城乡居民基本养老保险
待遇确定机制分析

城乡居保待遇的确定和给付既是城乡居保制度运行的终点,也是城乡居保工作的起点。城乡居保筹资标准确定是否科学,城乡居保运行是否正常,参保人权益是否得到了可靠保证,制度是否得到了有效落实,最终均体现在待遇给付环节上。城乡居保资金筹集、运营和管理等工作,都是为待遇给付服务,因此,为参保人有效提供适度的养老保险待遇是城乡居保制度职能实现的标志。国发〔2014〕8 号文件规定城乡居保待遇分为基础养老金和个人账户养老金两部分。本章在分析目前城乡居保待遇发放状况及其存在问题的基础上,以保障城乡居民老年人基本生活为原则,结合养老保险基金预期利率和平均预期余命等因素,提出完善城乡居保待遇确定机制的对策。

第一节　养老保险待遇领取条件与计发方式

一、养老保险待遇给付资格和条件

社会保险遵循权利与义务一致性原则,即"先尽义务,再享受权利"原则,劳动者在其具有劳动能力时,必须按照规定先交纳保险费作为基金储存,以备遭遇风险时获得相应的保险享受权利。城乡居保作为一项重要的社会保险也应该遵循这一原则,只有先尽相关义务,才能领取养老保险待遇。因此,参保人需满足规定的资格和条件才能领取养老保险待遇。

享受养老保险待遇资格和条件是依据国家的养老保险制度类型及其基本原则而决定的,不同国家养老保险制度类型不同,享受待遇资格和条件也不同。领取待遇的资格和条件一般都是复合型的,需要满足两个或两个以上的条件才有权利享受待遇,这充分体现了养老保险权利与义务相一致性原则。国际上养老保险待遇领取资格和条件,概括起来一般有以下几方面:第一,年龄条件。世界各国一般对享受养老保险待遇的年龄有一定的规定,即达到规定的年龄才能领取待遇,有的国家规定一定的浮动范围,在其范围内对养老保险金进行增额或减额给付。当然不同国家具体情况不同,规定的年龄限制不同,西方发达国家大多数规定达到65岁后可以领取养老保险待遇,新中国成立后规定国家机关事业单位男性满60岁、女性满55岁后可以领取养老保险待遇。随着人口老龄化和平均预期寿命的延长及养老负担加重,许多国家在制定延迟领取待遇年龄的养老保险政策。第二,工龄或投保年限。即必须参加工作多少年或达到一定的投保年限,并达到规定的年龄才能享受养老保险给付。养老保险给付分为非缴纳性给付和缴纳性给付两种类型。非缴纳性给付是指补贴金发放与缴纳保险费毫无联系,给付用来保障贫困老年人的最低收入,其基本思想是救济;缴纳性给付是指它的发放取决于先前缴纳的保险金,发给被保险者本人及其配偶的定期金、其母亲的老年保险与先前缴纳的保险金挂钩①。因此,要获得养老保险待遇必须缴纳一定年限的保险费。第三,居住条件。即必须在居住国达到规定的居住年限,并达到规定年龄后才有资格享受养老保险待遇。

---

① 参见[法]让-雅克·迪贝卢、爱克扎维尔·普列多:《社会保障法》,蒋将元译,法律出版社2002年版,第85页。

二、养老保险待遇给付的内容和标准

(一)养老保险给付的范围、内容

从世界各国来看,养老保险给付范围一般包括被保险人、无收入的妻子、未成年子女和其抚养的直系亲属。给付内容有基本养老金、低收入补贴、护理照料补贴、配偶及未成年子女补贴、直系亲属补贴等内容。

(二)养老保险待遇计发方式和标准

养老保险制度一项重要内容是养老待遇的计发,不同计发方式表现了个人与社会的不同关系及国家参与再分配的力度,在一定程度上反映养老保险制度所遵循的不同原则。各国社会保障待遇计发方式概括起来主要有以下几种①:一是完全按照个人账户积累资金计发待遇,待遇与缴费完全对等,不存在国家再分配。二是"收入关联"方式,按照参保人过去缴费的工资水平计算相应的待遇,过去工资高者缴费相应多,待遇也相应较高;反之,待遇也就相应较低。这种方式比较能体现权利与义务的对应,国家从中进行再分配的力度较小,社会保险制度通常采用这种方式。三是定额待遇,无论个人缴费工资高低,都按照规定领取相同数额的待遇,在受保人之间出现较强的再分配,有的国家社会保险采取这种方式。四是基于"经济状况调查"支付待遇,它完全由国家提供,体现着向贫困者的再分配,通常社会救助采取这种方式。五是普遍待遇,由国家提供,所有公民都有资格享受待遇,体现国家完全再分配。

以上养老保险待遇计发方式从社会保障供给者和受益者风险承担的不同来看,可归纳为既定给付模式和既定供款模式两种类型②。既定给付模式是保障供给者承诺在受保人达到给付条件时,受保人可以享受制度规定的既定

---

① 参见和春雷主编:《社会保障制度的国际比较》,法律出版社 2001 年版,第 168 页。
② 李珍主编:《社会保障理论》,中国劳动社会保障出版社 2001 年版,第 209 页。

数额待遇给付。这种模式在资金不足的情况下,保障的供给者需承担制度入不敷出的风险。既定供款模式是受保人待遇取决于工作时缴费供款及其投资收益,供款多、收益大享受的待遇就高,供款少、收益低享受的待遇就低。这种模式在供款积累额不足时,受保人承担着保障水平不足的风险。

由于不同社会保障项目的性质和特点不同,它们的待遇计发方式也有所不同,如社会救助贫困需要以经济状况调查为基础,基于"经济状况调查"支付待遇方式更适用;普遍待遇支付方式更适用于家属津贴。有的社会保障项目可以选择不同计发方式或同时采取多种计发方式。养老保险是社会保障重要组成部分,但由于各国养老保险制度不同,其待遇计发方式也不同。有的国家完全按照个人账户计发待遇,如新加坡、智利等国;有的国家采取"收入关联"方式计发待遇,如加拿大、德国等国;有的国家提供定额养老金,如丹麦、荷兰和爱尔兰等国;有的国家同时采取两种或两种以上方式计发待遇,如英国、瑞典、挪威等国既提供定额养老金,也提供收入关联养老金①。

关于养老保险待遇计发标准,养老保险有别于社会保障体系中的社会救助和社会福利,它是对劳动者的一种经济补偿,必须保障劳动者的基本生活,因此,养老保险待遇给付水平应遵循保障参保人基本生活的原则,待遇给付标准应该能满足基本生活的需要。养老保险待遇标准计算方法主要有两种:

第一,定额制,也称绝对金额制。对于满足给付资格和条件的被保险人及其供养的直系亲属,按不同标准划分为若干种类,每一种类的人按照统一规定数额进行养老金给付。这种计算方法与被保险人退休前工资无关,多用于普遍国民保险或家庭补贴的给付,属于较大范围的养老金范畴。

第二,薪资比例制。以被保险人退休前一段时期内的平均工资或最高工资数额为基数,再根据是否与投保年限有关,按一定比例计算养老金。如与投保年限无关,养老金的计算通常是工资基数乘以一定比例,这个比例或根据收

---

① 参见和春雷主编:《社会保障制度的国际比较》,法律出版社 2001 年版,第 168—169 页。

入,或根据工龄长短来确定;如与投保年限有关,养老金的计算通常是计算基数乘以一定比例,再乘以投保年限,这种情况下养老金的多少更多取决于"基数"和"投保年限"两个因素。

第二节　城乡居民基本养老保险待遇确定及其现状

一、城乡居民基本养老保险待遇构成

国发〔2009〕32 号文件规定:新农保"养老金待遇由基础养老金和个人账户养老金组成,支付终身"。国发〔2014〕8 号文件决定"新农保"和"城居保"两项制度合并为统一的城乡居保制度,同样规定"城乡居民养老保险待遇由基础养老金和个人账户养老金构成,支付终身"。

以上规定可以看出城乡居保待遇主要由两部分组成,一部分是基础养老金,一部分是个人账户养老金。国发〔2014〕8 号文件规定基础养老金由政府全额支付,"中央政府财政对中、西部地区按照中央确定的基础养老金最低标准给予全额补助,对东部地区给予 50% 的补助";地方财政对地方政府在中央确定的基础养老金最低标准基础上提高的基础养老金部分、长期缴费的参保人加发的基础养老金部分给予补助,东部地区除了支付提高和加发部分的基础养老金外,还要支付 50% 中央确定的最低标准的基础养老金。个人账户养老金由个人账户资金支付,个人账户资金由个人缴费、集体补助、政府缴费补贴及利息等构成,当个人账户资金支付完后,政府支付个人账户养老金直至终身。

二、城乡居民基本养老保险待遇确定方法与影响因素

国发〔2009〕32 号文件规定:"中央确定的基础养老金标准为每人每月 55 元。地方政府可以根据实际情况提高基础养老金标准,对于长期缴费的农村

居民,可适当加发基础养老金,提高和加发部分的资金由地方政府支出。"国发〔2014〕8号文件规定,"中央确定基础养老金最低标准,建立基础养老金最低标准正常调整机制,根据经济发展和物价变动等情况,适时调整全国基础养老金最低标准。地方人民政府可以根据实际情况适当提高基础养老金标准;对长期缴费的,可适当加发基础养老金,提高和加发部分的资金由地方人民政府支出,具体办法由省(区、市)人民政府规定,并报人力资源社会保障部备案","个人账户养老金的月计发标准,目前为个人账户全部储存额除以139(与现行职工基本养老保险个人账户养老金计发系数相同)。参保人死亡,个人账户资金余额可以依法继承"。

关于养老保险待遇领取条件,国发〔2009〕32号、〔2014〕8号文件规定:参保人年满60周岁、累计缴费满15年,且未领取国家规定的基本养老保障待遇的,可以按月领取城乡居民养老保险待遇;新农保或城居保制度实施时已年满60周岁,在国发〔2009〕32号、〔2014〕8号文件印发之前未领取国家规定的基本养老保障待遇的,不用缴费,自实施之月起,可以按月领取城乡居保基础养老金;距规定领取年龄不足15年的,应缴费并累计缴费不超过15年;距规定领取年龄超过15年的,应缴费并累计缴费不少于15年。城乡居民养老保险待遇领取人员死亡的,从次月起停止支付其养老金。有条件的地方人民政府可以结合本地实际探索建立丧葬补助金制度。

依据城乡居保政策养老保险待遇构成、领取资格条件等规定可知,城乡居保待遇水平受以下几种因素影响:

一是基础养老金标准。国发〔2014〕8号文件规定全国基础养老金最低标准由中央确定,地方政府可以根据本地区的经济发展、财政收入水平和居民生活水平等实际情况适当提高本地区基础养老金标准。基础养老金标准的高低是决定城乡居保待遇水平高低的重要因素之一,特别是在城乡居保制度实施初期,由于缴费年限很短,还没有达到领取养老金待遇规定的满15年缴费年限,以及参保人缴费水平不高,从而个人账户养老金非常少,参保人领取的城乡居保待遇基本上就是政府支付的基础养老金。因此,在初期阶段,基础养老金标准的高低直接决定着城乡居保待遇水平的高低,是影响城乡居保待遇水平的重要因素甚至是决定因素。

二是个人账户积累金额。个人账户积累金额是影响城乡居保待遇水平的另一个重要因素,它影响的是个人账户养老金。在其他条件一定的情况下,个人账户积累金额越大,个人账户养老金水平就越高,从而养老待遇水平也越高;反之,个人账户养老金水平就越低,养老保险待遇水平也越低。个人账户积累金额大小与缴费水平高低、缴费时间(缴费年限)长短和个人账户基金保值增值情况有关,缴费水平越高、缴费时间越长和个人账户基金收益率越高,个人账户积累金额就越大;反之,个人账户积累金额就越小。城乡居保缴费水平的高低取决于参保人选择缴费档次的高低(缴费档次前文已有阐述)。城乡居保规定领取养老保险待遇要累计缴费满15年,鼓励长期缴费,对长期缴费的加发基础养老金。

三是个人账户养老金计发系数(计发月数)。城乡居保个人账户月均养老金与个人账户养老金计发月数成反比,计发月数越多,个人账户月均养老金就越少;反之,个人账户月均养老金就越多。个人账户养老金计发系数大小与领取养老金待遇年龄、平均预期寿命或领取年龄后的余寿有关。在一定的平均预期寿命情况下,领取养老待遇年龄越早计发系数就越大;反之,计发系数就越小。在规定的领取养老待遇年龄情况下,平均预期寿命越长计发系数就越大;反之,计发系数就越小。目前我国城乡平均预期寿命不同,应该依据城乡居民平均预期寿命的变化而调整个人账户养老金计发系数。

四是调整基础养老金标准的机制。经济发展水平提高了,养老保险待遇水平也应相应提高。物价变动对人们生活有很大影响,物价上涨,人们购买力相对下降,生活水平也随之下降;物价稳定或下降,人们购买力相对增强,生活水平相对提高。地方提高的基础养老金标准越高,城乡居保待遇水平就越高;反之,城乡居保待遇水平就越低。因此,随着经济发展水平提高和物价上涨,中央和地方政府应该采用合理的调整机制提高最低基础养老金标准;地方政府提高基础养老金标准的机制(提高方式、方法等)也是影响城乡居保待遇水平的因素之一。

五是多缴多得、长期缴费加发基础养老金的机制。城乡居保规定参保人多缴可以获得更多缴费补贴,长期缴费可获得适当加发基础养老金,从而提高养老保险待遇水平。因此,多缴多得、长缴多得机制就成为影响城乡居保待遇水平因素之一,多缴多得和长缴多得的不同方式和标准的高低会影响城乡居保待遇水平的高低。上述因素中,前三种因素是主要因素或核心因素。

三、城乡居民基本养老保险基础养老金水平

国发〔2009〕32 号文件中央确定新农保基础养老金最低标准为 55 元/人·月,根据实际情况,地方政府可以提高基础养老金标准,对于长期缴费的,可适当加发基础养老金。国发〔2014〕8 号文件决定"新农保"和"城居保"两项制度合并为统一的城乡居保制度,规定"中央确定基础养老金最低标准,建立基础养老金最低标准正常调整机制,根据经济发展和物价变动等情况,适时调整全国基础养老金最低标准。地方人民政府可以根据实际情况适当提高基础养老金标准;对长期缴费的,可适当加发基础养老金,提高和加发部分的资金由地方人民政府支出,具体办法由省(区、市)人民政府规定,并报人力资源社会保障部备案"。2015 年 1 月,国家决定提高城乡居保基础养老金最低标准,由每人每月 55 元提高到每人每月 70 元,从 2014 年 7 月 1 日算起。2018 年 5 月 10 日,人力资源社会保障部、财政部下发《关于 2018 年提高全国城乡居民基本养老保险基础养老金最低标准的通知》(人社部规〔2018〕3 号),决定自 2018 年 1 月 1 日起,全国城乡居保基础养老金最低标准提高至每人每月 88 元,即在原每人每月 70 元的基础上增加了 18 元。中央财政对中、西部地区全额支付提高标准所需要的资金,对东部地区支付 50%。依据国务院相关规定,各省根据当地实际确定和调整了本地基础养老金标准,从新农保试点到建立城乡居保以来,各省基础养老金的确定调整情况如表 4-1 所示。

表 4-1　各省城乡居民基本养老保险基础养老金标准和调整情况

（单位：元/人·月）

省份	2014年	2015年	2016年	2017年	2018年	2019年	2020年	2021年
全国	55（70）				88		93	
北京	430	470	510	610	64岁705；65岁715	800 65岁810	820	850
天津	235	245	261	277	295	307		
上海	540	660	750	850	930	1010	1100	1200
河北		75	80	90	108		113	
江苏				125	135	148	160	173
浙江		120		135	155		165	180
山东			100		118		142	150
福建		85	100		118		130	
广东	65		110		148		180	
海南	135	145			160		178	
山西	65	80			103			108
河南		78	78	90	108			116
湖北		70		80	103		108	115
湖南	60（75）		80	85	90	103	113	123
安徽		70			87（88）		97	110
江西	55（70）	80			105		110	115
广西	75（90）				108		121	131
内蒙古		85		110	128		133	140
宁夏	85	100	115	120	140	145	155	208
西藏	120			150	170	180		205
新疆	100	115			140		145	150
重庆	80（95）							
四川	60（75）				93	100	105	
贵州	55（70）				88		93	
云南				75（85）	103			

续表

省份	2014 年	2015 年	2016 年	2017 年	2018 年	2019 年	2020 年	2021 年
陕西		75		80	103		136	153
甘肃	80	85			103		108	113
青海	110	125	140				175	
黑龙江			70	80	90		108	
吉林	55(70)	75	80		103		108	113
辽宁	70(85)				108			

数据来源:根据各省(区、市)发布的提高城乡居民基本养老保险基础养老金标准相关政策法规整理。

2018 年 3 月 26 日,人力资源社会保障部、财政部下发《关于建立城乡居民基本养老保险待遇确定和基础养老金正常调整机制的指导意见》(人社部发〔2018〕21 号),提出"中央根据全国城乡居民人均可支配收入和财力状况等因素,合理确定全国基础养老金最低标准。地方应当根据当地实际提高基础养老金标准,对 65 岁及以上参保城乡老年居民予以适当倾斜"。城乡居保实施以来,中央对城乡居保基础养老金最低标准做了两次调整:第一次是从 2014 年 7 月 1 日起,全国城乡居保基础养老金最低标准提高至每人每月 70 元,即在原每人每月 55 元的基础上增加了 15 元;第二次是自 2018 年 1 月 1 日起,全国城乡居保基础养老金最低标准提高至每人每月 88 元,即在原每人每月 70 元的基础上增加了 18 元。中央要求各地方根据实际情况提高基础养老金标准,从表 4-1 可知,绝大多数省(区、市)在中央确定基础养老金最低标准基础上,分别适时调整了基础养老金。但各省提高基础养老金的次数不同,有的省份自"新农保"和"城居保"合并为"城乡居保"以来,每年都调整提高了基础养老金标准,如北京、上海等;大部分省份不定期调整提高了 2—3 次。从目前可查到的各省(区、市)调整基础养老金相关规定来看,2018 年各地基础养老金调整的进度不一、幅度不同,最高标准与最低标准相差较大。至2018 年 7 月已完成中央要求调整基础养老金的省(区、市)有北京、天津、上海、江苏、浙江、山东、福建、海南、山西、河南、安徽、内蒙古、陕西、黑龙江、辽宁等,其他省(区、市)没查到相关规定。2018年7月还没有提高的省(区、市),据了解有的是之前确定或提高的基础养老金标准已达到或高于中央此次提高的标准,根据实际情况暂不作调整;有的还在制定提高方案。例如,江西省自城乡居保实施以来,曾从2014年7月1日和2015年1月1日起连续提高了基础养老金标准,先是从2014年7月1日,按照国家统一最低标准,将江西省基础养老金标准从每人每月55元提高到每人每月70元;再是从2015年1月1日起,在国家最低标准的基础上,将城乡居保基础养老金标准从每人每月70元提高到每人每月80元,再每人每月增加10元。但据调查,截至2018年7月,在中央再次把基础养老金最低标准提高至每人每月88元后,江西省还在研究制定再次提高基础养老金相关政策。

关于提高后基础养老金标准的水平,现已提高的地区之间差距较大。2018年1月1日城乡居保基础养老金调整后,较高的地区是北京市、上海市和天津市,上海市城乡居民基础养老金最高,达到了每人每月930元;北京市还对65岁及以上城乡居民进行了倾斜,64岁及以下城乡居保基础养老金为每人每月705元,65岁及以上城乡居民每人每月715元;天津市城乡居保基础养老金每人每月295元。除以上三个直辖市外,至2018年7月,其他地区城乡居保每人每月基础养老金均在200元以下,其中在100—200元之间的有河北、江苏、浙江、山东、福建、广东、海南、山西、河南、湖北、江西、广西、内蒙古、宁夏、西藏、新疆、云南、陕西、甘肃、吉林、辽宁等地区;在100元以下的有湖南、安徽、四川、贵州、黑龙江等地区。从现已提高基础养老金标准来看,各地区提高幅度不同。北京市、上海市两地提高幅度较大,2018年每人每月分别提高了95元(65岁及以上增加了105元)和80元,全年每人增加1140元(65岁及以上增加了1260元)和960元;其他地区提高幅度较小,大多数地区增幅在每人每月20元左右,少数地区增幅在每人每月10元及以下,如黑龙江省2018年1月1日起城乡居保基础养老金从原来80元每人每月提高到90

元,每人每月提高了10元。

人社部发〔2018〕21号文件颁发后,由于2018年中央调整最低基础养老金标准的幅度较大,调整的省(区、市)较多,2019年只有少数几个省(区、市)进行了调整。2020年、2021年调整的省(区、市)较多。从调整情况看,基础养老金调整的基本特点和状况没有质的变化,依然是每人每月100—200元之间的省(区、市)较多,200元及以上的省(区、市)较少,大多数省(区、市)增幅依然在每人每月20元左右,少数省(区、市)增幅在每人每月10元及以下。具体情况见表4-1。

国发〔2014〕8号文件提出"对长期缴费的,可适当加发基础养老金"。人社部发〔2018〕21号文件提出"对长期缴费、超过最低缴费年限的,应适当加发年限基础养老金。引导激励符合条件的城乡居民早参保、多缴费,增加个人账户资金积累,优化养老保险待遇结构,提高待遇水平"。按照中央要求,各省(区、市)在相关政策法规中均提出长缴多得的规定,有的省(区、市)还结合实际情况提出了具体操作长缴多得的做法,建立了长缴多得的补贴机制;有的省(区、市)虽然在省级层面没有提出具体的做法,省内部分地区也建立了长缴多得的机制。详细情况见表4-2。

表4-2　各省(区、市)城乡居民基本养老保险基础养老金"长缴多得"情况

省(区、市)	基础养老金"长缴多得"调整情况
天津	缴费超过15年的,缴费每增加1年,每月增加4元基础养老金
上海	2018年1月1日前每超过最低缴费年限1年,基础养老金增加10元;自2018年1月1日起每超过最低缴费年限1年,其基础养老金增加额调整为20元
河北	对缴费超过15年的,每多缴费1年,基础养老金增加1元
江苏	对缴费超过15年的,每多缴费1年,基础养老金可增发1%
浙江	缴费年限为15年的,月缴费年限养老为30元;从第16年起,缴费年限每增加1年,增发5元
广东	对缴费超过15年的,每多缴费1年,基础养老金增加3元

续表

省(区、市)	基础养老金"长缴多得"调整情况
海南	每超过最低缴费年限 1 年,基础养老金每月增加 4 元
河南	自 2014 年起,逐年连续缴费满 15 年后,再逐年连续缴费的,每多缴 1 年,在领取城乡居民基本养老保险待遇时,每月增发缴费年限养老金 3 元
湖北	按照缴费年限每满 1 年,每月加发不低于 1 元标准的基础养老金
湖南	对缴费超过 15 年的,每多缴费 1 年,基础养老金增加 1 元
江西	每超过最低缴费年限 1 年,每月增发 2% 的基础养老金
内蒙古	最低缴费年限基础上每多缴 1 年,基础养老金提高 2 元
宁夏	每超过最低缴费年限 1 年,增加基础养老金每月不少于 2 元
西藏	每超过最低缴费年限 1 年,每月增加 2% 的基础养老金
新疆	每超过最低缴费年限 1 年,月增发不低于 2 元的基础养老金
重庆	每超过最低缴费年限 1 年,每月增发 2 元基础养老金
四川	正常缴费年限超过 15 年的,每超过 1 年,基础养老金每月增加 2 元
云南	缴费每超过最低缴费年限 1 年,每月加发不低于 2 元的基础养老金
青海	缴费超过 15 年的,每增加 1 年,基础养老金增加 10 元
吉林	对累计缴费满 15 年的,每多缴 1 年,基础养老金每月加发 5 元

说明:根据各省(区、市)发布的提高城乡居民基本养老保险基础养老金标准相关政策法规等整理。

从表 4-2 可知,大部分省(区、市)在省级层面建立城乡居保"长缴多得"补贴机制,只有少数省(区、市)没有在省级层面对"长缴多得"作出具体政策规定,但这些省(区、市)内部许多地区结合实际情况制定了"长缴多得"的相关规定。从目前可查到的省级层面有关城乡居保基础养老金"长缴多得"政策规定来看,大多数省(区、市)对每超过最低缴费年限(15 年)1 年,加发每人每月 1—2 元基础养老金。只有少数省(区、市)对超过规定缴费年限 15 年的参保人加发略高的基础养老金。上海市自 2018 年 1 月 1 日起,参保人缴费每超过规定最低缴费年限 1 年,每人每月加发 20 元基础养老金;浙江设置了缴费年限养老金,缴费 15 年的,加发缴费年限养老金为每人每月 30 元,每超过规定最低年限 1 年,在缴费年限养老金 30 元的基础上增发每人每月 5 元;青海、吉林规定参保人缴费每超过规定最低缴费年限 1 年,分别加发每人每月10 元、每人每月 5 元基础养老金;天津、海南参保人每超过规定最低缴费年限1 年缴费,每人每月增发 4 元基础养老金;广东、河南参保人每超过规定最低缴费年限 1 年缴费,每人每月增发 3 元基础养老金。

第三节　城乡居民基本养老保险待遇
确定机制存在的问题

一、基础养老金标准偏低,最低基础养老金调整机制不明确

国发〔2009〕32 号文件规定新农保基础养老金最低标准为 55 元/人·月。根据实际情况,地方政府可以提高基础养老金标准,对于长期缴费的参保人,可适当加发基础养老金,地方政府支付提高和加发部分所需的资金。2015 年1 月 10 日,人力资源社会保障部、财政部下发《关于提高全国城乡居民基本养老保险基础养老金最低标准的通知》(人社部发〔2015〕5 号)决定,"从 2014年 7 月 1 日起,全国城乡居保基础养老金最低标准提高至 70 元/人·月,即在原 55 元/人·月的基础上增加 15 元。提高标准所需资金,中央财政对中、西部地区给予全额补助、对东部地区给予 50% 的补助"。2018 年 5 月 10 日,人力资源社会保障部、财政部下发《关于 2018 年提高全国城乡居民基本养老保险基础养老金最低标准的通知》(人社部规〔2018〕3 号)决定,"自 2018 年1 月 1 日起,全国城乡居保基础养老金最低标准提高至 88 元/人·月,即在原70 元/人·月的基础上增加 18 元。提高标准所需资金,中央财政对中、西部地区给予全额补助,对东部地区给予 50% 的补助"。由于城乡居保实施时间较短和参保人缴费水平较低,本应该是养老金待遇主要组成部分的个人账户养老金却非常少,少的每月只有 2—3 元,几乎可以忽略不计。如 2016 年城乡居保基金支出为 2151 亿元,其中个人账户养老金支出 211 亿元,在基金总支

出中占 9.8%；基础养老金支出 1890 亿元，在基金总支出中占 87.9%[1]。因此，现阶段参保人领取城乡居保待遇主要是基础养老金。从表 4-1 可知，除上海市、北京市和天津市基础养老金略高外，其他地区基础养老金普遍偏低，绝大多数省份基础养老金在每人每月 100 元左右。如前所述，第一次全国最低基础养老金调整从原每人每月 55 元提高到 70 元/人·月，增加了 15 元，是 2009 年城乡居民基本养老保险实施 5 年后的首次调整，年均增加了 3 元；第二次调整从每人每月 70 元提高到每人每月 88 元，时隔 4 年再次提高了 18 元，年均增加了 4.5 元。2016 年，全国城乡居民基本养老保险月人均养老金水平为 117.2 元，其中还包括个人账户养老金[2]，相对城乡居民基本生活所需费用，所领取基础养老金远远满足不了生活需要。调查时，中部不够发达地区参保人和相关人员表示，现阶段农村老年人仅吃、穿消费支出一般情况下每人每月平均需要 300—400 元左右（全国、城镇、农村居民基本生活人均消费支出、食品消费人均支出具体数据见表 4-27、表 4-28）。在东部较发达地区，吃、穿等生活费用会更高，现在领取的基础养老金只能充当"零花钱"。城乡居保基础养老金偏低的一个相对表现是基础养老金相对城乡居民可支配收入的替代率很低，甚至低于最低生活保障的替代率。

国发〔2014〕8 号文件提出："中央确定基础养老金最低标准，建立基础养老金最低标准正常调整机制，根据经济发展和物价变动等情况，适时调整全国基础养老金最低标准。地方人民政府可以根据实际情况适当提高基础养老金标准"。城乡居保实施近 10 年来，中央两次调整提高了基础养老金最低标准。各地根据国发〔2014〕8 号文件精神，结合实际情况分别对本地区城乡居保基础养老金进行了调整提高，但是从中央到地方，还没有形成城乡居保基础

---

① 人力资源和社会保障部社会保险事业管理中心：《中国社会保险发展年度报告 2016》，中国劳动社会保障出版社 2017 年版，第 24 页。

② 人力资源和社会保障部社会保险事业管理中心：《中国社会保险发展年度报告 2016》，中国劳动社会保障出版社 2017 年版，第 24 页。

养老金正常的调整机制,没有像城镇保养老金那样形成较稳定的调整机制。2005 年以来城镇职工养老保险基本养老金连续 14 年(截至 2018 年)提高,基本上形成"定额调整、挂钩调整与适当倾斜相结合"的养老金正常调整机制。定额调整体现公平原则;挂钩调整体现"多工作、多缴费、多得养老金"的激励机制,与退休人员本人缴费年限(或工作年限)、基本养老金水平等因素挂钩;对高龄退休人员、艰苦边远地区企业退休人员,适当提高调整水平;兼顾公平与激励,合理确定定额调整、挂钩调整与适当倾斜三部分比重①。调整前中央还确定了城镇职工养老保险月人均基本养老金调整幅度。2018 年城镇职工基本养老金总体调整水平为上一年退休人员月人均基本养老金的 5% 左右,2019 年城镇职工基本养老保险月人均基本养老金总体上又将上调 5% 左右。而城乡居保实施近 10 年来,中央只调整过两次基础养老金最低标准,各地也是不定期对本地基础养老金进行调整。从表 4-1 可看出,2014 年以来,除北京市、上海市、天津市三个直辖市每年均对城乡居保基础养老金进行调整外,其他省份均是不定期进行调整,没有每年调整,有的省份只调整过 1 次且提高幅度小,调整时间和标准都没有相对稳定的机制。

2018 年 3 月 26 日,人力资源社会保障部、财政部下发《关于建立城乡居民基本养老保险待遇确定和基础养老金正常调整机制的指导意见》(人社部发〔2018〕21 号),提出要"建立基础养老金正常调整机制。统筹考虑城乡居民收入增长、物价变动和职工基本养老保险等其他社会保障标准调整情况,适时提出城乡居民全国基础养老金最低标准调整方案"。地方政府也可以适时对地方基础养老金进行调整。人社部发〔2018〕21 号文件虽然提出要统筹考虑城乡居民收入增长、物价变动和职工基本养老保险等其他社会保障标准调整情况,对城乡居保基础养老金标准进行调整,但是关于在调整过程中如何考

---

① 人力资源社会保障部、财政部:《关于 2018 年调整退休人员基本养老金的通知》(人社部发〔2018〕18 号),2018 年 3 月 5 日,见 www.mohrss.gov.cn/xxgk2020/fdzdgknr/shbx_4216/yl-bx/201803/t20180323_290386.html。

虑这些因素,各因素如何协调及其在调整过程中的比重等问题没有具体明确的规定。因此,各地调整城乡居保基础养老金方法有所不同,有的采取增加绝对数额的方式,有的采取相对比例的方式,有的侧重于考虑城乡居民收入因素的影响,有的侧重于考虑物价变动因素的影响。城镇保基本养老金已建立比较稳定的正常调整机制并连续14年提高了养老金水平,城乡居保基础养老金却缺乏正常调整机制,与城镇保养老金水平差距越来越大。这对城乡居保参保人有失公平,同时也会使城乡居保参保人对政策预期产生不稳定性和失去信心,从而影响城乡居保持续发展。调查中参保人和有关工作人员表示,城镇保养老金连续15年调整提高,而城乡居保基础养老金4—5年才提高一次,并且前者按照一定的比例提高,提高的幅度比后者大很多,每年每人每月至少提高上百元,多则几百元,而后者4—5年每人每月才提高十几元(第一次全国每人每月提高了15元;第二次全国每人每月提高了18元),平均每年每人每月提高了3—5元,两者提高幅度相差悬殊。长期如此,随着时间的推移,城镇保养老金与城乡居保养老金水平相差会越来越大,许多城乡居民将会对城乡居保发展信心不足,且不会把城乡居保视为可靠的老年保障。由此可见,城镇保基本养老金调整机制已基本建立,城乡居保基础养老金调整机制还有待完善。

二、个人账户养老金水平很低，难以保障基本生活需要

城乡居保待遇由基础养老金和个人账户养老金构成。城乡居保待遇水平除了受基础养老金高低影响外,另一个重要影响因素是个人账户养老金水平。在基础养老金一定的情况下,个人账户养老金越高,养老金待遇就越高,反之就越低。个人账户养老金高低取决于个人账户基金总额,个人账户基金总额越大,个人账户养老金水平就越高,反之就越低。个人账户基金总额又取决于缴费水平的高低、缴费年限的长短和个人账户基金收益率等因素,在缴费年限和个人账户基金收益率一定的情况下(国务院相关文件已有规定),缴费水平

就成了影响个人账户基金总额从而影响个人账户养老金水平的决定因素。因此，人社部发〔2018〕21号文件提出："引导激励符合条件的城乡居民早参保、多缴费，增加个人账户资金积累，优化养老保险待遇结构，提高待遇水平"。城乡居保缴费水平体现在参保人选择缴费档次标准上。如前所述，现阶段，城乡居保参保人普遍选择较低缴费档次标准缴费，课题组在江西省寻乌县调查时也发现，选择较低缴费档次标准缴费的参保人比例很大（见表3-6）。由于缴费档次低和缴费时间短，个人账户养老金很低（不同缴费档次标准个人账户月养老金标准精算见本章下一节内容），如2018年6月寻乌县领取养老金待遇参保人个人账户养老金平均水平只有每人每月2.38元①。因此，现阶段已领取养老保险待遇的人员所领取的养老金基本上是基础养老金。参保人选择较低档次标准缴费使个人账户基金积累额不大，从而个人账户养老金水平以及城乡居保养老金总水平不高，难以保障城乡居民老年时期的基本生活需要。

三、长缴多得加发基础养老金较低，大多数参保人不愿意长期缴费，加发基础养老金激励机制有待完善

缴费型养老保险待遇水平除与缴费水平有关外，还与参保人缴费年限有密切关系。在其他条件一定的情况下，缴费年限越长，养老保险基金积累额越多，从而养老待遇水平越高；反之，养老待遇水平就越低。城乡居保要求参保人按规定缴费，其性质属于缴费型养老保险，其待遇水平除受缴费水平影响外，同样受缴费年限的影响。国发〔2014〕8号文件规定距领取养老金待遇年龄（年满60周岁）超过15年，累计缴费要满15年才能领取养老保险待遇。也就是说，一般情况下，参保人必须缴满15年保险费，才可以享受养老保险待遇。由于城乡居保实施还不到15年（从2009年新农保试点算起），现在领取

---

① 寻乌县城乡居民基本养老保险局内部资料。

养老金待遇人员绝大多数缴费年限不满 15 年,个人账户养老金很低;实施时到了领取养老金年龄的城乡居民不用缴费,他们就没有个人账户养老金。在参保人普遍选较低档次标准缴费时,即使缴费满 15 年,个人账户养老金还是很低(前面已有阐述),在这种情况下要提高养老金待遇水平,需通过延长缴费年限从而使城乡居保个人账户基金积累额增加来实现。因此,国发〔2014〕8 号文件提出长缴多得的激励政策,规定"对长期缴费的,可适当加发基础养老金"。人社部发〔2018〕21 号文件提出"对长期缴费、超过最低缴费年限的,应适当加发年限基础养老金"。

调查发现,由于城乡居民收入水平较低和不稳定,参保人在缴满规定的最低缴费年限后,一般不愿意增加缴费年限,更不愿意长期缴费。许多到了领取养老待遇年龄缴费年限没有满 15 年的参保人也不愿意继续补缴费(政策规定可以补缴)。他们认为虽然缴费没有满 15 年,到领取养老保险待遇年龄,即使继续缴满 15 年,与缴费成本相比增加的养老保险待遇不多,不愿意继续缴费;已缴满 15 年的参保人同样也不愿意延长缴费年限,具体原因前文已有分析,在此不再赘述。这种情况下,15 年缴费年限难以提高个人账户基金储存额,因此,要建立合理的长缴多得激励机制使参保人趁早参保和延长缴费年限,以提高城乡居民基本养老保险待遇水平。

四、个人账户养老金待遇计发系数有待科学确定

养老金待遇计发系数是影响城乡居保待遇水平的重要因素之一。个人账户基金积累额一定的情况下,计发系数与个人账户养老金水平呈负相关,计发系数越大,个人账户养老金水平就越低;计发系数越小,个人账户养老金水平就越高。计发系数大小与领取养老金年龄和平均预期寿命(领取养老金年龄后的余命)有关,领取养老金年龄越早、平均预期寿命越长,养老金计发系数就越大;领取养老金年龄越晚、平均预期寿命越短,养老金计发系数就越小。国发〔2014〕8 号文件规定城乡居保待遇领取年龄为年满 60 周岁,个人账户养

老金计发系数为 139。在规定了领取年龄的条件下,计发系数大小就取决于平均预期寿命的长短,平均预期寿命越长,计发系数就越大;反之,计发系数就越小。

由于平均预期寿命受社会经济发展程度等因素的影响,我国城乡人口平均预期寿命长短有所不同。有的研究者通过时期生命表比较了 2000 年和 2010 年我国城乡居民平均预期寿命的差异及其变化趋势,发现我国城乡居民的平均预期寿命均有较大增长,并且乡村居民平均预期寿命的增长幅度大于城镇居民,但城镇居民平均预期寿命仍然高于农村居民[1],具体见表 4-3。

表 4-3 2000 年和 2010 年我国城乡居民平均预期寿命

	2000 年(岁)	2010 年(岁)	十年差值(岁)	增加幅度(%)
全国	72.43	77.90	5.47	7.6
男	70.65	75.61	4.96	7.0
女	74.34	80.41	6.07	8.2
城市	76.73	81.68	4.95	6.4
男	74.66	79.73	5.06	6.8
女	78.93	83.74	4.82	6.1
镇	75.05	79.37	4.32	5.8
男	72.89	77.21	4.32	5.9
女	77.38	81.74	4.36	5.6
乡村	70.64	75.71	5.07	7.2
男	69.00	73.20	4.19	6.1
女	72.38	78.52	6.13	8.5

---

① 王记文:《中国城乡居民平均预期寿命变化趋势:2000—2010 年》,《老龄科学研究》2017 年第 12 期。

从目前我国平均预期寿命数据来看,相当长时期内农村人口平均预期寿命将会低于城镇人口。从表4-3可以看出,乡村出生人口平均预期寿命的增长幅度最大,从2000年的70.64岁增加到2010年的75.71岁,增加了5.07岁;城市人口平均预期寿命从2000年的76.73岁增加到2010年的81.68岁,增加了4.95岁,但城市人口平均预期寿命还是比农村平均预期寿命长5.97岁。现在城乡居保规定农村居民个人账户养老金计发系数与城镇保个人账户养老金计发系数相同,这样使城乡居保领取人每月领取的个人账户养老金更少,因此,应适当根据农村人口平均预期寿命下调城乡居保农村居民个人账户全部储存额的平均计发月数①。有的研究者认为目前城乡居保待遇计发系数为139个月,与城镇保待遇计发系数相同,对高龄老人存在长寿风险,个人账户基金将会出现缺口②,政府为了补足个人账户基金缺口会使财政压力进一步加大。因此,随着平均预期寿命增长,也应该根据平均预期寿命的变化而提高城乡居保个人账户养老金的计发系数。

五、总的养老待遇水平低,替代率低

养老金替代率是指养老金收入与某种不同定义的工资收入(退休前一年或若干年平均收入,或社会平均工资等)之比,是衡量养老保险待遇水平的重要指标。养老金替代率与养老金水平成正比,与收入水平成反比。在一定收入水平下,养老金水平越高,替代率就越高,反之就越低;在一定养老金水平下,收入水平越高,替代率就越低,反之就越高。养老金水平与缴费年限和缴费水平有关,缴费年限越长,缴费水平越高,养老金水平就高;反之就低。1994年国际劳工组织将老年津贴的最低替代率从1952年第102号公约规定的

---

① 参见桂世勋:《完善我国新型农村社会养老保险的思考》,《华东师范大学学报(哲学社会科学版)》2012年第1期。

② 参见张思锋、杨潇:《新型农村社会养老保险账户结构研究》,《人文杂志》2012年第1期。

40%提高到55%,目前大部分国家养老保险待遇最低替代率在60%左右①。如前所述,我国城乡居民基本养老保险个人账户养老金水平较低,加上基础养老金水平也不高,从而总的养老金水平也较低。随着城乡居民经济收入水平的提高,养老金替代率呈下降趋势,难以保障城乡居民老年生活的基本需要。有研究者对西部地区云南省城乡居民基本养老保险未来养老金替代率进行测算,多数缴费档次的养老金加上基础养老金替代率集中在15%—35%。参保人选择100—500元缴费档次缴费时,基本养老金替代率仅为15%—25%;选择600—1000元缴费档次缴费时,基本养老金替代率约为20%—35%;只有选择1500—2000元较高档次缴费,且缴费期限超过30年,基本养老金替代率才会超过40%②。东部地区由于经济收入水平较高,同样缴费档次缴费的养老金替代率会更低。

六、地方基础养老金差距较大

城乡居保制度建立以来,各地根据国务院文件精神对基础养老金标准进行了调整。由于各地发展不平衡和基础养老金调整力度不同,基础养老金地区之间差距不断增大。各省2018年调整后,省级层面最高的是上海市,每人每月930元,北京、天津分别提高到每人每月705元(65岁及以上每人每月715元)、295元。有的省份自新农保和城居保合并以来,只是合并时按照中央调整的最低基础养老金标准调整过一次,以后没有调整过,如重庆2014年以后就没有调整过基础养老金。从目前可查到省级层面文件,贵州省基础养老金标准最低,每人每月70元,中央规定自2018年1月1日起基础养老金从原每人每月70元提高到每人每月88元,就算贵州现在的基础养老金为每人

---

① 刘丽、柴亮:《完善公共财政对新型农村社会养老保险的激励机制》,《领导科学》2010年第29期。
② 马桑:《云南省城乡居民基本养老保险制度"保基本"评估研究——基于政策仿真优化视角》,《云南行政学院学报》2017年第3期。

每月 93 元,与上海市相差 10 倍多。

省内不同地区差距同样存在,许多省内发展较好地区根据实际情况进一步提高了基础养老金标准,欠发展地区或者按照省基础养老金标准、或者提高幅度比发展较好地区低很多。2015 年辽宁省基础养老金为每人每月 85 元(2018 年 1 月 1 日起提高到每人每月 108 元),但大连市城乡居保基础养老金标准从每人每月 180 元提高至每人每月 195 元①,是辽宁省内最低地区的 2 倍多。2018 年湖南省基础养老金最低标准为每人每月 90 元,长沙市"十三五"期间将连续 5 年提高城乡居保基础养老金标准,2016 年 7 月起每人每月提高到 145 元,2017 年、2018 年、2019 年、2020 年 1 月起每人每月基础养老金分别提高到 155 元、165 元、175 元、185 元②。中国社科院世界社会保障研究中心主任郑秉文表示,各地城乡居保基础养老金差距已超过了各地区间平均社会工资收入和城乡居民收入的差距,并呈扩大趋势③,这不利于人口流动和不同地方城乡居保制度转移接续。

第四节 城乡居民基本养老保险筹资与待遇确定机制优化

一、城乡居民基本养老保险筹资和待遇确定精算

城乡居保筹资和待遇确定机制优化之前,需要对现行筹资水平和待遇标准进行测算。

---

① 大连市人力资源和社会保障局、大连市统计局:《2015 年大连市人力资源和社会保障事业发展统计公报》。

② 长沙市人民政府办公厅:《关于提高城乡居民基本养老保险基础养老金和给予城乡低保人员缴费补助的通知》(长政办函〔2016〕160 号),转引自《长沙城乡居民基础养老金每年提高 10 元》,2016 年 9 月 8 日,见 http://jiangsu.china.com.cn/html/2016/hunnews_0908/7203773.html。

③ 《中国各省基础养老金差距逐渐拉大,最高达 10 倍》,2014 年 11 月 28 日,见 news.sohu.com/20141128/n40645770.shtml。

（一）城乡居民基本养老保险个人账户基金收入水平

国发〔2014〕8 号文件规定："城乡居民养老保险基金由个人缴费、集体补助、政府补贴构成"，"个人缴费、地方人民政府对参保人的缴费补贴、集体补助，……，全部记入个人账户。个人账户储存额按国家规定计息"[①]。实际上城乡居保基金是完全积累制基金[②]，要实现的是完全积累制下的基金平衡。

1. 个人账户基金储存额模型

结合城乡居保制度的规定，城乡居保的个人账户基金收入模型如下。

假设城乡居民每年所选择的缴费档次标准为 W 元，每人每年政府缴费补贴为 P 元，个人缴费和政府缴费补贴按规定均计入个人账户（由于除了政府缴费补贴外，集体等其他补助几乎没有，在此忽略）；缴费年限为 m，缴费时间在每年年初，并连续缴费；个人账户记账利率为 r，每年 1 月 1 日至 12 月 31 日为一个结息年度，当年为单利计息，第二年为复利计息；个人账户个人缴费基金收入为 $M_{缴}$，个人账户基金总收入（包括个人缴费和政府补贴）为 $M_{收}$。由于按年定额缴费，城乡居保个人缴费基金收入到缴费期（末）结束时的终值如下：

第一年初缴费到第 m 年末的终值为：$W(1+r)^m$

第二年初缴费到第 m 年末的终值为：$W(1+r)^{m-1}$

第三年初缴费到第 m 年末的终值为：$W(1+r)^{m-2}$

……

第 m 年初缴费到第 m 年末的终值为：$W(1+r)$

该居民在第 m 年末时个人账户个人缴费养老金储存额为：

---

① 个人账户储存额目前每年参考中国人民银行公布的金融机构人民币一年期存款利率计息。

② 虽然城乡居保是采取社会统筹和个人账户相结合的制度模式，但其社会统筹体现在政府缴费补贴和支付基础养老金上，没有真正意义的社会统筹账户，政府缴费补贴记入个人账户。

$$M_{缴} = W(1+r)^m + (1+r)^{m-1} + W(1+r)^{m-2} + \cdots + W(1+r)$$

$$= \sum_{x=1}^{m} W(1+r)^1$$

$$= W(1+r)\frac{(1+r)^m - 1}{r} \tag{公式4.1}$$

城乡居民基本养老保险各年参保人缴费和政府缴费到缴费期(末)结束时的终值如下：

第一年初缴费到第 m 年末的终值为：$(W+P)(1+r)^m$

第二年初缴费到第 m 年末的终值为：$(W+P)(1+r)^{m-1}$

第三年初缴费到第 m 年末的终值为：$(W+P)(1+r)^{m-2}$

……

第 m 年初缴费到第 m 年末的终值为：$(W+P)(1+r)$

该居民在第 m 年末时个人账户养老金(包括个人缴费和政府补贴)储存额为：

$$M_{收} = (W+P)(1+r)^m + (W+P)(1+r)^{m-1} + (W+P)(1+r)^{m-2} + \cdots + (W+P)(1+r)$$

$$= \sum_{x=1}^{m} (W+P)(1+r)^x$$

$$= (W+P)(1+r)\frac{(1+r)^m - 1}{r} \tag{公式4.2}$$

2. 参数设置及计算结果

根据国发〔2014〕8 号文件规定，W 分别设置为每年 100 元、200 元、300 元、400 元、500 元、600 元、700 元、800 元、900 元、1000 元、1500 元、2000 元 12 个档次。

缴费年限 m 分别设置为 15 年、30 年、45 年。

个人账户记账利率 r 设置为中国人民银行公布的金融机构人民币一年期存款利率。近十年中国人民银行公布的一年定期存款利率的变化情况见

表 4-4。

表 4-4　2010—2019 年金融机构人民币一年定期存款
基准利率（2015 年 10 月 24 日更新）　　（单位：年利率%）

调整时间	一年利率	调整时间	一年利率
2010. 10. 20	2.50	2014. 11. 22	2.75
2010. 12. 26	2.75	2015. 03. 01	2.50
2011. 02. 09	3.00	2015. 05. 11	2.25
2011. 04. 06	3.25	2015. 06. 28	2.00
2011. 07. 07	3.50	2015. 08. 26	1.75
2012. 06. 08	3.25	2015. 10. 24	1.50
2012. 07. 06	3.00		

资料来源：中国人民银行网，金融机构人民币存款基准利率（2015 年 10 月 24 日更新），见 http://www.pbc.gov.cn/zhengcehuobisi/125207/125213/125440/125838/125888/2968982/index.html。

个人账户记账年利率 r 参照以上中国人民银行公布的金融机构人民币一年期存款利率，选择近十年来最低、最高和平均年利率，分别设置为 1.50%、3.50% 和 2.61%。平均年利率采用几何平均法计算，如公式 4.3。

$$\bar{r} = \sqrt[n]{\prod_{i=1}^{n} r_i} - 1 = \sqrt[n]{r_1 r_2 r_3 \cdots r_n} - 1 \qquad （公式 4.3）$$

在以上参数设置下，通过公式 4.1 计算，不同个人缴费档次标准、缴费年限和金融机构人民币一年定期存款利率个人账户个人缴费基金储存总额见表 4-5。

表 4-5　不同个人缴费档次标准、缴费年限和
年利率个人账户基金储存额　　（单位：元）

缴费标准（W）	$m=15$ 年			$m=30$ 年			$m=45$ 年		
	$r=1.50\%$	$r=2.61\%$	$r=3.50\%$	$r=1.50\%$	$r=2.61\%$	$r=3.50\%$	$r=1.50\%$	$r=2.61\%$	$r=3.50\%$
100	1693	1855	1997	3810	4585	5343	6457	8602	10948
200	3386	3710	3994	7620	9169	10686	12914	17205	21897

续表

缴费标准（W）	m=15 年			m=30 年			m=45 年		
	r=1.50%	r=2.61%	r=3.50%	r=1.50%	r=2.61%	r=3.50%	r=1.50%	r=2.61%	r=3.50%
300	5080	5564	5991	11431	13754	16029	19371	25807	32845
400	6773	7419	7988	15241	18339	21372	25827	34410	43794
500	8466	9274	9986	19051	22923	26715	32284	43012	54742
600	10159	11129	11983	22861	27508	32058	38741	51615	65690
700	11853	12984	13980	26671	32093	37401	45198	60217	76639
800	13546	14838	15977	30481	36677	42744	51655	68820	87587
900	15239	16693	17974	34292	41262	48087	58112	77422	98536
1000	16932	18548	19971	38102	45847	53429	64568	86025	109484
1500	25399	27822	29957	57153	68770	80144	96853	129037	164226
2000	33865	37096	39942	76204	91693	106859	129137	172049	218968

从表4-5可知,参保人按照最低缴费档次标准每人每年100元缴费,个人账户记账年利率为1.50%、2.61%、3.50%,缴满15年,个人账户基金储存额分别为1693元、1855元、1997元;缴满30年,个人账户基金储存额分别为3810元、4585元、5343元;缴满45年,个人账户基金储存额分别为6457元、8602元、10948元。按照最高缴费档次标准每人每年2000元缴费,个人账户记账年利率为1.50%、2.61%、3.50%,缴满15年,个人账户基金储存额分别为33865元、37096元、39942元;缴满30年,个人账户基金储存额分别为76204元、91693元、106859元;缴满45年,个人账户基金储存额分别为129137元、172049元、218968元。

养老保险缴费期有一个很长的时间跨度,城乡居保规定参保人缴费必须满15年,所缴纳的保险费在个人账户中有一个很长的储蓄期,相当于长期存款。如果这些缴费在储蓄期间依然按照一年存款利率计息,就难以吸引参保人持续参保缴费,基金也难以保值增值。根据人民币五年及以上长期存款利率的经验数据,一般长期存款利率在5%左右,如果设置长期存款利率为5%,则不同缴费档次标准、不同缴费年限个人账户基金储存额见表4-6。

表 4-6　$r=5\%$,不同缴费档次标准、缴费年限个人账户基金储存额

(单位:元)

缴费标准 (W)	$r=5\%$		
	$m=15$ 年	$m=30$ 年	$m=45$ 年
100	2266	6976	16769
200	4531	13952	33537
300	6797	20928	50306
400	9063	27904	67074
500	11329	34880	83843
600	13594	41856	100611
700	15860	48833	117380
800	18126	55809	134148
900	20392	62785	150917
1000	22657	69761	167685
1500	33986	104641	251528
2000	45315	139522	335370

从表 4-6 可知,参保人按照最低缴费档次标准每人每年 100 元缴费,个人账户记账年利率为 5%,缴满 15 年、30 年、45 年,个人账户基金储存额分别为 2266 元、6976 元、16769 元;按照最高缴费档次标准每人每年 2000 元缴费,个人账户记账年利率为 5%,缴满 15 年、30 年、45 年,个人账户基金储存额分别为 45315 元、139522 元、335370 元。

以上测算的只是不同档次标准个人缴费在个人账户中形成的储存额,没有加上政府缴费补贴在个人账户中的储存额。国发〔2014〕8 号文件规定,地方人民政府对选择最低档次标准缴费的参保人补贴标准不低于每人每年 30 元,对选择 500 元及以上标准缴费的补贴标准不低于每人每年 60 元,并计入个人账户。如前所述,目前大多数地方政府缴费补贴的做法是每提高一个档次标准缴费予以 5—10 元的缴费补贴。考虑到适度补贴和防止"补富不补穷"现象,在此设置低缴费档次段:100—1000 元标准,每提高一个档次标准缴

费政府补贴增加 10 元;1000 元以上,每增加 100 元缴费政府补贴增加 5 元。按
照此补贴方法,每人每年补贴标准为:缴费 100 元补贴 30 元、200 元补贴 40 元、
300 元补贴 50 元、400 元补贴 60 元、500 元补贴 70 元、600 元补贴 80 元、700 元
补贴 90 元、800 元补贴 100 元、900 元补贴 110 元、1000 元补贴 120 元、1500 元补
贴 145 元、2000 元补贴 170 元。这样,分别按以上 1.50%、2.61%、3.50% 和 5%
的年利率复利计息,通过公式 4.2 计算,缴费年限为 15 年、30 年和 45 年不同档
次标准缴费、政府补贴情况下个人账户基金储存额见表 4-7、表 4-8、表 4-9。

表 4-7　缴费 15 年个人账户基金储存额　　　　　（单位:元）

缴费+补贴 （W+P）	m=15 年			
	r=1.50%	r=2.61%	r=3.50%	r=5%
130	2201	2411	2596	2945
240	4064	4452	4793	5438
350	5926	6492	6990	7930
460	7789	8532	9187	10422
570	9651	10572	11383	12915
680	11514	12613	13580	15407
790	13377	14653	15777	17899
900	15239	16693	17974	20392
1010	17102	18733	20171	22884
1120	18964	20774	22368	25376
1645	27854	30511	32852	37272
2170	36743	40249	43337	49167

表 4-8　缴费 30 年个人账户基金储存额　　　　　（单位:元）

缴费+补贴 （W+P）	m=30 年			
	r=1.50%	r=2.61%	r=3.50%	r=5%
130	4953	5960	6946	9069
240	9144	11003	12823	16743
350	13336	16046	18700	24416

缴费+补贴 （W+P）	m＝30 年			
	r＝1.50%	r＝2.61%	r＝3.50%	r＝5%
460	17527	21089	24578	32090
570	21718	26133	30455	39764
680	25909	31176	36332	47437
790	30100	36219	42209	55111
900	34292	41262	48087	62785
1010	38483	46305	53964	70458
1120	42674	51348	59841	78132
1645	62677	75418	87891	114756
2170	82681	99487	115942	151381

表 4-9　缴费 45 年个人账户基金储存额　　　　（单位:元）

缴费+补贴 （W+P）	m＝45 年			
	r＝1.50%	r＝2.61%	r＝3.50%	r＝5%
130	8394	11183	14233	21799
240	15496	20646	26276	40244
350	22599	30109	38319	58690
460	29701	39571	50363	77135
570	36804	49034	62406	95581
680	43907	58497	74449	114026
790	51009	67959	86492	132471
900	58112	77422	98536	150917
1010	65214	86885	110579	169362
1120	72317	96347	122622	187807
1645	106215	141510	180101	275842
2170	140113	186673	237580	363877

从表 4-7、表 4-8、表 4-9 可知,按照以上政府缴费补贴方法,个人账户记账利率为 1.50%、2.61%、3.50%、5%,按照最低缴费档次标准和政府缴费补贴标准每人每年 130 元缴费,缴费满 15 年,个人账户储存额分别为 2201 元、2411 元、2596 元、2945 元;缴费满 30 年,个人账户储存额分别为 4953 元、5960

元、6946 元、9069 元;缴费满 45 年,个人账户储存额分别为 8394 元、11183 元、14233 元、21799 元。按最高缴费档次标准和政府缴费补贴标准每人每年 2170 元缴费,缴费满 15 年,个人账户储存额分别为 36743 元、40249 元、43337 元、49167 元;缴费满 30 年,个人账户储存额分别为 82681 元、99487 元、115942 元、151381 元;缴费满 45 年,个人账户储存额分别为 140113 元、186673 元、237580 元、363877 元。

(二)城乡居民基本养老保险金发放标准的确定

1. 城乡居民基本养老保险基金支出模型

为了计算的精确和方便,在此假设城乡居保个人账户养老金按每年年初发放,其支出的计算为:设养老金发放标准为 Q,城乡居民到领取养老待遇年龄后平均余命为 e_b 年,个人账户记账利率为 r,养老金年初发放,则各年的养老金在平均余命期限 e_b 年期初的现值为:

第一年养老金在 e_b 年期初的现值为: Q

第二年养老金在 e_b 年期初的现值为: $\dfrac{Q}{(1+r)}$

……

第 e_b 年养老金在 e_b 年期初的现值为: $\dfrac{Q}{(1+r)^{e_b-1}}$

该参保人在 e_b 年期限内各年养老金的现值总和为:

$$M_{支} = Q + \frac{Q}{(1+r)} + \cdots + \frac{Q}{(1+r)^{e_b-1}}$$

$$= Q \cdot \frac{(1+r)^{e_b} - 1}{r(1+r)^{e_b-1}} \qquad \qquad (公式 4.4)$$

2. 城乡居民基本养老保险个人账户养老金发放标准确定模型

(1)发放标准确定模型

城乡居民基本养老保险个人账户养老金发放标准确定的依据是个人账户

城乡居民基本养老保险机制研究

基金收支平衡,即 $M_收 = M_支$。城乡居民基本养老保险个人账户基金由个人缴费、政府补贴和集体补助(绝大多数地方没有集体补助,几乎可以忽略)构成。在此先讨论个人账户中个人缴费基金的收支平衡,即 $M_缴 = M_支$,把公式4.1和公式4.4代入其中,则有:

$$W(1+r)\frac{(1+r)^m - 1}{r} = Q \cdot \frac{(1+r)^{e_b} - 1}{r(1+r)^{e_b-1}} \qquad (公式4.5)$$

公式4.5即是城乡居民基本养老保险完全积累式按定额缴费时个人账户中个人缴费养老金收支平衡模型,由公式4.5可得出平均余命期限内养老金发放标准为:

$$Q = W[(1+r)^m - 1] \cdot \frac{(1+r)^{e_b}}{(1+r)^{e_b} - 1} \qquad (公式4.6)$$

城乡居民领取养老待遇时个人账户缴费储存额等于缴费期间各年缴费与按当年利率计算所得利息之和,是城乡居民领取养老待遇时账户上记录的数值。城乡居民养老金发放标准要依据这个数值(这个数值一般是定值),并根据退休后平均余命期限内的预期利率来确定。预期利率越高养老金发放标准也越高;反之,发放标准就越低。根据公式4.4和基金收支平衡的假设,个人账户中个人缴费养老金年发放标准可表示为:

$$Q = \frac{M_缴}{\frac{(1+r)^{e_b} - 1}{r(1+r)^{e_b-1}}} \qquad (公式4.7)$$

公式4.7中 $M_缴$ 表示城乡居民到了领取养老保险待遇年龄时个人账户中个人缴费的储存额,$\frac{(1+r)^{e_b} - 1}{r(1+r)^{e_b-1}}$ 可以看作养老金发放标准的除数。除数越大,养老金发放标准越低;除数越小,养老金发放标准就越高。这个除数的大小取决于城乡居民到了领取养老待遇年龄后平均余命 e_b 和预期利率 r。当平均余命 e_b 为一定时,预期利率越高,除数越小,养老金发放标准就越高;反之,养老金发放标准就越低。城乡居民基本养老保险规定参保人领取养老待遇年龄为60周岁,根据2010年人口普查数据,全国人口完全生命表60周岁人口的平均余命为21.52岁(见附录6),则可以计算不同预期利率水平下除数的大小。例如,预期利率 r 取0—10%,养老金发放的除数为9.58—21.52,具体见表4-10。

表4-10　不同预期利率水平下养老金发放的除数

r	0%	1%	2%	3%	4%	5%	6%	7%	8%	9%	10%
$\dfrac{(1+r)^{e_b}-1}{r(1+r)^{e_b-1}}$	21.52	19.45	17.68	16.15	14.81	13.64	12.62	11.72	10.92	10.21	9.58

从表4-10可以看出,60周岁人口的平均余命为21.52岁。当预期利率为0时,个人账户全部养老金储存额按照平均余命21.52份发放;当预期利率分别为1%、5%、10%时,各年养老金领取后的剩余部分能够产生增值,个人账户养老金储存额分别按照19.45份、13.64份和9.58份发放,同样可以发放21.52年。如果将预期利率分别设置为1.50%、2.61%和3.50%,个人账户养老金储存额分别按照18.54份、16.72份和15.46份发放,同样可以发放21.52年。预期利率越高,除数就越小,年养老金发放标准就越高。因此,城乡居保个人账户养老金平衡的关键是根据领取待遇年龄时预期利率确定合适的除数。除数确定太小,养老金发放标准就高,个人账户养老金储存额在平均余命还未到达就领完了;如果除数确定太大,养老金发放标准就低,个人账户养老金储存额在平均余命到达后仍有剩余,这就使养老金发放标准降低了。例如,除数按10.92计算时,预期利率为8%才能使养老金发放时间达到21.52年余命;如果实际利率是5%,养老金储存额发放时间只有14.31年,还有7.21年余命时间没有个人账户养老金可领取,从而个人账户养老金收不抵支,只有从社会养老保险基金(或财政支持)中领取,使社会养老保险基金收支失衡。养老金发放除数按16.15计算时,预期利率为3%时养老金发放时间就可以达到21.52年余命;如果实际利率是5%,养老金储存额发放时间可以

达到 28.65 年,这使养老金发放标准降低,也没有必要。

据国际货币基金组织对中国经济将来十年发展趋势展望,中国经济发展虽然面临一些风险,但整体比较稳定。参照以上中国人民银行公布的金融机构人民币一年期存款利率,故将预期利率 r 分别设置为 1.50%、2.61%、3.50% 和 5%(长期利率水平一般在 5% 左右)①。根据 2010 年人口普查数据,全国人口完全生命表 60 周岁人口的平均余命为 21.52 岁,则在 1.50%、3.50%、2.61% 和 5% 不同预期利率水平下的除数大小如表 4-11 所示。

表 4-11 1.50%、2.61%、3.50% 和 5% 预期利率水平下养老金发放的除数

r	0%	1.50%	2.61%	3.50%	5%
$\dfrac{(1+r)^{e_b}-1}{r(1+r)^{e_b-1}}$	21.52	18.54	16.72	15.46	13.64

公式 4.7 是个人账户养老金年发放标准,它除以 12 就是月发放标准。根据公式 4.7,可以计算出在不同预期利率、平均余命下,城乡居民基本养老保险个人账户养老金领取月标准系数,用 a 表示。其计算模型为:

$$a = \frac{1}{12} \cdot \frac{r(1+r)^{e_b-1}}{(1+r)^{e_b}-1} \qquad (公式 4.8)$$

根据公式 4.7,年除数可用下式表示:

$$年除数 = \frac{(1+r)^{e_b}-1}{r(1+r)^{e_b-1}}$$

月除数是年除数的 12 倍,与月标准系数的关系可表示为:

$$月除数 = 12 \times \frac{(1+r)^{e_b}-1}{r(1+r)^{e_b-1}} = \frac{1}{月标准系数} = \frac{1}{a}$$

(2)参数设置及测算结果

缴费年限 m 分别设置为 15 年、30 年、45 年,个人账户基金计息预期年利

---

① 参见王鉴岗:《社会养老保险平衡测算》,经济管理出版社 1999 年版,第 138 页。

率 r 分别设置为 1.50%、2.61%、3.50% 和 5%,计发系数设置为 139,按照第六次人口普查的 60 岁平均预期余命通过公式 4.8 计算月标准系数(不同平均预期余命和预期利率计算出的月标准系数不同)。

——计发系数为 139 的城乡居保个人账户养老金月领取标准测算结果

城乡居民基本养老保险规定,参保人缴费累计必须满 15 年,个人账户养老金的月计发标准为个人账户储存额除以 139。个人账户基金分别按照 1.50%、2.61%、3.50% 和 5% 的预期年利率计息,计发系数为 139,不同缴费档次标准缴费满 15 年、30 年、45 年,通过公式 4.7 计算,每月可领取的个人账户养老金见表 4-12、表 4-13、表 4-14。

表 4-12　缴费 15 年个人账户养老金的月领取标准
(计发系数为 139)

（单位:元）

缴费标准 （W）	$m=15$ 年			
	$r=1.50\%$	$r=2.61\%$	$r=3.50\%$	$r=5\%$
100	12	13	14	16
200	24	27	29	33
300	37	40	43	49
400	49	53	57	65
500	61	67	72	82
600	73	80	86	98
700	85	93	101	114
800	97	107	115	130
900	110	120	129	147
1000	122	133	144	163
1500	183	200	216	245
2000	244	267	287	326

表 4-13　缴费 30 年个人账户养老金的月领取标准

（计发系数为 139）　　　　　　　　　　　　（单位:元）

缴费标准（W）	m＝30 年			
	r＝1.50%	r＝2.61%	r＝3.50%	r＝5%
100	27	33	38	50
200	55	66	77	100
300	82	99	115	151
400	110	132	154	201
500	137	165	192	251
600	164	198	231	301
700	192	231	269	351
800	219	264	308	402
900	247	297	346	452
1000	274	330	384	502
1500	411	495	577	753
2000	548	660	769	1004

表 4-14　缴费 45 年个人账户养老金的月领取标准

（计发系数为 139）　　　　　　　　　　　　（单位:元）

缴费标准（W）	m＝45 年			
	r＝1.50%	r＝2.61%	r＝3.50%	r＝5%
100	46	62	79	121
200	93	124	158	241
300	139	186	236	362
400	186	248	315	483
500	232	309	394	603
600	279	371	473	724
700	325	433	551	844
800	372	495	630	965
900	418	557	709	1086
1000	465	619	788	1206
1500	697	928	1181	1810
2000	929	1238	1575	2413

从表4-12、表4-13、表4-14可知,以每人每年100元最低标准缴费满15年,按照1.50%、2.61%、3.50%和5%的预期年利率复利计息,计发系数为139,每月可分别领取12元、13元、14元、16元个人账户养老金;缴费满30年,每月可分别领取27元、33元、38元、50元个人账户养老金;缴费满45年,每月可分别领取46元、62元、79元、121元个人账户养老金。以每人每年2000元最高标准缴费满15年,按照1.50%、2.61%、3.50%和5%的预期年利率复利计息,计发系数为139,每月可分别领取244元、267元、287元、326元个人账户养老金;缴费满30年,每月可分别领取548元、660元、769元、1004元个人账户养老金;缴费满45年,每月可分别领取929元、1238元、1575元、2413元个人账户养老金。

国发〔2014〕8号文件规定,地方人民政府对选择最低标准缴费的参保人补贴不低于每人每年30元,对选择500元及以上缴费的补贴不低于每人每年60元。同样假设缴费档次100—1000元范围内,每提高一个档次标准缴费政府补贴增加10元;1000元以上,每增加100元缴费政府补贴增加5元。按照此补贴方法,每缴费档次每人每年补贴标准如前面个人账户储存额精算中参数的设置。这样,个人账户基金分别按照以上的1.50%、2.61%、3.50%和5%的预期年利率复利计息,不同缴费档次标准缴费和政府补贴,计发系数为139,参保人缴费满15年、30年、45年,通过公式4.7计算,每月可领取的个人账户养老金标准见表4-15、表4-16、表4-17。

表4-15 缴费15年个人账户养老金的月领取标准
（计发系数为139） （单位:元）

缴费+补贴 （$W+P$）	$m=15$ 年			
	$r=1.50\%$	$r=2.61\%$	$r=3.50\%$	$r=5\%$
130	16	17	19	21
240	29	32	34	39
350	43	47	50	57

缴费+补贴 （W+P）	m＝15 年			
	r＝1.50%	r＝2.61%	r＝3.50%	r＝5%
460	56	61	66	75
570	69	76	82	93
680	83	91	98	111
790	96	105	114	129
900	110	120	129	147
1010	123	135	145	165
1120	136	149	161	183
1645	200	220	236	268
2170	264	290	312	354

表 4-16　缴费 30 年个人账户养老金的月领取标准
（计发系数为 139）　　　　　　　　（单位：元）

缴费+补贴 （W+P）	m＝30 年			
	r＝1.50%	r＝2.61%	r＝3.50%	r＝5%
130	36	43	50	65
240	66	79	92	120
350	96	115	135	176
460	126	152	177	231
570	156	188	219	286
680	186	224	261	341
790	217	261	304	396
900	247	297	346	452
1010	277	333	388	507
1120	307	369	431	562
1645	451	543	632	826
2170	595	716	834	1089

表 4-17　缴费 45 年个人账户养老金的月领取标准

（计发系数为 139）　　　　　　　　　　　　　　（单位:元）

缴费+补贴 （W+P）	m＝45 年			
	r＝1.50%	r＝2.61%	r＝3.50%	r＝5%
130	60	80	102	157
240	111	149	189	290
350	163	217	276	422
460	214	285	362	555
570	265	353	449	688
680	316	421	536	820
790	367	489	622	953
900	418	557	709	1086
1010	469	625	796	1218
1120	520	693	882	1351
1645	764	1018	1296	1984
2170	1008	1343	1709	2618

从表 4-15、表 4-16、表 4-17 可知,以最低缴费档次标准和政府补贴(每人每年 130 元)缴费,按照 1.50%、2.61%、3.50%和 5%的预期年利率复利计息,缴费满 15 年,计发系数为 139,每月可分别领取 16 元、17 元、19 元、21 元个人账户养老金;缴费满 30 年,每月可分别领取 36 元、43 元、50 元、65 元个人账户养老金;缴费满 45 年,每月可分别领取 60 元、80 元、102 元、157 元个人账户养老金。以最高缴费档次标准和政府补贴(每人每年 2170 元)缴费,按照 1.50%、2.61%、3.50%和 5%的预期年利率复利计息,缴费满 15 年,计发系数为 139,每月可分别领取 264 元、290 元、312 元、354 元个人账户养老金;缴费满 30 年,每月可分别领取 595 元、716 元、834 元、1089 元个人账户养老金;缴费满 45 年,每月可分别领取 1008 元、1343 元、1709 元、2618 元个人账户养老金。

城乡居民基本养老保险机制研究

——按照第六次人口普查 60 岁平均预期余命测算计发系数的城乡居保个人账户养老金月领取标准测算结果

以上城乡居保个人账户养老金月领取标准,是按照国发〔2014〕8 号文件规定的 139 为计发系数计算出来的,139 为计发系数是根据 2005 年我国 60 岁人口平均预期余命和当时的预期利率确定的。如果按照第六次人口普查我国人口平均预期寿命和 60 岁人口平均预期余命 21.52 年、不同预期利率确定的月养老金标准系数(见表 4-12、表 4-13)、不同缴费档次标准缴费,通过公式 4.7 计算,参保人缴费满 15 年、30 年和 45 年的个人账户养老金月领取标准分别如表 4-18、表 4-19、表 4-20 所示。

表 4-18　缴费 15 年个人账户养老金的月领取标准
($e_{60} = 21.52$ 年)　　　　　　　　　　　　　　　　(单位:元)

缴费标准 （W）	m = 15 年			
	r = 1.50%	r = 2.61%	r = 3.50%	r = 5%
100	8	9	11	14
200	15	18	22	28
300	23	28	32	41
400	30	37	43	55
500	38	46	54	69
600	46	55	65	83
700	53	65	75	97
800	61	74	86	111
900	68	83	97	124
1000	76	92	108	138
1500	114	139	161	207
2000	152	185	215	277

表 4-19　缴费 30 年个人账户养老金的月领取标准
（e$_{60}$=21.52 年）

（单位：元）

缴费标准（W）	m=30 年			
	r=1.50%	r=2.61%	r=3.50%	r=5%
100	17	23	29	43
200	34	46	58	85
300	51	68	86	128
400	68	91	115	170
500	86	114	144	213
600	103	137	173	256
700	120	160	202	298
800	137	183	230	341
900	154	205	259	383
1000	171	228	288	426
1500	257	342	432	639
2000	342	457	576	852

表 4-20　缴费 45 年个人账户养老金的月领取标准
（e$_{60}$=21.52 年）

（单位：元）

缴费标准（W）	m=45 年			
	r=1.50%	r=2.61%	r=3.50%	r=5%
100	29	43	59	102
200	58	86	118	205
300	87	129	177	307
400	116	171	236	409
500	145	214	295	512
600	174	257	354	614
700	203	300	413	717
800	232	343	472	819
900	261	386	531	921
1000	290	428	590	1024
1500	435	643	885	1535
2000	580	857	1180	2047

从表4-18、表4-19、表4-20可知，以最低缴费档次标准（每人每年100元）缴费，按照1.50%、2.61%、3.50%和5%预期年利率复利计息，缴费满15年，依据第六次人口普查我国人口平均预期寿命和60岁人口平均预期余命21.52年和各预期年利率确定的月养老金标准系数，每月可分别领取8元、9元、11元、14元个人账户养老金；缴费满30年，每月可分别领取17元、23元、29元、43元个人账户养老金；缴满45年，每月可分别领取29元、43元、59元、102元个人账户养老金。以最高缴费档次标准（每人每年2000元）缴费，缴费满15年，按照相同的预期年利率和预期余命测算月养老金标准系数，每月可分别领取152元、185元、215元、277元个人账户养老金；缴费满30年，每月可分别领取342元、457元、576元、852元个人账户养老金；缴费满45年，每月可分别领取580元、857元、1180元、2047元个人账户养老金。

按照第六次人口普查我国人口平均预期寿命和60岁人口平均预期余命21.52年、不同的预期利率确定的月养老金标准系数（见表4-12、表4-13），不同缴费档次标准缴费和政府补贴（按照上述的补贴方法进行补贴），按照1.50%、2.61%、3.50%和5%预期年利率复利计息，缴费满15年、30年和45年，通过公式4.7测算，个人账户养老金月领取标准分别见表4-21、表4-22、表4-23。

表4-21　缴费15年个人账户养老金的月领取标准
（e_{60}=21.52年）　　　　　　　　　　（单位:元）

缴费+补贴（W+P）	m=15年			
	r=1.50%	r=2.61%	r=3.50%	r=5%
130	10	12	14	18
240	18	22	26	33
350	27	32	38	48
460	35	42	49	64
570	43	53	61	79

缴费+补贴 （W+P）	m=15 年			
	r=1.50%	r=2.61%	r=3.50%	r=5%
680	52	63	73	94
790	60	73	85	109
900	68	83	97	124
1010	77	93	109	140
1120	85	103	121	155
1645	125	152	177	228
2170	165	200	233	300

表 4-22　缴费 30 年个人账户养老金的月领取标准

（e_{60}=21.52 年）　　　　　　　　　　　　　（单位：元）

缴费+补贴 （W+P）	m=30 年			
	r=1.50%	r=2.61%	r=3.50%	r=5%
130	22	30	37	55
240	41	55	69	102
350	60	80	101	149
460	79	105	132	196
570	98	130	164	243
680	116	155	196	290
790	135	180	227	336
900	154	205	259	383
1010	173	231	291	430
1120	192	256	322	477
1645	282	376	474	701
2170	371	495	625	924

表 4-23　缴费 45 年个人账户养老金的月领取标准

（e$_{60}$＝21.52 年）

（单位：元）

缴费+补贴（W+P）	m＝45 年			
	r＝1.50%	r＝2.61%	r＝3.50%	r＝5%
130	38	56	77	133
240	70	103	142	246
350	102	150	206	358
460	133	197	271	471
570	165	244	336	583
680	197	291	401	696
790	229	338	466	809
900	261	386	531	921
1010	293	433	596	1034
1120	325	480	661	1146
1645	477	705	970	1684
2170	629	930	1280	2221

从表 4-21、表 4-22、表 4-23 可知，以最低缴费档次标准缴费和政府补贴（每人每年 130 元），按照以上各预期年利率复利计息，缴费满 15 年，依据第六次人口普查我国人口平均预期寿命和 60 岁人口平均预期余命 21.52 年和预期年利率确定的月养老金标准系数，每月可分别领取 10 元、12 元、14 元、18 元个人账户养老金；缴费满 30 年，每月可分别领取 22 元、30 元、37 元、55 元个人账户养老金；缴费满 45 年，每月可分别领取 38 元、56 元、77 元、133 元个人账户养老金。以最高缴费档次标准缴费和政府补贴（每人每年 2170 元），缴费满 15 年，每月可分别领取 165 元、200 元、233 元、300 元个人账户养老金；缴费满 30 年，每月可分别领取 371 元、495 元、625 元、924 元个人账户养老金；缴费满 45 年，每月可分别领取 629 元、930 元、1280 元、2221 元个人账户养老金。

二、完善城乡居民基本养老保险待遇确定机制的对策

（一）适时提高最低缴费档次标准，鼓励参保人选择较高标准缴费，提高个人账户养老金水平

从以上测算的个人账户储存额和月养老金标准可知，城乡居保参保期间缴费水平是影响参保人养老金高低的重要因素，城乡居保缴费水平表现为参保人选择缴费档次高低，选择的缴费档次越高表示缴费水平越高，将来个人账户养老金就越多。从长期来看，城乡居保要健康持续稳定发展，应该做大个人账户，提高个人账户养老金在总养老金中的比重，改变目前由政府全额支付的基础养老金在总养老金中占绝对比例的现象①。只有做大了个人账户，才能减轻将来政府在城乡居保方面特别是基础养老金支付方面财政补贴的压力，同时，做大了个人账户也是城乡居民基本养老保险稳定发展的坚实基础。从养老保险权利与义务相一致原则出发，在规定的缴费年限下，做大城乡居保个人账户应该主要依靠参保人提高缴费水平。但是由于参保人对城乡居保还不完全了解及制度本身还有待于完善等原因，现阶段大多数参保人选择低档次标准缴费，因此，应该完善城乡居保"多缴多得"和缴费档次标准调整机制，鼓励参保人提高缴费水平，做大个人账户。在目前多缴多得激励机制效果不是很明显的情况下，可以通过适当提高最低缴费档次标准，从而提高缴费基数来增加个人账户储存额，当然，在提高最低缴费档次标准后，政府应该同时加大对困难群体的代缴补贴力度。

如前所述，有的参保人并不是经济收入水平低没有能力选择高标准缴费，而是对制度不了解或认为制度作用不大才选择低缴费档次。实际上，随着城乡居民经济收入水平的提高和参保人对城乡居保政策的深入了解，提高最低

---

① 有的研究者认为这种完全依赖政府财政补贴支撑的制度，随着财政收入增长速度放慢，政府财政压力会越来越大，制度将难以持续发展。

缴费档次标准并相应地提高其他档次标准是必要和可行的。一是在城乡居民人均可支配收入逐步提高的情况下,参保人缴费仍徘徊在较低的缴费水平,这对城乡居保制度的可持续发展极为不利,极大地影响了城乡居民未来养老金待遇水平。老年人的获得感、幸福感将会大打折扣。二是选择高档次标准缴费人数逐年增多。虽然大多数参保人选择较低甚至最低档次标准缴费,但是相对城乡居保实施初期,选择较高档次标准缴费的人数还是逐渐增加。例如,宁夏回族自治区从2012—2016年选择低档次缴费的人数逐年减少,选择高档次缴费人数逐年增多,而有些档次缴费人数极少。其中,选择100元档次缴费的人数由2012年的103.55万人减少到2016年的80.51万人,减少幅度为22.25%;选择1000元、2000元档次缴费的人数分别增加10736人和18407人,增加的幅度分别为158.44%和162.66%。这说明城乡居民收入水平提高了,口袋里有钱了,有了提高缴费水平的基础[1]。三是扶贫攻坚战略为调整缴费档次提供了有利条件。调整缴费档次不仅可以提高城乡居民养老金水平,而且通过政府代缴费的方式,将低保家庭、重度残疾、特困人员、建档立卡贫困人口等缴费困难人员直接纳入城乡居保制度,可进一步帮助他们加快脱贫致富。

(二)适当增加领取养老金待遇资格的缴费年限,提高个人账户养老金水平

从以上测算的个人账户储存额和月养老金标准可知,领取养老金待遇资格的缴费年限是影响城乡居保待遇水平的又一个重要因素。缴费年限在宏观上对制度财务可持续性产生重要影响;在微观上对个人保障水平或养老金替

---

① 宁夏人力资源和社会保障厅:《关于调整城乡居民基本养老保险缴费档次及财政补贴标准的政策解读》,2018年1月15日,见http://www.nxhrss.gov.cn/zwgk/zcjd/201801/t20180115_667910.html。

代率有直接影响①。增加缴费年限要求有利于增加个人账户储存额,在其他条件一定的情况下,提高了个人账户养老金。如果将 15 年的缴费资格要求提高到 20 年或 30 年,在同样缴费水平下,个人账户储存额会增加 5 年或 15 年的缴费积累基金,相应就提高了个人账户养老金水平。目前城乡居保参保人缴费水平不高,15 年的最低缴费年限要求,很难达到保障参保人老年基本生活需要,因此,要提高城乡居保个人账户养老金水平,一方面要鼓励人们提高缴费水平,另一方面应该适时提高领取待遇资格的缴费年限,同时在提高最低缴费年限的基础上,采取适当机制激励参保人尽量长期缴费以提高养老金水平。

(三)完善基础养老金调整机制,提高基础养老金水平

基础养老金是城乡居保待遇的主要构成部分,如前所述,目前除少数地区外,大部分地区基础养老金标准相对城乡居民生活消费支出较低,其人均可支配收入替代率甚至低于最低生活保障替代率。目前城乡居保的缴费水平不高和缴费年限不长,从而个人账户养老金很少的情况下,所领取的养老金基本上是基础养老金,因此城乡老年居民养老待遇水平主要影响因素是基础养老金标准的高低。为了达到"保基本"的目标,增强人们对城乡居保的信心,体现公平和共享经济发展成果,应该随着经济发展水平和生活水平的提高而完善基础养老金调整机制,提高基础养老金标准。笔者建议现阶段基础养老金调整可以参照最低生活保障标准进行,其水平应该不低于最低生活保障标准,否则城乡居民基本养老保险难以发挥其"保基本"应有的作用,人们参保的积极性也不会高。随着城乡居保实施时间增长和缴费水平的提高,其基础养老金可以借鉴城镇保基础养老金调整机制进行调整,采取定额调整、挂钩调整和适当倾斜相结合的办法。各地定额调整标准应该依据人均可支配收入增长、生

---

① 李珍:《基本养老保险制度分析与评估——基于养老金水平的视角》,人民出版社 2013 年版,第 142 页。

活消费水平和物价变动情况,按照上年基础养老金一定比例统一确定,体现公平。由于目前城乡居保基础养老金基数较低,现阶段提高幅度应该大一点,可以按照上年基础养老金的 15%—25% 进行调整;当基础养老金提高到一定水平后,稳定在每年按照上年基础养老金的 5% 左右进行调整。挂钩调整可以与缴费年限挂钩,要体现"长缴多得""多缴多得"的激励机制,可以借鉴城镇保基础养老金计发办法,结合城乡居保具体相关规定进行改进,对累计达到最低缴费年限的,每增加 1 年缴费,建议每年提高 1%—2% 上年度人均可支配收入的基础养老金①。对高龄老人、艰苦边远地区老年居民适当提高调整水平,可以借鉴北京市的做法,2018 年 1 月 1 日起基础养老金标准每人每月增加 95 元(含全国最低基础养老金标准提高 18 元),64 岁及以下人员为每人每月 705 元;65 岁及以上人员为每人每月 715 元,比 64 岁及以下人员每人每月多加 10 元。同时,在城镇保养老金 14 年连续调整的情况下,城乡居保基础养老金也应该每年进行调整,并且建立动态调整机制。当然,调整的幅度可以与城镇保不同,可以根据城乡居保实际情况确定,但是为了制度模式的统一性、公平性、可衔接性,其调整周期和机制应该一致。

(四)依据人口平均预期寿命的变化,适时调整养老保险待遇计发系数

从以上测算的个人账户储存额和月养老金标准可知,养老保险待遇计发系数虽然不是影响养老金水平的内生因素,但是计发系数大小会影响养老基金的平衡。在养老保险基金一定条件下,计发系数与养老金水平负相关,计发系数越大,每月的养老金就低;反之,计发系数越小,每月的养老金就越高。计发系数的大小与领取养老金年龄和人口平均预期寿命(或领取年龄后的余命)有关,在规定了领取养老金年龄时,人口平均预期寿命越长(余命越长),

---

① 城镇职工基本养老保险基础养老金月标准是以当地上年度在岗职工月平均工资和本人指数化月平均缴费工资的平均值为基数,缴费每满 1 年发给 1%。

养老金计发系数就越大,反之,养老金计发系数就越小。人口平均预期寿命受社会经济发展程度、卫生医疗水平等多种因素的影响,我国社会经济和卫生医疗水平等在不同历史时期不同,人口平均预期寿命在不同时期也不同。第五次人口普查(2000年)全国人口平均预期寿命为71.40岁,第六次人口普查(2010年)全国人口平均预期寿命为74.83岁,比第五次人口普查增长了3.43岁。具体见表4-24。

表4-24　中国出生人口平均预期寿命　　　　（单位:岁）

年份	合计	男	女
1981	67.77	66.28	69.27
1990	68.55	66.84	70.47
1996	70.80		
2000	71.40	69.63	73.33
2005	72.95	70.83	75.25
2010	74.83	72.38	77.37
2015	74.34	73.64	79.43

资料来源:国家统计局编:《中国统计年鉴2017》,中国统计出版社2017年版。

同时,由于我国城乡社会经济发展水平和生活水平还存在差异,城乡居民人口平均预期寿命也不同。从第六次人口普查数据测算来看,城镇人口平均预期寿命较农村人口平均预期寿命长(见表4-3),到了领取养老金规定年龄60周岁时,农村人口的余命较城镇人口余命短,城乡居保的农村居民养老金计发系数理论上应该比城镇居民养老金计发系数小,而目前城乡居保的计发系数与城镇保的相同,不符合城乡居民平均预期寿命状况。因此,城乡居保应该根据不同时期人口平均预期寿命及分城镇、农村居民人口平均预期寿命合理确定养老金待遇计发系数,并建立动态调整机制。建议5年或10年调整一次城乡居保待遇计发系数,因为正常情况下人口平均预期寿命一两年内变化不会很大,由于社会经济发展、卫生医疗水平的提高,5—10年人口平均预期寿命会发生一定的变化。同时,我国每隔10年进行一次人口普查,其间第5年进行一次人口抽样调查,5—10年调整城乡居保待遇计发系数有更可靠的人口普查数据作为依据。另外,随着人口平均预期寿命增长,按照城乡居保现在规定的领取养老金年龄和养老金计发系数,个人账户养老金存在长寿风险,应该适时提高领取养老金年龄,这样在一定的平均预期寿命下,减少了计发系数,相对提高了个人账户养老金水平。

三、城乡居民基本养老保险筹资和待遇确定机制优化

从以上个人账户基金积累额规模和养老金月发放标准可以看出,按照现行城乡居保缴费、政府缴费补贴和待遇确定机制,参保人到了领取待遇年龄时,所领取的个人账户养老金很少。按照目前的基本生活消费支出水平(见表4-25),即使加上政府发放的基础养老金,城乡居保养老金也满足不了城乡居民老年时期的基本生活,随着生活水平的提高更难保障。有必要对城乡居保筹资和待遇确定机制进行调整和完善,以下通过目前居民人均消费支出情况与上述月领取养老金水平比较来分析优化办法。

城乡居保制度实施以来,我国居民人均可支配收入稳定增长,居民人均消费支出也逐渐增加,具体情况见表2-3、表2-4。由于城乡居保制度目标是保障城乡居民老年时期的基本生活需要,基本生活一般应该包括吃、穿、住、行等基本方面,我国居民人均支出项目包括食品烟酒、衣着、居住、生活用品及服务、交通通信、教育文化娱乐、医疗保健和其他用品及服务等八项内容(在《中国统计年鉴》中,我国居民人均消费支出主要是统计此八方面)。在此把食品烟酒、衣着、居住、生活用品及服务和交通通信前五项确定为基本生活需要支出项,这五项费用基本上对应了居民的吃、穿、住、行基本方面的生活费用。老年人另外一项重要需求是医疗保健,但这不是日常生活需要,同时现行医疗保险和医疗救助制度基本可以满足这部分需要,故在此没有把医疗保健支出纳入日常基本生活消费支出。城乡居保实施以来全国居民、城镇居民和农村居

民基本生活人均消费支出具体情况见表4-25。

表4-25　2009—2017年全国居民、城镇居民与农村居民
基本生活人均消费支出　　　　　　　　　（单位:元）

年份	全国居民基本生活年人均消费支出	全国居民基本生活月人均消费支出	城镇居民基本生活年人均消费支出	城镇居民基本生活月人均消费支出	农村居民基本生活年人均消费支出	农村居民基本生活月人均消费支出
2009			9461	788	3281	273
2010			10473	873	3595	300
2011			11759	980	4266	356
2012			12920	1077	4801	400
2013	10586	882	14873	1239	5918	493
2014	11553	963	15987	1332	6606	551
2015	12436	1036	16989	1416	7233	603
2016	13482	1123	18216	1518	7944	662
2017	14338	1195	19169	1597	8524	710

资料来源:根据2009—2018历年《中国统计年鉴》(中国统计局编,中国统计出版社出版)数据整理计算而得。

注:统计年鉴中居民人均支出项目包括食品烟酒、衣着、居住、生活用品及服务、交通通信、教育文化娱乐、医疗保健和其他用品及服务等八项内容,在此把食品烟酒、衣着、居住、生活用品及服务和交通通信前五项确定为基本生活需要支出项;月人均消费支出=年人均消费支出÷12。

　　将表4-12至表4-23个人账户养老金月领取标准与表4-25居民基本生活月人均消费支出水平进行比较可知,个人账户养老金月领取标准远远低于城乡居民基本生活月人均消费支出水平。从表4-25可知2017年全国居民基本生活月人均消费支出为1195元,城镇居民、农村居民基本生活月人均消费支出分别为1597元、710元。而年利率为5%,缴费满15年,计发系数为139,参保人按照国务院规定的最高缴费档次标准2000元/年缴费,可领取326元/月个人账户养老金;加上政府缴费补贴,可领取354元/月个人账户养老金。如果按照第六次人口普查60周岁平均预期余命计算的计发系数发放个人账户养老金,个人账户养老金月领取标准更低(见表4-18至表4-23)。即

使再加上政府发放的基础养老金①,也难以保障城乡居民老年时基本生活的需要。

由于城乡居保发展水平还不够高,城乡居民参保缴费能力水平有限,城乡居保达到保障上述五项基本生活水平还存在一定的困难。这里只考虑城乡居保保障基本生活中食品消费需要的情况,对居民食品消费人均支出与城乡居保养老待遇月领取标准加以比较,从而分析完善城乡居保缴费和待遇确定机制的办法。城乡居民食品消费人均支出情况见表4-26。

表4-26 2009—2017 年全国居民、城镇居民与农村居民
食品消费人均支出

（单位:元）

年份	全国居民食品消费年人均支出	全国居民食品消费月人均支出	城镇居民食品消费年人均支出	城镇居民食品消费月人均支出	农村居民食品消费年人均支出	农村居民食品消费月人均支出
2009			4479	373	1636	136
2010			4805	400	1801	150
2011			5506	459	2107	176
2012			6041	503	2324	194
2013	4127	344	5571	464	2554	213
2014	4494	374	6000	500	2814	235
2015	4814	401	6360	530	3048	254
2016	5151	429	6762	564	3266	272
2017	5374	448	7001	583	3415	285

资料来源:根据 2009—2018 历年《中国统计年鉴》(国家统计局编,中国统计出版社出版)数据整理计算而得。

长期预期利率为5%,不同缴费年限、不同缴费档次标准和政府缴费补贴(以上述方法进行补贴),按照计发系数为 139 发放,依据以上相关公式计算的养老金月领取标准情况见表4-27。

---

① 中央规定自 2018 年1月1日起,城乡居民养老保险最低基础养老金标准为 88 元/月。

表4-27　年利率5%个人账户养老金月领取标准
（计发系数为139）　　　　　　　　　　　（单位:元）

缴费+补贴 （W+P）	r=5%			
	m=15 年	m=20 年	m=30 年	m=45 年
130	21	32	65	157
240	39	60	120	290
350	57	87	176	422
460	75	115	231	555
570	93	142	286	688
680	111	170	341	820
790	129	197	396	953
900	147	225	452	1086
1010	165	252	507	1218
1120	183	280	562	1351
1645	268	411	826	1984
2170	354	542	1089	2618

从表4-26可知,2017年全国居民食品消费月平均支出为448元,城镇居民和农村居民食品消费月平均支出分别为583元和285元。如果城乡居保养老金待遇要达到2017年食品消费人均支出水平,减去中央规定的最低基础养老金标准88元/月,个人账户养老金月领取标准还需达到360元/月（448元-88元=360元）。从表4-27可以看出,个人账户养老金月领取标准要达到每月360元左右,在预期利率为5%、缴费年限为15年时,需要参保人选择最高缴费档次标准每人每年2000元缴费;缴费年限为20年、30年、45年时,参保人需要选择1500元、600元、300元的档次缴费。

第五章　城乡居民基本养老
保险运行机制分析

城乡居保必须通过具体的运行过程才能实现其特定的目标任务,建立层次清晰、职责明确、相互协调、相对稳定的运行机制是城乡居保制度有效实施的有力保证。国发〔2014〕8 号文件提出加强组织领导和政策宣传,加强经办管理服务与信息化建设,加强监督等要求。本章在分析城乡居保运行机制中法律法规建设、管理实施和监督等主要构成要素现状及其存在的问题基础上,提出了完善城乡居保运行机制的对策。

第一节　社会保险运行机制基本
内容与构建原则

社会保险运行机制就是为了实现社会保险的目标而采取的手段、方法及相关制约因素与环节的总称。社会保险的运行过程包括项目设置、资金筹集、基金管理、待遇支付等环节,每一个环节都需要以法律、法规、政策为操作依据,由政府严格管理下的专门机构来实施,并接受社会各界的监督[①]。下面介

[①]　郑功成:《论中国特色的社会保障道路》,中国劳动社会保障出版社 2009 年版,第 347—348 页。

绍和阐述社会保险运行机制的原则目的、体系（构架）及其基本内容。

一、社会保险运行机制的基本内容

（一）社会保险运行机制体系构架

社会保险运行过程是相关要素相互协调、相互配合的系统工程,社会保险运行机制应包括法制系统、管理系统、实施系统和监督系统等四个系统[①]。其结构如图5-1所示。

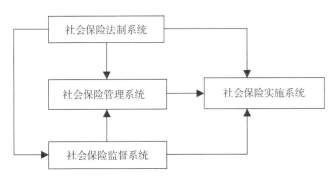

图5-1　社会保险运行机制结构

（二）社会保险运行机制的基本内容

如图5-1所示,社会保险运行机制由四个相互协调的系统组成。在这个系统中,社会保险实施客观依据是法制系统,责任主体是管理系统,执行主体是实施系统,基本保证是监督系统。各系统的基本内容如下:

1.社会保险法制系统。法制系统基本内容为立法程序、立法层级、立法内容等。它是人们意志在社会保险中的集中体现,是强制力的具体反映,是社会保险制度运行的依据。

2.社会保险管理系统。管理系统基本内容为政府管理机构的设置与调

①　郑功成:《论中国特色的社会保障道路》,中国劳动社会保障出版社2009年版,第356、359—360页。

整、权限划分、运行方式,以及各级政府事务管理权限的划分等。它是政府介入社会保险事务的主体标志,体现着政府社会保险事务责任,是社会保险正常运行的基本保证。

3. 社会保险实施系统。实施系统基本内容为实施机构的设置、职责划分、运行方式,与管理机构、参保的社会成员群体的关系,以及社会保险基金的收支、管理与运营等。该系统是指具体经办各种社会保险事务的主体,由于社会保险实施的相关事务均由这一系统承担,它是整个社会保险运行机制中重要的组成部分之一。

4. 社会保险监督系统。监督系统包括系统的结构、职能及其运行方式等内容,它是确保社会保险正常运行的必要机制。可以分为日常监督和预警监督。日常监督是指为了维护制度的正常运行和社会成员的合法权益,对社会保险制度在具体运行中违法、违纪等情况进行日常的或定期的检查监督;预警监督是指为了消除运行中可能发生的危机,对社会保险运行中财务收支等情况及可能发生的经济、社会危机进行监督。

法制建设的体系化、管理组织的严密化、实施机构的网络化、监督机构的权威化是社会保险制度正常运行、良性发展的必然要求。社会保险运行机制是一个分工明确、职责分明、结构严密、相互制约并相互协调的系统。

二、社会保险运行机制构建应遵循的基本原则

社会保险运行过程是一个包括制度设置、参保登记、缴费筹资、基金管理、待遇支付、稽核监督等多环节的、系统化的实施过程。作为一个系统化的过程,社会保险的运行机制应遵循以下原则:

一是整体性原则。社会保险运行的各环节、各要素及所采取的手段与方法是一个有机的整体,是由多个要素或系统组成,不是简单机械的集合,但各要素或系统又作为整体的一个特定部分存在,并在整体系统中发挥应有的作用。如社会保险项目的实施需要法律法规、政策条例等相关法制的规范和约

束,否则,社会保险项目就没有实施的依据和标准;反之,法律法规的规范和约束若不能通过科学的管理方式、有效的监督手段和合理的经办过程贯彻实施,便如同一纸空文;等等。

二是层次性原则。社会保险的运行具有层次性,每个层次都有自己特定的职责、任务和运行范围。如从法制规范到具体实施、从中央到地方、从政府到社会等,每一层次都有相应的层次分工,如果违背层次性规律,就会损害整个社会保险制度的正常运行和健康发展。

三是稳定性原则。社会保险运行机制应当具有稳定性,社会保险运行过程是各相关要素有机组合,各要素相互作用的形式和相互联系的规则是既定的。一旦相关要素的组合发生紊乱或衔接不上,则必然导致社会保险运行过程中的特定秩序发生混乱,进而出现摩擦与对抗,并损害社会保险制度的正常发展。如社会保险的法律法规在一定时期内应保持相对稳定,否则,管理实施等各环节就会脱节不连贯。

四是协调性原则。社会保险运行机制中各要素应当相互协调,否则就可能因相关要素的反作用力导致运行过程的非正常现象。如社会保险法律法规、政策的规范违背了社会保险制度实施过程中的民意,或社会保险实施机制在实施中违背了法规政策的规范等,都会对社会保险造成严重的后果。

五是合理性原则。设计社会保险运行机制时,应该尊重社会保险的客观发展规律,适合具体的国情,结合实际情况使相关要素的组合科学化、合理化。

第二节　城乡居民基本养老保险运行机制现状

城乡居保运行机制是指为实现城乡居保的目标而采取的手段、方法及相关制约因素与环节的总称,其主要包括相互协调、相互配合的法制系统、管理系统、实施系统和监督系统四个系统。城乡居保运行过程包括制度设置、资金筹集、基金管理、待遇支付等环节,每一个环节都需要以法律、法规、政策为操作依据,均须由政府严格管理下的专门机构实施,并接受社会各界监督。下面对城乡居保养老保险运行机制四个方面的主要状况进行阐述。

一、城乡居民基本养老保险的法律法规建设

世界各国社会保障任何一项相关制度的建立和实施都是先制定或修改相关法律,社会保障立法总是先于实践。法制系统是社会保障运行机制四个系统(法制系统、管理系统、实施系统和监督系统)中的最高层次,是社会保障运行过程中的管理系统、实施系统和监督系统的共同依据,属于基础规范性层次[①]。社会保障法律制度是指国家立法机构和行政机关用来肯定、明确、规范社会保障行为法律法规的总称,具体表现为法律、法规、命令、条例、意见等形式。它集中体现了国家解决社会保障问题的意志,是实现社会保障制度良性运行的必要保证。城乡居保制度是我国社会保障制度(城乡居保属于社会保险,社会保险是社会保障制度中的核心构成部分)的重要组成部分,它的运行同样需要相关法律法规提供必要的依据。城乡居民基本养老保险法律制度是国家立法机关和行政机关用法律、法规、命令、条例、意见等形式来肯定、明确、规范城乡居保行为的法律法规总和。它集中体现了国家解决城乡居民特别是农村居民养老保障问题的意志,规范了城乡居保行为,维护了城乡居民的养老保险权益,是实现城乡居保良性运行的基本保证。在城乡居保立法中,国家(各级政府)、社会、村集体(社区)、个人及有关各方面在城乡居保活动中的职责,城乡居保实施范围、资金筹集与管理、待遇标准、计算方式等,均由法律制度严格具体地进行规定,有关各方无论意愿如何,都必须依据法律规定来实施。因此,立法内容要明确清楚,必须用规范性的文字和语言对城乡居保事务进行严密的、具体的规范。

城乡居保实施以来,各级政府相关部门颁发了一系列相关法律法规。首

---

① 郑功成:《论中国特色的社会保障道路》,中国劳动社会保障出版社 2009 年版,第356 页。

先,《中华人民共和国宪法》第 45 条规定:"中华人民共和国公民在年老、疾病或者丧失劳动能力的情况下,有从国家和社会获得物质帮助的权利。国家发展为公民享受这些权利所需要的社会保险、社会救济和医疗卫生事业。"我国城乡居民是中华人民共和国公民的重要组成部分,与企事业组织职工和国家机关工作人员一样,具有在年老、疾病或丧失劳动能力的情况下享受社会保险、社会救济和医疗卫生等社会保障的权利。《中华人民共和国社会保险法》①对城乡居保的基金筹集模式、待遇发放方式等内容进行基本规定,第 2 条规定:"国家建立基本养老保险、……等社会保险制度,保障公民在年老、……等情况下依法从国家和社会获得物质帮助的权利。"第 20 条规定:"国家建立和完善新型农村社会养老保险制度。"第 21 条规定:"参加新型农村社会养老保险的农村居民,符合国家规定条件的,按月领取新型农村社会养老保险待遇。"第 22 条规定:"国家建立和完善城镇居民社会养老保险制度。……可以将城镇居民社会养老保险和新型农村社会养老保险合并实施。"以宪法和社会保险法为基本依据,各级政府相关部门对城乡居保制定了一些具体的法规政策。2009 年新农保试点实施以来,城乡居保主要法律法规见表 5-1。

表 5-1　城乡居保法律法规一览表

颁布日期	颁布机构	法律法规名称	备注
1982.12.4	全国人民代表大会	《中华人民共和国宪法》	2018.3.11 第五次修正
1996.8.29	全国人民代表大会常务委员会	《中华人民共和国老年人权益保障法》	2018.12.29 第三次修正
2010.10.28	全国人民代表大会常务委员会	《中华人民共和国社会保险法》	2018.12.29 第一次修正

---

① 2010 年 10 月 28 日第十一届全国人民代表大会常务委员会第十七次会议通过,根据 2018 年 12 月 29 日第十三届全国人民代表大会常务委员会第七次会议《关于修改〈中华人民共和国社会保险法〉的决定》修正。

颁布日期	颁布机构	法律法规名称	备注
2009.9.1	国务院	《国务院关于开展新型农村社会养老保险试点的指导意见》(国发〔2009〕32号)	
2009.11.10	财政部、人力资源社会保障部	《财政部　人力资源社会保障部关于中央财政新型农村社会养老保险试点专项补助资金管理有关问题的通知》(财社〔2009〕211号)	
2009.11.16	人力资源社会保障部	《关于印发新型农村社会养老保险信息系统建设指导意见的通知》(人社部发〔2009〕146号)	
2009.11.30	人力资源社会保障部	《关于印发新型农村社会养老保险经办规程(试行)的通知》(人社部发〔2009〕161号)	
2009.12.3	公安部	《关于积极配合做好新型农村社会养老保险试点相关工作的通知》(公治〔2009〕586号)	
2009.12.31	国家人口计生委、人力资源社会保障部、财政部	《国家人口计生委　人力资源社会保障部　财政部关于做好新型农村社会养老保险制度与人口和计划生育政策衔接的通知》(国人口发〔2009〕101号)	
2011.3.3	财政部、人力资源社会保障部	《财政部　人力资源社会保障部关于印发〈新型农村社会养老保险基金财务管理暂行办法〉的通知》(财社〔2011〕16号)	
2011.3.9	财政部	《关于印发〈新型农村社会养老保险基金会计核算暂行办法〉的通知》(财会〔2011〕3号)	
2011.6.7	国务院	《国务院关于开展城镇居民社会养老保险试点的指导意见》(国发〔2011〕18号)	
2011.12.31	财政部	《关于中央财政新型农村和城镇居民社会养老保险试点专项补助资金管理有关问题的通知》(财社〔2011〕323号)	
2012.2.24	人力资源社会保障部、财政部、民政部	《人力资源社会保障部　财政部　民政部关于做好新型农村和城镇居民社会养老保险制度与城乡居民最低生活保障农村五保供养优抚制度衔接工作的意见》(人社部发〔2012〕15号)	
2014.2.21	国务院	《国务院关于建立统一的城乡居民基本养老保险制度的意见》(国发〔2014〕8号)	

颁布日期	颁布机构	法律法规名称	备注
2014.2.24	人力资源社会保障部、财政部	《人力资源社会保障部　财政部关于印发〈城乡养老保险制度衔接暂行办法〉的通知》(人社部发〔2014〕17号)	
2014.2.24	人力资源社会保障部办公厅	《人力资源社会保障部办公厅关于贯彻实施〈城乡养老保险制度衔接暂行办法〉有关问题的通知》(人社厅发〔2014〕25号)	
2014.3.7	人力资源社会保障部	《人力资源社会保障部关于印发城乡居民基本养老保险经办规程的通知》(人社部发〔2014〕23号)	
2015.1.10	人力资源社会保障部、财政部	《人力资源社会保障部　财政部关于提高全国城乡居民基本养老保险基础养老金最低标准的通知》(人社部发〔2015〕5号)	
2015.6.2	国家质量监督检验检疫总局、国家标准化管理委员会	《城乡居民基本养老保险服务规范》(GB/T31597-2015)	
2017.8.22	财政部、人力资源社会保障部、国家卫生计生委	《财政部　人力资源社会保障部　国家卫生计生委关于印发〈社会保险基金财务制度〉的通知》(财社〔2017〕144号)	
2018.3.26	人力资源社会保障部、财政部	《人力资源社会保障部　财政部关于建立城乡居民基本养老保险待遇确定和基础养老金正常调整机制的指导意见》(人社部发〔2018〕21号)	
2018.5.10	人力资源社会保障部、财政部	《人力资源社会保障部　财政部关于2018年提高全国城乡居民基本养老保险基础养老金最低标准的通知》(人社部规〔2018〕3号)	

注:根据历年相关政府部门颁发的法律法规整理。

　　以上法律法规对城乡居保相关内容作出了明确规范,将党中央作出的建立覆盖城乡的社会保障体系的重大决策和战略部署转化为稳定性的国家制度,对国家的长治久安发挥重要的保障和推动作用。这些法律法规使我国城乡居保制度发展进入法制化轨道,在实施过程中有法可依:调整规范了城乡居保制度中政府职责和城乡居民享受保障权益之间,实施机构与政府、城乡居民之间,管理机构的设置及与其他部门之间等方面的关系;强化了政府责任,明确了城乡居保管理部门和经办机构的职责,确定了城乡居保相关各方的责任,使城乡居保制度更加稳定、运行更加规范,相关各方特别是城乡居民有了维护自身权益的有力工具;并且对城乡居保制度的覆盖范围、基本模式、资金来源、待遇构成、享受条件和调整机制、转移接续、与其他社会保障制度衔接、经办服务等方面作了比较具体的规定。

现有城乡居保法律法规中,《中华人民共和国宪法》作为国家根本大法,是城乡居保制度建立和实施的根本法律依据,也是城乡居保法制体系中的最高层次;第二层次是全国立法机关通过的可以适用于城乡居保或专门社会保险领域的法律,如国家一级立法机关颁布的《中华人民共和国老年人权益保障法》和《中华人民共和国社会保险法》等,是城乡居保制度实施的基本法律依据;第三层次是国家最高行政机关颁行的行政法规,如国务院颁布的《中华人民共和国劳动保险条例》《国务院关于开展新型农村社会养老保险试点的指导意见》《国务院关于建立统一的城乡居民基本养老保险制度的意见》等相关行政法规,为全国各地实施城乡居保提出了原则性的指导意见和规范;第四层次是各地方立法机关或地方权力机关在区域范围内颁布的城乡居保相关法规,各级地方政府依据国家法律法规结合地方实际情况制定了实施城乡居保的具体方案措施。

二、城乡居民基本养老保险管理体制

社会保障管理是社会保障相关机构采用适当的方法和手段,按照程序对社会保障事务进行计划、组织、协调、控制及监督的过程①,即分工合理、职责分明地与社会保障相关的管理机构按照法律、法规、政策规范维护社会保障体系正常运行的过程。社会保障管理机构是执行社会保障法治并确保法治的一

---

① 郑功成:《论中国特色的社会保障道路》,中国劳动社会保障出版社 2009 年版,第392 页。

个工具,因而建立科学、合理、高效运行的社会保障管理体系,确保其管理机构职责分明、政令畅通、成本低廉和资源优化,是社会保障制度正常运行和健康发展的基本保证。社会保障管理的基本任务就是保证社会保障法规政策的贯彻执行,利用行政手段维护整个社会保障体系的正常运行。相应地,城乡居保作为我国社会保障体系中的重要构成部分,城乡居保管理即是指城乡居保机构,按照相应的法律、法规、政策,通过适当方法和手段,按程序对城乡居保事务进行计划、组织、协调、控制与监督,从而使其正常运行。城乡居保运行是否正常,是评判管理系统是否发挥正常作用的基本标志。

社会保障管理实质上是国家通过建立相应的管理机构依法运用行政手段对社会保障事务进行管理,其核心问题是建立科学合理的社会保障管理体制①。相应地,城乡居保管理也就是国家通过建立城乡居保管理机构依法运用行政手段对城乡居保事务进行管理,管理体制是其核心问题。城乡居保管理体制建立一般包括成立符合城乡居保运行规律的专门管理机构,确定城乡居保管理机构的职责,赋予城乡居保管理机构应有的权威和明确城乡居保管理机构的目标与责任等四个方面的基本内容。其中建立城乡居保管理机构是首要内容,它是城乡居保实施的主要管理和责任主体,也是城乡居保制度实施的组织载体。城乡居保实施以来,从中央到地方建立了统一的城乡居保管理机构,基本形成了比较完整的城乡居保管理系统。以下对我国各级政府的城乡居保管理机构架构进行总体分析。我国城乡居保主要管理部门是人力资源和社会保障部,其组织结构如图5-2。

我国管理社会保障事务的中央机构主要是人力资源和社会保障部,其在社会保障事务管理方面的主要职责是:拟订社会保障发展规划、法律法规、政策制度;组织拟订社会保险标准、关系转续办法、基金统筹和管理办法;编制社会保险基金预决算草案,负责社会保险基金预警及相关事务的组织实施和监

---

① 郑功成:《论中国特色的社会保障道路》,中国劳动社会保障出版社2009年版,第394页。

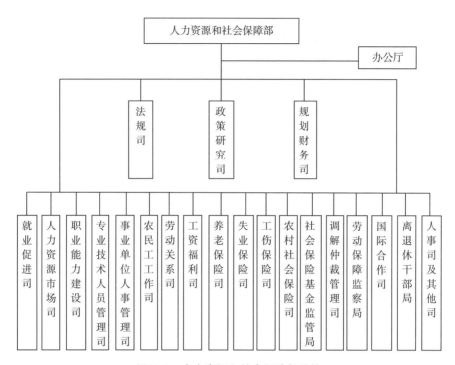

图 5-2　人力资源和社会保障部结构

督;等等。根据职责,人力资源和社会保障部内设了 23 个机构,其中农村社会
保险司是城乡居保直接管理机构,其职责是会同有关方面拟订城乡居保政策、
规划和标准、基金管理办法,组织实施城乡居保并进行审核监督,等等。农村
社会保险司内设了综合处、农民养老保险处、征地居民保障处和城镇居民养老
保险处等 4 个处,如图 5-3 所示。

对应人力资源和社会保障部的主要职责,各省、市、县(区)政府分别设置
了人力资源和社会保障厅、人力资源和社会保障局等管理机构,并且下级人力
资源和社会保障部门内设了与上级人力资源和社会保障部门内相对应的机构
承接主要事务和职责,如各省(地市)人力资源和社会保障厅(局)均设置了农
村社会保险处或与养老保险处合署机构专门管理城乡居保事务。绝大多数县
除建立了人力资源和社会保障局外还单独成立了城乡居民基本养老保险管理

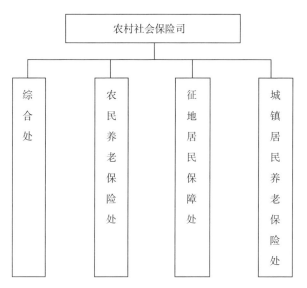

图 5-3　人力资源和社会保障部农村社会保险司组织结构

局,此局为二级局①专门经办城乡居保业务②。

以上城乡居保管理机构的设置表现出以下基本特色:(1)集中统一管理。社会保障是有着自己运行规律的、规模较大的社会系统,本质上要求实行集中统一管理。政府机构集中统一管理社会保障服务是社会保障理论界公认的一项基本原则,也是许多国家社会保障发展实践所证实了的有效管理体制。从集中统一管理的程度来看,主要有三种形式③:第一种是高度集中统一管理型,即建立一个社会保障机构,管理主要的社会保障事务,其他机构管理次要

---

　　①　或称城乡居民基本养老保险事业管理局,许多县此机构是在新农保实施时成立的,新农保试点时国家还没有开展城居保,因而该机构当时主要承办的是新农保业务,故称为"新型农村社会养老保险局",简称"农保局"。后来国家实施了城居保制度,且城居保制度与新农保制度合并为城乡居保制度,城居保业务也合并到了新农保机构经办,有的县就更名为"城乡居民基本养老保险局",有的县由于符合参加城居保的对象很少或习惯就仍称为"新型农村社会养老保险局"。笔者认为既然两项制度合并了,业务也在同一机构经办,建议各地方经办机构使用统一的"城乡居民基本养老保险局或事业管理局"名称。

　　②　有的地方由地市级城乡居民基本养老保险局经办相关业务。

　　③　郑功成:《论中国特色的社会保障道路》,中国劳动社会保障出版社 2009 年版,第396 页。

的社会保障事务;第二种是适度集中统一管理型,即对社会保障体系中的某一子系统进行集中统一管理,如对社会保险、社会救助等子系统进行分别集中管理;第三种是项目集中统一管理型,即建立专门的管理机构或在某一部门中内设专门机构对某一项目进行集中统一管理。我国在不同程度上同时存在这三种社会保障管理形式,如主要的社会保障事务——社会保险(包括养老保险、医疗保险、失业保险、工伤保险和生育保险等)等由人力资源和社会保障部门统一管理,属于第一种管理形式;而我国社会救助、社会福利等由民政等相关部门统一管理,属于第二种管理形式;公积金、教育福利有专门的管理机构进行管理,属于第三种管理形式。城乡居保属于社会保险的子项目,由人保部中专门的农村社会保险司(处)或养老保险司(处)等部门进行集中统一管理,其管理同时具有第一、第三种集中统一管理形式的特点。(2)属地管理为主,系统直属管理为辅。社会保障事务通常是在国家统一的法律法规下,由中央政府或国家社会保障主管部门制定统一的原则性政策,由各地区具体组织实施,并由各地区的社会保障管理机构承担主要管理职责,同时对地方政府直接负责。我国城乡居民基本养老保险制度是一项覆盖全体城乡居民的社会保障制度,因而国家或中央政府制定了全国统一的城乡居保法律法规和原则性政策,如《中华人民共和国社会保险法》等。但是由于我国各地经济社会等方面发展不平衡,不同地区实施政策的环境条件差异性较大,不同地区难以按照统一的具体规划、标准、政策实施制度,因而各地设置了专门的地方管理和实施机构来具体组织实施本地区的城乡居保制度。同时,由于社会养老保险包括城乡居保具有积累性、流动性,以及为了便于上级城乡居保管理机构对下级机构的领导和监督,有必要适度实行由国家或省一级城乡居保相关管理机构直接管理并采取系统直属的组织方式来实施。从目前我国城乡居保管理办法规定和机构设置及其职责划分来看,实行的是属地管理为主、系统直属管理为辅的管理模式。国发〔2014〕8号文件规定"各级人力资源社会保障部门要切实履行主管部门职责,……,统一管理、综合协调""各省(区、市)人民政府……,结合本地区实际情况,制定具体实施办法"。从中央到地方各级政府都建立了相应管理机构以承接相关职责,中央确定城乡居保的基本原则和主要政策,地方制定具体办法,省级和地市级社保机构负责组织指导本地区各级社保机构开展经办管理服务工作,县(市、区、旗)、乡两级社保机构负责参保登记、保费收缴、基金管理、待遇核定和支付、查询和举报等具体经办工作,这充分体现了属地管理为主、系统直属管理为辅的特点。(3)专业化管理。在社会保障管理系统中,城乡居保管理是一个相对独立的系统。由于城乡居保覆盖范围广,参保对象规模大,参保缴费期跨度较长,养老保险基金具有积累性,并需要对养老基金进行合理的管理和运营以保值增值,达到将来保障参保人老年时期基本生活的目标,同时进行信息化、社会化管理,必须要有专门机构对城乡居保进行专业化管理。为了适应这种需要,从中央到地方人力资源和社会保障部门均设置了农村社会保险司或养老保险司(处、局)、社会保险基金监管局、社会保险事业管理中心等专门的分工明确、职责分明的管理机构对城乡居保的规划制定与实施、标准设计、基金运行、制度转移衔接等方面事务进行专业化管理。(4)与法制系统和实施系统紧密结合。社会保障管理系统是依法运行,其管理的具体对象主要是社会保障的实施系统,是整个社会保障运行机制中的上承法制系统、下管实施系统的关键环节①。我国城乡居保管理同样体现了此特点,城乡居保管理机构依据《中华人民共和国社会保险法》、国发〔2014〕8 号文件等法律法规对城乡居保进行管理,并对其实施机构进行指导和监督。城乡居保由专门机构负责管理,其实施时有一些事务与其他部门相关,如与城镇保、低保制度等其他社会保障制度衔接事务等,也需要与城镇职工基本养老保险和民政部门等相应的管理机构协调管理。

---

① 郑功成:《论中国特色的社会保障道路》,中国劳动社会保障出版社 2009 年版,第397 页。

三、城乡居民基本养老保险实施状况

城乡居保制度实施是通过建立一定的实施或执行系统,依照城乡居保法律制度和现行政策的规范,采取相应的实施手段经办其事务,确保其目标得以实现的过程。在城乡居民基本养老保险运行中,制度实施既要接受城乡居保管理机构的管理,还要接受管理机构和专业监督机构及社会各界的监督,同时又要直接面对全体参加城乡居保并能够享受到待遇的社会成员,从而是整个运行机制中最为关键的环节,它能否有序、有效和平稳地运行,直接关系到城乡居保制度的成败。城乡居保制度实施系统是一个由项目、实施机构、手段、目标等要素组成的相互协调的有机系统。

关于城乡居保经办实施,国发〔2014〕8号文件规定"省(区、市)人民政府要切实加强……经办能力建设,科学整合现有公共服务资源和社会保险经办管理资源,充实加强基层经办力量,做到……便捷服务。……提高工作效率。要加强城乡居民养老保险工作人员专业培训,不断提高公共服务水平。……地方人民政府要为经办机构提供必要的工作场地、设施设备、经费保障。基层财政确有困难的地区,省市级财政可给予适当补助"。同时,"各地要……整合形成省级集中的城乡居民养老保险信息管理系统,并与其他公民信息管理系统实现信息资源共享;要将信息网络向基层延伸,……有条件的地区可延伸到行政村;要大力推行全国统一的社会保障卡"。

依据国务院城乡居保的实施规定,各地各级政府本着节约成本、提高效率和相同或相似社会保险项目适度集中的原则,在整合原有新农保和城居保经办管理资源的基础上,在市级和市级以下地方政府建立了在业务上独立的城乡居保管理局(或事业管理局)等类似实施机构专门经办城乡居保险业务。在省级和地市级社保机构组织指导下,各地区统一由社会保险经办机构、乡镇(街道)劳动保障事务所等具体经办城乡居保业务,村(居)民委员会协办人员协助办理。结合城乡居保管理系统,基本上形成了上管下办、政事分开、基金征收与待遇支付相分离的城乡居保管理与实施体制。这种体制下,城乡居保由人力资源和社会保障部门中专门机构管理、独立系统实施,实施网点通过县(市、区)社会保险中心延伸乡、镇、街道和有条件的村,就近为城乡居民提供相关服务,有些地方还通过遍布城乡的金融网点代办。其实施系统结构如图 5-4 所示。

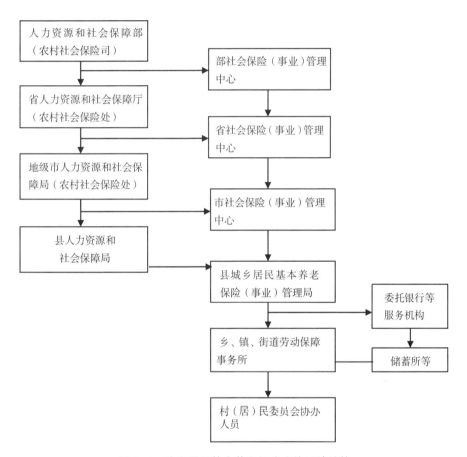

图 5-4　城乡居民基本养老保险实施系统结构

以上实施体制具体来说,就是省级、市地级社保机构负责:组织指导、监督考核本地区各级社保机构城乡居保经办管理服务工作,配合财政部门做好财政补助资金的结算、划拨工作;制定本地区城乡居保业务经办管理、基金财务管理、会计核算办法实施细则;制定本地区城乡居保内控、稽核制度,开展内控和稽核工作;编制、汇总、上报本级城乡居保基金预决算、财务和统计报表;参与城乡居保信息化建设和管理工作,负责城乡居保个人权益记录管理和数据应用分析工作;负责本地区全民登记管理;组织开展人员培训等工作。县(市、区等)社保机构负责城乡居保的参保登记、保险费收缴、基金管理、个人账户建立与管理、待遇核定与支付、保险关系转移接续、待遇领取资格核对、制发卡证、内控管理、个人权益记录管理、数据应用分析以及咨询、查询和举报受理,编制、上报本级城乡居民养老保险基金预决算、财务和统计报表,并对乡镇(街道)事务所的业务经办工作进行指导和监督考核(地市级直接经办城乡居民养老保险业务的参照执行)等工作。乡镇(街道)事务所负责参保资源的调查和管理,对参保人员的参保资格、基本信息、缴费信息、待遇领取资格及关系转移资格等进行初审,将有关信息录入信息系统,并负责受理咨询、查询和举报、政策宣传、情况公示等工作。村(居)协办员具体负责城乡居保参保登记、缴费档次选定与变更、待遇领取、保险关系注销、保险关系转移接续等业务环节所需材料的收集与上报,负责向参保人员发放有关材料,提醒参保人员按时缴费,通知参保人员办理补缴和待遇领取手续,并协助做好政策宣传与解释、待遇领取资格核对、摸底调查、居民基本信息采集、情况公示等工作。

从以上城乡居保制度实施系统架构和各级实施主体职责的划分可以看出,城乡居保实施系统具有以下基本特征:一是系统性。表现为从人力资源和社会保障部到地方各级政府都设有下属的经办管理机构或具体经办机构,形成与城乡居保管理层次相匹配的实施系统。如人力资源和社会保障部下设了社会保险事业管理中心,各省人力资源和社会保障厅、各地级市人力资源和社会保障局均下设了社会保险(事业)管理中心或类似机构为组织指导实施的机构,各县(区、市)人力资源和社会保障局均下设了城乡居民基本养老保险(事业)管理局,各乡、镇、街道劳动保障事务所以及村(居)委员会协办人员承担具体经办业务,从上至下形成了一套承担经办管理和具体经办业务的实施系统。二是网络性。城乡居保事业的社会化和全覆盖,客观上要求城乡居保实施系统构成网络,即城乡居保实施系统覆盖全国各地各村(社区),以满足城乡居保的需求。随着城乡居保的发展,各地区结合本地区实际情况,在充分利用现有资源的基础上,均设有或大或小若干个不同类别的实施机构。调查得知,很多地区与当地银行等金融机构的网点合作,在金融网点中加入了城乡居保相关经办业务,由金融网点代办;许多地区在村人口比较集中的公共场所设置经办室,或在村超市等人口流动较多的地方设置了城乡居保代办点;等等。三是有序性。为确保城乡居保经办管理服务工作的顺利实施,规范和统一业务操作程序,人力资源和社会保障部根据国发〔2014〕8 号文件,制定《城乡居民基本养老保险经办规程》并下发《人力资源社会保障部关于印发〈城乡居民基本养老保险经办规程〉的通知》(人社部发〔2014〕23 号)。《城乡居民基本养老保险经办规程》对参保登记、保险费收缴、个人账户管理、待遇支付、注销登记、关系转移接续、基金管理等事务的概念和经办的基本要求、程序流程和各级经办主体业务职责和环节衔接等方面有详细的规定。城乡居保实施过程一般包括:督促城乡居民参加城乡居保;征收并核查城乡居保保险费的缴纳情况;记录并保存参保人员有关情况,作为支付基本养老保险待遇的依据;审核受保者对养老保险待遇提出的申请;根据规范的条件和确定的标准,支付受保者相应的待遇(可以委托金融机构支付)等五个步骤。四是社会性。主要表现为城乡居保经办实施机构借助计算机和网络平台等现代信息化、社会化技术手段办理实施相关事务。如通过发放社会保障卡,借助银行金融网络平台进行保险费征缴和养老保险待遇社会化发放等业务。

四、城乡居民基本养老保险监督机制

城乡居保监督是指通过一定的机构或社会成员,依据法律法规采用一定的方式和手段,对城乡居保管理和实施进行监督并履行监督职责的过程,其重点是对城乡居保实施的监督。城乡居保监督机制是确保城乡居保正常运行的必要机制,包括监督机构的结构、职能及其运行方式。按照监督形式,城乡居保监督一般可分为日常监督和预警监督。日常监督是指为了维护城乡居保制度的正常运行和城乡居保人员的合法权益,对城乡居保制度的具体运行进行日常或定期检查监督。预警监督是指为了防止城乡居保运行危机出现,对城乡居保运行中财务收支等情况及可能引发的经济、社会危机进行监督。目前我国城乡居保监督主要是对城乡居保运行情况进行日常监督。按实施地点划分,城乡居保监督可分为实地监督、书面监督和网上监督;按监督时机划分,可分为事前监督、事中监督和事后监督。城乡居保监督实施时,一般采取多种监督方式相结合,更加全面、系统地进行监督。

虽然国外不同类型的国家有着不同的社会保障监督机制,但对社会保障的日常监督都非常重视。德国、法国、阿根廷等国家主管社会保障的政府部门主要充当社会保障一般监督机构的角色;英国建立了完全独立的社会保障服务机构、仲裁服务机构、社会保障基金检查机构、抚恤金反贪污监察机构等作为监督机构,依法独立行使监督权力;荷兰由政府、资方、劳工三方代表组成的社会保险委员会行使一般监督权[1]。建立健全的城乡居保监督机制会促进城乡居保良性发展,也是维护城乡居民的城乡居保权益、纠察城乡居保运行中的非正常状态、预警城乡居保运行中的潜伏危机和城乡居保运行机制自我完善的必然要求,而缺乏有效监督的城乡居保难免会偏离其预定的轨道,甚至可能会误入歧途。

对城乡居保运行的监督是通过具有监督权力的监督系统来实施的,包括行政、司法、社会和专门监督等系统。各监督系统在法律赋予的特定职责范围内行使不同的监督权力,并严格按照职责分工分别运行,其结构如图 5-5 所示。

行政监督是指政府有关职能部门代表国家对城乡居保制度的运行进行监

---

① 郑功成:《论中国特色的社会保障道路》,中国劳动社会保障出版社 2009 年版,第 461—462 页。

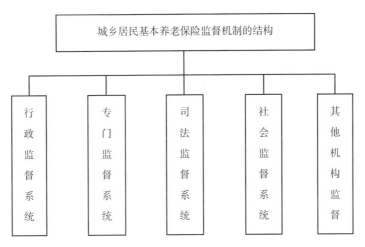

图5-5　城乡居民基本养老保险监督机制宏观结构

督,一般以日常监督为主,按照程序、采用一定手段行使监督权。城乡居保行政监督系统一般包括其主管部门人力资源和社会保障部门和其他非主管部门,如劳动部门、审计部门、监察部门等,这些部门均在自己的职责范围内通过日常工作对城乡居保事务进行监督。专门监督系统指针对城乡居保事务建立起由政府代表、集体代表和参保人代表等组成的专门监督委员会,定期对这些事务进行检查监督,以使各方权益都能得到维护,社会保险监管局①就是社会保险基金专门监督机构。司法监督系统是指对城乡居保管理和实施过程中违法犯罪行为进行监督的司法部门监督,包括法院、检察院等。社会监督系统是指非官方的、非专门的城乡居保系统之外的其他方面的监督,包括社会舆论监督和社会成员监督等,属于群众性、社会性监督系统。以上城乡居保各监督系

---

①　其职责为拟订社会保险基金和补充保险基金监管制度、运营政策和运营机构资格标准,认定运营机构资格并对其实施监管;建立社会保险基金和补充保险基金监督信息和举报系统,受理投诉举报;监督社会保险基金和补充保险基金收支、管理和投资运营,组织查处重大案件;拟订补充保险基金管理办法;负责在京中央国家机关事业单位职业年金基金管理合同、中央企业的企业年金基金管理合同和养老金产品备案工作;参与拟订全国社会保障基金投资政策,监督基金投资运营情况;负责对养老金管理机构实施监管;负责管理社会保险基金监督检查证和补充保险基金管理人员资格;负责社会保险基金和补充保险基金投资运营报告、投资运营信息统计和信息披露工作。

统职责分工在社会保险基金财务管理和实施中表现较明确,《社会保险基金财务制度》规定:社会保险行政部门对社会保险基金的收支、管理和投资运营情况进行监督检查,发现存在问题的,应当提出整改建议,依法作出处理决定或者向有关行政部门提出处理建议;财政部门、审计机关在职责范围内对社会保险基金实施监督;社会保险行政部门、财政部门、审计部门应依法依规及时纠正社会保险基金管理中的违法违规行为。经办机构和财政部门要建立健全管理制度并接受社会监督,经办机构要将基金收支、结余和收益情况定期公告社会;财政部门要将财政专户管理、储存结构、收益等情况定期公告社会。对社会保险基金管理中的违法行为,按照《社会保险法》《预算法》《财政违法行为处罚处分条例》等法律法规追究法律责任。城乡居保是社会保险的重要组成部分,关于社会保险基金财务制度的监督同样适用于城乡居保。

因监督内容、要求的不同,监督的工作程序也不完全相同。一般情况下,城乡居保监督的工作程序可分为准备阶段、实施阶段、整改阶段和结束阶段等四个阶段。从监督的内容来看,城乡居保监督主要包括参保缴费监督、养老待遇支付监督、基金管理和运营监督、内部控制等方面,其中每个方面又有较具体的监督内容。

第三节　城乡居民基本养老保险运行机制存在的问题及其对策

一、城乡居民基本养老保险法律法规建设问题及对策

经过 10 余年的发展,国家和政府制定了一些城乡居保相关法律法规,在法制方面基本上形成了分工协调、多层次的规范体系,但从总体上看,城乡居保法制建设还存在一些问题,主要表现在如下方面:一是缺乏整体规划,存在法制空缺。虽然在城乡居保发展过程中,其法律法规在逐渐制定与完善,但总

体上看缺乏整体规划。从宪法中有关规定,到国务院及其职能部门颁布的各种与城乡居保有关的行政性法规、制度,其间很长时间没有相关承上启下的城乡居保法律,只到 2010 年全国人大常委会才制定通过《社会保险法》。在社会保险子项目中,有的比较重要的子项目应该提高立法层次,例如基本养老保险。笔者认为基本养老保险覆盖人员较多,业务范围广,参保期较长,工作复杂,应该在《宪法》和《社会保险法》的基础上,借鉴国际上的做法,在全国人大立法层次制定《养老保险法》并对城乡居保作出明确规定。国际上很多国家有单独的养老保险或保障法,如法国 1910 年颁布《工人养老保险法》,瑞典 1946 年颁布《全国退休金法》,荷兰 1957 年颁布《一般养老金法》,智利 1980 年通过《养老保险法》等。二是法制建设层次较低,人大立法很少,行政法规多。从立法层次来看,针对城乡居保的立法层次并不高,以人大立法机关颁布的法律形式很少,大部分都是以行政法规和部门文件的形式进行颁布。表 5-1 中,只有 3 部法律是全国人大立法机关颁布的,其他法规均是由国务院及其相关职能部门颁布的,且很多是以"试行""暂行""意见""通知"的形式颁布,这些法规客观上还不是法律而是政府的行政法规,这表明城乡居保法制建设状况的低层次性、权威性、稳定性不够。由于城乡居保制度实施的法律依据层次较低,从而强制性并不高。三是法制建设不够规范,部分立法层级无序。城乡居保制度立法本应在以宪法为根本依据,首先制定统括社会保障各项目的《社会保障法》或《社会保险法》作为社会保障或社会保险子项目立法的基本依据,再制定社会保障或社会保险子项目的法律法规。而我国城乡居保最早的法规《国务院关于开展新型农村社会养老保险试点的指导意见》(国发〔2009〕32 号)(2009 年 9 月 1 日颁布)颁发早于《中华人民共和国社会保险法》(2010 年 10 月 28 日颁发),母法和子法颁布顺序错位。四是现有的法律法规有待修正完善。在养老保险法制建设方面,我国偏重于城镇企业和国家机关职工养老保险法制建设,而忽视或遗漏城乡居保法制建设,有的社会保障法律法规中只对城镇企业或国家机关职工养老保险相关内容作出了规定,而没有城乡居民基本养老保险相关内容的规定,因而需对这些法律法规进行完善。如《全国社会保障基金条例》主要对城镇职工社会保障基金的运营管理、监督和法律责任进行规定,没有明确把城乡居民基本养老保险基金纳入其管理范围;《社会保险费征缴暂行条例》也主要是对城镇职工社会保险费的征缴管理、监督进行了规定,城乡居民基本养老保险费征缴没有明确纳入管理范围。同时,现在的城乡居保制度模式与城镇保制度模式虽然均是社会统筹账户与个人账户结合,但两者社会统筹账户和个人账户的构成和缴费标准不同,这使城乡居保与城镇保两种制度在转移衔接上出现缝隙,难以公平合理进行转移接续,也不利于建立全国统一的基本养老保险制度。因此,应该加强城乡居保法律法规制定整体规划,提高城乡居保的立法层次,给予其相应的立法地位,把城乡居保相关内容纳入现有法律法规中,进一步完善城乡居保法律法规建设。

二、城乡居民基本养老保险管理问题及对策

城乡居保管理体制及其特点表明我国已形成较完整的城乡居保管理系统,但课题组调查发现其管理还有待完善。一是地方管理部门分工存在错位。城居保实施时,由于该制度与新农保制度基本相同,出于整合资源、节约成本的原则,未另建城居保经办机构,许多地方规定城居保相关业务纳入新农保经办机构经办。新农保和城居保合并实施建立统一的城乡居保制度后,人力资源和社会保障部把拟订城居保政策、规划和标准的职责从养老保险司划归到农村社会保险司,这使城乡居保管理分工明确、职责分明,便于集中统一管理。但是调查发现有的地方政府并没有把拟订城居保政策、规划和标准的职责从养老保险划归到农村社会保险,仍然保留在养老保险。如江苏、江西、云南等省,城乡居民基本养老保险事务管理分属两个内设机构,拟订城镇居民社会养老保险政策、规划和标准的职责归养老保险,而对经办的指导和监督等职责归农村社会保险。这种职责的分属和错位不便于集中统一管理,有时还会出现

互相推诿工作的情况。建议各级地方政府人力资源和社会保障部门的农村社会保险处(局)完全对接人力资源和社会保障部农村社会保险司的职责,以使城乡居保主要事务统一于农村社会保险管理部门,以利于管理和提高工作效率。二是管理专业化不够。目前从中央到地方各级政府均在人力资源和社会保障部门中设置了城乡居保专门管理机构。人力资源和社会保障部门的职能较多,主要有人事、劳动就业和社会保障三大块工作,每一块具体工作都很多且非常复杂:既要管理人事人才事务,又要管理劳动就业人力资源市场发展事务;既要管理机关事业工资分配政策事务,又要管理农民工工作;既要管理城乡居民社会保险事务,又要管理机关事业单位和军队干部安置等工作;等等。由于职能较多且分散,人员和管理资源有限,难以在各方面进行较强的专业化管理。仅社会保险工作就很多,目前包括养老、医疗、失业、工伤和生育等项目,随着社会发展和应对高龄老人照护的需要,还会出现护理保险(现在我国一些较发达地区,如上海已经开始试点)等其他新的社会保险项目。而每一项社会保险子项目均涉及相关政策、规划、标准和基金管理办法制定,组织实施,基金管理与运营,审核评估和监督等工作。特别是养老保险具有长期积累性和随劳动者流动而流动的特性,除了一般性工作外,其养老基金需要建立精算制度进行基金预算平衡,是一项非常专业化的管理工作。尤其中国的社会保险涉及数以亿计的城乡劳动居民,相当于多个发达国家的人口总和,因此,建议在条件成熟时将社会保险事务从现在的人力资源和社会保障部分离出来,建立独立的社会保险部门对社会保险事务进行专业化管理。只有建立专门的管理系统才能有效对对象规模如此之大、内容如此丰富的社会保险事务进行较高的专业化管理。三是与其他社会保障制度协调管理有待加强。城乡居保有的事务需要其他社会保障等管理机构进行配合协调管理。城乡居保基金管理方面,需要会同财政部、金融部门等部门进行协同管理;养老保险待遇的领取和停发需要与公安部门和民政部门进行信息共享和衔接管理;特别是城乡居保与城镇保、最低保、五保、扶贫制度等其他社会保障制度衔接的管理,需要与养老保险、民政部门和扶贫办等相关管理机构进行协同管理。但在调查中发现,由于制度内容的不同、管理机构职责不同及部门的权力限制,这些工作衔接往往存在一些间隙,难以完全协调一致,这影响了城乡居保管理的效率,并给工作带来了一些困难,从而影响城乡居保进一步发展。因此,应该加强城乡居保工作领导小组的统一领导和组织实施管理的能力,建立城乡居保管理机构与其他社会保障制度等相关管理机构协调管理机制。

三、城乡居民基本养老保险实施问题及对策

虽然城乡居保形成了较完整的运行有序、稳定、协同的实施网络系统,但随着城乡居保进一步发展和不断提高经办质量和效率的需要,在其实施过程中,还存在一些有待改进完善之处。一是人口分散的偏远农村地区实施网络布点困难。人口分散地区特别是农村偏远山区,由于基础设施条件差,布设实施网点或代办点成本较高。同时,这些偏僻地区往往人口稀少且分散,即使布设了实施网点,其使用率也很低。但这不能成为不为这些地区的居民提供方便的经办服务的理由,他们应该同样有享受与其他地区城乡居民一样的方便快捷的城乡居保经办服务的权利。课题组在江西某县调查时得知,该县主要是山区,村民居住分散,加上村里大多数人外出务工,在外务工发展较好的村民纷纷搬迁到城市里生活,有的村人口很少,只剩下几户人家,甚至只剩下几个老人。这些老人领取城乡居保待遇时要到十几里以外实施网点领取,来回需要半天甚至一天时间,行动不便的老年人就没办法自己领取。因此,建议政府加强偏远地区实施系统建设,加大在这些地区布点的财政支出或补贴,在条件允许的情况下,可以建立偏远地区城乡居保实施网点建设专项财政资金。也可以借助乡村振兴战略中新农村建设的机遇,将这些分散的边远地区农村搬迁至环境和基础设施较好的地区,从而使村庄和人口集中,以方便提供城乡居保的实施服务。对行动不便的参保人员,社保机构应会同乡镇(街道)事务所、村(居)委会为其提供上门服务。二是经办手续可以进一步简化。现在办

理参保登记、待遇领取申请、关系转移接续等手续都需要提供证件原件和复印件等纸质材料,审核固然必要,但是这些材料的逐级上交审核延长了办理时间,也影响了工作效率。甚至许多参保人对程序不了解,也不知道如何提供材料。建议进一步完善"金保工程",将网络向乡镇(街道)和村(社区)延伸,实现从省至社区实时联网,有条件的地区可延伸至行政村(在地方调查发现,许多村都没有必要场所,没有配备必要的电脑等软、硬件设备)。把参保登记、申请待遇领取等相关业务办理纳入城乡居保工作信息网络平台中,让城乡居民可以在工作信息网络平台上申报和办理相关事务,社保机构在网络平台上进行审核办理。可以借鉴湖北省的做法,湖北省2018年实现了城乡居民养老保险微信自助认证全覆盖,只要居民关注"湖北12333"公众号,点击进入微服务大厅的"城乡居民养老",就可办理业务。这既简化了审核手续,节约了时间,提高了工作效率,更方便了在外地务工的流动居民申报办理城乡居保相关事务。三是基金管理层次低,基金保值增值困难。城乡居保实施中一项重要内容是基金管理和运营,统一的城乡居保制度建立前,新农保和城居保均规定基金以县为单位管理,逐步提高管理层次,有条件的地方也可直接实行省级管理。两项制度合并为统一的城乡居保制度后,国发〔2014〕8号文件规定各地要在整合城乡居保制度的基础上,逐步推进城乡居保基金省级管理。从各地基金管理的实际情况来看,目前城乡居保基金基本上是以县为单位进行管理,由于县级管理基金的投资渠道较少,投资组合产品有限和收益较低,从而基金保值增值的难度较大。尽管《基本养老保险基金投资管理办法》(国发〔2015〕48号)中规定的基本养老保险基金包括城乡居保基金投资管理,所规定的投资渠道也很多,但是在县级管理层次下,在管理和运营技术、投资组合和防范风险的能力较低,保值增值难度很大。建议尽快提高城乡居保基金管理层次,在借鉴城镇保基金省级统筹和管理经验基础上,尽快实行城乡居保基金省级管理。城乡居保基金进行省级投资运营,可以与城镇保基金独立平行管理与运营,或者两者的基金合并投资运营,以发挥基金的规模效益,但收益按比例分开记账。将来城镇保基金全国统筹了,在条件成熟时,也可以适时把城乡居保基金纳入全国统筹和管理的范围。

四、城乡居民基本养老保险监督问题及对策

运行有序、行为规范的城乡居保监督系统和机制基本建立,但监督过程需要进一步改进。一是监督存在薄弱地区。有的比较偏远的地区,上级监督部门由于距离较远、监督人员不足,一些日常监督工作难以完全落实。调查发现,有的地区上级监督部门半年甚至更长时间没有对实施机构进行相应的检查监督工作;有的偏僻地区长年没有上级部门的实地巡视检查监督,只是通过书面汇报和网上稽核的方式进行遥控式监督,从而导致监督效果不理想。二是社会监督不够。国发〔2014〕8号文件规定城乡居保待遇领取人员每年要进行核对,参保人领取待遇资格要在行政村(社区)范围内进行公示,接受社会监督。课题组调查得知,一些村(社区)虽然有村务等公示牌(栏),可并没有对参保人待遇领取资格的公示内容,或者公示牌(栏)为空白,可见群众监督等社会监督规定流于形式;有的地区虽然有对参保人待遇领取资格的公示,但没有建立常态化公示机制,公示时有时无。应该引导社会舆论监督,规范群众监督行为,使城乡居保社会监督常态化和制度化。三是监督体制需进一步理顺。城乡居保行政监督系统的主体是相关行政管理部门,它们既是管理部门又是监督部门,同时也是被监督的对象。它们既行使管理职责,又行使监督职责,同时还要自我监督。在目前以行政监督为主的情况下,这种管理和监督职责不分离的体制,一方面有利于管理和监督协同,在管理中进行监督,在监督中改进管理;但另一方面,不同职责不分开,容易产生监督不力和管理不到位的现象。应该进一步理顺行政监督系统的监督机制,完善其他监督系统对城乡居保行政管理部门的监督机制,加强对行政管理部门的监督力度。四是监督方式比较单一。目前我国城乡居保监督方式主要是行政监督,主要由城乡居保主管部门和相关行政部门依法在工作职责范围内对城乡居保事务进行行

政监督,而专门监督机构很少,司法监督和社会监督力度有待加强。另外,现在主要是日常监督,对城乡居保发展中可能存在的问题、危机等未来情况进行的预警监督不足,从而缺乏预警性和预防性监控。因此,应该在充分发挥行政监督的同时,加强专门监督、司法监督和社会监督,使城乡居保监督更加具有专业性、权威性和广泛性,构建多重化有效的监督机制。在加大日常监督的同时要加强预警监督,增强城乡居保持续发展的可预测性和稳定性。

第六章　城乡居民基本养老保险社会化服务机制分析

城乡居保服务渗透于运行过程中各个环节,其服务方式对城乡居保各环节事务的落实具有重要作用。我国社会保障逐步从单位管理服务走向国家、社会机构管理服务,社会化服务也是将来主要的服务方式。本章在分析目前城乡居保社会化服务状况及其存在问题的基础上,把城乡居保部分基层服务纳入社会养老服务体系(居家养老、社区养老、机构养老)建设中考虑,提出了完善城乡居保养老金社会化发放和养老服务社会化供给机制的对策。

第一节　社会养老服务发展及其主要内容

一、新中国成立以来社会养老服务发展情况

(一)社会养老服务发展历程

党的十九大报告中指出:"加强社会保障体系建设。全面建成覆盖全民、城乡统筹、权责清晰、保障适度、可持续的多层次社会保障体系。全面实施全民参保计划。完善城镇职工基本养老保险和城乡居民基本养老保险制度,尽快实现养老保险全国统筹。……建立全国统一的社会保险公共服务平

台。……健全农村留守儿童和妇女、老年人关爱服务体系。"

随着人口老龄化程度加深和高龄化趋势,社会各方对养老服务提出了迫切要求。政府相关部门也出台了一系列养老服务政策文件:2006 年,国务院出台了第一个养老服务业政策文件《关于加快发展养老服务业的意见》(国办发〔2006〕6 号);2008 年 1 月 29 日,全国老龄委办公室、发展改革委、教育部、民政部、劳动保障部、财政部、建设部、卫生部、人口计生委、税务总局下发了《关于全面推进居家养老服务工作的意见》;2011 年 12 月 16 日,国务院下发了《国务院办公厅关于印发社会养老服务体系建设规划(2011—2015 年)的通知》;2013 年 9 月 6 日,国务院出台了《国务院关于加快发展养老服务业的若干意见》(国发〔2013〕35 号);2015 年 11 月 18 日,卫生计生委、民政部、发展改革委、财政部、人力资源社会保障部、国土资源部、住房城乡建设部、全国老龄办、中医药局联合出台《关于推进医疗卫生与养老服务相结合的指导意见》;2016 年 12 月,国务院印发《关于全面放开养老服务市场提升养老服务质量的若干意见》(国办发〔2016〕91 号);2017 年 2 月 28 日,国务院印发了《"十三五"国家老龄事业发展和养老体系建设规划》(国发〔2017〕13 号)。在这些政策文件中,政府明确加大工作力度,构建养老服务体系,提高养老服务质量,养老服务事业得到不断发展。政府发展养老服务大致可归纳为三个阶段。

第一阶段:新中国成立后至改革开放初期,养老服务处于替代性养老服务阶段。这一阶段,党和政府着力解决的是基本生活保障问题,老年人照护主要由家庭负责。只有入住机构的孤寡老人,才由机构提供较为粗放的养老服务。在城镇,主要依靠机关、企事业单位保障老年人基本生活。农村通过土地改革,"耕者有其田",以土地换保障。鳏寡孤独者,适当多分土地。实行合作化和人民公社后,由集体分配劳动成果等办法保障老年人生活。这一阶段的养老服务具有中国特色的"居养"模式,属于家庭替代性支持服务,主要作用是填补家庭供养服务缺失,将失去家庭支持的"五保""三无"老人收养到机构之中。

第二阶段:改革开放后至2000年,养老服务处于探索社会化发展阶段。这一阶段,我国开始了社会主义市场经济体制改革。通过探索构建独立于企事业单位、集体的社会保障体系,解决公民年老时的基本生活。以福利机构改革为突破口,推进社会福利社会化。其间,养老机构迅速发展,社区为老服务兴起,养老服务作为第三产业开始引起重视,获得了一定的发展。在机构和社区之外,家庭仍然是重要的养老服务主体。这一阶段养老服务社会化方向逐渐清晰,体现了市场化、产业化发展格局,养老服务业发展获得了新的突破。但是政府并没有促进养老服务业进一步市场化,而是按照发展养老事业的思路对养老机构进行管理,注重对养老机构的控制①。

第三阶段:2000年至今,养老服务处于体系化、产业化建设期。2000年是养老服务发展关键年份。这一年,我国整体进入了老龄化社会;国家老龄委、民政部等总结推广了居家养老服务经验。这一时期,各级政府继续推进社会化,通过加大财政投入,调动社会力量投入,加快养老机构发展步伐,呈现出投资主体多元化、服务对象公众化、运行机制市场化、多种所有制共存、适应社会主义市场经济体制的发展格局,较好地保障了特殊对象的供养需求,一定程度上满足了社会公众对福利事业的要求。这一阶段,养老服务重要性日益体现,开始朝着体系化方向迈进,最重要的是提出了"养老服务体系"的概念。2006年2月,第二次全国老龄工作会议强调要发展"以居家养老为基础,社区服务为依托,机构养老为补充"的中国特色养老服务体系建设。2008年年底,民政部部长李学举在全国民政工作会议上提出,要建立完善"以居家为基础、社区为依托、机构为补充"的养老服务体系构想②。两者的提法稍有差别,但基本内容一致,后者比前者更简洁,是一种提升和概括。养老服务体系进入了实施阶段③。

---

① 参见郑功成主编:《中国社会保障发展报告2017》,中国劳动社会保障出版社2017年版,第131页。

② 李学举:《在2009年全国民政工作会议上的讲话》,《中国社会报》2008年12月26日。

③ 董红亚:《中国政府养老服务发展历程及经验启示》,《人口与发展》2010年第5期。

(二)社会养老服务体系

养老服务体系是指为老年人全方位提供生活服务的支持系统。养老服务体系既包括家庭提供基本生活设施和生活环境,也包括社区提供的各种服务和条件,以及政府、社会提供的有关服务的形式、制度、政策、机构等各种条件。

养老服务按照不同标准可以划分为不同的类型。按照服务提供主体可划分为:家庭养老服务、社区养老服务、社会养老服务体系;按照老年人生活居住形式可划分为:居家养老服务、社区养老服务、机构养老服务体系。

我国的社会养老服务体系主要由居家养老、社区养老和机构养老等三个有机部分组成[①]。社会养老服务体系从养老服务层次上看,有基本养老服务体系和非基本养老服务体系之分。2011 年 12 月 16 日,国务院下发《国务院办公厅关于印发社会养老服务体系建设规划(2011—2015 年)的通知》,提出"社会养老服务体系是与经济社会发展水平相适应,以满足老年人养老服务需求、提升老年人生活质量为目标,面向所有老年人,提供生活照料、康复护理、精神慰藉、紧急救援和社会参与等设施、组织、人才和技术要素形成的网络,以及配套的服务标准、运行机制和监管制度"。这里社会养老服务指的是基本养老服务,它是以居家养老为基础、社区服务为依托、机构养老为支撑,提供具有适宜技术的基本养老服务,其性质是福利性服务,是政府对生活特别困难的老年人特别是失能、半失能老年人和低收入老年人的最起码保障型服务。非基本养老服务体系是指政府、社会对非营利性养老服务和市场性(营利性)养老服务有支持意义的各种形式、制度、政策、机构等方面所构成的系统。非基本养老服务体系性质是为老年人提供具有较高幸福指数的享受服务。"十三五"期间,我国提出建设更加健全的"居家为基础、社区为依托、机构为补充、医养相结合的养老服务体系"。

---

① 国务院办公厅:《社会养老服务体系建设规划(2011—2015 年)》(国办发〔2011〕60 号),2011 年 12 月 27 日,见 www.gov.cn/zhengce/content/2011-12/27/content-6550.htm。

二、社会养老服务的主要内容

2011年12月16日,国务院下发《国务院办公厅关于印发社会养老服务体系建设规划(2011—2015年)的通知》(国办发〔2011〕60号)提出,我国的社会养老服务体系主要由居家养老、社区养老和机构养老等三个有机部分组成。《"十三五"国家老龄事业发展和养老体系建设规划》提出,养老服务发展目标是"居家为基础、社区为依托、机构为补充、医养相结合的养老服务体系更加健全"。我国社会养老服务的主要内容是居家养老服务、社区养老服务和机构养老服务等三方面,以下分别介绍。

居家养老服务涵盖生活照料、家政服务、康复护理、医疗保健、精神慰藉等,以上门服务为主要形式。对身体状况较好、生活基本能自理的老年人,提供家庭服务、老年食堂、法律服务等服务;对生活不能自理的高龄、独居、失能等老年人,提供家务劳动、家庭保健、辅具配置、送饭上门、无障碍改造、紧急呼叫和安全援助等服务。

社区养老服务是居家养老服务的重要支撑,主要面向家庭日间暂时无人或者无力照护的社区老年人提供服务。在城市,增加养老设施网点,增强社区养老服务能力,打造居家养老服务平台。在农村,以乡镇敬老院为基础,建设日间照料和短期托养的养老床位,逐步向区域性养老服务中心转变,向留守老年人及其他有需要的老年人提供日间照料、短期托养、配餐等服务,积极探索农村互助养老新模式。

机构养老服务以设施建设为重点,通过设施建设,实现其基本养老服务功能。养老服务设施建设重点包括老年养护机构和其他类型的养老机构。老年养护机构主要为失能、半失能的老年人提供日常生活照料、康复护理、紧急救援专门服务,鼓励为社区高龄、重病、失能、部分失能以及计划生育特殊家庭等行动不便或确有困难的老年人,提供定期体检、上门巡诊、家庭病床、社区护理、健康管理、临终关怀等基本服务。其他类型的养老机构根据自身特点,为不同类型的老年人提供集中照料等服务。

从提供的养老服务项目来说,养老服务内容可以概括为生活照料、精神慰藉、健康管理、医疗护理、安宁服务、社会工作、休闲娱乐、文化教育、权益保障,等等。2013年国务院提出"各地要积极发展养老服务业,……鼓励和引导相关行业积极拓展适合老年人特点的文化娱乐、体育健身、休闲旅游、健康服务、精神慰藉、法律服务等服务,加强残障老年人专业化服务"①。

第二节　城乡居民基本养老保险社会化服务现状

一、城乡居民基本养老保险服务主要内容

2015年6月2日,国家质量监督检验检疫总局、国家标准化管理委员会发布了由人力资源和社会保障部提出的《城乡居民基本养老保险服务规范》(2016年1月1日起实施),对城乡居保参保登记、参保信息变更、养老保险费收缴、个人账户权益记录、待遇支付、保险关系转移、保险关系终止、服务监督、评价与改进的服务基本要求作出具体规定。以下对这些服务内容进行简要介绍。

(一)参保服务

参保服务包括参保申请服务和参保信息变更服务。参保申请服务是指符合参保范围的城乡居民均可申请参保,可向所在地村(居)民委员会和乡镇(街道)事务所提出参保申请,事务所或协办员(事务所委托的村或居民委员会协办人员)应接收辖区居民提出的参保申请,并指导其填写参保表格;若其本人无法填写,可由受托亲属或协办员代填,但应有其本人签字、签章或留指

---

① 2013年9月6日,国务院出台了《关于加快发展养老服务业的若干意见》(国发〔2013〕35号)。

纹确认,协办员检查参保人员相关材料后,按规定时限上报事务所。事务所应对相关申请材料进行初审,并将参保登记信息录入信息系统,按规定时限上报当地县(自治县、市、区、旗)级社保机构或直接经办业务的地市级社保机构。社保机构应在规定的时限内对申请参保人员相关信息进行复核,并及时将符合参保范围的申请人基本情况进行登记,建立个人账户并录入信息系统。登记后,社保机构应及时委托金融机构制发城乡居保所用银行存折或社会保障卡(以下简称"存折(卡)"),用于参保人员缴纳养老保险费或领取养老保险待遇。

参保信息变更服务是指社保机构应按照规定时限,及时为参保人员提供养老保险变更登记服务。首先,参保人提出参保信息变更申请。当参保人员参保登记事项发生变更时,可提出参保信息变更申请,协办员或事务所应接收参保人员提出的参保信息变更申请①。其次,相关部门进行审核和变更。工作人员检查参保人员相关证件及材料是否正确、齐全,指导参保人员正确填写参保信息变更登记表册,并按参保登记的基本流程,进行参保信息变更业务操作。社保机构复核后,在信息系统中进行相应的信息变更操作,并及时将相关材料归档备案。

(二)养老保险费收缴服务

养老保险费收缴服务是指社保机构应根据城乡居保制度规定,按缴费年度和参保人员自主选择的缴费档次,为参保人员提供养老保险费收缴服务。养老保险费收缴服务包括养老保险费预存代扣、养老保险费补缴和集体补助或资助存入指定账户等服务。养老保险费预存代扣服务是指城乡居保费按年

---

① 参保人员申请参保信息变更时,应提供本人的居民身份证以及与变更情况相对应的证明材料。参保人员本人不能到现场办理时,还应提供代办人员的居民身份证。可变更的参保信息包括:参保人员的姓名、性别、民族、居民身份证号码、出生年月、缴费档次、银行账号、金融机构、居住地址、联系电话、户籍性质、户籍所在地址、特殊参保群体类型等。

度(自然年度)预存代扣方式收缴,社保机构应提醒参保人按照自主选择的缴费档次标准于规定的缴费截止日前,将当年养老保险费足额存入专用存折(卡);金融机构根据社保机构每月定期生成的扣款明细信息从参保人员的银行账户上足额划扣养老保险费(不足额不扣款),并按时将扣款结果信息反馈给社保机构,社保机构将反馈的扣款结果信息在信息系统中及时确认,扣款金额记入个人账户,并从次月起开始计息。对于未通过或暂不具备通过金融机构扣缴的地区,由社保机构、事务所会同金融机构进行收缴,并开具社会保险费专用收据。

养老保险费补缴服务是指符合养老保险费补缴条件的参保人员申请补缴时,协办员或事务所指导正确填写养老保险费补缴表格,并在信息系统中录入补缴信息。社保机构核定后,应及时生成补缴扣款明细清单,传递至指定金融机构,金融机构按保费划扣流程进行扣款和信息反馈,并做好个人账户权益记录。

集体补助或资助存入指定账户服务是指村(社区)集体和其他经济组织对参保人员缴纳城乡居保保险费给予补助或资助的,应向事务所提交集体补助或资助明细清单,事务所录入信息系统后按规定时限将相关资料上报社保机构,社保机构核定后,通知补助或资助方将补助或资助资金存入社保机构指定账户。资金到账后,社保机构及时在信息系统中做好个人账户权益记录。

(三)个人账户权益服务

个人账户权益服务是指社保机构为参保人员建立城乡居保个人档案,准确记载个人账户权益信息①,并提供相应管理服务。个人账户权益服务包括

---

① 个人账户权益信息应包括:个人基本信息,如参保人姓名、出生年月、民族、居民身份证号码、社会保障号、户籍所在地、居住地址、联系电话、参保日期、存折(卡)号、参保状态等;个人账户缴费信息,如缴费时间、缴费类型、个人缴费金额、集体补助金额、政府补贴金额等;养老金支付信息,如领取时间、待遇领取标准、个人账户养老金金额、基础养老金金额等;其他信息,如个人账户储存额信息、转移接续信息、终止注销信息等。

个人账户建立、个人账户记录、个人账户支付、个人账户结算、个人账户查询等服务。

个人账户建立指社保机构在确认复核参保登记信息后,依托信息系统为参保人员建立个人账户,并及时将有关材料归档备案。个人账户记录指社保机构将参保人个人账户相关信息录入系统①。个人账户支付指个人账户养老金从个人账户储存额中支付,除国家政策规定的特殊情况外,不应提前支取或挪作他用。个人账户储存额支付完后,由政府财政按领取标准继续支付。个人账户结算指个人账户储存额从缴费到账的次月起按照国家规定利率开始计息,领取待遇人员的个人账户储存额按月支付个人账户养老金后余额仍按照规定继续计息②。参保人可通过社保机构提供的公共服务平台、保险关系所在地方政府网站(如社会保障网站)和人力资源社会保障系统统一咨询服务电话12333等方式查询个人账户信息③。

(四)待遇支付服务

城乡居保待遇支付服务指社保机构应为符合待遇领取条件(目前为年满60周岁等)的参保人员认定待遇领取资格,核定待遇标准并发放养老保险待遇。其内容包括领取资格核对、待遇核定、待遇支付和待遇调整等服务。

资格核对服务指社保机构每年定期为待遇领取人员提供资格认证服务,证明其符合城乡居保养老保险待遇的领取要求。没有通过资格核对的暂停发

---

① 个人账户记录内容包括参保人员缴纳的养老保险费;财政代特殊参保群体缴纳的养老保险费;地方各级财政对个人账户的缴费补贴;村集体、其他社会经济组织或个人对参保人员缴纳养老保险费的补助或资助;个人账户利息;个人账户储存额余额;按规定计发的个人账户养老金;按规定计发的基础养老金。

② 每年的1月1日至12月31日为一个结息年度,社保机构应于一个结息年度结束时对当年度的个人账户储存额进行结息。

③ 参保人员缴费期间可供查询个人权益的内容主要包括:个人基本信息、缴费时间、个人账户缴费记录。参保人员待遇领取期间可供查询个人权益的内容主要包括:个人基本信息、缴费期个人账户储存额、待遇支付标准、待遇领取时间、个人账户养老金支付记录、基础养老金支付记录及各账户余额。

放,待其补办手续后,补发暂停发放的待遇并续发养老保险待遇。待遇核定指事务所应按月将下月达到领取条件的人员名单交协办员,由协办员通知其办理领取养老金手续;办理领取养老金手续时,协办员应核对参保人员提供的材料是否齐全,并于每月规定时限内将相关材料上报事务所;事务所应审核参保人员的待遇领取资格,并将符合条件人员的相关材料上报社保机构;社保机构应对有关材料进行复核,对符合待遇领取条件的参保人员,计算待遇领取人的养老金数额;对不符合待遇领取条件的参保人员,应告知其具体原因;需要补缴或可以补缴的,应告知当事人,等补缴之后再进行待遇核定。参保人员对待遇领取标准有异议的,社保机构应接收其申请并进行审核,同时将审核结果书面反馈给参保人员;确需调整的,应经参保人员确认后重新核定。

待遇支付指社保机构应每月编制基金支付明细,并协调金融机构及时划入参保人员银行账户,实行社会化发放;参保人员发生按规定应暂停享受养老待遇情况的,社保机构暂停为其发放养老保险待遇。待符合继续享受养老保险待遇规定条件后恢复发放。待遇调整指根据国家和地方政府相关规定,应对城乡居保养老金标准进行调整时,社保机构应核定养老金待遇领取标准,在信息系统内批量调整,并及时向财政部门申请调整资金。

(五)关系转移服务

关系转移服务指已参加城乡居保并缴纳养老保险费的参保人员,在领取待遇前,需转移保险关系的,社保机构应将其城乡居保关系和个人账户储存额转往新户籍地所在地社保机构,以使其继续参保缴费;参保人员已按规定领取城乡居保待遇的,无论户籍是否迁移,其城乡居保关系不转移。关系转移服务包括转移申请、审核与转移等服务。

转移申请指符合条件的参保人员可在户籍迁入地提出城乡居保关系转移申请,申请时应提供本人居民身份证、户籍迁移后的居民户口簿的原件和复印件;协办员接收参保人员的关系转移申请及相关材料,指导参保人填写关系转入申请表格和参保表格,并将相关材料报转入地乡镇事务所。

审核与转移指转入地事务所应对申请及相关材料进行审核,审核后将关系转入申请及相关材料上报转入地社保机构;转入地社保机构应对申请及相关材料进行复核,复核后向转出地社保机构寄送关系转入接收表格;转出地社保机构收到表格并核实相符后,次月将参保人员个人账户储存额一次性划拨至转入地指定的银行账户,并在信息系统中注明;转入地确认转入的个人账户储存额足额到账后,将参保、转移信息及时录入信息系统,为转入参保人员记录个人账户,并及时告知转入参保人员。

(六)关系终止服务

关系终止服务指参保人员发生死亡、出国(境)定居、保险关系转出或已享受城镇职工基本养老保险等其他社会养老保障待遇时,社保机构应进行注销登记,并及时将个人账户资金余额支付给参保人或指定受益人或法定继承人,终止其城乡居保关系。关系终止服务包括关系终止申请、审核与关系终止服务。

关系终止申请指符合条件的参保人员可提出关系终止申请,协办员应接收参保人员(或指定受益人、法定继承人)提出的终止关系申请,核对其携带的证明材料[1],并于规定时限内将申请资料上报事务所。

审核与关系终止指事务所应对终止关系申请及相关材料进行审核,审核后将注销信息录入信息系统,并在规定时限内将相关资料上报社保机构;社保

---

[1] 参保人员死亡申请养老保险关系终止时,应提供:指定受益人、法定继承人户口簿、居民身份证原件和复印件;医院出具的参保人死亡证明,或民政部门出具的火化证明(非火化区除外),或公安部门出具的户籍注销证明,能够确定指定受益人或法定继承人继承权的法律文书、公证文书等。参保人失踪宣告死亡的,提供司法部门出具的宣告死亡证明等材料。参保人员出国(境)定居申请养老保险关系终止时,应提供:参保人员户口簿、居民身份证原件和复印件;存折(卡)号;公安部门出具的出国(境)定居证明或户口本注销证明等材料。参保人员已享受城镇职工基本养老保险等其他社会养老保障待遇申请养老保险关系终止时,应提供:参保人员户口簿、居民身份证原件和复印件;其他社会养老保险待遇领取证明等材料。

机构复核无误后,将参保人员个人账户资金余额支付给参保人、指定受益人或法定继承人,同时确认注销信息,并终止其城乡居保关系。

（七）服务监督、评价与改进

服务监督指社保机构应实行服务信息公开,向社会公示服务内容、依据、程序、时限、规范、投诉渠道等信息,做到公示信息及时更新,维护服务对象的知情权和监督权,依法保护服务对象的隐私权;社保机构要建立健全内部管理制度,接受相关部门和社会监督;社保机构应每年对村内参保人缴费和待遇领取资格进行公示,接受群众监督。

服务评价与改进指城乡居保服务质量评价应采取内部评价和外部评价相结合。同时,社保机构应注重服务体系的持续改进,追求卓越绩效。服务质量改进应注重服务对象的满意度、服务流程优化和公共服务效能的提升。

二、城乡居民基本养老保险社会化服务状况

国发〔2014〕8 号文件提出"省（区、市）人民政府要切实加强城乡居民养老保险经办能力建设,结合本地实际,……充实加强基层经办力量,做到精确管理、便捷服务。要……降低行政成本,提高工作效率。……不断提高公共服务水平。社会保险经办机构要认真记录参保人缴费和领取待遇情况,……地方人民政府要为经办机构提供必要的工作场地、设施设备、经费保障。城乡居民养老保险工作经费纳入同级财政预算,……""各地要……整合形成省级集中的城乡居民养老保险信息管理系统,……并与其他公民信息管理系统实现信息资源共享;要将信息网络向基层延伸,……有条件的地区可延伸到行政村;要大力推行全国统一的社会保障卡"。城乡居保服务从性质上来说属于政府基本公共服务,《"十三五"推进基本公共服务均等化规划》（国发〔2017〕9 号）提出"十三五"基本公共服务均等化主要目标为:"到 2020 年,基本公共服务体系更加完善,体制机制更加健全,在学有所教、劳有所得、病有所医、老

有所养、住有所居等方面持续取得新进展,基本公共服务均等化总体实现。"
实现城乡基本公共服务大体均衡,广大群众享有基本公共服务的可及性显著
提高;全面建立标准体系,明确国家基本公共服务标准体系并实现动态调整;
巩固健全保障机制,创新基本公共服务供给模式,基本形成可持续发展的长效
机制。

在基本社会保险服务方面,《"十三五"推进基本公共服务均等化规划》
(国发〔2017〕9号)提出:"国家构建全覆盖、保基本、多层次、可持续的社会
保险制度,实施全民参保计划,保障公民在年老、疾病、工伤、失业、生育等情
况下依法从国家和社会获得物质帮助。具体包括:职工基本养老保险、城乡
居民基本养老保险、职工基本医疗保险、生育保险、城乡居民基本医疗保险、
失业保险、工伤保险。"其中养老保险服务重点任务是:"继续实行统账结合
的城镇职工基本养老保险制度,完善个人账户,健全激励约束机制,……推
进实施城乡居民基本养老保险制度""建立标准统一、全国联网的社会保障
管理信息系统,完善并简化转续流程,推行网上认证、网上办理转续,力争实
现全国范围内社会保险待遇异地领取""全面发行和应用社会保障卡,……
实现社会保障一卡通,……健全社会保障卡便民服务体系;……推动改善社
保经办等服务条件;建设部门和省级公共服务信息化平台,支持各类业务系
统和各类服务渠道的统一接入、有序整合和统筹调度,推动电话、网站、移动
应用、短信、自助服务一体机等多种渠道的协同应用,实现一个窗口对外、一
条龙服务。开展网上社保办理、个人社保权益查询、跨地区医保结算等互联
网应用"。

《城乡居民基本养老保险服务规范》规定了城乡居保参保登记、参保信息
变更、养老保险费收缴、个人账户权益记录、待遇支付、保险关系转移、保险关
系终止、服务监督、评价与改进等方面服务的基本要求。这些基本要求适用于
各级各类社会保险经办机构及相关服务机构提供城乡居保服务,是全国各级
社会保险机构开展城乡居保服务标准化建设的工作指南,具有专业性的引导

和规范作用①。各地区按照《城乡居民基本养老保险服务规范》要求,结合地方实际情况创建了适合本地区的城乡基本养老保险服务模式。下面对一些地方的城乡居保服务的做法,主要是江西省的做法进行介绍分析。

江苏省人社厅提出城乡居民保险服务"四个不出村",即参保登记不出村、个人缴费不出村、待遇领取不出村、权益查询和资格认证不出村。江苏省社会经济发展水平较高,其省内各地在城乡居保服务场地、设施和网络平台建设较好。例如,江苏省盐城市以管理向上集中,服务向下延伸,以镇、村基层人社公共服务平台为载体,推出城乡居保"四个不出村"经办服务新模式,按照"一村一站一点"或"站点合一"模式,设置村级人力资源社会保障服务站和金融便民服务网点,配备村级平台专、兼职协理员,在全市村(居)人社站、商户设置金融服务终端,安装 POS 机或金融转账电话,推行"一门进、一站式、一条龙"服务,实现"机构、人员、经费、场地、网络、制度"6 个到位和"机构名称、基础台账、工作流程、规章制度、服务标准"5 个统一。目前,江苏省盐城市 2335个村(居),已经建成便民服务站 2253 个,便民服务点 3351 个,平台建成率96%,共配备专、兼职协理员 2317 人,全市 90%以上村(居)实现城乡居保"四个不出村"经办服务。同时,全面规范城乡居保"四个不出村"平台建设、队伍建设、服务内容、基本要求、服务评价等五个方面建设标准。其中平台建设方面,该市统一村(居)人社服务站名称和形象标识,设立一体式服务柜台,规范村级服务平台面积标准(不小于 20 平方米),村级人社服务站统一配备电话、电脑、打印机、复印机和传真机等设备,提供老花眼镜、饮水机、报纸等便民实物,公布服务项目、办事程序、服务人员职责等内容,实行首问负责制、一次性告知、限时办结、预约服务、上门服务、咨询投诉等便民制度;服务内容方面,明确村级平台为广大城乡居民提供参保登记、保费缴纳、待遇领取等服务,做好权益查询解释工作,通过微信、二维码、短信、宣传单等形式主动告知参保人缴

---

① 即地区间制度发展、机构设置、基层平台、金融服务等方面均有所不同。

费、申报领取权益情况,努力做好风险防范工作,确保养老金不被冒领、盗领、保证参保人员相关信息不泄露。盐城市着力打造城乡居保"四个不出村"标准化示范基地,全面推进城乡居保"四个不出村"标准化服务。江苏省溧阳市在"四个不出村"基础上,进一步做到"三个不出门"①。以信息网络为支撑、以队伍建设为抓手、三级联动加强宣传、强化平台,通过建立统一的经办网络、统一的信息网络、统一的经办队伍、统一的宣传口径、统一的联动机制,为广大城乡居民提供方便、优质的基本养老保险服务。成立了市、镇、村三级经办业务管理机构,实行了市、镇、村三级居民养老保险信息系统联网,将城乡居保信息系统向村级平台延伸,每位参保人员都可到户籍所在地的村委会对自己相关权益进行查询。通过规范经办行为、简化缴费流程、规范待遇发放、规范电脑操作、规范档案管理,为城乡居民提供快捷、高效的基本养老保险服务。

江西省为构建城乡居保便民服务体系,省人保厅与金融机构联合下发了《关于做好城乡居民基本养老保险费代扣代缴工作的实施意见》(赣人社发〔2014〕47号)、《关于加快推进城乡居民基本养老保险村级金融便民服务点建设的实施意见》(赣人社发〔2015〕12号)等文件。《江西省人力资源和社会保障厅关于做好城乡居民基本养老保险费代扣代缴工作的实施意见》(赣人社发〔2014〕47号)提出,要"按照便民、安全、高效的原则,充分发挥社会保障卡功能,通过开展城乡居民养老保险费代扣代缴,改变人工直接收缴现金方式,减轻基层工作强度,杜绝基金管理隐患,确保基金安全",2018年全省城乡居保费代扣代缴率力争达到90%以上。并且提出"各地要构建起县、乡、村三级平台密切配合、城乡居保经办机构与农村信用社协调联动的工作格局,……各地城乡居保经办机构和农村信用社要成立专门的经办攻关小组,及时解决代扣代缴工作中出现的技术和业务难题,切实形成工作合力。各农村信用社服务网点要进一步优化城乡金融服务,有条件的服务网点要设置社会保障卡

①　指参保登记不出门、银行代扣不出门、查询认证不出门。

服务窗口和在中心村开通助农存取款村村通业务,开辟城乡居保绿色通道,为各行政村(社区)提供社会保障卡金融服务,为参保人员办理代扣代缴等城乡居保业务提供方便"。《江西省人力资源和社会保障厅、江西省农村信用社联合社、中国农业银行股份有限公司江西省分行关于加快推进城乡居民基本养老保险村级金融便民服务点建设的实施意见》(赣人社发〔2015〕12号)提出,"金融便民服务点设置于无银行业金融机构网点的行政村,遵循'金融服务进村、社会保险先行、不断拓展功能'的原则,采取'网络终端+商户+社会保障卡(银行卡)'的建设模式"。人社部门负责金融便民服务点建设的安排部署,金融机构提供设备投放、技术支持、服务支撑和其他金融服务功能的拓展,确保社会保障卡在金融便民服务点能够存款取现。并提出金融便民服务点选点时要充分考虑村庄分布、人口数量、经济状况、交通出行等因素,要将有固定营业场所、信誉较好、群众认可度高的便利店、小超市、卫生室等作为金融便民服务点的选点对象,在充分利用原有资源的基础上进行资源整合,做到既弥补农村金融服务空白点,又避免资源重复浪费,构建多方参与、互惠共赢的服务格局。要求全省各地区加强组织领导、加大宣传力度、强化监督考核、建立长效机制,在金融便民服务点建设进程中,充分发挥新闻媒体舆论引导作用,通过广播、电视、报刊、网络等新闻媒体以及张贴标语横幅、流动宣传车、发放宣传资料等方式进行大力宣传,提高广大农村居民对金融便民服务点的认知度和参与度;要着力加强金融服务机制建设,完善驻点指导、定期维护、服务登记、风险评估等工作机制,使金融便民服务点操作规范、服务到位、安全运行;要进一步简化办事程序,鼓励有条件的地方将城乡居民基本养老保险参保登记、缴费档次变更、个人信息变更以及劳动与社会保险查询、社会保障卡挂失等人社部门业务纳入金融便民服务点办理范围,并逐步把基层群众生产生活密切相关的金融服务事项纳入服务范围,为农村居民提供金融便民综合服务,全面提升农村金融便民服务水平。

为了打通城乡居保服务的"最后一公里",江西省各地开展城乡居保保险费代扣代缴工作和加快推进村级金融便民服务点建设。各地按照"条件选优、布局合理、逐步推进、全面覆盖"的原则,选择人口集中,交通便利,有固定营业场所、信誉较好、群众认可度高的便民商店、小超市、卫生所等作为村级便民服务点选点对象,通过对候选点进行考核评估,选择品德好、经济基础好、信用好、文化程度好的人担任便民服务点工作,签订了合作协议。对选定的村级金融便民服务点按照"六个统一"标准进行基础建设,即统一名称标识、统一硬件设施、统一制度标准、统一工作流程、统一业务台账、统一奖惩标准,如赣州寻乌县、会昌县村级金融便民服务点统一配备了工作台和门楣招牌,龙南县制发了标注各农信社网点及便民服务点的工作位置、服务路径等内容的便民服务线路图,抚州乐安县把劳动保障、民政优抚、卫生计生等行政审批事项以及民事帮办、村级事务管理、农业科技服务、就业信息服务等纳入便民服务点服务事项,实现了"村民在家能办事,点上能办大家事"的综合性服务功能。并且建立了客户经理驻点联系制度,定期对便民服务点金融机具、营业环境进行日常检查维护,全省驻点巡查周期平均达到每半月一次,并及时更新宣传资料①。

在参保登记、缴纳保费、领取待遇、查询信息"四个不出村"服务要求下,江西省各地区按照省人社厅〔2014〕47号、〔2015〕12号文件精神,结合本地区实际情况开展了城乡居保费代扣代缴和村级金融便民服务点建设工作,并取得了一定的成效。江西省宜春市按照"POS机+商户+社保卡"和"POS机+协管员+社保卡"的金融服务模式,依据各村分布状况、生活水平、交通等情况科学布点,选择品德和信誉度好、文化程度高的人员从事便民金融服务点相关工作,公示金融便民点资格审查结果。江西省鹰潭市创新养老金领取资格认证管理,将人脸识别技术引入基层平台,以城乡居保经办机构和乡镇劳动保障事

---

① 江西省人力资源和社会保障厅:《江西省城乡居民基本养老保险便民服务体系建设情况调研报告》,2016年3月14日,见 http://hrss.jiangxi.gov.cn/view.aspx? TaskNo = 008015006&ID = 127368。

务平台作为认证点,每个认证点安排 1—2 名工作人员,在全市建立了统一的养老保险待遇领取资格人脸识别认证机制。赣州市人力资源社会保障局、省农村信用社联合社赣州办事处联合下发《关于〈加强村级金融服务,推进城乡居民养老保险村级便民服务点建设实施方案〉的通知》,按照选点便民化、建设标准化、服务规范化、管理制度化等原则进行村级金融便民服务点建设。具体来说,就是选择人口相对集中,交通便利,便于农村居民办理城乡居保业务的副食品商店、超市、卫生服务站设立便民服务点;按照一个服务点标识、一部专用机具、一份服务承诺、一份操作流程、一套宣传材料和一本交易台账"六个一"标准建设便民服务点;通过加强业务培训,确保服务点工作人员熟悉流程、精细操作、规范服务;结合农村实际情况,制定并完善便民服务点管理制度;按业务数量和服务质量对服务点进行考核,对考核未达标的服务点及时进行整改或调整布点,以确保服务质量和效果。赣州市龙南县、上犹县、于都县、章贡区、会昌县等地开展城乡居保费代扣代缴工作,截至 2017 年 2 月,当年龙南县、于都县代扣代缴成功率达到 95%以上,通过代扣代缴方式,减轻了基层业务经办人员的工作量,优化了参保经办服务流程,增强了参保缴费的灵活性和主动性,杜绝了基金安全隐患,维护了参保人员的合法权益。于都县、龙南县还前移服务窗口平台,在人口比较集中,便于居民办理城乡居保业务的农村副食品店、小超市、小诊所及劳动保障所设立"助农存取款服务站""'三农'服务点",参保居民可在服务点查询个人账户的收支情况,并缴纳保费和领取养老金。县城乡居保局及农信社派出专人到服务点进行"面对面""点对点"的业务指导。目前便民服务点行政村覆盖率达到 100%,便民服务点 POS 机布置与行政村占比达到 113%。同时,赣州市从制度和技术层面有序推进和加强城乡居保待遇领取生存资格认证工作。在技术层面,有的县(龙南县、崇义县)开展了人脸识别认证,有的县(信丰县)还自行开发认证软件,有的县(于都县)将生存资格认证列入每年财政预算,对每个资格认证对象按照一定(于都县每人 6 元/年标准)的标准予以经费保障,还有的县(宁都县)采用拍照比对方式进行领取待遇生存资格认证。这些认证方式既方便了领取待遇人员进行资格认证又有效杜绝了冒领养老金的现象发生①。

江西省泰和县采取流动办事员"零距离"服务、流动办公室"一站式"服务、流动党支部"贴心"服务等"三个流动"服务模式提高城乡居民养老保险服务质量。流动办事员"零距离"服务指依据村情,充分发挥村组长的作用,利用早、晚上门见面率高的优势进行上门服务;流动办公室"一站式"服务指县各乡镇组织城乡居保事务所人员,村(居)民委员会协办人员等到服务点蹲点办公;流动党支部"贴心"服务指各乡镇通过与外出务工人员在异地建立的临时党支部联系,采取临时党支部为单位集中收缴保费,确保外出务工居民都能按时参保②。

江西省九江市按照"网络终端+商户+社会保障卡"模式,建设社保卡金融服务到村工程,提供农村居民养老保险参保、缴费、领取、查询、年检"五个不出村"的服务,真正打通服务城乡居民的"最后一公里"。该工程是以城乡居保服务为切入点,以乡镇农商银行为主体,实现社保卡金融便民服务点覆盖全市行政村(居),为农村居民办理参保缴费、领取待遇、社保查询、社保卡挂失等城乡居保服务提供方便。截至 2016 年 8 月,全市已在村级设置 POS 机网点 1675 个,9 月底,完成村级金融便民服务点全覆盖。九江庐山市在实现村村通的基础上还探索在乡镇人社所、村委会设立"移动服务站",为乡、村二极干部配备移动 POS 机,充分发挥其工作灵活性,入户为群众办理城乡居保业务和提供金融服务,相当于一个人社所和银行网点"二合一"的 24 小时"ATM"机,真正做到"干部走到哪,服务就在哪",做到服务群众无死角。调查中村民表示,设立村级金融便民服务点之前,参保人到镇上缴费要花半天的时

---

① 王轲:《赣州市城乡居民基本养老保险调研情况报告》,2017 年 2 月 17 日,见 http://hrss.jiangxi.gov.cn/view.aspx? TaskNo=008015006&ID=130405。

② 江禾:《泰和"三个流动"抓好城乡居民养老保险服务》,《中国社会保障》2012 年第 1 期。

间,还要花费一定的交通费,又耽误做农活的时间。村里增设金融服务点后,几分钟就可以完成缴费,既方便又不耽误回家干活。据九江市人社局相关领导介绍,所有村级金融便民服务点都要求严格规范经办手续,每一笔交易都记录在册。九江庐山市农保局和农商行还定期组织各网点工作人员集中学习业务知识,各乡镇区域经理负责定期和不定期走访网点并对业务生疏的进行指导和演示,使服务点工作人员都能熟练掌握操作技能,同时,对有潜力的服务点、对年轻的工作人员重点进行培养,通过树立典型发挥引领示范功能,以点带面、相互促进,不断提升便民服务点服务水平。

　　江西省通过加强组织领导,快速推进,使城乡居保服务体系建设取得了较大成效。截至 2015 年 10 月底,全省 80 个县(市、区)启动了代扣代缴试点工作,全省共有 986 个乡镇(街道)试点,代扣代缴覆盖率为 54%,其中新余市、九江市、南昌市代扣代缴覆盖率位列前三名,分别为 100%、96%、76%;全省试点地区代扣代缴人数达到 541 万人,全省试点地区代扣代缴率达到 71%,代扣代缴协议签订率为 80%;全省社保卡已发放人数 1676 万人,社保卡实际切换人数 848 万人,社保卡实际切换率(激活率)达到 51%;全省 78 个县(市、区)启动了金融便民服务点试点工作,共有 11697 个行政村试点,便民服务点行政村覆盖率达到 71%,其中赣州市、吉安市、鹰潭市便民服务点行政村覆盖率位列前三名,分别为 99.7%、91.7%、89.9%;全省便民服务点 POS 机共布置 12678 台,其中宜春市、鹰潭市、赣州市试点地区便民服务点 POS 机覆盖率位列前三名[1]。截至 2017 年 9 月,全省已有 104 个县(市、区)启动了金融便民服务点试点工作,全省便民服务点 POS 机共布置 16902 台,POS 机布置数量与试点行政村数量比达到了 111%[2]。同时,通过加强培训和建立激励机制,

　　① 江西省人力资源和社会保障厅:《江西省城乡居民基本养老保险便民服务体系建设情况调研报告》,2016 年 3 月 14 日,见 http://hrss.jiangxi.gov.cn/view.aspx? TaskNo＝008015006&ID＝127368。
　　② 林晓洁:《制度统一保障提升——党的十八大以来城乡居民养老保险工作成效显著》,《中国劳动保障报》2017 年 9 月 30 日。

提升便民服务点服务水平和质量。人社局和金融机构定期或不定期组织便民服务员进行城乡居保基本政策、金融业务知识及金融服务机具操作等方面的培训,全省平均培训时间达到 5.2 小时。各地结合当地实际情况创新性地制定了适合本地的服务考核和激励机制。例如进贤县等地制定了"保底型"激励机制,20 笔以上 150 元保底。瑞金县、余江县、上饶县、弋阳县等十多个县区制定了"保底+业务提成"的激励机制。泰和县、于都县等十多个县区制定了按业务量积累型的激励机制,单笔业务补贴 0.8 元/笔至 2 元/笔不等。芦溪县等地按交易总金额的 2% 来计发补贴。全南县对每位代理商户按交易笔数发放补贴,同时建立了按季考核、通报和兑现的阶梯式考核机制,即:当月总交易笔数在 20 笔以上(含)补贴 150 元/月,当月总交易笔数在 50 笔以上(含)补贴 200 元/月,每位客户每天不能超过两笔业务。广大城乡居民足不出村(社区)就能享受现代金融高效、便捷、贴心的服务①。

湖南攸县通过"三抓""三化""三实"促进乡居保资格认证。"三抓"指在县(市)、乡镇、村(居)三个层面抓宣传。县城乡居保局负责人在县电视台、广播电台做了领待资格认证专题访谈节目,县人民政府门户网站、微信公众号、县电视台发布认证公告;乡镇(街道)出动宣传车、张贴宣传栏、宣传标语、横幅进行宣传领待资格认证,还将认证公告印成宣传单发至各个中小学校,由学生带回给家长阅读后再反馈给学校;村级(社区)张贴纸质版认证公告,张贴宣传标语横幅,并在"村村响"广播、村"微信群"中宣传手机资格认证,公布了"智慧人社"二维码,方便广大城乡居民扫码关注。"三化"是指:城乡居保资格认证方式便利化、多样化、人性化。便利化指领待人员既可在家里进行认证,也可就近到村(社区)进行认证;多样化指除了技术认证手段以外,针对部分特殊情况还可用"三合一"照相(人脸、身份证、报纸)、担保认证;人性化指

---

① 江西省人力资源和社会保障厅:《江西省城乡居民基本养老保险便民服务体系建设情况调研报告》,2016 年 3 月 14 日,见 http://hrss.jiangxi.gov.cn/view.aspx? TaskNo = 008015006&ID = 127368。

对于行动不便的,由村干部上门服务进行认证。"三实"是指:县城乡居保局负责统筹全县领待资格认证,包括制度草拟、技术指导、协调经费保障;镇(街)负责推荐协办员把关,认证操作培训;村级负责组织具体认证。这样就落实了经费保障,落实了技术保障,落实了责任措施。在经费保障方面,考虑到技术认证工作中要有手机使用损耗、流量消费支出以及上门服务的交通支出,该县规定按认证人数每人0.2元的标准,给予村级协办员认证工作专项补助;在技术保障方面,该县通过授权,全县297个村各有5名村干部掌握了批量认证技术,这部分村干部不但可以教会村民如何使用手机进行认证,而且可以帮助不会使用智能手机的老年村民进行认证操作;在责任措施方面,村级认证协办员由镇(街)党委推荐把关,推举责任心强、公道正派的人员担任认证协办员。村级认证都一一建立纸质台账,记载认证日期、认证对象、认证责任人等内容,方便追查责任。自2018年6月1日起,攸县全面推广技术手段对城乡居保领待人员进行资格认证。截至当年6月30日,全县已有51680名领待人员利用智能手机进行资格认证,手机认证率达39.25%①。

第三节　城乡居民基本养老保险社会化
服务机制存在的问题

一、宣传服务不够到位,精细深入宣传缺乏

为了落实城乡居保政策,促进城乡居保制度发展,各地从多层面、多角度,采取了多种方式对城乡居保进行全方位立体式宣传,并且随着网络技术的发展不断创新宣传方式,形成了传统方式与现代方式相结合、线上与线下相结合、固定与流动相结合等多种模式。大部分地区形成了县镇村多级联动机制,

---

①　攸县城乡居保局:《"三抓"、"三化"、"三实"促城乡居保资格认证见成效》,2018年8月15日,见 http://www.hn12333.com/site/ncylbx/gzdt/201808/t20180815_5073360.html。

并通过走村入户,逐镇逐村逐户地宣传发动,面对面解答群众的问题,有的地区工作人员还深入田间地头,采取群众喜闻乐见和通俗易懂的方式进行政策宣传并分发宣传资料。同时,利用广播、电视、报纸等多种渠道,开辟专栏、推送时讯、播报信息;借助横幅、宣传标语、LED 显示屏和流动"大篷车"等工具进行巡回展示和解读,在发挥广电、报刊、标语、流动宣传车等传统宣传渠道效应的基础上,许多地区各级城乡居保经办机构还充分利用手机短信、网站、微信等新兴媒体进行宣传。这些宣传一定程度上促进了城乡居保工作,但是从目前这些宣传的内容来看,大多数是浅层次的和口号式的,政策深层次的内容宣传很少或者没有。即使有一些深层次的宣传内容,也没有达到使老百姓一听就懂、一看就明、一算就清的效果,老百姓对城乡居保政策的具体内容和精神实质了解程度很低。如调查中大多数村民表示知道城乡居保这项政策,只知道有不同的缴费档次,缴费满 15 年 60 周岁可以按月领养老金,但对有多少个缴费档次和每个缴费档次标准、是否可以改变缴费档次缴费、个人账户是否可以继承、缴费标准与年限不同养老保险待遇之间的差距有多大、养老保险待遇构成等深层次内容不了解,对个人账户的意义不理解,从而不重视个人账户存储额的提高,对按照不同缴费档次缴费将来可获得多少个人账户养老金不清楚,对养老金基金使用和保值增值方式不明白,对城乡居保政策发展状况和趋势不了解,等等。对这些城乡居保政策的具体内容需要进一步做到深入和精细宣传,采取适当有效的方式进行宣传服务。

二、网络信息化服务平台有待进一步提升

城乡居保服务工作涉及千家万户,应保对象人数规模大、人员分布广、工作量大,不借助信息网络化平台很难规范、准确高效完成相关服务工作。据调查,很多村级服务设施简单或没有服务设施,特别是有的村级协办员无电脑、无办公设施,信息化网络服务平台没有延伸至村,一定程度上影响了城乡居保服务工作的全面开展。城乡居保信息化服务平台是城乡居保相关机构和工作

人员提供服务的重要载体和工具,随着制度调整和发展,城乡居保"金保工程"系统需要进一步提升,如:最低缴费档次标准、基础养老金标准调整后,经办网络系统结构需要进行相应的调整;随着领取养老金待遇人员逐渐增加,为了能快捷、方便进行领取资格认证,减少领取待遇者死亡后继续领取养老金待遇的现象产生,应该加快城乡居保经办系统与公安系统、民政系统等部门数据系统的联网;随着城乡居保扶贫功能的发挥,还要与扶贫机构网络系统进行联网。从目前情况来看,只有少数发达地区在这方面发展较快,大部分地区特别是中、西部欠发达地区,服务大网络平台还没有建立起来。课题组在江西省兴国县调研时,相关工作人员说,为了城乡居保能获得更准确的相关数据,工作人员需要定期(一二个月)去公安、民政、扶贫等部门获取数据和进行数据核对,这样既增加了城乡居保经办过程中的工作总量,也会影响数据的准确性和经办效率,应该加快城乡居保"金保工程"系统与相关部门数据网络系统的对接。另外,信息数据系统在自定义查询功能、按村组打印参保对象、领取养老金待遇者资料、制度衔接业务经办、公共查询、增加每月代扣代缴次数、财务核算模块等功能上不健全,需要进一步优化完善。

三、便民服务网点建设有待加强,服务网点难以全面覆盖

为了更好提供城乡居保服务,达到"四个不出村"要求,解决因待遇领取人员年龄普遍偏大,往返乡镇银行领取养老金麻烦且有安全风险,一些县(市)在农村布设了一些城乡居保便民服务网点(金融服务点)。这些网点在政府的支持下,与县乡的金融机构进行了合作,为居民提供城乡居保缴费和待遇领取等方面的服务。但各地城乡居保便民服务点(金融服务点)建设也存在一些问题,归纳起来主要有以下几个方面。

一是便民服务点建设进程缓慢,人口分散地区布点困难。目前还有部分地区没有布设金融便民服务点,影响社会保障卡的广泛使用。一些偏僻地区由于人口居住分散,服务点服务范围难以覆盖。在江西省寻乌县调查时发现,

一些分布在山区的村落之间距离较远,居民居住分散,许多村民又外出务工和向城市迁移,村里的居民很少,最少的村里只有几个人,有的老人行动不方便,这些村民最需要城乡居保服务。一方面,有的农村居民到乡镇城乡居保事务所或金融机构缴费、领取养老金来回需要一天时间,即使到附近设立的村便民服务点,由于山区居住分散来回也要半天时间。另一方面,如果在这些居民当地设立金融服务点,会难以充分利用金融服务点资源,出于成本—效益比较(偏远地区由于基础设施条件差,架设金融服务点网线等成本较高)和不能充分发挥服务点功能的考虑,人社局和金融机构往往不会在这样的地方布点。这些居民就成了城乡居保服务的盲区。因此,相关部门需进一步认识到完善便民服务体系建设的重要意义,摒弃守旧意识,加大政策宣传力度,做实做细数据采集、签订协议、机具布点等基础性工作,克服困难,按照要求有步骤地扎实稳妥推进便民服务点建设等工作,应该进一步研究如何有效为这种情况的农村居民提供城乡居保服务并采取有效措施①。

二是部分地区便民服务点建设不规范,服务点难以持续有效提供服务。部分地区在便民服务点布点时没有进行科学规划、服务标准不规范、没有建立与金融机构协商机制、驻点巡查指导不到位、没有开展政策宣传和业务培训、业务经费设封顶线,这都影响到便民服务点的正常有序运行和健康持续发展。有的地区尽管人社部门和金融部门耗费大量资金在农村布点安装了金融服务设施,由于尚未形成有效的管理、维护、使用机制,导致许多金融服务设施使用率较低,有的服务点设施由于使用不当和使用时间较长没有得到及时维护而无法有效使用,使本可很顺畅快捷的工作出现了一些问题。例如山西省晋城市耗费大量资金委托建设银行在农村的小超市、村级代办员家中安装了近1500部POS机,由于尚未形成有效的管理、维护、使用机制,导致POS机使用

---

① 江西省人力资源和社会保障厅:《江西省城乡居民基本养老保险便民服务体系建设情况调研报告》,2016 年 3 月 14 日,见 http://hrss.jiangxi.gov.cn/view.aspx? TaskNo = 008015006&ID = 127368。

率较低,只有 1/3 可以使用①。调查发现其他省份一些地区也存在类似情况。有的城乡居民对服务网点不信任以及服务内容复杂烦琐、服务网点报酬补贴低等多方面的原因,有些便民服务网点难以维持发展。许多金融服务点除金融机构提供的运营费之外,没有其他经费补贴,经费保障渠道单一,运营经费严重不足。在广大偏远山区的金融服务点因交易数量少而运营补贴费用低,这不利于便民服务点的持续运营,有的合作服务网点表示等合同到期后将不愿意继续提供相关服务。因此,需要对如何建立与金融机构的协调机制、规范驻点巡回指导工作、优化考核激励机制做进一步研究,同时相关职能部门应该在便民服务点的营业用房、费用补贴、税收减免、风险补偿、担保机制、安全保卫等方面提供实质性的扶持和帮助,不断推进城乡居保便民服务工作规范化、标准化和精细化,健全便民服务体系。

三是便民服务点服务功能单一,服务业务范围不大。目前绝大部分金融便民服务点服务业务为参保缴费、领取待遇和资金转账,除此之外,没有开通社会保障其他业务。这一定程度上造成了资源的闲置和浪费,同时也会因开通的业务少导致经营补贴费用少而影响便民服务点的积极性。应该进一步简化办事程序,扩大服务点业务范围,鼓励有条件的便民服务点开通城乡居保参保登记、缴费档次变更、个人信息变更、社保卡权益查询、就业信息查询和社保卡挂失申领等劳动与社会保障业务,并在此基础上加强其他与城乡居民生活密切相关的部门协作联网,逐步将与基层群众生产生活密切相关的金融服务事项纳入服务范围。

四、代扣代缴服务工作不够深入细化,服务反馈途径不够通畅

城乡居保实施后相当长一段时期内,其保险费的收缴主要是由县(市、

---

① 张新光:《关于晋城市城乡居民养老保险管理服务工作的调研报告》,2017 年 12 月 22 日,见 http://www.jconline.cn/Contents/Channel_4434/2017/1222/1444311/content_1444311.htm。

区)、乡镇城乡居保经办机构通过村(居)委协办人员上门进行征缴。参保人员先把保费缴给城乡居保协办员,然后填写相关缴费表格,收缴人员开具相关纸质收缴凭证。由于城乡居保对象规模大、参保人员情况复杂、基层经办工作人员少,从而基层经办工作任务重、工作强度大。这种方式后续数据审核和资料整理工作烦琐,并且效率和准确率低,人工成本高,还存在基金安全隐患。为了提升参保缴费服务水平,一些省份与相关金融机构联合下发《关于做好城乡居民基本养老保险费代扣代缴工作的实施意见》(如江西等省份),委托金融机构(农村主要是农商银行或农业银行)对城乡居保费代扣代缴。通过开展城乡居保费代扣代缴工作,改变了人工直接收缴现金方式,充分发挥了社保卡功能,实现了异地缴费功能,降低了基金安全风险。实现保费委托金融机构代扣代缴服务后,在代扣代缴完成时生成电子凭证,参保人可以在网络服务平台查询和打印缴费凭证。这样既减轻了经办人员的工作量和强度,降低了征缴成本,也方便了广大城乡居民参保缴费(可以利用网上银行在本地或异地进行缴费)。虽然城乡居保费实行代扣代缴促进了城乡居保经办工作,但也存在一些问题。一是代扣代缴工作实施步骤不一致,服务提供不协调。有的地方在推行城乡居保费代扣代缴时,没有事先对乡(镇)、村及金融机构便民服务点人员进行代扣代缴工作相关政策、业务知识和操作流程的业务培训,从而在提供服务时出现一些差错;有的地方没有及时组织乡(镇)劳动保障事务所、村(居)协办员和金融机构上门入户宣传和集中时间签订协议,代扣代缴工作没有合法保障;有的地方还没有完全普及使用社会保障卡①,在便民服务点难以方便快捷地进行代扣代缴保费。二是代扣代缴服务工作反馈不及时。在缴费时有的参保人特别是在外地务工的参保人没有及时把保费预存入社会保障卡(存折),或有的参保人社会保障卡(存折)的存额不够代扣所选择的缴费档次标准,由于人口流动频繁又难以通知到位或无法找到参保人,造成

---

① 大部分参保人已领取社会保障卡,还有部分参保人没有切换社会保障卡,有的切换的社会保障卡还在制卡过程中。

保费不能按时代扣代缴而逾期缴费,从而导致中断缴费。有的参保人到了领取养老保险待遇年龄,没有及时办理领取,同时又没有有效方式通知到参保人,从而导致符合领取养老金的参保人没有及时办理相关手续和领取养老金。因此,应该采取多种方式及时反馈代扣代缴结果。人社局需加强与金融机构的协商,办理代扣代缴业务时同时开通短信提醒业务,代扣成功或不成功均免费发送短信提示,同时要充分应用"互联网+"建立更广泛的服务平台,如在经办网、微信公众号等服务网络平台公布代扣代缴成功和不成功参保人名单及已到领取待遇年龄人员名单等信息,进一步提高参保缴费居民的知晓率,以便社保机构和工作人员能及时与参保人进行沟通①。三是金融服务主体错位。有的地区制卡银行与发放银行不一致,制卡是一家银行而提供缴费和待遇发放等服务的是另一家银行,当便民服务点提供服务的金融机构与制卡机构不同时,就会影响到社会保障卡的使用效果。为了更加方便社会保障卡的使用,城乡居保相关部门应该与银行等金融机构沟通协调出台社会保障卡跨行使用办法,由参保人就近自愿选择银行制卡,取消跨行使用手续费,消除社会保障卡跨行应用社会保障功能的约束条件,优化社会保障卡使用环境。

五、待遇领取资格、生存资格认证方式和监督工作有待改进

国发〔2014〕8号文件提出"城乡居民养老保险待遇领取人员死亡的,从次月起停止支付其养老金。……社会保险经办机构应每年对城乡居民养老保险待遇领取人员进行核对;……在行政村(社区)范围内对参保人待遇领取资格进行公示,并与职工基本养老保险待遇等领取记录进行比对"。要做到参保人在领取养老保险待遇时"不重、不漏、不错"和不多领,除了每年对城乡居保待遇领取人员进行核对外,需要每年对领取养老待遇人员进行严格的生存资格认证。随着城乡居保实施时间增长,领取养老待遇人员会越来越多,生存资

---

① 王轲:《赣州市城乡居民基本养老保险调研情况报告》,2017年2月17日,见 http://hrss.jiangxi.gov.cn/view.aspx? TaskNo=008015006&ID=130405,2017-2-17。

格认证的工作也会随着人员的增加而越来越繁重,没有快捷高效的认证方式难以很好完成这项工作任务。相关文件规定有条件的地方人民政府可以结合本地实际探索建立丧葬补助金制度,丧葬补助金制度有利于控制城乡居保待遇领取人员死亡后继续领取养老保险待遇,从而控制多领养老金的情况发生,避免城乡居保养老金的遗失。但是,目前并不是每个地方都建立了丧葬补助制度,即使建立了丧葬补助政策的地方,由于丧葬补助较低等原因,死亡人员家属也很少主动报告,多领养老金现象时有发生、难以杜绝。同时,很多省份和地区没有实现城乡居保部门与计生、社保、民政、公安等部门的信息系统联网,不能共享基础数据,难以及时了解掌握待遇领取人员的生存情况。许多县(区)领取待遇人员居住分散、交通不便,有的家庭因外出务工等原因长年举家在外,异地生存认证工作较困难。而目前大部分地区采取年度集中的认证方式,基本依靠村协管员手工操作完成,认证方法原始,手续繁杂,需要花费大量的时间、人力、物力和财力,给工作人员和群众带来了诸多不便。因此,应该使用更高效的生存认证技术手段,可以借鉴城镇职工基本养老保险生存认证办法,引入人脸识别、指纹、虹膜、掌脉等高科技认证方式,对于行动不便的养老保险待遇领取人员,应该上门认证或利用网络技术在家里进行认证[1]。

六、基层服务人员队伍建设薄弱,队伍不够健全

城乡居保服务工作政策性强、服务面广、工作任务繁重,需要一支业务精湛和有责任心的专业队伍来担任工作。城乡居保制度实施以来,各地加强了人员配置,但乡镇(街道)劳动保障事务所工作、服务队伍目前还不扎实,基层管理平台较为脆弱,现有城乡居保服务力量无法满足工作需求。城乡居保基层服务人员队伍建设薄弱主要表现为:一是服务人员数量不够,少编缺人现象

[1] 王轲:《赣州市城乡居民基本养老保险调研情况报告》,2017 年 2 月 17 日,见 http://hrss.jiangxi.gov.cn/view.aspx? TaskNo=008015006&ID=130405,2017-2-17。

普遍存在;二是工作、服务人员业务水平不高;三是工作服务人员流动频繁,不稳定。目前,只有较发达地区少数乡镇配备专职经办服务人员,很多乡镇均由乡镇干部、财政所人员、大学生村官等兼任或招聘临时人员,他们往往身兼数职,平时以各自本职岗位工作为重点,只是兼顾城乡居保工作,本职工作繁忙时就无暇顾及。这些兼任或临时招聘工作服务人员一般未经过专门培训,多数是"半路出家",边做边学,业务人员素质参差不齐,有的难以胜任工作。城乡居保村级协办员也基本上由村干部兼任,由于村"两委"班子要定期(一般3年一次)换届选举,换届后人员发生变化,以致工作有时无法对接。同时,乡镇(街道)劳动保障事务所和村(居)民委员会协办人员要承担城乡居保大量的基础性工作①。这样的服务队伍建设情况与城乡居保工作发展的新形势、新任务不相匹配,难以全面开展与做实工作。调查发现造成这种情况的主要原因如下:一是劳动保障事务所人事权归所在地政府(街道),受乡镇(街道)人员编制限制,乡镇(街道)往往不会单独任派现有人员或增加编制人员担任劳动保障事务所工作,更不会单独任派人员专职担任城乡居保服务工作。二是财政资金投入不足,工作经费难以保障。一些地方经办服务经费比较紧张,有的地方实行县经办机构费用预算包干制,致使不敢增加服务项目和扩大服务业务。乡镇(街道)没有因为增加了城乡居保服务业务而增加工作费用,需要乡镇(街办)自行调整解决费用。基层经办人员尤其是村一级协办人员,要承担多种工作,工作千头万绪,任务繁重,而待遇水平偏低。城乡居保工作基本上依靠村组干部推动,工作量大,事情繁杂,却没有报酬和误工补助,很大程度上影响了村组干部的工作积极性②。

---

① 包括对参保人员的信息进行初审,将有关信息录入居保系统,负责受理咨询、查询、举报、政策宣传、情况公示等城乡居保工作,除此之外,还要承担城乡居民医保、社保、就业等其他劳动保障工作。

② 参见刘如意、刘飖丽:《宣威市城乡居民养老保险的完善思考》,《云南经济日报》2017年8月26日。

第四节　完善城乡居民基本养老保险社会化
服务机制对策及有效机制构建

一、完善城乡居民基本养老保险社会化服务总体思路

城乡居保服务本质上属于基本公共服务范畴,是政府依照相关法律法规,为保障城乡居民老年基本生活的社会权利、基础性福利水平而提供的一项社会性基本公共服务。作为一项基本公共服务,政府在提供城乡居保服务时应该遵循效率与公平相互促进、国家主导和多方参与、政府功能与市场机制相结合以及广覆盖与经济发展水平相适应的原则①。城乡居保社会化服务也是养老服务的重要领域,城乡居保社会化服务机制就是为了有效给城乡居保人员提供按时足额养老金和高质量养老服务而建立起来的社会化供给机制②。因此,从理论和实际工作上,城乡居保社会化服务是养老服务内容之一,具有养老服务的特点,是基本养老服务体系的重要组成部分。其服务可以在现有养老服务资源整合基础上创新提供,特别是村级城乡居保服务可以借助和利用社区养老服务和居家养老服务已形成的服务网络平台和服务方式,把村级部分城乡居保服务纳入这些养老服务体系中。

二、完善城乡居民基本养老保险社会化服务对策

在以上的总体思路指导下,针对城乡居保服务存在的一些问题,笔者提出以下完善城乡居保社会化服务对策。

---

① 刘学之:《基本公共服务均等化问题研究》,华夏出版社 2008 年版,第 35—37 页。
② 郑功成等:《中国社会保障改革与发展战略——理念、目标与行动方案》,人民出版社 2008 年版,第 132 页。

(一)加强养老服务城乡统筹发展,完善农村养老服务体系

从我国社会养老服务发展过程可以看出,中央和地方各级政府先后制定颁发了一系列发展养老服务和相关产业的政策意见,鼓励社会多方参与养老服务业,为养老服务(业)发展提供可靠的政策依据,城乡养老服务也得到了较好的发展。但由于我国城乡二元结构依然存在,城乡之间在经济发展、收入水平和基础条件等方面依然有一定的差距,包括养老服务在内的农村社会服务远远落后于城市。截至 2017 年年底,全国社区服务指导中心 619 个,其中城市 603 个、农村 16 个;社区服务中心 2.5 万个,其中城市 1.5 万个、农村 1.0 万个;社区服务站 14.3 万个,其中城市 6.8 万个、农村 7.5 万个;其他社区服务设施 11.3 万个。社区服务中心(站)覆盖率 25.5%,其中城市社区服务中心(站)覆盖率 78.6%,农村社区服务中心(站)覆盖率 15.3%①。截至 2016 年年底,全国养老服务机构达到 2.43 万个,其中城市 0.89 万个,农村 1.54 万个,分别比 2015 年增长了 16.1%、-1.2%②。农村养老服务机构绝对数量并不比城市少,但相对需要养老服务的农村老年人口数量,农村老年人能获得的养老服务却远远少于城市老年人,远远不足以满足实际需求,例如一个城市养老院可以入住数百位老年人,但农村的互助型养老设施多数只能容纳十多位到几十位老年人③。目前城市社会养老服务建设取得明显成效,建设了大量社区养老服务和居家养老服务机构和设施,有效满足了城市老年人的养老服务需要,城市基本养老服务体系较为完善、服务内容较为完整、服务质量较好。农村社会养老服务发展较为滞后,社会养老服务覆盖面小和质量水平低,更多的只是为"五保""低保"困难老人提供极少量的社区养老服务、居家养老服

---

① 民政部:《2017 年社会服务发展统计公报》,2018 年 8 月 2 日,见 www.mca.gov.cn/artic/e/sj/tjgb/2017/20170821607.pdf。

② 民政部编:《中国民政统计年鉴 2017》,中国统计出版社 2017 年版。

③ 青连斌:《补齐农村养老服务体系建设短板》,《中国党政干部论坛》2016 年第 9 期。

务,远远满足不了农村老年人的实际需求。农村的居家养老服务几乎处于刚刚起步阶段,农村社区养老服务覆盖率虽然达到了37%,但远远低于城镇社区养老服务覆盖率70%的水平①。城乡居保服务在制度上虽然全面覆盖了符合条件的农村居民,但目前的服务水平还不够高,服务质量需进一步提升。因此,要统筹城市和农村养老资源,在发展城市养老服务的同时,也要注重农村社会养老服务体系的完善和发展。随着社会经济的发展,应该依托社区,以居家养老为基础、机构养老为补充,积极发展医养结合,不断完善农村养老服务体系,增加养老服务内容,扩大养老服务的覆盖面,社会养老服务应向农村一般老人延伸而不只是向特殊困难老人提供。服务内容应该从一般基本的生活照料服务扩展到家政、保险、教育、健身、旅游等相关领域,随着城乡居保全面覆盖及发展水平的提高,城乡居保服务应该成为农村养老服务的重要构成部分。通过完善农村养老服务网络、扩展资金来源、建立协作机制,逐步把居家养老、社区养老服务延伸到农村,为城乡居保社会化服务嵌入农村养老服务体系形成良好的服务环境和基础条件。

首先,要健全城乡居保服务网络。目前,农村养老服务机构主要为"三无"老人和特殊困难老人提供一般的生活照料服务,在条件成熟时,可以健全农村五保供养机构、托老所、老年活动室等互助性养老服务设施,拓展农村党建活动室、卫生服务站、农家图书室等功能。在这些社区服务和养老服务机构增加城乡居保服务内容,形成城乡居保服务大网络体系。其次,要建立社会养老服务机构与城乡居保机构协作机制。从广义上说,社会养老服务机构与城乡居民基本养老保险机构都是养老服务机构,但是两者在养老服务上各有所侧重,城乡居民基本养老保险机构侧重于经济供养保障,社会养老服务机构侧重于服务性保障,两者应该相互配合、相互促进。城乡居民基本养老保险需要有效的社会化养老服务才能实施落实,城乡居保有效实施也可以促进基本养

① 青连斌:《补齐农村养老服务体系建设短板》,《中国党政干部论坛》2016年第9期。

老服务的发展,故城乡居保机构与五保供养机构、居家养老服务中心等养老服务机构应建立稳定的长期合作机制,建立跨部门养老服务协作机制,在人员培训、技术指导、设备支援等方面要互相支持和配合,共同提高服务能力①。

(二)把城乡居民基本养老保险服务纳入养老服务内容

2013 年国务院提出"拓展养老服务内容。各地要积极发展养老服务业,……鼓励和引导相关行业积极拓展适合老年人特点的文化娱乐、体育健身、休闲旅游、健康服务、精神慰藉、法律服务等服务,加强残障老年人专业化服务"②。目前,我国社会养老服务内容主要是生活照料、家政服务等基本的生活服务。如居家养老服务主要提供家务劳动、辅具配置、送饭上门、无障碍改造、紧急呼叫和安全援助等服务;社区养老服务主要向家庭日间无人或无力照护的社区老年人提供日间照料、短期托养、配餐等服务;机构养老服务主要为失能老人、半失能老人提供穿衣、吃饭、如厕、洗澡、室内外活动等生活照料服务。随着社会养老服务发展、养老服务内容的拓展,应该把城乡居保服务加入到居家养老、社区养老和机构养老服务中,特别是在乡镇及以下的城乡居保末端的社会化服务可以借助社会养老服务网络体系,通过把城乡居保服务内容加入到社会养老服务平台上,使城乡居保服务社会化、规范化、日常化,以改变现在城乡居保基层服务间歇性、不规范性。可以在社区养老服务中心(社区老人日间照料中心等)、居家养老服务中心(站)和养老机构设立城乡居保金融服务点,或通过居家养老服务、社区养老服务和养老机构服务信息网络平台与城乡居保服务平台对接。在这些养老服务平台上增加城乡居保服务内容,从而使基层城乡居保服务借助现有的养老服务网络来提供,例如参保登

---

① 《国务院关于加快发展养老服务业的若干意见》(国发〔2013〕35 号),2013 年 9 月 6 日,见 www.gov.cn/zhengce/content/2013-09/13/content_7213.htm。

② 《国务院关于加快发展养老服务业的若干意见》(国发〔2013〕35 号),2013 年 9 月 6 日,见 www.gov.cn/zhengce/content/2013-09/13/content_7213.htm。

记、保费代扣代缴、待遇社会化发放、权益查询等服务在两者平台对接后均可通过养老服务平台提供。城乡居保服务对象可以从需要照料的老人扩展到一般老人,条件允许时,可以扩展到所有符合条件的参保人员。通过整合现有社会养老服务资源,既方便了乡镇、村以下城乡居民接受城乡居保服务,又节省了单独布设城乡居保服务网点所需要的成本,在方便快捷提供城乡居保服务时还能及时向被服务者反馈服务情况,提高了服务效率[1]。随着居家养老服务功能向农村延伸,可以在为农村居家老人提供助餐、助浴、助洁、助医等上门服务的现代信息技术呼叫系统中增设城乡居保上门服务,如城乡居保权益查询、信息反馈等。这样居家养老老人足不出户就可以享受城乡居保服务。同时,社会养老服务体系在宣传养老服务政策时可以增加城乡居保服务内容,利用居家养老、社区养老和机构养老服务网络体系进行城乡居保政策宣传服务。

(三)发展城乡居民基本养老保险信息化服务

党的十九大报告提出完善城乡居民基本养老保险制度,建立全国统一的社会保险公共服务平台。城乡居保参保人数多,地域分散,参保缴费相对灵活,权益记录和待遇记录周期过长,必须借助信息化手段提高经办能力和服务能力。将城乡居保服务纳入社会养老服务体系后,与城乡居保服务相关的网络信息平台建设主要有以下几方面。

一是加强城乡居保机构经办和查询服务网络信息平台建设。目前,村级以上(省、市、县、乡级)城乡基本养老保险服务信息网络平台已基本建立,许多村还没有互联网,村级信息网络平台还未建立起来,要尽快在村级配备网络、电脑等网络信息设施,加快省、市、县、乡、村五级网络信息系统建设与联网,为促进城乡居保服务科学化、信息化、规范化打下坚实基础,以便为城乡居民提

---

[1] 一般情况下居家养老服务、社区养老服务和机构养老服务人员对本社区和本机构需要服务的老年人情况比较熟悉,能根据老年人不同的情况提供相应的养老服务。

供缴费、领取养老金、权益查询等服务①。二是要加强居家养老、社区养老和机构养老等养老服务机构网络信息平台建设。加快养老服务信息化建设,建立市、县(市)区、乡镇、村养老服务机构联网系统,在养老服务信息网络平台中增加城乡居保基层末端服务内容。特别是在社区养老服务和居家养老服务平台建设中,城乡居保社会化服务应该成为基层养老服务平台上的一项重要内容。三是要加强城乡居保经办机构服务网络信息平台与民政部门养老服务网络信息平台,公安部门、扶贫部门、金融服务机构及其他相关部门服务网络信息平台的对接,如12333人社服务平台与12349民政服务平台转换对接等,达到不同平台之间信息资源畅通共享,能及时对城乡居民的城乡居保服务及其他养老服务需求作出反应并快捷高效地提供服务。特别是要加强基层平台建设,只有较好的基层平台才能方便快捷做好"最后一公里"城乡居保服务和其他养老服务。因此,要按照标准规范建设好城乡居保基层服务点和基层养老服务网络信息平台。

通过以上几个方面网络信息平台建设和不同网络信息平台对接,建立统一的信息化综合服务平台,打造"智慧居保"。围绕"智慧人社"建设,以"统一社保、便捷社保、贴心社保"为目标,积极打造"实时缴费、随时查询、准时发放"全方位功能的"3S"城乡居保智慧服务平台,做实数据大集中平台,实现城乡居保经办服务规范化、数据化、智能化。如保费代扣代缴、养老保险待遇支付服务可以探索微信、支付宝等现代支付平台方式,在缴费期和待遇发放期系统依据设置自动扣缴和发放,业务完成或未完成均通过微信、短信等自动反馈信息等,这样及时通知和提醒使参保人不错过业务办理时间。实施"互联网+"城乡居保工程,支持社区、养老服务机构利用物联网、移动互联网、大数据等信息技术,开发城乡居保智慧平台、信息系统、APP应用、微信公众号等,

---

① 参见包丽佳:《宣威市板桥街道城乡居民养老保险工作的调研报告》,《云南经济日报》2015年9月26日。

拓展城乡居保远程提醒和控制（如通过互联网进行远程待遇领取资格认证等）、动态监测和记录等功能①。从而使居民可以通过多种网络信息渠道获得城乡居保服务及其他养老服务，城乡居保服务才能延伸到"最后一公里"，做到"四个不出村"②。例如在江西省遂川县调查发现，该县依托互联网信息资源，组合"社保卡"和"金融 POS 机"信息，将城乡居保信息系统与农商行信息平台对接，打造集"互联网+社会保障卡+金融村村通"于一体的城乡居保综合便民信息平台。县居保局多次与业务代理农商银行沟通协调，不断改进和完善农商行助农取款点和便民"村村通"服务点，强化业务代理办公硬件建设，提高代办人业务素质，在促进参保居民共享信息技术、开展城乡居保信息化服务方面取得明显成效，使城乡居保事业走上"智慧民生"之路。

（四）加强城乡居民基本养老保险服务人员队伍建设

提供城乡居保服务除需要应有的服务场所、设施外，关键是要有稳定的专业化服务队伍。调查发现，县级以上城乡居保相关机构服务工作队伍比较稳定，工作人员受到一定的职业化培训，虽然存在工作人员数量不足，服务工作任务重等问题，但基本上能满足城乡居保服务的需要。乡镇、村（社区）城乡居保服务人员流动性大、很不稳定。由于基层事情千头万绪，常有"上面千条线，下面一根针"的现象，工作面广、任务重，同时，乡镇、村（社区）人员有限，在不同时期工作重点不同，某一时期需要集中人力进行重点工作，不同岗位工作人员都要被集中调用，固定岗位难以形成固定人员。城乡居保事务所同样面临这样的问题，很多事务所没有规定的人员职数，大多数是招聘临时工作人员，这些临时聘用人员由于没有归属感和稳定感，一旦有其他更好的就业机会

---

① 《国务院关于印发"十三五"国家老龄事业发展和养老体系建设规划的通知》（国发〔2017〕13号），见 www.gov.cn/zhengce/content/2017-03/06/content_5173930.htm。

② "四个不出村"指城乡居民基本养老保险参保登记、缴费、领取待遇和权益查询等业务不用出村就可获得相关服务。

就会申请辞职。在几个县级城乡居保局调查时,相关负责人都表示乡镇、村(社区)难以形成较稳定的城乡居保服务工作队伍,有时培训了一批上岗工作人员,入职熟悉业务后不久就辞职或换岗,又需要重新培训新一批工作人员,这样服务水平和质量没有得到提高,甚至会由于前后工作难以衔接而影响服务工作质量。在村(社区)里,有的城乡居保协办员自身对政策内容不太熟悉,特别是对政策调整的内容不了解,有的协办员由于需要出外务工或技术不达标等原因而不愿意持续担任此项工作,这对村(居)城乡居保服务工作影响很大。村(居)城乡居保服务工作是最基层的工作,也是首要环节,对后续工作有着重要影响。选聘一位有工作能力、有责任感和有一定文化水平的村(居)民委员会协办员需要一定时间,并且往往比较困难,在这种情况下,可能会出现村(居)协办员空缺,导致城乡居保服务工作难以进行。

　　针对上述问题,应该加强城乡居保服务工作队伍特别是乡镇、村(社区)基层服务工作队伍建设,打造一支有一定经办和服务能力、有责任感和有效率的城乡居保服务队伍。首先,要调动村组工作人员的参与积极性。村组工作人员对本村情况很熟悉,对村民都比较了解,在推进城乡居保工作如动员参保、信息采集确认、参保登记、注销与更正、便民服务点的选择与管理中能发挥重要作用。这是城乡居保服务工作发展可依靠和借助的基本力量。为了调动村组工作人员参与城乡居保服务的积极性,政府应该加大对村组工作人员的工资补贴投入,在其报酬中增加城乡居保服务工作报酬,并且要达到一定的比例(一般要达到20%以上才有激励效果)。其次,建议在有条件的村(居)设置"劳动保障公益岗位"。应该进行一定的财政投入,统一招聘大中专学生担任劳动保障公益岗,成为村居一级劳动保障协理员,也可以将大学生村官或招聘一批志愿者、社会工作者配置为劳动保障协理员。大中专学生文化素质较高,对城乡居保政策的理解比较准确,服务能力较强,能比较有效地提供服务工作。最后,要针对城乡居保政策的复杂性,对服务人员定期进行培训。对乡镇事务所工作人员和村级协办人员要定期培训,要对城乡居保参保登记、保险费用的计算、补缴续费、待遇领取、转移接续等业务进行培训,重点对经办等服务工作存在的易错问题进行讲解,对社保卡的功能、使用、激活等进行细致的讲解,为使用社保卡推进"智慧人社"工作打好基础。通过培训,服务工作人员要了解城乡居保服务最新情况,村级业务员要不断完善规范经办工作,提高理解、解释、宣传政策和业务服务能力,提高群众的政策知晓率和参保率,保证服务的质量和效率①。

（五）建立多层次服务体系,形成各层次之间服务职能相互衔接协调的机制

城乡居保顶层设计已基本形成并在逐步完善,从城乡居保目前的服务机制来看,中央和省级部门主要承担制度设计和制定政策的服务职能,城乡居保服务主体是县(市、区)级相关部门,县级及以下相关部门是城乡居保实施的主要承担者,而乡镇、村(居)委会是城乡居保服务的重点,乡镇、村级基本公共服务能力是城乡居保服务能否有效提供的关键。因此,中央、省、市、县、乡镇和村各级政府在城乡居保服务过程中要分工协作,各司其职,要建立交流、互助、合作常态化的协作机制。中央要统筹制定城乡居保制度原则性政策;省、市级政府依据中央政策制定本省、市城乡居保政策,并负责对县级城乡居保机构工作人员进行培训指导;县、乡镇和村是城乡居保具体服务提供者,在中央、省、市级城乡居保部门的指导下负责参保登记、保费收缴、待遇支付等具体服务工作;县级还要负责乡镇、村级工作服务人员的培训和指导。乡镇、村人员直接面向城乡居保服务对象,故要加强县级以下特别是乡镇、村级基层服务能力建设。中共中央办公厅、国务院办公厅印发《关于加强乡镇政府服务能力建设的意见》(中办发〔2017〕11号)提出,做好基本养老保险等社会保险服务是乡镇政府基本公共服务主要内容之一,要"主动适应……人民群众新期待,……以强化乡镇政府服务功能为重点,……以创新服务供给方式为途

<hr/>

① 参见包丽佳:《宣威市板桥街道城乡居民养老保险工作的调研报告》,《云南经济日报》2015年9月26日。

径,有效提升乡镇政府服务水平"。通过扩大乡镇政府服务管理权限、推进乡镇管理体制改革强化乡镇政府服务功能;通过建立公共服务多元供给机制(充分发挥社会工作专业人才在乡镇公共服务提供中的作用)、加大政府购买服务力度,加快城乡公共服务一体化发展进程;以服务半径等为基本依据,结合城镇化和人口老龄化发展趋势,推进乡镇现有公共服务资源的优化整合,推动优质公共服务向农村延伸,实现基本公共服务全覆盖。城乡居保服务关键环节在基层,特别是村、社区级服务能否到位。

三、城乡居民基本养老保险社会化服务的有效机制构建

城乡居保社会化服务机制指城乡居保服务主体、服务对象、服务方式和服务内容等要素之间相互作用、相互影响、相互制约和相互协调的过程。具体来说,是指城乡居保服务主体通过一定的服务方式向服务对象提供城乡居保相关内容服务的相互作用、相互协调过程。按照上述社会化服务机制构建思路和完善对策,服务机制构成要素之间关系如图 6-1。

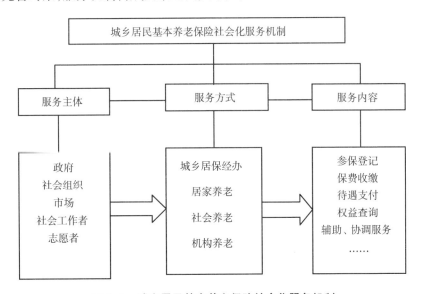

图 6-1　城乡居民基本养老保险社会化服务机制

一般来说,城乡居保服务主体是各级政府,但政府资源有限,单靠政府难以完全有效地提供服务。在鼓励多方参与基本公共服务的原则下,社会和个人力量应大有作为,政府、社会和个人要合理分担相应服务。基本公共服务方式从不同的视角和标准可以分为不同的类型。许多国家实行多元化合作供给方式,充分发挥公共部门、非营利组织和私人部门的协同作用,政府与企业、社会组织合作,主要服务方式有签约外包、特许经营、PPP模式、志愿生产、混合策略等①。签约外包指政府向非营利组织付费购买其生产的公共物品和服务,这是政府提供公共服务的常用模式;特许经营指政府赋予一些组织垄断经营权,在价格管制下这些组织直接向公众有偿提供其产品或服务;PPP模式(公私伙伴关系)指地方政府为生产商提供土地、政策优惠、拨款、贷款、免税等,以低于市场价格收购生产商的产品;志愿生产指公民不为报酬自愿提供的一些公共服务,如某一领域中的志愿者服务;混合策略是一种基本公共服务供给的组合手段。本研究把城乡居保社会化服务纳入社会养老服务体系中,成为社会养老服务重要内容之一,其服务方式主要按照社会养老服务方式提供,即通过居家养老服务、社区养老服务和机构养老服务提供,把城乡居保服务作为社会养老服务的一项日常性工作。

关于城乡居保服务内容,本书将其分为一般业务经办服务和经办业务前后的协调性、辅助性服务两部分。目前这些服务由各级城乡居保经办机构、乡镇(街道)劳动保障事务所承担,本书认为把城乡居保服务纳入社会养老服务体系后,社会养老服务机构可以承担部分经办业务前后的协调性、辅助性服务,例如参保登记代办、保费收缴待遇领取的提前通知、帮助行动不便老人提取养老金、协助宣传、公示监督等。这既能充分有效利用养老服务现有资源,又减轻了经办机构人员的工作量,并且服务效果会更好,因为提供养老服务的工作人员和服务对象一般都比较熟悉,彼此更加了解互信。当然,条件较好的

---

① 参见徐琴、何雨、陈光裕:《江苏改进政府基本公共服务方式的主要思路》,《唯实》2013年第8期。

村(社区)养老服务机构和养老机构,还可以承担乡镇(街道)劳动保障事务所部分经办服务,成为事务所的派出经办服务点,使城乡居民经办养老保险服务向村延伸。社会养老服务体系提供的城乡居保服务对象是本服务区范围内的老年人,城乡居保服务对象除了参保老年人外,还有非老年人参保人员。条件不成熟时,居家养老、社区养老和机构养老等养老服务机构只为老年人提供城乡居保相关服务。待条件成熟后,可以向一般城乡居保参保人员(非老年人城乡居保对象)提供相关服务。

第七章　城乡居民基本养老保险制度与
其他养老保障制度衔接机制分析

城乡居保制度是我国养老保障体系的重要组成部分,除此之外,城乡居民养老保障体系中还包括老年救助、老年福利、计划生育家庭奖励扶助等制度。国发〔2014〕8 号文件提出城乡居保制度需与社会救助等其他社会保障政策相配套,更好保障参保城乡居民的老年基本生活。城乡居保实施中,当参保人发生户籍迁移或工作关系变动等其他情况时,需要与其他养老保障制度相衔接。本章主要对"城乡居保"与"城镇保""低保""五保"制度之间衔接的主要内容、个人账户基金转移缴费年限折算和待遇如何确定等应注意的问题进行分析,进而提出完善城乡居保与这些制度衔接机制的对策。

第一节　"城乡居保"与"城镇保""五保"
"低保"制度衔接的主要内容

国发〔2014〕8 号文件提出"参加城乡居民养老保险的人员,在缴费期间户籍迁移、需要跨地区转移城乡居民养老保险关系的,可在迁入地申请转移养老保险关系,……并按迁入地规定继续参保缴费""城乡居民养老保险制度与职工基本养老保险、优抚安置、城乡居民最低生活保障……等社会保障制度……

的衔接,按有关规定执行"。由于我国区域发展不平衡,各地差异较大,难以制定全国统一的具体衔接办法,国务院只是给出了一般原则性规定。各地根据中央规定,结合本地区实际情况制定与其他养老保障制度的衔接办法。目前城乡居保制度需要衔接的其他社会保障制度主要是城镇保、低保和五保供养制度,下面主要对城乡居保制度与这三项制度衔接办法的内容进行简要介绍。

一、城乡养老保险制度衔接的主要内容

2014 年 2 月 24 日,人力资源和社会保障部、财政部联合印发了《〈城乡养老保险制度衔接暂行办法〉的通知》(人社部发〔2014〕17 号),对城乡养老保险制度衔接的适用范围、衔接时点与条件、待遇领取地确定、资金转移、缴费年限计算、重复参保与领取待遇处理、经办流程与信息查询等方面作出了规定。

(一)适用范围

人社部发〔2014〕17 号文件适用于在城镇保与城乡居保两种制度之间办理衔接手续的人员;同种制度跨地区转移的参保人员,按照各制度自身规定转移接续养老保险关系;已经按照国家规定领取养老保险待遇的人员,不再办理城乡养老保险制度衔接手续。

(二)衔接时点与条件

参加城镇保和城乡居保人员在达到城镇保规定的法定退休年龄后,可以申请办理城乡养老保险衔接手续;参保人员达到城镇保法定退休年龄前,不办理城乡养老保险制度衔接手续;参保人员达到城镇保法定退休年龄后,不符合按月享受城镇保待遇条件,又不愿申请办理城乡养老保险制度衔接手续的,也可以按照城镇保规定延长缴费后再申请办理城乡养老保险制度衔接手续。参加城镇保缴费年限满 15 年(含延长缴费至 15 年)的,可以申请从城乡居保转

入城镇保;城镇保缴费年限不足 15 年的,可以申请从城镇保转入城乡居保。

(三)待遇领取地确定

由于城乡养老保险制度参保人员可能在多地流动就业和参保,参保地与待遇领取地可能不是同一个统筹地区,人社部发〔2014〕17 号文件规定,参保人员在办理城乡养老保险制度衔接之前,要先按城镇保关系转移接续的有关规定确定待遇领取地,并将养老保险关系归集至待遇领取地,再按照有关规定办理制度衔接手续。从城乡居保转入城镇保的,在城镇保待遇领取地提出申请办理;从城镇保转入城乡居保的,在转入城乡居保待遇领取地提出申请办理。

(四)资金转移

参保人员从城乡居保转入城镇保,或者从城镇保转入城乡居保,都将个人账户储存额全部转移,合并累计计算,不转移城镇保统筹基金。

(五)缴费年限计算

人社部发〔2014〕17 号文件规定,参保人员从城镇保转入城乡居保,其参加城镇保的缴费年限,可合并累加计算为城乡居保的缴费年限;参保人员从城乡居保转入城镇保,其参加城乡居保的缴费年限不合并计算或折算为城镇保缴费年限;重复缴费时段(按月计算,下同)只计算城镇保缴费年限。

(六)重复参保与领取待遇处理

参保人员办理城镇保与城乡居保制度衔接手续时,若在同一年度内同时参加城镇保与城乡居保的,按月将重复缴费时段城乡居保个人缴费和集体补助金额退还本人。重复缴费时段只计算城镇保缴费年限。参保人员不得同时领取城镇保和城乡居保待遇,对于同时领取城镇保和城乡居保待遇的,优先保留待遇水平较高的城镇保关系,终止并解除城乡居保关系,除政府补贴外的个人账户余额退还本人,已领取的城乡居保基础养老金应予以退还;本人不予退还的,由社会保险经办机构负责从城乡居保个人账户余额或者城镇保基本养老金中抵扣。

（七）经办流程与信息查询

参保人员向待遇领取地社会保险经办机构提出养老保险制度衔接的书面申请,待遇领取地社会保险经办机构受理并审核参保人员书面申请,并向参保人员原城镇保、城乡居保关系所在地社会保险经办机构发出联系函和提供相关信息;参保人员原城镇保、城乡居保关系所在地社会保险经办机构在接到联系函的 15 个工作日内,完成制度衔接的参保缴费信息传递和基金划转手续;待遇领取地社会保险经办机构收到参保人员原城镇保、城乡居保关系所在地社会保险经办机构转移的资金后,应在 15 个工作日内办结有关手续,并及时通知申请人。

建立全国县级以上社会保险经办机构联系方式信息库,向社会公布相关信息,方便参保人员咨询和办理城乡养老保险制度衔接手续,完善部级社会保险关系转移系统,支持电子化转移业务模式。建立全国统一的基本养老保险参保缴费信息查询服务系统,发行全国通用的社会保障卡。

二、"城乡居保"与"低保""五保"衔接的主要内容

2012 年 2 月 24 日,人力资源和社会保障部、财政部、民政部下发了《关于做好新型农村和城镇居民社会养老保险制度与城乡居民最低生活保障农村五保供养优抚制度衔接工作的意见》(人社部发〔2012〕15 号),对"城乡居保"(包括新农保与城居保)与"低保""五保""优抚"制度衔接的基本原则、衔接对象、衔接规定和工作要求提出了意见。

(一)基本原则

人社部发〔2012〕15 号文件提出要积极引导和支持低保、五保、优抚对象参加城乡居民基本养老保险(包括新农保或城居保),"以解决其老年的后顾之忧,提高其生活保障水平。现阶段,要按照各项制度待遇只叠加、不扣减、不冲销并兼顾现行政策的原则,确保现有待遇水平不降低"。

(二)衔接对象

制度衔接低保对象为当地县级民政部门根据《城市居民最低生活保障条例》(国务院令第 271 号)、《国务院关于在全国建立农村最低生活保障制度的通知》(国发〔2007〕19 号)规定的适用范围确定的享受低保待遇的人员。国务院令第 271 号规定,城市居民最低生活保障对象为持有非农业户口的城市居民,共同生活的家庭成员人均收入低于当地城市居民"低保"标准的人员;国发〔2007〕19 号文件规定,农村最低生活保障对象是家庭年人均纯收入低于当地"低保"标准的生活常年困难的农村居民①。制度衔接五保对象为当地县级民政部门根据《农村五保供养工作条例》(国务院令第 456 号)规定的适用范围确定的享受五保待遇的"三无"人员②。《社会救助暂行办法》(国务院令第 649 号)规定,最低生活保障对象为共同生活的家庭成员人均收入低于当地"低保"标准,且符合当地"低保"家庭财产状况规定的家庭;特困人员(包括五保)供养对象为"三无"老年人、残疾人以及未满 16 周岁的未成年人。

(三)衔接规定

城乡居民基本养老保险(包括新农保和城居保)制度实施时,16—59 岁符

---

① 主要是由病残、年老体弱、丧失劳动能力以及生存条件恶劣等原因造成生活常年困难的农村居民。

② 指老年、残疾或者未满 16 周岁的村民,无劳动能力、无生活来源又无法定赡养、抚养、扶养义务人,或者其法定赡养、抚养、扶养义务人无赡养、抚养、扶养能力的人员。

合城乡居保参保条件的低保、五保对象,应按规定参保缴费,享受政府补贴和集体补助;鼓励有条件的村集体等其他经济社会组织和个人对低保、五保对象的缴费提供资助。已经自愿参保且年满 60 周岁符合领取待遇条件的低保、五保对象,可按月领取城乡居保养老金。在审批或复核低保、五保资格时,中央确定的基础养老金"十二五"时期暂不计入家庭收入。

第二节　城乡居民基本养老保险与城镇企业职工基本养老保险制度衔接分析

一、我国城镇企业职工基本养老保险制度发展状况

（一）我国城镇企业职工基本养老保险发展过程

我国城镇企业职工养老保险制度是 20 世纪 50 年代初期建立的,1951 年 2 月 26 日,政务院颁布了《中华人民共和国劳动保险条例》,对职工的退休养老、疾病医疗、工伤待遇、生育待遇等多项社会保险及其管理做了明确规定。虽然该条例不是一部专门的职工养老保险法规,但其中的退休养老保险是极为重要的内容,其颁布标志着我国职工养老保险制度的确立。从城镇保制度建立至今,其发展经历了两个时期:传统养老保险制度时期和养老保险制度变革创新时期①。每个时期城镇职工养老保险都经历了不同阶段,在传统养老保险制度时期,经历了初创(1950—1957 年)、发展(1958—1966 年)、蜕变(1967—1977 年)、修复(1978—1986 年)等阶段②;在养老保险变革创新时期,经历了起始探索(1986—1991 年)、创新(1992—1996 年)、发展(1997—1999

---

① 传统养老保险制度时期是指计划经济时期,其表现为典型的国家—单位保障制度(郑功成,2002);养老保险制度变革创新时期是指改革开放以来我国职工养老保险的改革发展时期。

② 郑功成等:《中国社会保障制度变迁与评估》,中国人民大学出版社 2002 年版,第 78—82 页。

年)和完善(2000年至今)等阶段。随着传统养老保险制度的内在缺陷不断显现出来和适应经济体制改革的需要,我国城镇养老保险制度进入了变革创新时期,下面主要分阶段简要阐述变革创新时期的发展过程。

第一阶段是制度变革的起始探索阶段(1986—1991年)。1984年,一些地区开始恢复退休费,在市、县一级或行业内部实行社会统筹试点。但国家真正对城镇企业职工养老退休制度进行改革是从1986年4月12日六届全国人大四次会议通过《中华人民共和国经济和社会发展第七个五年计划》开始的,其明确提出要有步骤地建立起具有中国特色的社会主义的社会保障制度,改革社会保障管理体制,坚持社会化管理与单位管理相结合,首次提出要以社会化管理为主。同年7月12日国务院发布《国营企业实行劳动合同制暂行规定》规定,"国家对劳动合同制工人退休养老实行社会保险制度。退休养老基金的来源,由企业和劳动合同制工人缴纳。退休养老金不敷使用时,国家给予适当补助",并具体规定了缴费额和养老金待遇等。这是对原有退休养老制度的重大改革,中国养老保险制度开始向社会养老保险制度转型,但这并不是一项单独的社会保险制度改革,而是作为国有企业劳动制度改革的其中一项内容。1991年6月26日,国务院发布的《关于企业职工养老保险制度改革的决定》对全民所有制企业职工养老保险改革进行了规范,规定"逐步建立起基本养老保险与企业补充养老保险和职工个人储蓄性养老保险相结合的制度。……实行国家、企业、个人三方共同负担,职工个人也要缴纳一定的费用"。这一阶段城镇企业职工退休养老制度改革的取向是由单位保险转向去单位化,是我国城镇企业职工养老保险制度转型至关重要的第一步,标志着进入了去单位化时代。

第二阶段是制度变革的创新阶段(1992—1996年)。《国务院关于企业职工养老保险制度改革的决定》(国发〔1991〕33号)发布后,由于这项改革尚处于探索阶段,还不能适应经济社会发展要求,必须进一步深化改革。《国务院关于企业职工养老保险制度改革的决定》确定养老保险实行国家、企业、个人三方共同负担机制,但三方采取怎样的模式承担,需要进行研究和创新。1995年3月1日国务院下发《关于深化企业职工养老保险制度改革的通知》(国发〔1995〕6号),提出基本养老保险费用由企业和个人共同负担,实行社会统筹与个人账户相结合的养老保险制度模式。这种制度模式要求基本养老保险费用由企业单位和个人分别按照一定比例承担,其缴费按规定的比例分为两部分并分别记入社会统筹和个人账户两个账户;职工的养老金待遇包括社会统筹账户养老金和个人账户养老金。这一制度的筹资模式财务机制,有的研究者认为属于国际上通行的三种养老保险财务机制(现收现付、完全积累、部分积累)之一——部分积累型,有的研究者认为这种统账结合模式并非国际上流行的部分积累模式,而是部分现收现付和部分完全积累的组合模式,不能和国际上通行的三种养老保险财务机制相混同①。

这一阶段主要是在各地社会统筹的实践基础上创造性提出了统账结合的养老保险模式,虽然这一模式在当时提出时论证并不是很充分,但它为我国企业职工养老保险制度改革提供了新的方向。后来在实践中通过再试点逐渐完善,现已成为城镇职工养老保险乃至全国各社会群体养老保险制度改革的方向,甚至有可能成为将来建立全国城乡统一基本养老保险制度的基本模式。

第三阶段是制度变革的发展阶段(1997—1999年)。按照《国务院关于深化企业职工养老保险制度改革的通知》要求,各地制定了社会统筹与个人账户相结合的养老保险制度改革方案,企业职工养老保险制度改革取得了新的进展。但是,当时这项改革仍处在试点阶段,各地虽然都按照统账结合模式进行城镇职工养老保险制度改革,由于当时国务院提供了两套实施办法,各地选择的方案和方案的具体内容却并不一致,存在基本养老保险制度不统一、企业负担重、统筹层次低、管理制度不健全等问题②。因此,1997年7月16日,国

---

① 郑功成:《论中国特色的社会保障道路》,武汉大学出版社1997年版,第186页。
② 参见郑功成等:《中国社会保障制度变迁与评估》,中国人民大学出版社2002年版,第87—94页。

务院颁发《关于建立统一的企业职工基本养老保险制度的决定》,在各地实践的基础上提出了全国统一的方案并要求各地贯彻实施。《关于建立统一的企业职工基本养老保险制度的决定》对企业和个人缴费比例、养老保险费记入社会统筹账户和个人账户的比例、养老基金管理、基本养老金的组成(包括基础养老金和个人账户养老金)以及养老金的发放方法和方式等都做了明确的统一规定。同时,要求覆盖范围逐步扩大到城镇所有企业及其职工、城镇个体劳动者,逐步提高养老保险基金的统筹层次。

1998 年 3 月,国务院成立了劳动和社会保障部,全国社会保险管理体制实现行政管理统一化。同年 8 月 6 日国务院下发《关于实行企业职工基本养老保险省级统筹和行业统筹移交地方管理有关问题的通知》,要求各省(区、市)实行企业职工基本养老保险基金省级统筹,建立基金省级调剂机制;原经国务院批准的有关部门和单位的基本养老保险行业统筹移交地方管理,实行属地管理。1999 年 1 月 22 日国务院发布《社会保险费征缴暂行条例》,加强养老社会保险费的征缴工作。这一阶段主要对城镇职工养老保险制度进一步规范,表现为建立统一的企业职工基本养老保险制度,对统账结合的制度模式进行统一规范,社会保险统一由劳动和社会保障部管理,统一的管理体制逐步建立,逐渐提高基本养老保险基金社会统筹层次,加快了省级统筹步伐,行业统筹移交地方统一管理,等等。养老保险覆盖范围不断扩大,这阶段为城镇职工养老保险制度的进一步完善奠定了基础。

第四阶段是制度变革的完善阶段(2000 年至今)。为了完善我国社会保障体系,2000 年 12 月 25 日国务院下发《关于印发完善城镇社会保障体系试点方案的通知》,决定 2001 年在辽宁省及其他省(区、市)确定的部分地区进行完善城镇社会保障体系的试点,方案规定:企业缴费部分不再划入个人账户,全部纳入社会统筹基金;个人账户全部由个人缴纳;社会统筹基金与个人账户基金实行分别管理,社会统筹基金不能占用个人账户基金;基础养老金月标准为当地上年度职工月平均工资的 20%,以后缴费每满一年增加一定比例的基础养老金,总体水平控制在 30% 左右,个人账户养老金月发放标准为本人账户储存额除以 120(现为 139,见国务院颁发的《关于完善企业职工基本养老保险制度的决定》);有条件的企业可为职工建立企业年金,并实行市场化运营和管理。

在总结东北三省试点经验的基础上,2005 年 12 月 3 日,国务院颁发《关于完善企业职工基本养老保险制度的决定》(国发〔2005〕38 号),按照落实科学发展观和构建社会主义和谐社会的要求,明确提出主要任务是:"确保基本养老金按时足额发放,保障离退休人员基本生活;逐步做实个人账户,完善社会统筹与个人账户相结合的基本制度……改革基本养老金计发办法……合理确定基本养老金水平;建立多层次养老保险体系……完善多渠道筹资机制……提高服务水平"。为了保障参加城镇企业职工基本养老保险人员的合法权益,保证参保人员跨省流动时基本养老保险关系的顺畅转移接续,2009 年 12 月 28 日,国务院办公厅下发《关于转发人力资源社会保障部财政部城镇企业职工基本养老保险关系转移接续暂行办法的通知》(国办发〔2009〕66 号),对资金转移的计算方法、基本养老保险关系转移接续办理、待遇领取地的确定、待遇领取的方法、转移接续手续等内容作出了明确规定。我国连续 17 年对城镇保基本养老待遇水平进行调整,为了减轻企业负担,促进社会经济发展,综合考虑各种因素,作出了适当下调城镇保费率和调整缴费基数的决定。这一阶段我国城镇职工养老保险制度日益完善,通过完善城镇社会保障体系的试点,研究分析城镇职工养老保险制度改革试点中存在的问题和总结经验,对其做了进一步改进,使城镇职工养老保险制度更加适应经济社会发展的需要。特别是《城镇企业职工基本养老保险关系转移接续暂行办法》出台与实施,为我国实现社会养老保险基础养老金全国统筹做好了准备条件。

（二）城镇企业职工基本养老保险现状

随着城镇企业职工基本养老保险制度不断完善,近年来,城镇企业职工基本养老保险事业有了很大的发展,养老保险制度模式基本定型,模式的内部设计趋于合理和管理机制日趋完善,制度的覆盖面不断扩大,基金规模不断增加,基金运营逐步与市场接轨,努力做实个人账户,退休人员基本养老金待遇逐步提高,养老金社会化发放取得重大进展,等等。2017 年末全国参加城镇职工基本养老保险人数为 40293 万人,比上年末增加 2364 万人。2017 年全年城镇职工基本养老保险基金总收入 43310 亿元,比上年增长 23.5%;各级财政补贴基本养老保险基金 8004 亿元;全年基金总支出 38052 亿元,比上年增长 19.5%;年末城镇职工基本养老保险基金累计结存 43885 亿元①。2009—2017 年的具体情况见表 7-1。

表 7-1　2009—2017 年城镇企业职工基本养老
保险人数及基金收支、累计结余情况

年份	参保人数 (万人)	参保职工 (万人)	离退休人员 (万人)	基金总收入 (亿元)	基金支出 (亿元)	累计结余 (亿元)
2009	23549.9	17743.0	5806.9	11490.8	8894.4	12526.1
2010	25707.3	19402.3	6305.0	13419.5	10554.9	15365.3
2011	28391.3	21565.0	6826.2	16894.7	12764.9	19496.6
2012	30426.8	22981.1	7445.7	20001.0	15561.8	23941.3
2013	32218.4	24177.3	8041.0	22680.4	18470.4	28269.2
2014	34124.4	25531.0	8593.4	25309.7	21754.7	31800.0
2015	35361.2	26219.6	9141.9	29340.9	25812.7	35344.8
2016	37929.7	27826.3	10103.4	35057.5	31853.8	38580.0
2017	40293.3	29267.6	11025.7	43309.6	38051.5	43884.6

说明:根据 2010—2018 历年《中国统计年鉴》(国家统计局编,中国统计出版社出版)数据整理计算而得。

　　从表 7-1 可知,城镇职工企业基本养老保险参保人数、基金收支、基金累计结余均呈逐渐增长趋势。2009—2017 年,参保人数从 23549.9 万人增长到

---

　　① 人力资源和社会保障部:《2017 年度人力资源和社会保障事业发展统计公报》,2018 年 5 月 21 日,见 www.mohrss.gov.cn/SYrlzyhshbzb/zwgk/szrs/tjgb/。

40293.3万人,基金总收入从11490.8亿元增长到43309.6亿元,基金支出从8894.4亿元增长到38051.5亿元,累计结余从12526.1亿元增长到43884.6亿元。另外,2017年末全国有8.04万户企业建立了企业年金,比上年增长5.4%。参加职工人数为2331万人,比上年增长0.3%。年末企业年金基金累计结存12880亿元①。

二、城乡居民基本养老保险与城镇企业职工基本养老保险的比较分析

下面就城乡居保和城镇保的主要方面进行比较。

(一)制度模式比较

2009年9月1日,国务院发布《关于开展新型农村社会养老保险试点的指导意见》规定,新农保个人缴费、集体补助、政府补贴相结合"实行社会统筹与个人账户相结合……保障农村居民老年基本生活"。国发〔2014〕8号文件提出坚持和完善社会统筹与个人账户相结合的制度模式。1995年3月1日,国务院下发《关于深化企业职工养老保险制度改革的通知》提出,"基本养老保险费用由企业和个人共同负担,实行社会统筹与个人账户相结合"。在制度模式上,城乡居保与城镇保相同,都是实行社会统筹与个人账户相结合。不同的是,城镇保的社会统筹账户基金是由企业按照职工工资一定比例缴纳的养老保险费组成,用来支付已经离退休城镇企业职工的基础养老金,具有互济性,是实际社会统筹账户;而城镇非就业居民和农民由于没有企业单位(雇主),城乡居保的社会统筹基金不像城镇保有企业缴纳,政府对参保人缴费给予的财政补贴,也是记入个人账户,因此,城乡居保社会统筹账户实际上没有积累基金,是名义账户。城乡居保的社会统筹主要体现在符合条件的城乡居

---

① 人力资源和社会保障部:《2017年度人力资源和社会保障事业发展统计公报》,2018年5月21日,见 www.mohrss.gov.cn/SYrlzyhshbzb/zwgk/szrs/tjgb/。

民领取养老金待遇时的基础养老金上,因为城乡居保规定政府全额支付基础养老金,其资金由政府公共财政承担。从法理上说,政府应该承担这一部分养老金,城镇居民和农民虽然没有企业单位,但是作为社会公民,为经济社会发展作出了自己的贡献,在社会层面村集体(社区)和政府就相当于其雇主。

(二)资金筹集方式比较

在资金来源方面,城乡居保由三部分组成,资金来源除了个人缴费和集体补助①外,地方政府直接进行缴费补贴;城镇保资金来源于企业和职工共同缴费,政府不直接对缴费给予补贴,但在基金发生困难时,政府财政予以支持和兜底。这和两部分人群的就业方式不同有关系。在养老保险费缴纳的方法和标准方面,城乡居保和城镇保做法也不同。城乡居保直接规定了绝对的缴费标准,参保人选择适合自己的缴费标准按年缴费,政府按照规定的补贴标准(不低于每人每年30元)对缴费给予补贴,均记入个人账户;城镇保要求企业以工资总额为基数按照一定比例(以前一般不高于20%,现不高于16%)缴纳基本养老保险费,全部纳入社会统筹基金,不再划入个人账户,职工按照本人缴费工资(职工本人上一年度月平均工资)的一定比例(8%)缴费,并全部计入个人账户,个人账户基金全部由个人缴费形成。以上可知,城乡居保和城镇保基金的来源和账户构成以及缴费标准确定方法均有所不同,城乡居保的个人缴费、集体补助和地方政府的缴费补贴全部记入个人账户,城镇保的个人账户全部由个人缴费形成,企业缴费不纳入个人账户。在缴费标准确定方法上,城乡居保试点阶段采取的做法计算方便、操作简单,有利于简化试点工作,但其随意性大,标准确定的依据不明确。从制度衔接和持续发展方面考虑,建议城乡居保借鉴城镇保缴费标准的确定方法,采用以城乡居民人均可支配收入为基数按照一定比例缴费(一些地区曾经采用过)。这样一方面可以使城乡

---

① 这部分没有强制性规定,目前我国很多村集体经济发展薄弱,只有少数经济发达地区的村集体或社区有条件实行,大多数地区这部分补助难以实现。

居保个人缴费随着收入水平的变化而变化,筹资标准和待遇标准也与经济发展和农民收入承受能力更适应;另一方面使全国基本养老保险更有利于统一规范、统一管理,有利于全国基本养老保险制度之间的衔接和转续。当然由于城乡居民收入不稳定,可以设计几个不同的缴费比例供参保人选择缴费。

(三)养老金待遇计发比较

城乡居保养老待遇由基础养老金和个人账户养老金两部分构成,并支付终身。2009 年新型农村社会养老保险试点时,中央确定的基础养老金最低标准为每人每月 55 元;从 2014 年 7 月 1 日起,全国城乡居保基础养老金最低标准提高至每人每月 70 元;2018 年 1 月 1 日起,中央把全国城乡居保基础养老金最低标准提高至每人每月 88 元。根据实际情况,地方政府可以提高基础养老金标准,对长期缴费的可以适当加发基础养老金,地方政府支付所提高和加发部分的基础养老金;个人账户月计发养老金标准为个人账户全部储存额除以 139(与现行城镇保相同)。城镇保基本养老金也由基础养老金和个人账户养老金构成,基础养老金月标准以当地上年度在岗职工月平均工资和本人指数化月平均缴费工资的平均值为基数,缴费每满 1 年发给 1%。个人账户养老金月标准为个人账户储存额除以计发月数,据测算,60 周岁退休的计发月数为 139①。从以上规定可知,在养老金待遇构成方面,城乡居保和城镇保相同,个人账户养老金月标准的计发办法也一样,均是个人账户储存额除以计发月数,并且两者计发月数也相同。两者的基础养老金计发办法不同,城乡居保月基础养老金由中央政府确定(基础养老金是全国最低生活保障补差额的平均值);城镇保月基础养老金由当地上年度在岗职工平均工资和本人指数化月

---

① 这里讨论的是"新人"养老金待遇的计发。在进行城镇企业职工基本养老保险制度改革时,由于参加工作和退休的时间不同,退休的老人被分成"老人""中人""新人",他们的待遇计发方法不同。具体计发办法见《国务院关于完善企业职工基本养老保险制度的决定》(国发〔2005〕38 号)。

平均缴费工资的平均值和缴费年限决定。前者是补充型计发方式,后者是替代型计发方式。并且两者基础养老金的资金来源也不同,前者全部来源于政府财政补贴,后者来源于企业缴费的社会统筹基金,只是在统筹基金不足支付时政府予以财政兜底。从目前两者养老金待遇水平来看,城乡居保远远低于城镇保基本养老保险保障水平,没达到保障城乡居民基本生活的水平。从社会公平来说,应该逐步缩小城乡居保与城镇保等其他群体养老金待遇的差距。

（四）基金管理比较

在基金管理和监督方面,城乡居保和城镇保情况类似:均要求基金纳入社会保障基金财政专户,实行收支两条线管理;加强基金依法监督,财政、监察、审计部门按各自职责实施监督,严禁挤占挪用,按规定实现保值增值(以前城乡居保和城镇保基金主要是购买国债和存入银行,现在部分基金逐步进行市场运营);发挥社会监督和舆论监督的作用,共同维护基金安全。在基金统筹层次方面,城乡居保基金暂时实行县级管理,可逐步提高管理层次,有条件的地方可直接实行省级管理;城镇保实行省级统筹,建立基本养老保险基金省级调剂机制,统一管理和调度使用基本养老保险基金,对社会保险经办机构实行省级垂直管理。2018年5月30日,国务院下发《国务院关于建立企业职工基本养老保险基金中央调剂制度的通知》(国发〔2018〕18号),提出,"在现行企业职工基本养老保险省级统筹基础上,建立中央调剂基金,对各省份养老保险基金进行适度调剂,确保基本养老金按时足额发放。"与城镇保基金统筹层次相比,目前城乡居保基金统筹层次较低,不利于城乡居保基金的保值增值,也不利于统一调度使用基金。随着城乡居民基本养老保险实施不断扩大和全覆盖,新农保基金规模不断增大,加上统筹层次低和保值增值渠道少,其保值增值的压力也随之增加。鉴于城镇职工基本养老保险基金运营机制逐渐完善和投资渠道多元化,建议将来条件成熟时城乡居保基金和城镇保基金统一运营、分账管理。一方面城乡居保不需要重新成立新的基金运营机构,可以直接把基金委托城镇保基金运营机构经营,节约了经营成本;另一方面,城乡居保基金的加入可扩大整体养老保险基金规模,增大全国养老保险基金的合力,可以更好地把资金投入到需要更大资金、具有稳定收益的国家经济社会建设项目,获得规模效益,实现基金的保值增值。

另外,政府责任方面,城乡居保政府责任不可或缺,城镇保建设和发展同样离不开政府的主导作用。由于城乡居民和城镇企业职工的就业方式和特点不同,政府在两者中的作用方式可以不同。城镇保中,政府主要提供政策法规和监督作用,不承担资金筹集的主要责任,也不对缴费给予补贴,只是基金平衡发生困难时,政府财政才予以支持(包括财政补贴和兜底)。在城乡居保中,政府不仅要提供政策法规和管理监督,而且直接参与基金筹集,对参保人的缴费补贴和基础养老金均由政府财政支付。这对引导和鼓励城乡居民参保和加快制度覆盖面具有促进作用。

三、城乡居民基本养老保险制度与城镇职工基本养老保险制度衔接中的问题

《城乡养老保险制度衔接暂行办法》对两项制度衔接的适用范围、衔接时点与条件、待遇领取地确定、资金转移、缴费年限计算、重复参保与领取待遇处理、经办流程与信息查询等内容进行了规定。这些内容规定很明确也较合理,只是资金转移中的两项规定值得进一步研究:只转移个人账户基金不转移统筹基金;参保人员从城乡居保转入城镇保,其参加城乡居保的缴费年限不合并计算或折算为城镇职工养老保险缴费年限。

(一)城乡养老保险制度衔接中统筹基金不转移和待遇问题

2014年2月24日,人力资源社会保障部、财政部《关于印发〈城乡养老保险制度衔接暂行办法〉的通知》(人社部发〔2014〕17号)规定,参保人员从城镇保转入城乡居保的,城镇保个人账户全部储存额并入城乡居保个人账户,但

没有规定转移统筹基金。关于这个问题,人力资源社会保障部解释为:"一是社会统筹基金是政府对城镇职工养老保险制度的专门安排,既是为了解决已退休人员的养老保障,也是为了平衡单位的养老负担,体现的是社会保险的互济作用,与个人账户基金功能和权益归属不同,不属于个人所有。二是现行城镇职工养老保险跨地区转移接续办法规定划转一定比例(12%)统筹基金,主要是适当平衡转出地区与转入地区的基金支出负担,不影响参保人员个人养老保险权益,因而在参保人员转入城乡居民养老保险制度时,不转这部分资金,不影响其应有的养老金水平。三是按照现行政策规定,参加城镇职工养老保险人员缴费年限不足 15 年申请终止基本养老保险关系的,仅将其个人账户储存额一次性支付给本人,如果城镇职工养老保险向城乡居民养老保险转移统筹基金并计入其个人账户,会造成两类制度在政策上的不平衡。四是社会保险法规定,城镇职工养老保险缴费不足 15 年的,可以延长缴费至满 15 年,目前城镇企业职工基本养老保险待遇远远高于城乡居民基本养老保险待遇,从参保人的实际利益考虑,应引导、激励农民工等群体从城乡居民养老保险转入城镇职工养老保险,并享受相应的待遇"[1]。

以上解释从制度执行来看有其合理的方面,但是从参保人权益来看,这对需要从城镇保转入城乡居保的参保人也有不公平的方面。

首先,来看城镇保基本养老金计发办法。《国务院关于完善企业职工基本养老保险制度的决定》(国发〔2005〕38 号)规定:"基本养老金由基础养老金和个人账户养老金组成。退休时的基础养老金月标准以当地上年度在岗职工月平均工资和本人指数化月平均缴费工资的平均值为基数,缴费每满 1 年发给 1%。个人账户养老金月标准为个人账户储存额除以计发月数,计发月数根据职工退休时城镇人口平均预期寿命、本人退休年龄、利息等因素确

---

[1] 人力资源社会保障部办公厅:《关于贯彻实施〈城乡养老保险制度衔接暂行办法〉有关问题的通知》(人社厅发〔2014〕25 号),2014 年 2 月 24 日,见 http://www.mohrss.gov.cn/sYrlzyhshbzb/shehuibaozhang/zcwj/yanglao/201402/t20140228_125020.html。

定。"城镇职工基本养老保险待遇实际上与统筹基金有关,从某种意义上讲,城镇职工基本养老保险统筹基金是用于发放基本养老金中的基础养老金,城镇保转入城乡居保时不转统筹基金实际上会影响参保人的基础养老金水平。参保人在转入城乡居民基本养老保险前,其所在单位按照企业工资总额一定比例(以前规定不超过16%)缴纳的社会统筹基金包括参保人对单位的劳动贡献,参保人理应在达到领取养老金年龄时享受相应的基础养老金。参保人从城镇保转入城乡居保后,直接按照城乡居保规定享受待遇,其利益就遭到了损失。

其次,来看缴费方式。城乡居保最低标准基础养老金的发放与参保人缴费水平及年限无关,只要符合领取条件的,都可以领取相同的最低标准基础养老金;城镇保基础养老金与工资水平和缴费年限相关,参保人在参加城镇保期间缴费了就应该享受相应的基础养老金。如果从城镇保转入城乡居保的参保人不享受在参加城镇保期间的基础养老金,对参保人有失公平。城乡居保虽然采用的是社会统筹与个人账户相结合的制度模式,可是城乡居保并没有对应的社会统筹账户,其社会统筹功能主要体现在政府财政对基础养老金的全额发放,由于制度设置上的差异,即使城镇保社会统筹基金进行转移,城乡居保也没有相对应的社会统筹账户接受。考虑到这种情况,从城镇保转入城乡居保可以不转移统筹基金,但是不能由于制度上难以衔接而损害参保人的利益。参保人转入城乡居保后,到了享受领取城乡居保待遇年龄时,其领取城乡居保基础养老金同时还应该领取对应部分的城镇保基础养老金,这部分基础养老金应该按照城镇保计发办法发放。由于统筹基金转移主要是适当平衡转出地与转入地的基金支出负担,随着城镇保中央调剂金制度的建立,这部分基础养老金应该由政府财政承担,当然中央政府与地方政府如何分担有待于进一步研究。

（二）城乡养老保险制度衔接中的缴费年限计算

《城乡养老保险制度衔接暂行办法》规定,"参保人员从城镇职工养老保险转入城乡居民养老保险的,城镇职工养老保险个人账户全部储存额并入城乡居民养老保险个人账户,参加城镇职工养老保险的缴费年限合并计算为城乡居民养老保险的缴费年限","参保人员从城乡居民养老保险转入城镇职工养老保险的,城乡居民养老保险个人账户全部储存额并入城镇职工养老保险个人账户,城乡居民养老保险缴费年限不合并计算或折算为城镇职工养老保险缴费年限"。关于这个问题,人力资源社会保障部解释为:城镇保与城乡居保制度间的缴费标准差异很大,如果采取一年折算一年的方法,会导致低缴费换取高额待遇的不合理情况;如果采取按缴费额度折算的办法,会出现城乡居保缴费一年仅能折算为城镇保十分之一甚至几十分之一,而按照对等原则,城镇保转入城乡居保将会出现缴费一年折算为十年甚至几十年的情况,这也是不恰当的①。

　　这种解释就目前的情况来看,在政策操作层面有其合理因素,但从权益对等来说,存在不合理成分。按照权益对等的原则,无论是城镇保转入城乡居保,还是城乡居保转入城镇保,缴费年限都应该进行折算,不能以城乡居保折算为城镇保的缴费年限太少和城镇保折算为城乡居保的缴费年限太多为由而不进行折算。目前城乡居保缴费标准确实比较低,与城镇保缴费标准相差较大,现阶段城乡居民选择的缴费标准也普遍偏低,但随着经济收入水平的提高和城乡居保深入实施,各地区均在逐渐提高城乡居保缴费标准,有的较发达地区城乡居保的最高标准已经很接近城镇保参保人年缴费总额,两项制度个人缴费相差不大。例如北京市城乡居保最高标准为 9000 元/年,这样与城镇保一般参保人一年个人缴费总额差不多,甚至可能高于经济欠发达地区城镇保一般参保人的年缴费额。同时,随着城乡居民经济收入的增长和对城乡居保认识的提高,城乡居民也会选择较高档次标准缴费,当城乡居保与城镇保缴费

---

　　① 人力资源社会保障部办公厅:《关于贯彻实施〈城乡养老保险制度衔接暂行办法〉有关问题的通知》(人社厅发〔2014〕25 号),2014 年 2 月 24 日,见 http://www.mohrss.gov.cn/sYrlzyhs-hbzb/shehuibaozhang/zcwj/yanglao/201402/t20140228_125020.html。

标准差异逐渐缩小后,就不会出现这种情况:城乡居保转入城镇保时,城乡居保缴费一年仅能折算为城镇保十分之一甚至几十分之一;城镇保转入城乡居保时,城镇保缴费一年折算为城乡居保十年甚至几十年。城乡居保参保人缴费年限也应该折算或合并计算为城镇保缴费年限,否则对城乡居保参保人不公平。

至于这两项制度缴费年限之间如何折算,值得进一步研究,主要涉及两项制度在互相折算缴费年限时如何设置两边折算基数,是逐年折算还是整体一次性折算等。笔者认为,为了折算年限更加准确,保障参保人的权益,城镇保与城乡居保缴费年限相互折算时应该逐年折算,因为参保人每年缴费基数或标准不一定相同,受通货膨胀影响相同缴费在不同年份的价值不同,从而按照缴费基数或标准进行折算后的年限也就不同(如果每年的缴费基数或标准相同,只需要整体进行一次性折算)。关于缴费年限折算基数的设置,如果是城镇保转入城乡居保,其当年缴费在折算为城乡居保缴费年限时,可以以转入地当年城乡居保参保人已缴费的平均缴费额作为折算基数或者城乡居保中间缴费档次标准为折算基数进行折算①。这比直接把参保人城镇保的缴费年限合并计算为城乡居保的缴费年限更合理,对参保人更公平。如果是城乡居保转入城镇保,其当年缴费在折算为城镇保缴费年限时,可以参照转入地当年城镇个人工商户和灵活就业人员(城乡居民与城镇个人工商户、灵活就业人员就业特征相似)参加城镇保的缴费基数(城镇个体工商户和灵活就业人员参加基本养老保险的缴费基数为当地上年度在岗职工平均工资)和个人账户缴费比例(缴费比例为20%,其中8%记入个人账户)的乘积,即以城镇个体工商户和灵活就业人员当年缴费作为折算基数进行折算。

---

① 由于城乡居民基本养老保险设置了不同的缴费档次,最低缴费档次与最高缴费档次标准相差较大,如果选择最低缴费档次标准或最高缴费档次标准作为折算基数会出现折算年限偏高或偏低的情况。

四、城乡居民基本养老保险与城镇企业职工基本养老保险衔接对策与展望

从以上城乡居保与城镇保的比较分析可以看出,它们有相同或相似之处,但也存在差异。上文有的分析已涉及城乡居保与城镇保制度衔接问题、发展趋势及对策,在此对其进行归纳和补充。

（一）在社会统筹和个人账户相结合的制度模式基础上进一步完善城乡居保制度,逐步与城镇保制度相衔接,为将来纳入全国城乡统一的社会养老保险制度准备条件

根据制度统一原则,从长远发展目标上说,城乡居保只是我国基本养老保险一个过渡性的发展阶段,最终发展趋势应该实现与城镇保等其他社会群体的养老保险制度一体化运行,形成全国统一的基本养老保险制度。因而城乡居保制度设计时必须充分考虑与其他基本社会养老保险制度的衔接和整合,为最终的制度统一减少二次改革的困难和成本。城乡居保制度采取社会统筹和个人账户相结合的制度框架,基本制度在形式上保持了与城镇保社会统筹与个人账户相结合这一制度框架的一致性。这为今后实现覆盖城镇职工和城乡居民统一的社会养老保险制度基本模式奠定了重要制度基础①。但目前两者社会统筹和个人账户资金的构成不同,制度衔接还存在一定困难。如前文所述,城乡居保的社会统筹账户实际上是名义账户,没有基金积累。这使城乡居保与城镇保制度衔接存在缝隙。两者个人账户基金的转移衔接较容易,关键是社会统筹基金难以衔接。如果是城镇保转入城乡居保,由于城乡居保没有社会统筹账户,城镇保参保人各年度实际缴费工资的12%的统筹基金,在城乡居保中没有相应的统筹账户接受,只能转入个人账户。如果不转移社会

---

① 参见林义:《破解新农保制度运行五大难》,《中国社会保障》2009 年第 9 期。

统筹基金,又会增加参保人转入城乡居保后政府支付其基础养老金的财政负担,其实转入个人账户政府同样要支付其基础养老金,也没有减轻政府财政负担。同时,由于城镇企业职工基础养老金一般高于城乡居民,参保人转入城乡居保后只能享受低于城镇职工的基础养老金,有损参保人利益。如果是城乡居保转入城镇保,城乡居保参保人在参保期间没有统筹基金可转移。另外,养老保险关系转移后城乡居民基础养老金的资金是继续由财政承担还是由当地城镇统筹账户出资,没有明确规定。若继续由财政承担,那其城乡居保关系就没有得到实质性的转化;若由当地城镇统筹账户出资,就会侵占城镇参保人养老金部分利益①。因此,从长远发展考虑,有必要对城乡居保基本养老保险社会统筹进行完善和充实,笔者认为政府(中央政府或地方政府,或者中央政府和地方政府共同承担)可以拿出一部分资金为城乡居保建立社会统筹基金,并记入社会统筹账户,仿照城镇保做法由社会统筹基金支付基础养老金(当然,水平可以不同),基金不足时再由政府财政兜底。这样城乡居保和城镇保社会统筹和个人账户相结合的基本制度框架在形式和内容上都相对应(账户基金规模应该允许不同),缩小了城乡居保和城镇保制度衔接的缝隙,有利于两种养老保险关系的转移接续和建立城乡统一的基本养老保险制度。

(二)提高城乡居保基金管理层次

目前城乡居保基金管理层次较低,这给基金保值增值和整个城乡居保工作带来不利的影响,提高管理层次更有利于基金调度使用和保值增值。城乡居保基金在理论上性质与城镇保基金相同,都是人们的"保命钱",两者保值增值和安全性是同样重要。随着城乡居保范围不断扩大,基金规模越来越大。笔者在江西调研发现,随着参保人数增加和参保水平提高,城乡居保基金规模

---

①　参见杨翠迎:《新型农村社会养老保险试点应注意的问题及政策建议》,载于《中国社会保障30人论坛——2010年社会保障重大问题研讨会会议发言材料(内部材料)》,中国人民大学,2010年2月,第104—105页。

将会超过城镇保,加上该省目前还有2亿多元老农保基金没有投资渠道,这些资金保值增值和管理的压力非常大。十九大报告提出"加强社会保障体系建设。按照兜底线、织密网、建机制的要求,全面建成覆盖全民、城乡统筹、权责清晰、保障适度、可持续的多层次社会保障体系……完善城镇职工基本养老保险和城乡居民基本养老保险制度,尽快实现养老保险全国统筹"。这说明养老金全国统筹,统一管理是党和国家在社会养老保险基金管理方面的政策方向。那么,城乡居保基金也应该逐步实行全国统一管理,提高管理层次。为了实现规模效益,提高基金增值率,同时又做到按贡献率获取回报,城乡居保基金将来可以试行与城镇保基金合并运营,分账管理。

(三)改进城乡居保缴费标准和基础养老金确定方法

目前城乡居保缴费标准和基础养老金标准的确定方法简便,适合目前城乡居民对新农保还不太了解的情况,便于办理操作和工作的开展。但这种缴费标准确定方法随意性大。虽然城乡居保也要求依据城乡居民年人均可支配收入增长等情况适时调整缴费档次,但直接规定绝对缴费标准在精算上是很难做到调整幅度与居民经济收入增长幅度相适应的。城镇保按照本人缴费工资一定的比例缴费,虽然不能完全使缴费标准与工资收入变化呈正比例关系,但这种缴费标准随着工资收入的变化而自动变化,内含了缴费标准调节机制。城镇保缴费标准的确定方法更为科学,城乡居保可以借鉴此方法,按照当地上一年城乡居民年人均可支配收入一定比例确定缴费标准,为了适应城乡居民收入不稳定性和居民之间的收入差距,可以设计多个档次缴费比例供参保人选择。在基础养老金标准确定方法上,将来也可以借鉴城镇保的办法,缴费每满1年,就按照当地城乡居民年人均可支配收入一定的比例发放基础养老金,具体比例根据当时收入水平、生活消费水平等实际情况确定。同时,随着城乡居民收入增加,生活水平和生活消费成本提高,相应地提高缴费标准、政府补贴和养老金待遇水平以适应基本生活需要,逐渐缩小城乡居保与城镇保养老金待遇差距。

第三节 城乡居民基本养老保险与"低保"
"五保"制度衔接分析

一、我国"五保""低保"制度发展状况和主要内容

"五保"和"低保"制度是我国城乡养老保障领域中社会救助的主要形式。"五保"制度是我国对农村"三无"老人①、残疾或未满 16 周岁的村民实行生活照顾的一种社会救助制度。

党和政府非常重视农村"五保"供养制度的建设和实施。农业合作化时期,我国就建立了农村"五保"制度。1956 年颁发的《高级农业生产合作社示范章程》第五十三条规定:"农业生产合作社对⋯⋯生活没有依靠的老、弱、孤、寡、残疾的社员,在生产上和生活上给以适当的安排和照顾⋯⋯使他们生养死葬都有依靠。"1964 年 10 月二届人大通过的《1956—1967 年全国农业发展纲要》规定:"农业合作社对于社内⋯⋯生活没有依靠的鳏寡孤独的社员⋯⋯在生活上给以适当的照顾,做到保吃、保穿、保烧(燃料)、保教(儿童和少年)、保葬,使他们的生养死葬都有指靠。"后来"五保"制度又增加了"保住、保医"等内容。实行联产承包责任制经济体制改革后,为了在新形势下切实保障"五保"老人的生活,1994 年 1 月国务院颁发《农村五保供养工作条例》,确定了"五保"供给赡养工作的操作程序和内容。2006 年 1 月国务院颁布了新的《农村五保供养工作条例》,对供养对象、供养内容、供养形式、监督管理和法律责任作了具体规定。供养内容规定"供给粮油、副食品和生活用燃料;供给服装、被褥等生活用品和零用钱;提供符合基本居住条件的住房;提供疾

---

① "三无"指无劳动能力、无生活来源又无法定赡养、抚养、扶养义务人,或者其法定赡养、抚养、扶养义务人无赡养、抚养、扶养能力。

病治疗,对生活不能自理的给予照料;办理丧葬事宜","农村五保供养标准不得低于当地村民的平均生活水平","农村五保供养资金,在地方人民政府财政预算中安排。……中央财政对财政困难地区的农村五保供养,在资金上给予适当补助"。供养形式上,"农村五保供养对象可以在当地的农村五保供养服务机构集中供养,也可以在家分散供养。农村五保供养对象可以自行选择供养形式",等等。新条例与旧条例的主要不同在于把"五保供养资金来源从村提留或者乡统筹费中列支"改为"在地方人民政府财政预算中安排",并且中央财政对财政困难地区的农村五保供养在资金上给予适当补贴,实现了由集体内部互助为主向政府提供救助为主的根本性转变。这使我国"五保"制度走上了规范化、法制化的轨道,自《农村五保供养工作条例》颁布实施以来,各地加强了农村敬老院硬件建设,建立了"五保"服务网络,强化了服务。到2009年年底,全国有554.3万农村居民得到政府五保救济,比上年增加5.7万人[1]。我国农村"五保"制度是家庭保障制度的一种补充,也是非常重要的一种社会保障制度。它对安定农村社会秩序、保障农村社会最贫困群体的基本生存发挥了重大的作用[2]。

从1993年开始,中国在城市地区逐步建立城镇居民"低保"制度,1999年9月国务院颁发《城市居民最低生活保障条例》,促进了城市"低保"制度的普及,到2000年年底,全国城镇已全部建立了"低保"制度,共有402.6万城镇居民得到了最低生活保障[3]。在建立城镇最低生活保障制度的过程中,我国对农村地区也提出了建立最低生活保障制度的要求。2000年国务院下发《关于在全国建立最低生活保障制度的通知》,根据此通知各地制定本地区的农村

---

① 国家统计局:《2009年国民经济和社会发展统计公报》,见 www.stats.gov.cn/tjsj/tjgb/ndtjgb/qgndtjgb/201002/t201002/t20100225_30024.html。

② 参见郑功成等:《中国社会保障制度变迁与评估》,中国人民大学出版社2002年版,第240页。

③ 国家统计局:《2000年国民经济和社会发展统计公报》,2001年2月28日,见 http://www.stats.gov.cn/xxgk/sjfb/tjgb2020/201310/t20131031_1768607.html。

最低生活保障制度,救助对象的确定标准分为四类:一是家庭成员均无劳动能力或基本丧失劳动能力的无劳户;二是家庭劳动力严重残疾生活确有困难者;三是家庭劳动力因常年疾病确有困难者;四是家庭主要成员因病、灾死亡而子女均不到劳动年龄生活特别困难者。2007 年 7 月 1 日,国务院下发《关于在全国建立农村最低生活保障制度的通知》指出:建立农村最低生活保障制度的目标是"将符合条件的农村贫困人口全部纳入保障范围,稳定、持久、有效地解决全国农村贫困人口的温饱问题";农村最低生活保障对象是"家庭年人均纯收入低于当地最低生活保障标准的农村居民,……生活常年困难的农村居民";农村最低生活保障标准由"……全年基本生活所必需的吃饭、穿衣、用水、用电等费用确定,……随着当地生活必需品价格变化和人民生活水平提高适时进行调整";农村最低生活保障资金的筹集"以地方为主……省级人民政府要加大投入。中央财政对财政困难地区给予适当补助"。在全国建立农村最低生活保障制度,是解决农村贫困人口温饱问题的重要举措,是建立覆盖城乡的社会保障体系的重要内容,也是完善社会保障体系的需要。2014 年 2 月 21 日,国务院颁发《社会救助暂行办法》对最低生活保障和特困人员供养的对象、内容和标准作出相应的规定:"国家对共同生活的家庭成员人均收入低于当地最低生活保障标准,且符合当地最低生活保障家庭财产状况规定的家庭,给予最低生活保障","对批准获得最低生活保障的家庭,县级人民政府民政部门按照共同生活的家庭成员人均收入低于当地最低生活保障标准的差额,按月发给最低生活保障金。对获得最低生活保障后生活仍有困难的老年人、未成年人、重度残疾人和重病患者,县级以上地方人民政府应当采取必要措施给予生活保障","国家对无劳动能力、无生活来源且无法定赡养、抚养、扶养义务人,或者其法定赡养、抚养、扶养义务人无赡养、抚养、扶养能力的老年人、残疾人以及未满 16 周岁的未成年人,给予特困人员供养","特困人员供养的内容包括提供基本生活条件,对生活不能自理的给予照料,提供疾病治疗,办理丧葬事宜"。截至 2018 年年底全国有 1008 万人享受了城市低保,3520 万人享受了农村低保,455万农村特困人员享受了救助供养①。从五保制度到最低生活保障制度,说明农村社会救助工作进入了新的时期②,它是"我国传统的社会救济制度的改革与完善,是社会救济工作的制度化、规范化建设"③,对于逐步缩小城乡差距,维护社会公平具有重要意义。

二、城乡居民基本养老保险与 "低保""五保" 制度衔接问题及对策

城乡居保与"低保""五保"制度衔接中的主要问题是:地方人民政府为低保、五保对象代缴部分或全部最低标准养老保险费;基础养老金是否要在最低生活保障金或五保供养金中扣减或冲抵;审批和复核低保、五保资格时,基础养老金是否应该计入家庭收入。

(一)低保、五保对象参加城乡居民基本养老保险缴费问题及对策

国发〔2014〕8号文件提出"对重度残疾人等缴费困难群体,地方人民政府为其代缴部分或全部最低标准的养老保险费"。这里的缴费困难群体除了重度残疾人外,应该还包括低保人员、五保户、优抚对象等,其中低保人员和五保供养人员是重要组成部分。目前,从国发〔2014〕8号文件和许多省(区、市)的城乡居保实施方案来看,各地区也只是明确要求政府为重度残疾人代缴部分或全部最低标准的养老保险费。地方人民政府为重度残疾人等缴费困难群体代缴部分或全部最低标准养老保险费的具体情况见附录。

只有少数省份明确规定了对重度残疾人外的低保和五保等其他缴费困难

---

① 国家统计局:《2018年国民经济和社会发展统计公报》,2019年2月28日,见 www.stats. gov.cn/tjsj/zxfb/201902/t20190228_1651265.html。

② 参见郑功成等:《中国社会保障制度变迁与评估》,中国人民大学出版社2002年版,第249页。

③ 民政部政策研究室编著:《中国农村社会保障》,中国社会出版社1997年版,第15页。

群体,地方人民政府要为其代缴部分或全部最低标准的养老保险费。浙江省对低保对象按当地最低档次缴费标准给予部分或全部补贴;福建省对低保户、重点优抚对象、计生对象中独生子女死亡或伤残、手术并发症人员以及非重度残疾人等缴费困难群体,政府为其代缴不低于50%的最低标准养老保险费;海南省对享受低保人员、五保户等缴费困难群体,由市、县、自治县财政为其缴纳部分或者全部最低标准的养老保险费;广西对城镇"三无"人员、农村五保对象,由政府代缴最低标准养老保险费,对城乡低保对象由政府代缴养老保险费50元,缴费困难群体可增加个人缴费,并享受按政府代缴金额与个人缴费合计金额对应档次的政府缴费补贴;内蒙古对城乡低保户、五保供养缴费困难群体按照最低标准为其代缴养老保险费,允许个人增加缴费,并享受相应档次缴费补贴;宁夏对符合参保条件的低保家庭人员,由自治区和县(市、区)财政各按25元给予缴费补贴;西藏对孤寡老人、低保对象缴费困难群体,政府为其代缴最低标准的养老保险费,并享受相应的政府补贴;甘肃省对五保户和计划生育"两户"家庭,由市州、县市区政府为其代缴全部或部分最低缴费标准的养老保险费。

人力资源社会保障部、财政部、民政部印发的《关于做好新型农村和城镇居民社会养老保险制度与城乡居民最低生活保障农村五保供养优抚制度衔接工作的意见》(人社部发〔2012〕15号)提出,"新农保和城居保制度实施时,16—59岁符合新农保和城居保参保条件的低保、五保对象,应按规定参保缴费,享受政府补贴和集体补助;鼓励有条件的村集体、其他经济组织、社会组织和个人对低保、五保对象的缴费提供资助"。这两部分群体在享受最低生活保障制度和五保供养制度给予的待遇时,如何参加城乡居保缴费,城乡居保制度与城乡"低保""五保"制度如何衔接关系到这些人员将来老年时期是否能享受到城乡居保待遇权利及其保障水平。目前绝大多数省份只是规定地方人民政府为低保、五保对象代缴部分或全部最低标准的养老保险费,有的地区还提出低保、五保对象在政府为其代缴保险费基础上可以增加个人缴费,并享受合并缴费金额相应的政府缴费补贴。虽然这种规定在逻辑上不排除并且是鼓励低保、五保对象尽可能提高缴费档次,但实际情况往往是低保、五保对象在享受最低生活保障和五保供养期间的经济收入很低,甚至没有经济收入,一般情况下没有能力在政府为其代缴的基础上增加个人缴费,即使有提高档次标准缴费的意愿也没有这样的缴费能力。低保、五保对象往往是最需要城乡居保的。在现阶段,由于经济发展水平还不够高,财政收入还不是很雄厚,政府可以只为其代缴部分或全部最低标准的养老保险费。但按照现在的最低标准缴费,远远保障不了他们将来老年生活的基本需要。随着经济发展水平提高和财政收入增长,政府应该根据生活需求、物价水平等因素,以保障他们老年基本生活水平为目标精算出应该要为低保、五保对象等缴费困难群体代缴的缴费标准。同时也要区别对待不同类型的低保和五保供养对象,对于暂时性处于困难状况的低保、五保对象,政府可以只为其代缴部分或全部的最低缴费标准的养老保险费;对于长期"三无"、五保对象和低保对象,政府应该选择为其代缴部分或全部的较高缴费标准的养老保险费。因为暂时性低保和五保对象可以通过非困难时期自己选择较高缴费档次标准来补偿困难时期较低缴费的不足;长期性低保和五保对象一直没有能力自己缴费,只有提高政府为其代缴的缴费标准才能使这些人在将来老年时期不陷入贫困状态。

(二)低保或五保对象同时享受城乡居民基本养老保险基础养老金待遇问题及对策

人社部发〔2012〕15 号文件提出,"现阶段,要按照各项制度待遇只叠加、不扣减、不冲销并兼顾现行政策的原则,确保现有待遇水平不降低。"《农村五保供养工作条例》提出,"农村五保供养标准不得低于当地村民的平均生活水平",当前农村五保老人的实际供养待遇远未达到这个水平[①]。最低生活保障标准也没有达到保障基本生活的水平。在现阶段城乡居保养老金水平和低

---

① 董西明、罗微:《城乡居民养老保险制度与五保制度衔接研究——基于供需平衡的视角》,《经济与管理评论》2016 年第 4 期。

保、五保对象享受的待遇水平均比较低,还难以达到保障基本生活的情况下,应该遵循各项制度待遇只叠加、不扣减、不冲销并兼顾现行政策的原则,低保、五保老年人在享受低保和五保供养待遇时应该同时享受城乡居保基础养老金。笔者认为,当城乡居保养老金与低保、五保老人领取的低保金或五保供养待遇总额低于基本生活水平所需费用时,各项制度待遇不仅不能冲销,还应该按照基本生活所需费用标准予以补足。可以借鉴上海市的做法,上海市规定"五保对象领取的新农保养老金低于本市农村五保日常生活供养标准的,按照本市农村五保日常生活供养标准予以补足,同时享受本市五保对象其他待遇"①。当然,国家逐渐提高城乡居保基础养老金水平,当五保、低保老人养老金待遇与低保金、五保供养待遇总额高于本地居民的平均生活水平所需费用(一般用居民人均消费支出水平衡量)时,就应该适当进行控制。如果超出基本生活费用较大时,应该扣减超出基本生活费用的低保待遇或五保供养待遇;当养老保险待遇达到能保障基本生活的水平时,参加了城乡居保的低保或五保老人在领取养老金时应该不再享受最低生活保障或五保供养待遇。因为城乡居保、低保和五保这些制度功能和目的都是保障人们包括低保、五保对象等贫困人口的基本生活,它们在这层意义上具有制度同质性,权利待遇的享受具有同源性(权利的来源相同——公民的基本生存权)。当养老金能保障基本生活水平,同时领取最低生活保障或五保供养待遇,就会产生重复享受待遇现象,这既加重了政府财政负担,又有失公允。

（三）审批和复核低保、五保资格时,城乡居民基本养老保险养老金计入家庭收入问题及对策

人社部发〔2012〕15号文件提出:"已经自愿参保且年满60周岁符合领取待

---

① 上海市人力资源和社会保障局、上海市财政局、上海市民政局:《关于做好本市新型农村和城镇居民社会养老保险制度与城乡居民最低生活保障农村五保供养优抚制度衔接工作的通知》(沪人社农发〔2012〕44号),2012年11月28日,见 https://rsj.sh.gov.cn/tncylbx_17290/20200617/t0035_1390208.html。

遇条件的低保、五保对象,可按月领取新农保或城居保养老金。在审批或复核低保、五保资格时,中央确定的基础养老金'十二五'时期暂不计入家庭收入。"

在审批和复核低保资格时,我国最低生活保障制度规定,申请人家庭按国家规定所获得的优待抚恤金、计划生育奖励与扶助金以及教育、见义勇为等方面的奖励性补助,一般不计入家庭收入。关于城乡居保基础养老金和个人账户养老金是否应该计入,人社部发〔2012〕15号只是规定暂不计入家庭收入。这说明不会一直不计入,只是现阶段不计入,那么到什么阶段应该计入?笔者认为城乡居保最低标准基础养老金应该不计入,鼓励性基础养老金(多缴多得、长缴多得增发的基础养老金)与个人账户养老金应该计入。人社部发〔2012〕15号文件规定暂不计入,符合城乡居保基础养老金的来源性质,由于城乡居保最低标准基础养老金由政府财政提供,年满60周岁城乡居民无论是否为低保或五保对象老人均可以领取,与参保人的经济收入水平无关,具有普惠性,如果计入家庭收入,对申请五保、低保人员有失公平。但是多缴多得、长缴多得增发的基础养老金笔者认为应该计入,因为此部分基础养老金与参保人的经济收入水平相关。同样,个人账户养老金的多少也与经济收入水平有关,从产权属性上说,完全归个人所有,申请低保或五保时应计入家庭收入。个人账户养老金是参保人自参保到领取养老金待遇年龄期间缴费储存的积累额除以计发系数的金额,如果在缴费期间参保人选择了较高档次标准缴费且缴费时间较长,其个人账户储存额较大,按计发系数发放的个人账户养老金高于同期低保或五保供养待遇,这类老人申请低保或五保时,不能确定为低保或五保对象。反之,就要纳入低保或五保对象范围,并要补足申请老人的个人账户养老金与低保或五保供养标准的差额。随着城乡居保制度全覆盖,符合参保条件的低保或五保对象也被覆盖其中,五保老人在享有养老金后已不再是真正意义上的"三无"人员①。随着城乡居保待遇水平提高,加上城乡居民新

---

① 参见董西明、罗微:《城乡居民养老保险制度与五保制度衔接研究——基于供需平衡的视角》,《经济与管理评论》2016年第4期。

型合作医疗保险等其他社会保险能共同保障城乡居民老年人基本生活需要，这时的老年人一般情况下不会成为"三无"人员。到这时对于城乡老年人来说，低保和五保就失去其应有的功能。

附录1 2018年前各省（区、市）城乡居民基本养老保险缴费补贴办法

地方	补贴办法
全国	地方人民政府应当对参保人缴费给予补贴,对选择最低档次标准缴费的,补贴标准不低于每人每年30元;对选择较高档次标准缴费的,适当增加补贴金额;对选择500元及以上档次标准缴费的,补贴标准不低于每人每年60元,具体标准和办法由省(区、市)人民政府确定。对重度残疾人等缴费困难群体,地方人民政府为其代缴部分或全部最低标准的养老保险费。
北京	对选择最低缴费至2000元以下(不含2000元,以下类同)标准的,每人每年补贴60元;选择2000元至最高缴费标准的,每人每年补贴90元。自2017年缴费年度开始,调整缴费补贴标准并增加缴费补贴档次,对选择最低缴费至2000元以下标准的,每人每年补贴60元;选择2000元至4000元以下的,每人每年补贴90元;选择4000元至6000元以下的,每人每年补贴120元;选择6000元至最高缴费标准的,每人每年补贴150元。
天津	对应每年600元、900元、1200元、1500元、1800元、2100元、2400元、2700元、3000元、3300元10个档次,补贴标准设定为每年60元、70元、80元、90元、100元、110元、120元、130元、140元、150元10个档次。所需资金由市财政负担。符合城乡居保参保条件的自愿参保残疾人,按照个人缴费900元标准,政府为其代缴全部或者部分养老保险费。其中:对享受城乡最低生活保障待遇的重度残疾人,为其代缴全部养老保险费;对未享受最低生活保障待遇的重度残疾人和享受最低生活保障待遇的非重度残疾人,为其代缴50%养老保险费。
上海	区县政府按照每年500元、700元、900元、1100元、1300元、1500元、1700元、1900元、2100元、2300元、2800元、3300元缴费标准,对应的补贴标准为每年200元、250元、300元、350元、400元、425元、450元、475元、500元、525元、550元、575元。重度残疾人的个人缴费标准按照每年1100元确定,其中,个人按照缴费标准的5%缴费,残疾人就业保障金代缴600元,其余部分由区县财政代缴。重度残疾人中领取重残无业人员生活补助人员,个人不缴费,残疾人就业保障金代缴600元,区县财政代缴500元。

附录 1 　 2018 年前各省(区、市)城乡居民基本养老保险缴费补贴办法

地方	补贴办法
上海	2018 年 1 月 1 日起个人缴费标准调整为每年 500 元、700 元、900 元、1100 元、1300 元、1700 元、2300 元、3300 元、4300 元、5300 元 10 个档次。对应的缴费补贴标准调整为每年 200 元、250 元、300 元、350 元、400 元、450 元、525 元、575 元、625 元、675 元。
河北	对选择 100—400 元档次标准缴费的,补贴标准为每人每年 30 元;对选择 500 元及以上档次标准缴费的,补贴标准为每人每年 60 元。政府为参保的重度残疾人每人每年代缴 100 元养老保险费。缴费补贴和为重度残疾人代缴养老保险费所需资金,由省、设区市、县(市、区)按 1∶1∶1 的比例分担,省财政直管县(市)所需资金设区市负担部分由省级财政负担。
江苏	市、县(市、区)人民政府应当对参保人员缴费给予补贴,对选择最低档次标准缴费的,补贴标准不低于每人每年 30 元;对选择较高档次标准缴费的,适当增加补贴金额;对选择 500 元及以上档次标准缴费的,补贴标准不低于每人每年 60 元,具体标准和办法由市、县(市、区)人民政府确定。对重度残疾人等缴费困难群体,市、县(市、区)人民政府为其代缴部分或全部最低标准的养老保险费。
浙江	市、县(市、区)财政对参保人缴费给予补贴,补贴标准不低于每人每年 30 元,对选择较高档次标准缴费的,适当增加补贴金额,其中,对选择 500 元以上档次标准缴费的,补贴标准不低于每人每年 80 元。对重度残疾人、低保对象等困难群体缴费,按当地最低档次缴费标准给予部分或全部补贴。缴费补贴的具体办法及标准由市、县(市、区)政府确定。
山东	政府对参保人缴费给予适当补贴,补贴标准不低于每人每年 30 元,缴费即补。对选择 300 元以上缴费档次的,可以提高补贴标准,500 元以上缴费档次补贴标准不低于每人每年 60 元,具体标准由市、县(市、区)政府确定。缴费补贴所需资金由市、县(市、区)政府承担。
福建	政府对参保人缴费给予适当补贴:选择 100 元缴费档次标准的,政府补贴 30 元;每提高一个缴费档次标准(100 元),政府补贴增加 10 元;对选择 800 元及以上缴费档次标准的,政府补贴均为 100 元。补缴部分政府给予相应缴费补贴。省级财政根据不同档次对应的补贴标准和各地不同的财力状况,分别以 80%、60%、40%、20% 的比例对县(市、区)进行分档补助;其余部分由各设区市和县(市、区)分担,具体比例由设区市人民政府确定。有条件的市、县(市、区)人民政府再行提高缴费补贴标准的,提高部分所需资金由当地财政承担。对低保户、重点优抚对象、计生对象中独生子女死亡或伤残、手术并发症人员以及非重度残疾人等缴费困难群体,政府为其代缴不低于 50% 的最低标准养老保险费;对城乡重度残疾人,政府为其全额代缴最低标准养老保险费,所需资金由市、县(市、区)人民政府承担。
广东	对选择低档次标准(每年 120—360 元)缴费的,补贴标准不低于每人每年 30 元;对选择较高档次标准(每年 480 元及以上)缴费的,补贴标准不低于每人每年 60 元。珠江三角洲地区由市、县(市、区)财政负担,粤东西北地区由省、市、县(市、区)三级财政负担,其中省财政负担部分按上述补贴最低标准(每人每年 30 元或 60 元)的 1/3 安排,其余部分由市、县(市、区)财政各负担一半。有条件的地区对参保人选择较高缴费标准缴费的增加的缴费补贴资金自行负担。特困群体由统筹地区人民政府为其代缴部分或者全部最低标准的养老保险费,资金由统筹地区政府自行负担。

地方	补贴办法
海南	选择100元缴费档次的,政府给予每人每年30元的基础补贴。所需资金由省财政与市、县、自治县财政(含洋浦经济开发区,下同)分担。其中,省财政与海口市、三亚市、洋浦经济开发区财政按4∶6的比例分担,省财政与其他市、县、自治县财政按6∶4的比例分担。对选择200元及以上缴费档次的,每增加一个缴费档次另给予不少于10元的补贴,所需资金由市、县、自治县财政承担。对城乡独生子女领证户、农村双女户(含农村少数民族三女户)夫妇落实长效避孕节育措施(含结扎和上环)家庭的参保人员,另给予每人每年不低于10元的财政补贴,所需资金由各市、县、自治县财政承担。一级或者二级伤残的残疾人,独生子女伤残(伤病残达到三级以上,含三级)或独生子女死亡家庭的父母和计划生育手术并发症参保人员,政府按每人每年100元的缴费标准为其缴纳养老保险费,所需资金由省财政与市、县、自治县财政按本条第一款规定的比例分担。享受低保人员、五保户,享受定期抚恤补助金的优抚对象等缴费困难群体可由市、县、自治县财政为其缴纳部分或者全部最低标准的养老保险费。
山西	市、县(市、区)人民政府应当对参保人缴费给予补贴。最低补贴标准为:缴100元补30元、缴200元补35元、缴300元补40元、缴400元补50元、缴500元至600元补60元、缴700元至900元补70元、缴1000元至2000元补80元。对重度残疾人、低保户等缴费困难群体,由当地政府为其代缴最低标准的养老保险费。上述缴费补贴和政府代缴费用,由市、县(市、区)两级财政共同承担,市、县(市、区)承担比例由各市自行确定。事后追补缴费的不予补贴。
河南	省、省辖市财政对参保人缴费给予补贴。对选择100—400元档次标准缴费的,补贴标准不低于每人每年30元,其中省财政每人每年补贴20元,省辖市财政每人每年补贴不低于10元;对选择500元及以上档次标准缴费的,补贴标准不低于每人每年60元,其中省财政每人每年补贴40元,省辖市财政每人每年补贴不低于20元。省直管县(市)对参保人的缴费补贴全部由省财政承担。县(市、区)政府对重度残疾人或长期贫困残疾人等缴费困难群体,为其代缴最低档次标准的养老保险费;对烈士遗属、领证的独生子女父母和计划生育双女父母,给予适当补贴;对选择较高档次标准缴费的,给予适当鼓励。 2018年1月1日起,缴费200元补贴30元,缴费300元补贴40元,缴费400元补贴50元;缴费500元补贴60元,缴费600元补贴80元,缴费700元补贴100元,缴费800元补贴120元,缴费900元补贴140元,缴费1000元补贴160元;缴费1500元补贴190元,缴费2000元补贴220元,缴费2500元补贴250元,缴费3000元补贴280元,缴费4000元补贴310元,缴费5000元补贴340元;参保人员当年没有缴费,之后再进行补缴的,不享受政府给予的缴费补贴。
湖北	省和地方政府对选择100元档次标准缴费的,补贴标准不低于每人每年30元;对选择200元至400元档次标准缴费的,补贴标准不低于每人每年45元;对选择500元及以上档次标准缴费的,补贴标准不低于每人每年60元。缴费补贴由省和地方政府按2∶1负担。对重度残疾人等缴费困难群体,各地人民政府为其代缴全部最低标准的养老保险费。
湖南	各级政府对参保人缴费给予补贴。选择缴纳100元、200元档次的,补贴标准不低于每人每年30元,其中省平均补贴20元,其余部分由市(州)、县(市、区)补贴;选择年缴纳300元、400元档次的,补贴标准不低于每人每年40元,其中省平均补贴28元。

地方	补贴办法
湖南	其余部分由市(州)、县(市、区)补贴;选择年缴纳 500 元及以上档次的,补贴标准不低于每人每年 60 元,其中省平均补贴 40 元,其余部分由市(州)、县(市、区)补贴。每提高一个档次缴费的增加补贴所需资金由市(州)、县(市、区)负担。对完全丧失劳动能力、没有收入来源、重度残疾人等缴费困难群体,县(市、区)人民政府为其代缴全部每年最低缴费档次的养老保险费;对其他缴费困难群体,县(市、区)人民政府按最低缴费档次给予部分补助。所需资金由市(州)、县(市、区)负担。
安徽	省、市、县人民政府应当对参保人缴费给予补贴。每人每年最低缴费补贴标准为:缴 100 元补 30 元、缴 200 元补 35 元、缴 300 元补 40 元、缴 400 元补 50 元、缴 500 元及以上的补 60 元。对参保人员的缴费补贴,省级财政目前承担 20 元,其余部分由市、县财政承担,市、县承担比例由各市确定。有条件的市、县可在省里规定统一补贴标准的基础上,适当增加补贴,具体标准和办法由市、县人民政府确定,所需资金由市、县负担。对重度残疾人、独生子女死亡或伤残后未再生育夫妻、节育手术并发症人员(三级以上)等缴费困难群体,县人民政府应结合本地实际,在缴费档次范围内确定标准为其代缴养老保险费,并按代缴养老保险费档次给予补贴。领取独生子女父母光荣证的独生子女父母和落实绝育措施的农村双女父母参保缴费,各地可适当提高补贴标准。
江西	省、县(市、区)人民政府对于选择 100 元缴费档次的,每人每年给予 30 元的基本补贴,所需资金西部政策延伸县由省、县(市)财政按 8∶2 负担;其他县(市、区)由省、县(市、区)财政按 6∶4 负担。 对于选择 200 元及以上缴费档次的,在基本补贴 30 元的基础上适当增加补贴金额。其中,参保人缴费 200 元至 400 元的,每提高一个缴费档次,政府补贴在 30 元基础上分别增加 5 元(即缴费 200 元补贴 35 元,缴费 300 元补贴 40 元,缴费 400 元补贴 45 元);缴费 500 元的,补贴 60 元;600 元及以上档次的,每提高一个缴费档次,政府补贴在 60 元基础上增加 5 元,最多补贴 95 元(即缴费 600 元补贴 65 元,缴费 700 元补贴 70 元,依此类推,缴费 2000 元补贴 95 元)。对 200 元至 2000 元缴费档次超出基本补贴 30 元的缴费补贴所需资金,由省、县(市、区)财政按 2∶8 负担。 对城乡重度残疾人等缴费困难群体,政府为其代缴部分或全部最低标准的养老保险费。省、县(市、区)财政为城乡重度残疾人代缴最低标准的养老保险费每人每年 100 元,代缴所需资金西部政策延伸县由省、县(市)财政按 8∶2 负担;其他县(市、区)由省、县(市、区)财政按 6∶4 负担。
广西	政府对 100—800 元缴费档次分别按每人每年 30 元、40 元、50 元、55 元、60 元、65 元、70 元、75 元进行补贴,对 900—2000 元缴费档次统一按每人每年 80 元进行补贴。政府为缴费困难群体代缴部分或全部最低标准的养老保险费。城乡重度残疾人、贫困残疾人、城镇"三无"(无生活来源,无劳动能力,无法定赡养、抚养、扶养义务人或其法定赡养、抚养、扶养义务人无赡养、抚养、扶养能力)人员、农村五保供养对象由政府代缴最低标准的养老保险费 100 元;不属于上述四类群体的城乡低保对象由政府代缴养老保险费 50 元。缴费困难群体可在政府代缴基础上增加个人缴费,并享受按政府代缴金额与个人缴费合计金额对应缴费档次的政府缴费补贴。自治区确定的缴费补贴资金和政府对城乡重度残疾人等缴费困难群体代缴养老保险费,由自治区与设区市按 6∶4 比例承担,自治区与县(市)按 8∶2 比例承担。

续表

地方	补贴办法
内蒙古	政府按照 100 元至 3000 元 13 个缴费档次给予补贴,选择 100 元至 400 元缴费档次的分别补贴 30 元、35 元、40 元、45 元;选择 500 至 1000 元缴费档次的分别补贴 60 元、65 元、70 元、75 元、80 元、85 元;选择 1500 元、2000 元、3000 元缴费档次的,补贴 85 元。对城乡低保户、重度残疾人、五保供养等缴费困难群体,按照 100 元为其代缴养老保险费,允许代缴人员个人增加缴费,缴费后按照相应档次享受缴费补贴。自治区原则上负担全区补贴总额的 50%,盟市至少负担 25%,其余部分由旗县(市、区)负担。自治区补贴依据各盟市财力状况划分为三类,重点向困难地区倾斜:一类地区补助 40%,二类地区补助 50%,三类地区补助 60%。在上述标准基础上,盟市、旗县(市、区)可以根据财力状况适当提高补贴标准,提高部分由当地财政负担。
宁夏	对应 100 元、200 元、300 元、400 元、500 元、600 元、700 元、800 元、900 元、1000 元、1500 元、2000 元 12 个档次,自治区和县(市、区)对参保缴费分别给予补贴。按 100 元最低缴费,每人每年给予不低于 30 元的补贴。其中,自治区财政补贴川区 20 元、山区 25 元;川区、山区县(市、区)财政补贴不低于 10 元和 5 元。鼓励多缴多补,按 200 元、300 元、400 元、500 元、600 元、700 元、800 元、900 元、1000 元、1500 元、2000 元档次缴费,自治区和县(市、区)财政对应补贴 40 元、50 元、60 元、70 元、80 元、90 元、100 元、110 元、120 元、160 元、200 元。其中,在 30 元财政补贴水平的基础上,自治区财政和县(市、区)分别再承担增加额(以 30 元为基数)的 50%补贴。 对于重度残疾、低保家庭等缴费困难的人员,自治区财政和县(市、区)财政按每人每年 100 元的最低缴费档次给予全额或部分缴费补贴。其中,对重度残疾缴费困难人员,川区县(市、区)由自治区和县(市、区)财政各承担 50 元;山区县(市、区)由自治区财政承担 70 元,县(市、区)财政承担 30 元。对低保家庭符合参保条件的人员,由自治区和县(市、区)财政各按 25 元给予缴费补贴。 对于村干部,个人按照全区上年度农民人均纯收入的 16%缴费,自治区和县(市、区)财政按照 24%的比例给予补贴。具体补贴标准由自治区党委组织部会同财政厅、人力资源社会保障厅根据全区上年度农民人均纯收入的个人缴费和财政补贴比例,逐年测算,取整数公布。 对新农保制度实施前已离职的村党支部书记、村委会主任,在享受基础养老金的同时,按任职年限再给予适当补贴,具体为:任职 3 年至 9 年的,每月增加基础养老金 5 元;任职 10 年至 20 年的,每月增加基础养老金 10 元;任职 20 年以上的,每月增加基础养老金 15 元。所需资金山区由自治区财政承担,川区由自治区财政和县(市、区)财政各承担 50%。 对于城镇独生子女户、农村计划生育独生子女户、两女户和"少生快富"户,在政府缴费补贴的基础上,每年再按自治区公布的全区上年度农民人均纯收入的 2%给予个人奖励缴费补贴,具体补贴标准由自治区人口和计划生育委员会会同财政厅、人力资源社会保障厅根据全区上年度农民人均纯收入水平,逐年测算,取整数公布。补贴资金由自治区财政与县(市、区)财政按照比例分担。具体为:川区县(市、区)由自治区财政和县(市、区)财政各承担 50%;山区县(市、区)由自治区财政和县(市、区)财政分别按照 70%和 30%承担。 2018 年按 100 元、300 元、500 元、1000 元、2000 元、3000 元档次缴费,财政对应补贴分别为 30 元、50 元、70 元、120 元、200 元、320 元。自治区及县(市、区)财政补贴方法仍按照宁政发〔2011〕108 号文件计算。

地方	补贴办法
西藏	对参保人自愿选择100元至2000元缴费档次的,每年分别给予40元、45元、50元、55元、60元、65元、70元、75元、80元、85元、90元、95元的缴费补贴。对参保人选择高于2000元标准进行缴费的,政府补贴为95元。 对城乡居民中一、二级重度残疾人、孤寡老人、低保对象等缴费困难群体,由政府为其代缴最低标准的养老保险费,并享受相应的政府补贴。
新疆	各级人民政府对参保人缴费给予补贴,补贴标准每人每年不低于50元,所需资金由各级财政负担。对财政困难地区,按自治区现行财政体制给予补助。各地可根据本地实际适当提高补贴标准,所需资金自行负担。对选择100元以上(不含100元)档次标准缴费的给予鼓励,按照每提高一个档次每人每年增加不低于5元的标准给予补贴,所需资金由地县财政负担。补缴或间断缴费期间不享受政府补贴。重度残疾人等缴费困难群体可自主选择缴费档次,地(州、市)、县(市、区)人民政府为其代缴最低标准的养老保险费。
重庆	政府对参保人员缴费实行梯次补贴,补贴标准分别为一档30元、二档40元、三档50元、四档60元、五档70元、六档80元、七档90元、八档100元、九档110元、十档120元、十一档130元、十二档140元。残疾等级达到1、2级的重度残疾人,政府每人每年代缴100元养老保险费,再补贴40元。老年参保人员自愿选择一次性趸缴养老保险费的,按其一次性趸缴的缴费年限每人每年代缴30元养老保险费。政府对缴费补贴的资金,由市和区县(自治县)财政按比例分担。具体为:主城区由市级承担20%、区级承担80%;贫困区县(自治县)由市级承担70%、区县级承担30%;其他区县由市级和区县级各承担50%。
四川	对选择100元、200元、300元、400元、500元、600元、700元、800元、900元、1000元、1500元、2000元、3000元档次缴费的,政府补贴分别对应为每人每年40元、40元、45元、50元、60元、60元、65元、70元、75元、80元、100元、120元、160元。省级财政按政府补贴总量的50%安排,根据各县(市、区)的人数、财力、民族、扩权等因素,分档次予以补助;其余部分由市(州)和县(市、区)两级财政共同分担,具体分担比例由各市(州)人民政府自行确定,扩权试点县(市、区)由本级财政负担。 对重度残疾人、独生子女伤残死亡家庭(指独生子女三级以上残疾或死亡且未再生育或收养子女的家庭)夫妻,各市(州)、县(市、区)人民政府按100元/年·人的标准为其代缴养老保险费,所需资金和具体分担比例由市(州)人民政府自主确定,自行负担。
贵州	对选择100元至400元档次标准缴费的,按每人每年30元给予补贴,省、市(州)和县(市、区、特区)人民政府各负担10元;对选择500元至900元档次标准缴费的,补贴标准每人每年60元,省、市(州)和县(市、区、特区)人民政府各负担20元;对选择1000元至2000元档次标准缴费的,补贴标准每人每年90元,省、市(州)和县(市、区、特区)人民政府各负担30元。补缴养老保险费的,政府不予补贴。 对重度残疾人等缴费困难群体,县(市、区、特区)人民政府按不低于100元的标准代为缴纳。有条件的市(州)、县(市、区、特区)可以增加代缴标准。

续表

地方	补贴办法
云南	省财政给予每人每年30元的缴费补贴。在此基础上,对选择100元以上档次缴费的参保人,每增加缴费100元,给予10元的缴费补贴,但最高补贴标准每人每年不超过100元,所需资金由省财政承担50%,州(市)、县两级财政承担50%,州(市)、县两级财政具体分担比例由州(市)人民政府确定。 对重度残疾人,省财政按照200元缴费档次标准逐年全额代缴养老保险费。对其他缴费困难群体,州(市)、县(区)人民政府可根据财力情况自行制定具体补助办法。对符合享受养老补助条件的重度残疾人,省财政按月支付养老补助,支付标准与月基础养老金标准一致。
陕西	省和市(县)政府对参保人缴费给予补贴,多缴多补。具体补贴标准是:年缴费100元到200元的补贴30元;年缴费300元的补贴40元;年缴费400元的补贴45元;年缴费500元的补贴60元;年缴费600元(补贴65元)至900元的,每提高一个缴费档次,补贴增加5元;缴费1000元的补贴100元;缴费1500元的补贴150元;缴费2000元的补贴200元。缴费补贴由省和市(县)各承担50%。对重度残疾人,由省级财政为其代缴全部最低标准的养老保险费。对其他困难群体缴费是否实行补贴,由市(县)政府确定,所需资金由市(县)承担。建立丧葬费补助金制度,标准为一次性补助不低于800元,省级财政按800元的50%给予补助。
甘肃	省级财政按照实际参保缴费人数,对参保人缴费给予补贴,对选择100—400元档次缴费的,每人每年补贴30元;对选择500元及以上档次缴费的,每人每年补贴60元。补缴的个人缴费不享受政府补贴。鼓励有条件的市(州)、县(市、区)人民政府建立多缴多补激励机制,对选择较高档次缴费的参保人员给予适当补贴,具体补贴办法由市(州)、县(市、区)人民政府制定,并报省城乡居民基本养老保险工作领导小组备案。 对城乡居民中一、二级重度残疾人、五保户等缴费特困群体和计划生育"两户"家庭(独生子女领证户和二女节育户),由市(州)、县(市、区)政府为其代缴全部或部分最低缴费标准的养老保险费,具体代缴标准由市(州)、县(市、区)政府确定。
青海	每年按100元缴费的补贴30元,200元缴费的补贴40元,300元缴费的补贴50元,400元缴费的补贴60元,500元缴费的补贴70元,600元缴费的补贴85元,700元缴费的补贴100元,800元缴费的补贴115元,900元缴费的补贴130元,1000元缴费的补贴145元,1500元缴费的补贴165元,2000元缴费的补贴185元。重度残疾人每人每年按300元缴费档次给予全额代缴。对参保人的最低缴费补贴30元和对重度残疾人全额代缴300元所需资金,由省财政承担80%,各地财政承担20%。参保人选择较高缴费档次增加的缴费补贴资金由各地财政承担。补缴养老保险费的,政府不予补贴。
黑龙江	地方财政给予参保人定额补贴。补贴标准为:缴费100元补贴30元,缴费200元补贴40元,缴费300元补贴50元,缴费400元补贴60元,缴费500元至2000元补贴70元。 对农村重度残疾人等缴费困难群体,由地方人民政府为其代缴部分或全部最低标准的养老保险费(具体标准以各地政府规定为准)。

附录 1　2018 年前各省（区、市）城乡居民基本养老保险缴费补贴办法

地方	补贴办法
吉林	省、市（州）、县（市、区）政府对参保人缴费给予补贴，每人每年补贴标准为：缴费 100 元补贴 30 元，缴费 200 元补贴 40 元，缴费 300 元补贴 50 元，缴费 400 元补贴 60 元，缴费 500 元补贴 70 元，缴费 600 元补贴 80 元，缴费 700 元补贴 90 元，缴费 800 元补贴 100 元，缴费 900 元补贴 110 元，缴费 1000 元补贴 120 元，缴费 1500 元补贴 145 元，缴费 2000 元补贴 170 元，所需资金由省和市、县（市）政府按 6∶4 的比例分担。对选择 2000 元以上档次缴费的，补贴办法由市（州）、县（市、区）政府确定，省政府仍按 170 元的 60% 比例承担补贴资金，地方政府自行承担提高部分的补贴资金。对重度残疾人等缴费困难群体，市（州）、县（市、区）政府为其代缴不低于最低档次标准的养老保险费。
辽宁	市、县两级政府应当对参保人缴费给予补贴。按照每年 100 元、200 元、300 元、400 元、500 元缴费标准，对应的缴费补贴标准为每年 30 元、40 元、50 元、60 元、70 元。对选择 600 元、700 元、800 元、900 元、1000 元、1500 元和 2000 元档次缴费的，补贴标准由各市政府确定。 对重度残疾人等缴费困难群体，市、县两级政府可为其代缴部分或全部最低标准的养老保险费。 参保人按年缴费期间出现中断缴费的，补缴时不享受政府缴费补贴。

注：本表根据各省（区、市）城乡居民基本养老保险意见或办法整理而成。

附录2 国务院关于开展新型农村社会养老保险试点的指导意见

国发〔2009〕32号

各省、自治区、直辖市人民政府,国务院各部委、各直属机构:

根据党的十七大和十七届三中全会精神,国务院决定,从2009年起开展新型农村社会养老保险(以下简称新农保)试点。现就试点工作提出以下指导意见:

一、基本原则

新农保工作要高举中国特色社会主义伟大旗帜,以邓小平理论和"三个代表"重要思想为指导,深入贯彻落实科学发展观,按照加快建立覆盖城乡居民的社会保障体系的要求,逐步解决农村居民老有所养问题。新农保试点的基本原则是"保基本、广覆盖、有弹性、可持续"。一是从农村实际出发,低水平起步,筹资标准和待遇标准要与经济发展及各方面承受能力相适应;二是个人(家庭)、集体、政府合理分担责任,权利与义务相对应;三是政府主导和农民自愿相结合,引导农村居民普遍参保;四是中央确定基本原则和主要政策,地方制订具体办法,对参保居民实行属地管理。

二、任务目标

探索建立个人缴费、集体补助、政府补贴相结合的新农保制度,实行社会统筹与个人账户相结合,与家庭养老、土地保障、社会救助等其他社会保障政策措施相配套,保障农村居民老年基本生活。2009 年试点覆盖面为全国 10% 的县(市、区、旗),以后逐步扩大试点,在全国普遍实施,2020 年之前基本实现对农村适龄居民的全覆盖。

三、参保范围

年满 16 周岁(不含在校学生)、未参加城镇职工基本养老保险的农村居民,可以在户籍地自愿参加新农保。

四、基金筹集

新农保基金由个人缴费、集体补助、政府补贴构成。

(一)个人缴费。参加新农保的农村居民应当按规定缴纳养老保险费。缴费标准目前设为每年 100 元、200 元、300 元、400 元、500 元 5 个档次,地方可以根据实际情况增设缴费档次。参保人自主选择档次缴费,多缴多得。国家依据农村居民人均纯收入增长等情况适时调整缴费档次。

(二)集体补助。有条件的村集体应当对参保人缴费给予补助,补助标准由村民委员会召开村民会议民主确定。鼓励其他经济组织、社会公益组织、个人为参保人缴费提供资助。

(三)政府补贴。政府对符合领取条件的参保人全额支付新农保基础养老金,其中中央财政对中西部地区按中央确定的基础养老金标准给予全额补助,对东部地区给予 50% 的补助。

地方政府应当对参保人缴费给予补贴,补贴标准不低于每人每年 30 元;对选择较高档次标准缴费的,可给予适当鼓励,具体标准和办法由省(区、市)

人民政府确定。对农村重度残疾人等缴费困难群体,地方政府为其代缴部分或全部最低标准的养老保险费。

五、建立个人账户

国家为每个新农保参保人建立终身记录的养老保险个人账户。个人缴费,集体补助及其他经济组织、社会公益组织、个人对参保人缴费的资助,地方政府对参保人的缴费补贴,全部记入个人账户。个人账户储存额目前每年参考中国人民银行公布的金融机构人民币一年期存款利率计息。

六、养老金待遇

养老金待遇由基础养老金和个人账户养老金组成,支付终身。

中央确定的基础养老金标准为每人每月55元。地方政府可以根据实际情况提高基础养老金标准,对于长期缴费的农村居民,可适当加发基础养老金,提高和加发部分的资金由地方政府支出。

个人账户养老金的月计发标准为个人账户全部储存额除以139(与现行城镇职工基本养老保险个人账户养老金计发系数相同)。参保人死亡,个人账户中的资金余额,除政府补贴外,可以依法继承;政府补贴余额用于继续支付其他参保人的养老金。

七、养老金待遇领取条件

年满60周岁、未享受城镇职工基本养老保险待遇的农村有户籍的老年人,可以按月领取养老金。

新农保制度实施时,已年满60周岁、未享受城镇职工基本养老保险待遇的,不用缴费,可以按月领取基础养老金,但其符合参保条件的子女应当参保缴费;距领取年龄不足15年的,应按年缴费,也允许补缴,累计缴费不超过15年;距领取年龄超过15年的,应按年缴费,累计缴费不少于15年。

要引导中青年农民积极参保、长期缴费、长缴多得。具体办法由省（区、市）人民政府规定。

八、待遇调整

国家根据经济发展和物价变动等情况,适时调整全国新农保基础养老金的最低标准。

九、基金管理

建立健全新农保基金财务会计制度。新农保基金纳入社会保障基金财政专户,实行收支两条线管理,单独记账、核算,按有关规定实现保值增值。试点阶段,新农保基金暂实行县级管理,随着试点扩大和推开,逐步提高管理层次;有条件的地方也可直接实行省级管理。

十、基金监督

各级人力资源社会保障部门要切实履行新农保基金的监管职责,制定完善新农保各项业务管理规章制度,规范业务程序,建立健全内控制度和基金稽核制度,对基金的筹集、上解、划拨、发放进行监控和定期检查,并定期披露新农保基金筹集和支付信息,做到公开透明,加强社会监督。财政、监察、审计部门按各自职责实施监督,严禁挤占挪用,确保基金安全。试点地区新农保经办机构和村民委员会每年在行政村范围内对村内参保人缴费和待遇领取资格进行公示,接受群众监督。

十一、经办管理服务

开展新农保试点的地区,要认真记录农村居民参保缴费和领取待遇情况,建立参保档案,长期妥善保存;建立全国统一的新农保信息管理系统,纳入社会保障信息管理系统("金保工程")建设,并与其他公民信息管理系统实现信息资源共享;要大力推行社会保障卡,方便参保人持卡缴费、领取待遇和查询本人参保信息。试点地区要按照精简效能原则,整合现有农村社会服务资源,加强新农保经办能力建设,运用现代管理方式和政府购买服务方式,降低行政成本,提高工作效率。新农保工作经费纳入同级财政预算,不得从新农保基金中开支。

十二、相关制度衔接

原来已开展以个人缴费为主、完全个人账户农村社会养老保险(以下称老农保)的地区,要在妥善处理老农保基金债权问题的基础上,做好与新农保制度衔接。在新农保试点地区,凡已参加了老农保、年满 60 周岁且已领取老农保养老金的参保人,可直接享受新农保基础养老金;对已参加老农保、未满60 周岁且没有领取养老金的参保人,应将老农保个人账户资金并入新农保个人账户,按新农保的缴费标准继续缴费,待符合规定条件时享受相应待遇。

新农保与城镇职工基本养老保险等其他养老保险制度的衔接办法,由人力资源社会保障部会同财政部制定。要妥善做好新农保制度与被征地农民社会保障、水库移民后期扶持政策、农村计划生育家庭奖励扶助政策、农村五保供养、社会优抚、农村最低生活保障制度等政策制度的配套衔接工作,具体办法由人力资源社会保障部、财政部会同有关部门研究制订。

十三、加强组织领导

国务院成立新农保试点工作领导小组,研究制订相关政策并督促检查政策的落实情况,总结评估试点工作,协调解决试点工作中出现的问题。

地方各级人民政府要充分认识开展新农保试点工作的重大意义,将其列入当地经济社会发展规划和年度目标管理考核体系,切实加强组织领导。各级人力资源社会保障部门要切实履行新农保工作行政主管部门的职责,会同有关部门做好新农保的统筹规划、政策制定、统一管理、综合协调等工作。试点地区也要成立试点工作领导小组,负责本地区试点工作。

十四、制定具体办法和试点实施方案

省(区、市)人民政府要根据本指导意见,结合本地区实际情况,制定试点具体办法,并报国务院新农保试点工作领导小组备案;要在充分调研、多方论证、周密测算的基础上,提出切实可行的试点实施方案,按要求选择试点地区,报国务院新农保试点工作领导小组审定。试点县(市、区、旗)的试点实施方案由各省(区、市)人民政府批准后实施,并报国务院新农保试点工作领导小组备案。

十五、做好舆论宣传工作

建立新农保制度是深入贯彻落实科学发展观、加快建设覆盖城乡居民社会保障体系的重大决策,是应对国际金融危机、扩大国内消费需求的重大举措,是逐步缩小城乡差距、改变城乡二元结构、推进基本公共服务均等化的重要基础性工程,是实现广大农村居民老有所养、促进家庭和谐、增加农民收入的重大惠民政策。

各地区和有关部门要坚持正确的舆论导向,运用通俗易懂的宣传方式,加强对试点工作重要意义、基本原则和各项政策的宣传,使这项惠民政策深入人心,引导适龄农民积极参保。

各地要注意研究试点过程中出现的新情况、新问题,积极探索和总结解决新问题的办法和经验,妥善处理改革、发展和稳定的关系,把好事办好。重要情况要及时向国务院新农保试点工作领导小组报告。

国务院

二〇〇九年九月一日

附录3　国务院关于建立统一的城乡居民基本养老保险制度的意见

国发〔2014〕8号

各省、自治区、直辖市人民政府,国务院各部委、各直属机构:

按照党的十八大精神和十八届三中全会关于整合城乡居民基本养老保险制度的要求,依据《中华人民共和国社会保险法》有关规定,在总结新型农村社会养老保险(以下简称新农保)和城镇居民社会养老保险(以下简称城居保)试点经验的基础上,国务院决定,将新农保和城居保两项制度合并实施,在全国范围内建立统一的城乡居民基本养老保险(以下简称城乡居民养老保险)制度。现提出以下意见:

一、指导思想

高举中国特色社会主义伟大旗帜,以邓小平理论、"三个代表"重要思想、科学发展观为指导,贯彻落实党中央和国务院的各项决策部署,按照全覆盖、保基本、有弹性、可持续的方针,以增强公平性、适应流动性、保证可持续性为重点,全面推进和不断完善覆盖全体城乡居民的基本养老保险制度,充分发挥社会保险对保障人民基本生活、调节社会收入分配、促进城乡经济社会协调发展的重要作用。

二、任务目标

坚持和完善社会统筹与个人账户相结合的制度模式,巩固和拓宽个人缴费、集体补助、政府补贴相结合的资金筹集渠道,完善基础养老金和个人账户养老金相结合的待遇支付政策,强化长缴多得、多缴多得等制度的激励机制,建立基础养老金正常调整机制,健全服务网络,提高管理水平,为参保居民提供方便快捷的服务。"十二五"末,在全国基本实现新农保和城居保制度合并实施,并与职工基本养老保险制度相衔接。2020 年前,全面建成公平、统一、规范的城乡居民养老保险制度,与社会救助、社会福利等其他社会保障政策相配套,充分发挥家庭养老等传统保障方式的积极作用,更好保障参保城乡居民的老年基本生活。

三、参保范围

年满 16 周岁(不含在校学生),非国家机关和事业单位工作人员及不属于职工基本养老保险制度覆盖范围的城乡居民,可以在户籍地参加城乡居民养老保险。

四、基金筹集

城乡居民养老保险基金由个人缴费、集体补助、政府补贴构成。

(一)个人缴费。

参加城乡居民养老保险的人员应当按规定缴纳养老保险费。缴费标准目前设为每年 100 元、200 元、300 元、400 元、500 元、600 元、700 元、800 元、900元、1000 元、1500 元、2000 元 12 个档次,省(区、市)人民政府可以根据实际情况增设缴费档次,最高缴费档次标准原则上不超过当地灵活就业人员参加职工基本养老保险的年缴费额,并报人力资源社会保障部备案。人力资源社会保障部会同财政部依据城乡居民收入增长等情况适时调整缴费档次标准。参保人自主选择档次缴费,多缴多得。

（二）集体补助。

有条件的村集体经济组织应当对参保人缴费给予补助,补助标准由村民委员会召开村民会议民主确定,鼓励有条件的社区将集体补助纳入社区公益事业资金筹集范围。鼓励其他社会经济组织、公益慈善组织、个人为参保人缴费提供资助。补助、资助金额不超过当地设定的最高缴费档次标准。

（三）政府补贴。

政府对符合领取城乡居民养老保险待遇条件的参保人全额支付基础养老金,其中,中央财政对中西部地区按中央确定的基础养老金标准给予全额补助,对东部地区给予50%的补助。

地方人民政府应当对参保人缴费给予补贴,对选择最低档次标准缴费的,补贴标准不低于每人每年30元;对选择较高档次标准缴费的,适当增加补贴金额;对选择500元及以上档次标准缴费的,补贴标准不低于每人每年60元,具体标准和办法由省(区、市)人民政府确定。对重度残疾人等缴费困难群体,地方人民政府为其代缴部分或全部最低标准的养老保险费。

五、建立个人账户

国家为每个参保人员建立终身记录的养老保险个人账户,个人缴费、地方人民政府对参保人的缴费补贴、集体补助及其他社会经济组织、公益慈善组织、个人对参保人的缴费资助,全部记入个人账户。个人账户储存额按国家规定计息。

六、养老保险待遇及调整

城乡居民养老保险待遇由基础养老金和个人账户养老金构成,支付终身。

(一)基础养老金。中央确定基础养老金最低标准,建立基础养老金最低标准正常调整机制,根据经济发展和物价变动等情况,适时调整全国基础养老金最低标准。地方人民政府可以根据实际情况适当提高基础养老金标准;对长期缴费的,可适当加发基础养老金,提高和加发部分的资金由地方人民政府支出,具体办法由省(区、市)人民政府规定,并报人力资源社会保障部备案。

(二)个人账户养老金。个人账户养老金的月计发标准,目前为个人账户全部储存额除以139(与现行职工基本养老保险个人账户养老金计发系数相同)。参保人死亡,个人账户资金余额可以依法继承。

七、养老保险待遇领取条件

参加城乡居民养老保险的个人,年满60周岁、累计缴费满15年,且未领取国家规定的基本养老保障待遇的,可以按月领取城乡居民养老保险待遇。

新农保或城居保制度实施时已年满60周岁,在本意见印发之日前未领取国家规定的基本养老保障待遇的,不用缴费,自本意见实施之月起,可以按月领取城乡居民养老保险基础养老金;距规定领取年龄不足15年的,应逐年缴费,也允许补缴,累计缴费不超过15年;距规定领取年龄超过15年的,应按年缴费,累计缴费不少于15年。

城乡居民养老保险待遇领取人员死亡的,从次月起停止支付其养老金。有条件的地方人民政府可以结合本地实际探索建立丧葬补助金制度。社会保险经办机构应每年对城乡居民养老保险待遇领取人员进行核对;村(居)民委员会要协助社会保险经办机构开展工作,在行政村(社区)范围内对参保人待遇领取资格进行公示,并与职工基本养老保险待遇等领取记录进行比对,确保不重、不漏、不错。

八、转移接续与制度衔接

参加城乡居民养老保险的人员,在缴费期间户籍迁移、需要跨地区转移城乡居民养老保险关系的,可在迁入地申请转移养老保险关系,一次性转移个人账户全部储存额,并按迁入地规定继续参保缴费,缴费年限累计计算;已经按规定领取城乡居民养老保险待遇的,无论户籍是否迁移,其养老保险关系不转移。

城乡居民养老保险制度与职工基本养老保险、优抚安置、城乡居民最低生活保障、农村五保供养等社会保障制度以及农村部分计划生育家庭奖励扶助制度的衔接,按有关规定执行。

九、基金管理和运营

将新农保基金和城居保基金合并为城乡居民养老保险基金,完善城乡居民养老保险基金财务会计制度和各项业务管理规章制度。城乡居民养老保险基金纳入社会保障基金财政专户,实行收支两条线管理,单独记账、独立核算,任何地区、部门、单位和个人均不得挤占挪用、虚报冒领。各地要在整合城乡居民养老保险制度的基础上,逐步推进城乡居民养老保险基金省级管理。

城乡居民养老保险基金按照国家统一规定投资运营,实现保值增值。

十、基金监督

各级人力资源社会保障部门要会同有关部门认真履行监管职责,建立健全内控制度和基金稽核监督制度,对基金的筹集、上解、划拨、发放、存储、管理等进行监控和检查,并按规定披露信息,接受社会监督。财政部门、审计部门按各自职责,对基金的收支、管理和投资运营情况实施监督。对虚报冒领、挤占挪用、贪污浪费等违纪违法行为,有关部门按国家有关法律法规严肃处理。要积极探索有村(居)民代表参加的社会监督的有效方式,做到基金公开透明,制度在阳光下运行。

十一、经办管理服务与信息化建设

省(区、市)人民政府要切实加强城乡居民养老保险经办能力建设,结合本地实际,科学整合现有公共服务资源和社会保险经办管理资源,充实加强基层经办力量,做到精确管理、便捷服务。要注重运用现代管理方式和政府购买服务方式,降低行政成本,提高工作效率。要加强城乡居民养老保险工作人员专业培训,不断提高公共服务水平。社会保险经办机构要认真记录参保人缴费和领取待遇情况,建立参保档案,按规定妥善保存。地方人民政府要为经办机构提供必要的工作场地、设施设备、经费保障。城乡居民养老保险工作经费纳入同级财政预算,不得从城乡居民养老保险基金中开支。基层财政确有困难的地区,省市级财政可给予适当补助。

各地要在现有新农保和城居保业务管理系统基础上,整合形成省级集中的城乡居民养老保险信息管理系统,纳入"金保工程"建设,并与其他公民信息管理系统实现信息资源共享;要将信息网络向基层延伸,实现省、市、县、乡镇(街道)、社区实时联网,有条件的地区可延伸到行政村;要大力推行全国统一的社会保障卡,方便参保人持卡缴费、领取待遇和查询本人参保信息。

十二、加强组织领导和政策宣传

地方各级人民政府要充分认识建立城乡居民养老保险制度的重要性,将其列入当地经济社会发展规划和年度目标管理考核体系,切实加强组织领导;要优化财政支出结构,加大财政投入,为城乡居民养老保险制度建设提供必要的财力保障。各级人力资源社会保障部门要切实履行主管部门职责,会同有关部门做好城乡居民养老保险工作的统筹规划和政策制定、统一管理、综合协调、监督检查等工作。

各地区和有关部门要认真做好城乡居民养老保险政策宣传工作,全面准确地宣传解读政策,正确把握舆论导向,注重运用通俗易懂的语言和群众易于接受的方式,深入基层开展宣传活动,引导城乡居民踊跃参保、持续缴费、增加积累,保障参保人的合法权益。

各省(区、市)人民政府要根据本意见,结合本地区实际情况,制定具体实施办法,并报人力资源社会保障部备案。

本意见自印发之日起实施,已有规定与本意见不一致的,按本意见执行。

国务院

2014 年 2 月 21 日

附录4 人力资源社会保障部 财政部 关于印发《城乡养老保险制度衔接暂行办法》的通知

人社部发〔2014〕17号

各省、自治区、直辖市人民政府,新疆生产建设兵团:

经国务院同意,现将《城乡养老保险制度衔接暂行办法》印发给你们,请认真贯彻执行。

实现城乡养老保险制度衔接,是贯彻落实党的十八届三中全会精神和社会保险法规定,进一步完善养老保险制度的重要内容。做好城乡养老保险制度衔接工作,有利于促进劳动力的合理流动,保障广大城乡参保人员的权益,对于健全和完善城乡统筹的社会保障体系具有重要意义。各地区要高度重视,加强组织领导,明确职责分工,密切协同配合,研究制定具体实施办法,深入开展政策宣传解释和培训,全力做好经办服务,抓好信息系统建设,确保城乡养老保险制度衔接工作平稳实施。

人力资源社会保障部
财政部
2014 年 2 月 24 日

城乡养老保险制度衔接暂行办法

第一条 为了解决城乡养老保险制度衔接问题,维护参保人员的养老保险权益,依据《中华人民共和国社会保险法》和《实施〈中华人民共和国社会保险法〉若干规定》(人力资源和社会保障部令第 13 号)的规定,制定本办法。

第二条 本办法适用于参加城镇职工基本养老保险(以下简称城镇职工养老保险)、城乡居民基本养老保险(以下简称城乡居民养老保险)两种制度需要办理衔接手续的人员。已经按照国家规定领取养老保险待遇的人员,不再办理城乡养老保险制度衔接手续。

第三条 参加城镇职工养老保险和城乡居民养老保险人员,达到城镇职工养老保险法定退休年龄后,城镇职工养老保险缴费年限满 15 年(含延长缴费至 15 年)的,可以申请从城乡居民养老保险转入城镇职工养老保险,按照城镇职工养老保险办法计发相应待遇;城镇职工养老保险缴费年限不足 15 年的,可以申请从城镇职工养老保险转入城乡居民养老保险,待达到城乡居民养老保险规定的领取条件时,按照城乡居民养老保险办法计发相应待遇。

第四条 参保人员需办理城镇职工养老保险和城乡居民养老保险制度衔接手续的,先按城镇职工养老保险有关规定确定待遇领取地,并将城镇职工养老保险的养老保险关系归集至待遇领取地,再办理制度衔接手续。

参保人员申请办理制度衔接手续时,从城乡居民养老保险转入城镇职工养老保险的,在城镇职工养老保险待遇领取地提出申请办理;从城镇职工养老保险转入城乡居民养老保险的,在转入城乡居民养老保险待遇领取地提出申请办理。

第五条 参保人员从城乡居民养老保险转入城镇职工养老保险的,城乡居民养老保险个人账户全部储存额并入城镇职工养老保险个人账户,城乡居民养老保险缴费年限不合并计算或折算为城镇职工养老保险缴费年限。

第六条　参保人员从城镇职工养老保险转入城乡居民养老保险的,城镇职工养老保险个人账户全部储存额并入城乡居民养老保险个人账户,参加城镇职工养老保险的缴费年限合并计算为城乡居民养老保险的缴费年限。

第七条　参保人员若在同一年度内同时参加城镇职工养老保险和城乡居民养老保险的,其重复缴费时段(按月计算,下同)只计算城镇职工养老保险缴费年限,并将城乡居民养老保险重复缴费时段相应个人缴费和集体补助退还本人。

第八条　参保人员不得同时领取城镇职工养老保险和城乡居民养老保险待遇。对于同时领取城镇职工养老保险和城乡居民养老保险待遇的,终止并解除城乡居民养老保险关系,除政府补贴外的个人账户余额退还本人,已领取的城乡居民养老保险基础养老金应予以退还;本人不予退还的,由社会保险经办机构负责从城乡居民养老保险个人账户余额或者城镇职工养老保险基本养老金中抵扣。

第九条　参保人员办理城乡养老保险制度衔接手续时,按下列程序办理:

(一)由参保人员本人向待遇领取地社会保险经办机构提出养老保险制度衔接的书面申请。

(二)待遇领取地社会保险经办机构受理并审核参保人员书面申请,对符合本办法规定条件的,在 15 个工作日内,向参保人员原城镇职工养老保险、城乡居民养老保险关系所在地社会保险经办机构发出联系函,并提供相关信息;对不符合本办法规定条件的,向申请人作出说明。

(三)参保人员原城镇职工养老保险、城乡居民养老保险关系所在地社会保险经办机构在接到联系函的 15 个工作日内,完成制度衔接的参保缴费信息传递和基金划转手续。

(四)待遇领取地社会保险经办机构收到参保人员原城镇职工养老保险、城乡居民养老保险关系所在地社会保险经办机构转移的资金后,应在 15 个工作日内办结有关手续,并将情况及时通知申请人。

第十条 健全完善全国县级以上社会保险经办机构联系方式信息库,并向社会公布,方便参保人员办理城乡养老保险制度衔接手续。建立全国统一的基本养老保险参保缴费信息查询服务系统,进一步完善全国社会保险关系转移系统,加快普及全国通用的社会保障卡,为参保人员查询参保缴费信息、办理城乡养老保险制度衔接提供便捷有效的技术服务。

第十一条 本办法从 2014 年 7 月 1 日起施行。各地已出台政策与本办法不符的,以本办法规定为准。

附录5 2010年全国人口完全生命表

年龄 x	死亡 概率 q_x	尚存人数 l_x	表上死亡 人数 d_x	平均生存 人年数 L_x	平均生存人 年数累计 T_x	平均预期 寿命 e_x^0
0	0.00380	100000	380	99715	7789925	77.90
1	0.00111	99620	111	99551	7690210	77.20
2	0.00063	99509	62	99475	7590660	76.28
3	0.00045	99446	45	99423	7491185	75.33
4	0.00037	99401	37	99383	7391762	74.36
5	0.00033	99365	33	99348	7292379	73.39
6	0.00032	99332	32	99316	7193031	72.41
7	0.00028	99300	28	99286	7093716	71.44
8	0.00028	99272	28	99258	6994430	70.46
9	0.00028	99244	28	99230	6895172	69.48
10	0.00030	99216	30	99200	6795943	68.50
11	0.00029	99185	29	99171	6696742	67.52
12	0.00030	99156	30	99141	6597571	66.54
13	0.00029	99127	29	99112	6498430	65.56
14	0.00030	99097	30	99082	6399318	64.58
15	0.00034	99067	34	99050	6300235	63.60
16	0.00035	99033	35	99016	6201185	62.62
17	0.00039	98999	39	98979	6102169	61.64
18	0.00041	98960	41	98939	6003190	60.66

年龄 x	死亡概率 q_x	尚存人数 l_x	表上死亡人数 d_x	平均生存人年数 L_x	平均生存人年数累计 T_x	平均预期寿命 e_x^0
19	0.00043	98919	42	98898	5904251	59.69
20	0.00047	98877	46	98854	5805353	58.71
21	0.00047	98831	47	98808	5706499	57.74
22	0.00050	98784	49	98760	5607691	56.77
23	0.00054	98735	53	98709	5508932	55.80
24	0.00056	98682	56	98654	5410223	54.82
25	0.00058	98627	57	98598	5311569	53.86
26	0.00057	98569	56	98541	5212971	52.89
27	0.00059	98513	58	98483	5114430	51.92
28	0.00061	98454	60	98424	5015947	50.95
29	0.00068	98394	67	98361	4917523	49.98
30	0.00070	98327	69	98293	4819162	49.01
31	0.00077	98258	76	98221	4720869	48.05
32	0.00081	98183	79	98143	4622649	47.08
33	0.00083	98104	81	98063	4524506	46.12
34	0.00094	98022	92	97976	4426443	45.16
35	0.00103	97930	101	97880	4328467	44.20
36	0.00106	97829	104	97777	4230587	43.24
37	0.00113	97725	111	97670	4132810	42.29
38	0.00120	97614	118	97556	4035140	41.34
39	0.00134	97497	131	97432	3937584	40.39
40	0.00151	97366	147	97293	3840152	39.44
41	0.00155	97219	151	97144	3742860	38.50
42	0.00182	97068	177	96980	3645716	37.56
43	0.00189	96892	183	96800	3548736	36.63
44	0.00206	96709	200	96609	3451935	35.69
45	0.00231	96510	223	96398	3355326	34.77
46	0.00236	96286	227	96173	3258928	33.85
47	0.00253	96060	243	95938	3162755	32.92
48	0.00311	95816	298	95667	3066817	32.01

年龄 x	死亡 概率 q_x	尚存人数 l_x	表上死亡 人数 d_x	平均生存 人年数 L_x	平均生存人 年数累计 T_x	平均预期 寿命 e_x^0
49	0.00328	95519	313	95362	2971150	31.11
50	0.00363	95206	346	95033	2875788	30.21
51	0.00375	94860	356	94682	2780755	29.31
52	0.00397	94504	375	94317	2686073	28.42
53	0.00440	94129	414	93922	2591756	27.53
54	0.00497	93715	466	93482	2497834	26.65
55	0.00517	93249	482	93008	2404353	25.78
56	0.00562	92767	521	92506	2311345	24.92
57	0.00608	92246	560	91965	2218839	24.05
58	0.00678	91685	622	91374	2126873	23.20
59	0.00764	91063	695	90715	2035499	22.35
60	0.00851	90368	769	89983	1944784	21.52
61	0.00933	89599	836	89181	1854800	20.70
62	0.01033	88763	917	88304	1765619	19.89
63	0.01106	87846	972	87360	1677315	19.09
64	0.01293	86875	1123	86313	1589955	18.30
65	0.01411	85752	1210	85146	1503642	17.53
66	0.01463	84541	1237	83923	1418495	16.78
67	0.01708	83305	1423	82593	1334572	16.02
68	0.01847	81882	1512	81125	1251979	15.29
69	0.02168	80369	1742	79498	1170853	14.57
70	0.02525	78627	1985	77635	1091355	13.88
71	0.02638	76642	2022	75631	1013721	13.23
72	0.03047	74621	2274	73484	938090	12.57
73	0.03304	72347	2390	71152	864606	11.95
74	0.03676	69957	2571	68671	793454	11.34
75	0.04067	67385	2740	66015	724783	10.76
76	0.04132	64645	2671	63309	658768	10.19
77	0.04970	61974	3080	60434	595458	9.61
78	0.05466	58894	3219	57284	535025	9.08

续表

年龄 x	死亡概率 q_x	尚存人数 l_x	表上死亡人数 d_x	平均生存人年数 L_x	平均生存人年数累计 T_x	平均预期寿命 e_x^0
79	0.06025	55674	3354	53997	477741	8.58
80	0.07162	52320	3747	50446	423743	8.10
81	0.07499	48573	3642	46752	373297	7.69
82	0.08228	44930	3697	43082	326545	7.27
83	0.08934	41234	3684	39392	283463	6.87
84	0.09853	37550	3700	35700	244072	6.50
85	0.10516	33850	3560	32070	208372	6.16
86	0.11221	30290	3399	28591	176301	5.82
87	0.12212	26892	3284	25249	147710	5.49
88	0.13448	23607	3175	22020	122461	5.19
89	0.14546	20433	2972	18947	100441	4.92
90	0.16220	17460	2832	16044	81494	4.67
91	0.16953	14628	2480	13388	65450	4.47
92	0.18356	12148	2230	11033	52061	4.29
93	0.18787	9918	1863	8987	41028	4.14
94	0.18915	8055	1524	7293	32041	3.98
95	0.19821	6531	1295	5884	24748	3.79
96	0.19900	5237	1042	4716	18864	3.60
97	0.18581	4195	779	3805	14148	3.37
98	0.18027	3415	616	3107	10343	3.03
99	0.22825	2800	639	2480	7236	2.58
100+	1	2161	2161	4755	4755	2.20

说明:笔者根据第六次全国人口普查分年龄死亡率数据(参见国务院人口普查办公室、国家统计局人口和就业统计司编:《中国 2010 年人口普查资料》,见 http://www.stats.gov.cn/sj/pcsj/rkpc/6rp/indexch.htm)编制。

参 考 文 献

[法]让-雅克·迪贝卢、爱克扎维尔·普列多:《社会保障法》,蒋将元译,法律出版社 2002 年版。

[法]昂利-圣西门:《圣西门选集》第 1 卷,王燕生、徐仲年、徐基恩等译,商务印书馆 1979 年版。

白永秀、王颂吉:《马克思主义城乡关系理论与中国城乡发展一体化探索》,《当代经济研究》2014 年第 2 期。

包丽佳:《宣威市板桥街道城乡居民养老保险工作的调研报告》,《云南经济日报》2015 年 9 月 26 日。

财政部科研所等"农民养老保险问题研究"课题组:《公共财政体制下我国农村养老保险制度研究》,《经济研究参考》2010 年第 4 期。

曹文献:《基于长寿风险的新型农村社会养老保险个人账户收支平衡研究》,《安徽农业科学》2012 年第 3 期。

崔乃夫:《当代中国的民政》,当代中国出版社 1994 年版。

邓大松、薛惠元:《新型农村社会养老保险制度推行中的难点分析——兼析个人、集体和政府的筹资能力》,《经济体制改革》2010 年第 1 期。

邓大松、薛惠元:《新农保财政补助数额的测算与分析——基于 2008 年的数据》,《江西财经大学学报》2010 年第 2 期。

邓大松、仙蜜花:《新的城乡居民基本养老保险制度实施面临的问题及对策》,《经济纵横》2015 年第 9 期。

丁建定主编:《社会保障概论》,华东师范大学出版社 2006 年版。

董红亚:《中国政府养老服务发展历程及经验启示》,《人口与发展》2010 年第

5 期。

董西明、罗微:《城乡居民养老保险制度与五保制度衔接研究——基于供需平衡的视角》,《经济与管理评论》2016 年第 4 期。

封铁英、董璇:《以需求为导向的新型农村社会养老保险筹资规模测算——基于区域经济发展差异的筹资优化方案设计》,《中国软科学》2012 年第 1 期。

广西老社会科学工作者协会、广西老科学技术工作者协会、广西老年基金会编著:《社会公平与社会和谐》,广西人民出版社 2007 年版。

桂世勋:《完善我国新型农村社会养老保险的思考》,《华东帅范大学学报(哲学社会科学版)》2012 年第 1 期。

韩俊江:《建立新型农村社会养老保险制度的思考》,2010 年 1 月 12 日,见 http://www.cnlss.com/LssReference/PaperMaterial/201001/LssReference_20100112211034_7564.html。

何晖:《城乡居民基本养老保险农民个人缴费能力风险评估——以湖南省 43 个县(市、区)为考察样本》,《湘潭大学学报(哲学社会科学版)》2014 年第 5 期。

何通金:《提高城乡居民基本养老保险待遇的思考》,《中国社会保障》2015 年第 9 期。

何子英、郁建兴:《城乡居民社会养老保险体系建设中的政府责任——基于浙江省德清县的研究》,《浙江社会科学》2010 年第 3 期。

和春雷主编:《社会保障制度的国际比较》,法律出版社 2001 年版。

黄丽等:《城乡居民社会养老保险政府补贴问题研究——基于广东省的实证研究》,《人口与经济》2014 年第 3 期。

黄丽:《城乡居民基本养老保险保障水平评估与反思——基于养老金替代率视角》,《人口与经济》2015 年第 5 期。

金维刚:《城乡居民养老保险跨入新时代》,《中国劳动保障报》2018 年 4 月 3 日。

景普秋、张复明:《城乡一体化研究的进展与动态》,《城市规划》2003 年第 6 期。

康少邦、张宁:《城市社会学》,浙江人民出版社 1985 年版。

李琼、汪慧:《统一的城乡居民基本养老保险筹资机制构建研究》,《甘肃社会科学》2015 年第 2 期。

李瑞光:《国外城乡一体化理论研究综述》,《现代农业科技》2011 年第 17 期。

李文军:《地方政府城乡居民养老保险水平差异性及其优化研究》,《求实》2017 年第 11 期。

李艳荣:《浙江省新型农保制度中的政府财政补贴及其效应研究》,《农业经济问题》2009 年第 8 期。

李运华、叶璐:《城乡居民基本养老保险待遇调整方案的优化与选择》,《华南农业大学学报(社会科学版)》2015 年第 4 期。

李珍主编:《社会保障理论》,中国劳动社会保障出版社 2001 年版。

廖普明:《新型农村社会养老保险的政府责任分析》,《农业经济》2012 年第 6 期。

《列宁全集》第 2 卷,人民出版社 1959 年版。

《列宁全集》第 4 卷,人民出版社 1990 年版。

林晓洁:《制度统一保障提升——党的十八大以来城乡居民养老保险工作成效显著》,《中国劳动保障报》2017 年 9 月 30 日。

林义:《破解新农保制度运行五大难》,《中国社会保障》2009 年第 9 期。

林义主编:《农村社会保障的国际比较及启示研究》,中国劳动社会保障出版社 2006 年版。

林源:《我国新型农村社会养老保险基金筹集机制研究》,《统计与决策》2011 年第 18 期。

刘辉:《影响新型农村社会养老保险筹资因素评价研究——基于主成分和层次分析法》,《经济问题》2013 年第 7 期。

刘昌平、殷宝明:《新型农村社会养老保险财政补贴机制的可行性研究——基于现收现付平衡模式的角度》,《江西财经大学学报》2010 年第 3 期。

刘海英:《城乡居民基本养老保险的财政激励机制研究——基于效率与公平双重价值目标的考量》,《兰州学刊》2016 年第 2 期。

刘丽、柴亮:《完善公共财政对新型农村社会养老保险的激励机制》,《领导科学》2010 年第 29 期。

刘如意、刘勰丽:《宣威市城乡居民养老保险的完善思考》,《云南经济日报》2017 年 8 月 26 日。

刘学之:《基本公共服务均等化问题研究》,华夏出版社 2008 年版。

刘易斯·芒福德:《城市发展史——起源、演变和前景》,中国建筑工业出版社 2005 年版。

陆学艺主编:《当代中国社会阶层研究报告》,社会科学文献出版社 2002 年版。

《马克思恩格斯选集》第 1 卷,人民出版社 1995 年版。

《马克思恩格斯全集》第 1 卷,人民出版社 2003 年版。

《马克思恩格斯全集》第 3 卷,人民出版社 2003 年版。

马桑:《云南省城乡居民基本养老保险制度"保基本"评估研究——基于政策仿真

优化视角》,《云南行政学院学报》2017 年第 3 期。

米红、王鹏:《新农保制度模式与财政投入实证研究》,《中国社会保障》2010 年第 6 期。

民政部政策研究室编著:《中国农村社会保障》,中国社会出版社 1997 年版。

蒲晓红、成欢:《西部地区新型农村社会养老保险制度水平的评估》,《经济理论与经济管理》2012 年第 8 期。

乔·奥·赫茨勒著,张兆麟译:《乌托邦思想史》,商务印书馆 1990 年版。

乔晓春:《关于中国农村社会养老保险问题的分析》,《人口研究》1998 年第 3 期。

青连斌:《补齐农村养老服务体系建设短板》,《中国党政干部论坛》2016 年第 9 期。

石忆邵:《城乡一体化理论与实践:回眸与评析》,《城市规划汇刊》2003 年第 1 期。

史柏年主编:《社会保障概论》,高等教育出版社 2004 年版。

《斯大林选集》下卷,人民出版社 1979 年版。

宋明岷:《新型农村社会养老保险制度筹资机制研究》,《农村经济》2011 年第 2 期。

孙光德、董克用主编:《社会保障概论》(修订版),中国人民大学出版社 2004 年版。

孙来斌、姚小飞:《中国城乡一体化研究述评》,《湖北社会科学》2016 年第 4 期。

陶裕春、高家钰、徐珊:《江西新型农村社会养老保险经济支持能力研究》,《人口与经济》2012 年第 5 期。

仝春建:《新型农村社会养老保险年内展开试点》,《中国保险报》2009 年 6 月 26 日。

王翠琴、薛惠元:《新农保个人账户养老金计发系数评估》,《华中农业大学学报(社会科学版)》2011 年第 3 期。

王记文:《中国城乡居民平均预期寿命变化趋势:2000—2010 年》,《老龄科学研究》2017 年第 12 期。

王鉴岗:《社会养老保险平衡测算》,经济管理出版社 1999 年版。

王敏:《城乡居民基本养老保险财政补贴政策研究》,《中央财经大学学报》2017 年第 12 期。

王圣学:《关于"城乡一体化"的几点看法》,《理论导刊》1996 年第 5 期。

王雯:《城乡居民基本养老保险财政补贴机制研究》,《社会保障研究》2017 年第 5 期。

王相争:《城乡居民基本养老保险筹资主体中农民和地方政府筹资能力测算——以河南省为例》,《平顶山学院学报》2016 年第 4 期。

王晓洁、王丽:《财政分权、城镇化与城乡居民养老保险全覆盖——基于中国

2009—2012 年省级面板数据的分析》,《财贸经济》2015 年第 11 期。

王晓洁、王丽:《新型农村社会养老保险制度中财政补贴效应分析》,《价格理论与实践》2009 年第 12 期。

王章华:《中国新型农村社会养老保险制度研究》,中国社会科学出版社 2014 年版。

王振亮:《城乡一体化的误区——兼与〈城乡一体化探论〉作者商榷》,《城市规划》1998 年第 2 期。

徐琴、何雨、陈光裕:《江苏改进政府基本公共服务方式的主要思路》,《唯实》2013 年第 8 期。

薛惠元:《新型农村社会养老保险财政支持能力——基于长期动态视角的研究》,《经济管理》2012 年第 4 期。

薛惠元、仙蜜花:《城乡居民基本养老保险基础养老金调整机制研究》,《统计与决策》2015 年第 15 期。

薛惠元:《新型农村社会养老保险个人筹资能力可持续性分析》,《贵州财经学院学报》2012 年第 1 期。

薛惠元、仙蜜花:《新型农村社会养老保险地区差距研究——基于东中西部 8 个新农保试点县的比较分析》,《经济体制改革》2014 年第 1 期。

薛惠元、仙蜜花:《城乡居民基本养老保险个人账户基金收支平衡模拟与预测——基于个体法的一项研究》,《当代经济管理》2015 年第 10 期。

杨斌、丁建定:《经济增长视角下城乡居民基本养老保险地方财政责任评估》,《江西财经大学学报》2016 年第 3 期。

杨翠迎:《新型农村社会养老保险试点应注意的问题及政策建议》,2010 年 3 月 5 日,见 http://society.people.com.cn/GB/11084783.html。

杨翠迎:《新型农村社会养老保险试点应注意的问题及政策建议》,载于《中国社会保障 30 人论坛——2010 年社会保障重大问题研讨会会议发言材料(内部材料)》,中国人民大学 2010 年 2 月。

杨燕绥:《城乡居民养老保险进入机制建设轨道》,《工人日报》2018 年 5 月 8 日第 007 版。

杨宜勇:《收入分配领域的主要问题及其应对》,2010 年 9 月 6 日,见 http://news.xinhuanet.com/theory/2010-09/06/c_12521064.htm。

岳经纶、黄远飞:《广州市城乡居民养老保险适度性水平研究》,《社会保障研究》2016 年第 3 期。

[美]詹姆斯·米奇利:《社会发展:社会福利视角下的发展观》,上海人民出版社2009年版。

《资本论》第1卷,人民出版社2004年版。

张海霞:《我国新型农村社会养老保险制度构建——论新型农村社会养老保险政府保费补贴的作用效果》,《价格理论与实践》2012年第1期。

张强:《城乡一体化:从实践、理论到策略的探索》,《中国特色社会主义研究》2013年第1期。

张强:《中国城乡一体化发展的研究与探索》,《中国农村经济》2013年第1期。

张庆君、苏明政:《新型农村社会养老保险基金筹集能力研究——基于辽宁省义县新农保试点的实证考察》,《农村经济》2011年第9期。

张思锋、杨潇:《新型农村社会养老保险账户结构研究》,《人文杂志》2012年第1期。

张晓洁、汤兆云:《处理好涉费项目是城乡居民养老保险制度良性发展的关键》,《中共福建省委党校学报》2016年第7期。

张怡、薛惠元:《城乡居民基本养老保险缴费标准的优化——以武汉市为例》,《税务与经济》2017年第2期。

赵殿国:《积极推进新型农村社会养老保险制度建设》,《经济研究参考》2008年第32期。

赵树枫、陈光庭、张强:《北京郊区城市化探索》,首都师范大学出版社2001年版。

甄峰:《城乡一体化理论及其规划探讨》,《城市规划汇刊》1998年第6期。

郑功成:《社会保障学——理念、制度、实践与思辨》,商务印书馆2000年版。

郑功成等:《中国社会保障制度变迁与评估》,中国人民大学出版社2002年版。

郑功成主笔:《中国社会保障改革与发展战略——理念、目标与行动方案》,人民出版社2008年版。

郑功成:《论中国特色的社会保障道路》,中国劳动社会保障出版社2009年版。

郑功成主编:《中国社会保障改革与发展战略(总论卷)》,人民出版社2011年版。

郑功成主编:《中国社会保障发展报告2017》,中国劳动社会保障出版社2017年版。

中国劳动和社会保障部课题组:《新型农村社会养老保险试点调研》,《社会科学报》2007年5月17日。

周艳:《浅议新型农村养老保险制度》,《北方经济》2010年第4期。

朱磊:《城乡一体化理论及规划实践——以浙江省温岭市为例》,《经济地理》2000

年第 3 期。

邹军、刘晓磊:《城乡一体化理论研究框架》,《城市规划》1997 年第 1 期。

Project team of National Social Security Institute, Ministry of Labour and Social Security, People's Republic of China, "Study on Social Security in Rural China", Study on the Rural Social Security System in China(December 2007) , A UNDP-funded project.

Ginneken, W.van, "Extending Social Security:Policies for Developing Countries", ESS Paper No.13(2003) ,ILO,Geneva.

ILO, "Social Protection for Rural Population: Need, Limitations, Possibilites", Social Protection Sector(2004).

Larry Willmore, "Universal Pensions in Low Income Countries", Discussion Paper, United Nations(2001).

Luis Frota, "Social Insurance for Aging Rural Households:a Comparative Perspective", World Bank Research Paper(2001).

Luis Frota, "Farmer's Old-Age Pensions in Europe", World Bank Conference Paper (2002).

Lutz Leisering,Gong Sen,Athar Hussain, "Old-Age Pensions for the Rural Areas:from Land Reform to Globalization",Asian Development Bank(2002).

Lutz Leisering,Gong Sen,Athar Hussain, "People's Republic of China Old-Age Pensions for the Rural Areas:from Land Reform to Globalization",Asian Development Bank(2002).

Mauritius, "Medernizing an Advanced Pension System",World Bank(June 2004).

Robert Holzmann and Richard Hinz ect., "Old-Age Income Support in the 21st Century—An International Perspective on Pension Systems and Reform" ,The World Bank WASHINGTON,D.C.(2005).

Sen, Amartya, *The Political Economy of Targeting in Public Spending and the Poor*,Johns Hopkins University Press,1995.

World Bank, *Averting the Old Age Crisis*,Oxford University Press,1994.

关键词索引

后　记

　　此著作是在本人主持完成的国家社会科学基金项目"完善新型农村社会养老保险机制研究"最终成果基础上修改而成的,也是对承担此课题以来的研究工作的总结和最终检验。

　　课题研究和成果撰写,得到了全国哲学和社会科学规划办公室、江西省哲学和社会科学规划办公室、江西师范大学、马克思主义学院、政法学院、苏区振兴研究院等各方的支持和帮助。感谢全国和江西省哲学和社会科学规划办公室对本人研究能力的信任以及为课题的评审、立项、结题做的大量工作;感谢学校、学院对课题申报、管理等方面的付出;感谢江西省 2011 协同创新中心——社会治理与社会发展协同创新中心、苏区振兴研究院在课题调研方面给予的支持与帮助;感谢江西省都昌县城乡居民基本养老保险局、黎川县城乡居民基本养老保险局、兴国县城乡居民基本养老保险局、寻乌县城乡居民基本养老保险局等单位领导和工作人员提供的课题调研机会和丰富翔实的资料。感谢导师华东师范大学桂世勋教授提供的悉心指导和咨询,西南财经大学田青、南京邮电大学焦亚波两位师姐分别组织了在四川省和江苏省的调研。

　　人民出版社对本书的出版给予了大力支持,郭倩编辑为本书的编辑出版做了大量工作。此书被纳入全国重点示范马克思主义学院——江西师范大学马克思主义学院省一流学科建设成果。同时本书借鉴和吸取了前人的一些研究成果,在此一并郑重致谢!

还要感谢我亲爱的家人。几年来,由于潜心进行课题研究,给予家人的陪伴较少。为了能让我安心完成课题研究,家中的日常事务和孩子学习辅导主要由爱妻承担,内心深感愧疚。

本书出版之际,心存一丝欣慰,欣慰的是几年来的研究成果即将正式出版。更多是忐忑,忐忑的是城乡居民基本养老保险在逐步调整与发展,研究成果能否经得起现实的检验。本书梳理了城乡居民基本养老保险探索与实践历程,在分析城乡居民基本养老保险发展面临的问题基础上,对城乡居民基本养老保险的筹资机制、待遇确定机制、运行机制、社会化服务机制四大核心机制和与其他社会保障制度的衔接机制进行了系统研究分析。由于才疏学浅,难免存在一些疏漏或错讹之处,恳请同仁真诚交流、批评指正。

王章华

2022 年 10 月